U0645214

深蓝装备理论与创新技术丛书

邮轮总体设计技术基础

马网扣 黄 昊 刘晓琼 编著

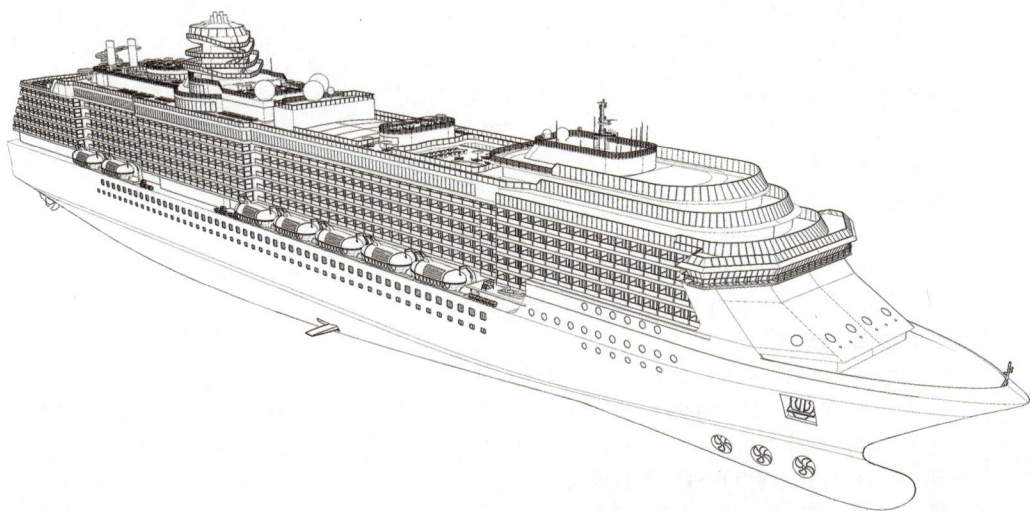

哈尔滨工程大学出版社
Harbin Engineering University Press

内 容 简 介

邮轮总体设计是邮轮船型平台开发的基础,重要性不言而喻。本书从基础入手,着重介绍邮轮船型特点、功能演变、市场状况、设计流程、总体性能、总布置、法规规范、安全返港、替代设计、卫生安全、无障碍设施、导识系统等设计关注点,以期能为从事邮轮船型开发设计及建造的工程技术人员提供参考。

图书在版编目(CIP)数据

邮轮总体设计技术基础/马网扣,黄昊,刘晓琼编著. —哈尔滨:哈尔滨工程大学出版社,2022.5
ISBN 978 – 7 – 5661 – 3517 – 9

Ⅰ.①邮…　Ⅱ.①马…　②黄…　③刘…　Ⅲ.①旅游船—船舶设计　Ⅳ.①U674.110.2

中国版本图书馆 CIP 数据核字(2022)第 089477 号

邮轮总体设计技术基础
YOULUN ZONGTI SHEJI JISHU JICHU

选题策划	田立群　张志雯
责任编辑	章　蕾
特约编辑	周海锋
封面设计	李海波

出　　版	哈尔滨工程大学出版社
社　　址	哈尔滨市南岗区南通大街 145 号
邮政编码	150001
发行电话	0451 – 82519328
传　　真	0451 – 82519699
经　　销	新华书店
印　　刷	哈尔滨市石桥印务有限公司
开　　本	787 mm×960 mm　1/16
印　　张	27.5
字　　数	560 千字
版　　次	2022 年 5 月第 1 版
印　　次	2022 年 5 月第 1 次印刷
定　　价	98.00 元

http://www.hrbeupress.com
E-mail:heupress@ hrbeu.edu.cn

深蓝装备理论与创新技术
丛书编委会

主 任 委 员　高晓敏

副主任委员　（按姓氏笔画排序）

叶志浩　宁伏龙　任　勇　刘　超
杜栓平　杨灿军　杨国兵　杨坤德
汪彦国　宋明玉　张兰勇　邰能灵
季建刚　周利生　周祖洋　房　泉
率志君　傅　军

委　　　员　（按姓氏笔画排序）

马网扣　王双强　王献忠　白　勇
白兴兰　邢博闻　乔红东　刘　娟
刘大辉　刘太元　刘晓琼　孙　哲
孙铁志　纪　珺　李志敏　李铁军
吴学敏　迟　达　张　正　张　彬
张永茂　张桂勇　陈宇里　郑彦民
侯立勋　高志龙　郭　宇　郭晓宇
黄　昊　黄维平　崔铭超　谌志新
蒋永旭　阚安康

编委办公室　田立群　周海锋　杨文英　赵宝祥
蒋明迪　王娜娜　王体涛　仝　哲

主 编 单 位　中国造船工程学会《船舶工程》编辑部

《邮轮总体设计技术基础》
编委会

（按姓氏笔画排序）

主 任 编 委　杨国兵

副主任编委　汪彦国　房　泉　常　煜

参 编 人 员　王　亮　王　冕　张　逸

　　　　　　　陈　祺　鲁　鼎　谢　飞

　　　　　　　裴俊杰　潘逸涛

编 著 单 位　中船邮轮科技发展有限公司

前　言

　　邮轮属于客船,主要功能是通过海上、内河观光巡游和停靠港口,为游客提供餐饮、住宿、娱乐、休闲、购物、运动健身等船上服务,以及陆上短途观光旅游、船外探险游等服务。邮轮旅游产业能直接带动观光旅游、造船、设备配套、港口服务、物流集配、交通服务、融资租赁等配套产业,具有产业链条长、经济带动性强、区域辐射面广等特点。我国的邮轮旅游产业市场前景广阔,近年来产业规模总体呈现快速增长趋势。大力发展邮轮旅游产业,既符合广大人民群众向往美好生活的需求,也符合国内旅游消费升级、培育经济发展新动能的大趋势,这正如习近平总书记所指示的那样:"大力发展邮轮产业是一件利国利民的好事""要大力发展邮轮产业,还要建造我们自己的邮轮"。

　　邮轮是整个邮轮产业的核心和载体,其船型特征是否具有市场竞争力,是否受到乘客欢迎,对整个邮轮产业能否顺利发展有着至关重要的影响。但遗憾的是,作为典型的高技术、高难度、高附加值船型,至今为止我国尚不具备邮轮的自主研发设计能力。邮轮与航空母舰、LNG 运输船并列誉为造船工业皇冠上的三颗明珠,如今我国已具备后两者的自主设计建造能力,只有邮轮领域仍处于空白。客观地讲,在邮轮,尤其是大型邮轮的研发设计领域,我国与国外是"有"与"无"的根本性差距。由于运营、设计建造和配套供应链均为国外企业所垄断,游客又以出境游为主,看似热闹的中国邮轮产业更多是"过路经济",九成以上的收入都外溢至国外邮轮建造、配套与运营商手中。我国必须立即着手建立邮轮研发设计相关技术储备,否则与世界先进水平的差距又将被拉大。这需要业界潜心专研、协同攻关掌握邮轮研发设计的关键技术,否则受制于国外的局面将长期存在。

　　《中国制造 2025》要求"突破豪华邮轮设计建造技术",交通运输部、发展和改革委员会、工业和信息化部等十部门联合制定的《关于促进我国邮轮经济发展的若干意见》中明确到 2035 年取得邮轮自主设计建造的显著突破,《中华人民共

和国国民经济和社会发展第十四个五年规划和 2035 年远景目标纲要》要求推进邮轮的研发应用,《上海市"十四五"时期深化世界著名旅游城市建设规划》提出以邮轮装备制造、邮轮服务、行程定制、线路策划、文创设计等为重点,构筑全产业链邮轮经济。作为中国船舶工业集团有限公司(以下简称"中船集团")发展邮轮产业的总体责任单位和平台,中船邮轮科技发展有限公司正致力于邮轮研发设计的技术攻关、邮轮自主运营能力的培养和品牌建设,以及自主供应链建设。中船集团将大型邮轮工程作为推动集团高质量发展的"一号工程",正努力开启大型邮轮设计建造的新时代。中船邮轮科技发展有限公司作为中船集团发展邮轮产业的总体责任单位,统筹推进邮轮运营、设计建造和供应链建设,整合国内外资源构建邮轮生态体系的业务平台,攻克掌握大型邮轮自主研发设计关键技术责无旁贷。

考虑到目前国内针对邮轮产业政策、邮轮旅游管理、邮轮经济、邮轮运营管理等方面研究的书籍较多,但关于邮轮船型开发设计技术的专业书籍少之又少。而邮轮总体设计是邮轮船型概念设计和基本设计的基础,也是其他专业设计工作的基础,重要性不言而喻。因此,本书从基础入手,着重介绍邮轮总体设计方面的一些专业知识,以期能为从事邮轮船型开发设计及建造的工程技术人员提供参考。

本书共 8 章。第 1 章绪论,介绍了邮轮的发展历程和功能演变、主要船型特征参数、船型分类,以及几艘标志性邮轮的船型特点,总结了邮轮船型的发展趋势;第 2 章邮轮市场发展和新造船状况,介绍了世界和中国邮轮市场及主要邮轮公司的总体运营状况,分析了邮轮新造船及主要邮轮建造商接单情况;第 3 章邮轮总体设计概述,概括了邮轮总体设计的基本原则、总体设计流程,分析了总布置、游客需求、公约、法规、规范、标准、主尺度、型线、主要性能、推进系统、节能减排等设计关键点,介绍了大型邮轮的餐厨系统布置模式和设计方法;第 4 章新近生效法规、规范对邮轮设计的影响,分析了 SOLAS 2020 破舱稳性、IMO 2020 全球限硫令、MLC 2006、IACS 新的系泊及拖带设备选型和设计指南、EEDI 第 3 阶段对邮轮设计的影响;第 5 章邮轮安全返港和替代设计初探,介绍了邮轮安全返港和替代设计的法规要求,探讨了轮机系统安全返港设计方法,分析了大型邮轮替代设计和布置的现状,进行了超大型救生艇替代设计定性分析;第 6 章邮轮无障碍设计简介,介绍了《客船无障碍设计指南》中的无障碍通道、无障碍卫浴设施、无障碍信息标志等的设计要求;第 7 章邮轮公共卫生安全法规指南简介,介绍了《船舶卫生计划》《美国邮轮安全和保安法令》及《新冠疫情下欧盟逐步和安全恢

复邮轮运营指南》对邮轮设计的要求;第 8 章邮轮导识系统简介,介绍了邮轮导识系统的功能特点、分类、设计元素及设计原则,展望了其发展趋势。

本书是集体努力的成果,其中第 3 章 3.7 节由王亮、潘逸涛编写,3.14 节由裴俊杰编写,3.15 节由张逸、谢飞编写;第 4 章 4.4 节由黄昊编写,4.6 节由陈祺、王冕编写;第 5 章 5.1 节由潘逸涛编写,5.2 节、5.3 节由鲁鼎编写,5.5 节由黄昊编写;第 6 章和第 8 章主要由刘晓琼编写;第 7 章 7.1 节、7.2 节由王亮和王冕编写,7.3 节主要由鲁鼎编写;其余章节由马网扣编写。

本书编写过程中还参考了一些专家学者的论文、专著,在此向他们表示最诚挚的谢意。本书引用的插图已尽可能标明出处,如有遗漏实属无意,请联系编写组,我们将在再版中予以改正。

作为典型的布置地位型船舶,邮轮动辄承载成百上千人,功能区域规划复杂,安全性、舒适性、人性化、定制化及卫生健康要求高。除需满足客船相关的法规、规范外,邮轮总体设计还需考虑船舶工程与外观设计、内装设计、酒店工程的有机融合,涉及的知识面也远非常规船型可比。本书编写组很清楚地知道不可能通过一本书、区区数十万字便能使读者对邮轮总体设计有清晰、全面的了解,本书只是对邮轮总体设计技术的概述性介绍,有些关键技术尚处于摸索阶段。由于编写组成员水平和能力有限,书中不免存在一些疏漏之处,有的观点甚至可能有失偏颇,恳请广大读者和同行专家不吝指正。

2019 年底,本书编写组有幸接到丛书组委会的约稿。时光荏苒,从开始策划本书,至今已历时两年多。其间全球邮轮旅游市场也遭受了新冠肺炎疫情引发的断崖式下跌。“没有一个冬天不会过去,没有一个春天不会到来。”新冠肺炎疫情不可避免地会冲击人们对邮轮旅游的信心,但不会改变邮轮旅游长期向好的大趋势,我们坚信邮轮旅游自有其独特魅力和拥趸。

编写组

2021 年 11 月

目　　录

第1章

绪　论

邮轮产业以邮轮运营为龙头、以邮轮研制为核心、以供应链建设为保障,涵盖高端装备、金融保险、交通运输、港口运营、旅游观光、休闲服务、商业贸易及产城融合等众多产业领域,是先进制造业与现代服务业深度融合的生态体系,具有产业链、供应链、服务链、价值链和创新链高度融合的特点。邮轮产业是推动海洋经济高质量发展的重要产业集群,与"一带一路"建设高度契合,有利于为"一带一路"建设注入丰富实践内涵。邮轮产业准入门槛高,我们也面临缺乏统筹规划、缺乏顶层协调机制、核心技术受制于人、基础保障能力不足等实际困难①。其中,邮轮本土化研制是核心。船型特征是否具有市场竞争力,是否受到乘客欢迎,对整个邮轮旅游产业能否顺利发展有着至关重要的影响[1-2]。

本章首先介绍邮轮的发展历程和功能演变,其次收集、统计邮轮的主要船型特征参数,再次介绍邮轮的几种船型分类,以及选择几艘标志性邮轮概要介绍其船型特点,最后就世界邮轮船型的发展趋势进行总结。

|1.1　邮轮的发展历程和功能演变|

邮轮的"邮"字反映的是一种历史传承。"邮"字本身有交通的含义,即邮轮最早是以欧洲至美洲跨大西洋航线、欧洲至远东航线为主,负责政府部门委派的邮件和包裹运输的邮政船(Mail Ship),以及移民和劳工运输的定点、定期远洋快速客运班轮(Passenger Liner/Ocean Liner)。

邮轮的发展历程,可大致分为萌芽、快速发展和功能转型三个阶段。

---

① 参见人民网于 2020 年 1 月发表的《大力发展邮轮产业 打造"一带一路"建设国家新名片》。

1.1.1　萌芽阶段

19 世纪中期是世界邮轮的萌芽阶段,见证了邮轮发展的诸多变革:动力从风力转到蒸汽;推进方式从风帆转到以明轮为主、风帆为辅,再转到以螺旋桨为主、风帆为辅;船体材质从木质转到铁质;功能从以邮运为主、客运为辅,转到以客运为主、货运为辅。

"大西方"号是第一艘成功横渡大西洋的木质蒸汽轮船。如图 1.1 所示,"大西方"号以蒸汽驱动左右舷一对明轮推进为主、风帆推进为辅,总长 77 m,船宽 17.6 m,最多搭载燃煤 600 t,载客 128 人,船员 20 人。为了抵抗大洋的风浪冲击,"大西方"号在船体内部安装了铁框架来支撑木质船壳,增加了船体刚度。1838 年 4 月 7 日,"大西方"号搭载 7 名乘客从英国布里斯托尔启航,于 4 月 23 日到达纽约,用时 17 天,平均航速 9.3 kn。有趣的是,当时另一家公司推出的"天狼星"号帆船与"大西方"号进行跨洋竞速,结果前者的平均航速只有 8.5 kn。"大西方"号的胜出标志着船舶蒸汽动力时代的到来[3]。

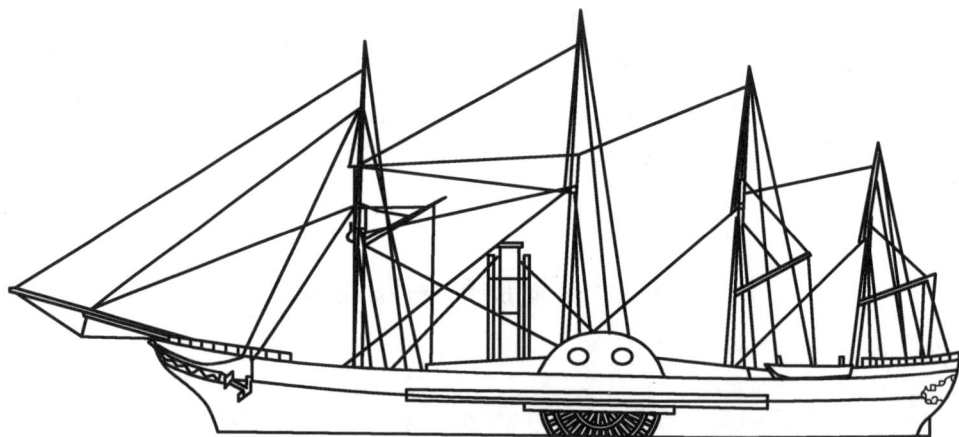

图 1.1　"大西方"号蒸汽轮船侧视图
(图片来源:维基百科)

1843 年完工的"大不列颠"号是第一艘使用螺旋桨推进和铁质外壳的大型蒸汽轮船。"大不列颠"号长 64.8 m,排水量 1 340 t,最多可搭载乘客 148 人,是当时规模最大、速度最快的蒸汽轮船。"大不列颠"号设有 6 个水密分舱,提高了船体破损后的生存能力。"大不列颠"号曾经仅用 14 天从英国航行到达纽约,仅

用6周从英国航行到达澳大利亚。

与帆船相比,蒸汽轮船航速快,受天气影响小,能够按时到达目的地,更符合邮政的准时性要求。正是看中这个优势,从1850年开始,英国皇家邮政允许私营船务公司的轮船以合约形式帮助其运载信件和包裹,但必须悬挂皇家邮政的信号旗,并冠以皇家邮政蒸汽轮船(Royal Mail Steamer,RMS)的名号。作为回报,英国皇家邮政会在邮轮的建造和维修费用上给予一定财政补贴。此后,"邮轮"逐渐成为跨洋轮船的代名词。

1859年完工的"大东方"号总长210 m,排水量27 384 t,载重量18 915 t,可载客4 000人或运兵10 000人,是19世纪最大的船舶之一。如图1.2所示,该蒸汽动力铁壳船以螺旋桨推进为主、明轮和风帆推进为辅。除一个螺旋桨外,"大东方"号的左右舷各装备1具明轮,还有6根桅杆,可挂载的风帆总面积超过5 400 m²,营运航速可达13.5 kn。"大东方"号首次采用纵骨架结构和格栅式双层底结构,双层底向两舷延伸至载重线以上,形成双壳保护,以增强船体安全性。

图1.2 "大东方"号蒸汽轮船水彩画
(图片来源:维基百科)

1889年建成的"巴黎"号和"纽约"号姐妹船仍保留了传统的风帆,但正常航行完全依靠两只螺旋桨,风帆只作为螺旋桨失效后的备用动力。其最大航速可达20 kn,一举打破了横跨大西洋邮轮的航速记录,标志着螺旋桨推进成为主流,风帆时代逐渐落幕[4]。

1.1.2　快速发展阶段

　　19 世纪末至第二次世界大战期间,邮轮迎来了蓬勃发展的黄金时代。由于淘金热等带动了大量欧洲居民移居北美,邮轮的客运需求大增。各邮轮公司都力争使自家的船舶更大、更快、更豪华,各国也将建造大型邮轮视为国力的象征而倾力支持。欧美强国纷纷建造“大西洋航线上最快的船”,争夺“蓝绶带”荣誉。在此阶段,各邮轮公司开始有意识地提升船上的服务设施和品质,以吸引更多乘客,特别是富有的乘客。专用卫生间、女性休息室、小卖部、医务室、图书馆、酒吧、舞厅、游泳池、剧场、赌场、理发室、电铃、无线电报、中央供暖等逐渐出现,餐饮质量逐渐提高。玻璃、大理石、地毯、麻栗木、柚木、黄铜和镀金等装饰物也开始大量使用。通铺逐渐消失,单个客舱容纳人数也逐渐减少。

　　这个阶段先后出现了“泰坦尼克”号、“德意志”号、“毛里塔尼亚”号、“诺曼底”号、“法兰西”号等知名邮轮,其中最为国人所熟知的是“泰坦尼克”号。

　　如图 1.3 所示,“泰坦尼克”号是英国白星航运公司旗下的 3 艘“奥林匹克”级邮轮的第二艘,是当时全世界最大的船舶。该船头等舱在设计上追求舒适和奢华的最高水准,设有健身房、游泳池、接待室、高档餐厅和豪华客舱。船上有一台大功率无线电报机,为乘客提供电报收发服务。4.6 万总吨的“泰坦尼克”号体型巨大,船体内由 15 道水密横舱壁分为 16 个水密舱,就算两个相邻水密舱灌满水,依旧能正常行驶,被称作“永不沉没的客轮”。

图 1.3　“泰坦尼克”号邮轮右舷侧视效果图

(图片来源:维基百科)

　　“泰坦尼克”号装备 2 台 30 000 hp① 往复式蒸汽机和 1 台 16 000 hp 低压蒸汽

————————

① 　1 hp =745.699 9 W。

涡轮发动机。2台蒸汽发动机各自驱动左右2个直径为7 m的螺旋桨,蒸汽涡轮发动机驱动中间直径为5.2 m的螺旋桨和4台400 kW蒸汽驱动发电机,如图1.4所示。3个螺旋桨全速运转时,最大航速可达24 kn。1912年4月10日,"泰坦尼克"号展开首航,最终目的地为纽约。4月15日,该船在航行中途与冰山相撞后沉没,船上2 224人中有1 514人罹难,成为近代史上和平时期最严重的船难。

　　19世纪末,邮轮航速最高为20 kn。到了20世纪30年代,邮轮的最高航速已达30 kn左右。图1.5所示的"玛丽女王"(RMS Queen Mary)号在1938年创造出31.6 kn的高速,成为当时最快的船,横渡大西洋仅需4天或更短时间。此纪录直到1952年才被美国"美利坚"(United States)号打破。"美利坚"号的发动机原本是用于建造战列舰的,第二次世界大战结束后改用于邮轮,强劲的动力使该船横渡大西洋的时速超过40 kn,创造了大型邮轮的最高速度[5]。

图1.4　"泰坦尼克"号邮轮的螺旋桨
（图片来源：维基百科）

图1.5　"玛丽女王"号邮轮
（图片来源：维基百科）

　　从各个方面来说,"玛丽女王"号都可称得上是同时期豪华和大型跨洋客轮的代表作。"玛丽女王"号由冠达邮轮公司建造,1936年首航,总长310 m,宽36 m,总吨位为80 774,是第二次世界大战前欧洲上流社会歌舞升平的奢华生活达到顶峰时的产物,是一座浮动的海上皇宫,豪华的设施吸引了当时英国的众多社会名流。邮轮设有2个室内游泳池、美容沙龙、图书馆、音乐工作室、演讲厅和3个托儿所,甚至还有1个可举行婚礼的礼堂[6]。"玛丽女王"号还在1938年夺得了"蓝绶带"奖,并保持记录达15年之久。图1.6是由英国摄影师斯图瓦特·贝尔拍摄的"玛丽女王"号内部设施的照片,足见当时主流邮轮的设施已很现代、很豪华。可能是由于当时结构设计技术的落后,图中公共区域采用了较多的支柱结构。

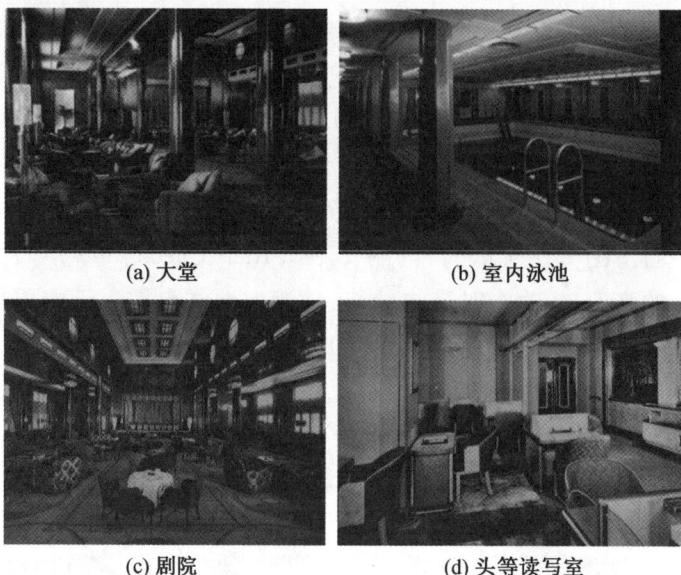

(a) 大堂   (b) 室内泳池

(c) 剧院   (d) 头等读写室

图 1.6　"玛丽女王"号邮轮华丽的内部装修

(图片来源：英国每日邮报、维基百科)

1.1.3　功能转型阶段

第二次世界大战后民用航空业得到快速发展，大型喷气式飞机相比邮轮的速度要快得多，也更便利，这对那些厌倦长时间海上航行的乘客有很大的诱惑，邮轮作为运输工具的地位受到了空前的挑战。邮轮公司真正感到了失去市场的威胁，也对争夺"蓝绶带"奖失去了往日的兴趣。这一时期，很多邮轮公司破产，大量邮轮被折价卖出或拆解。"玛丽女王"号于 1967 年退役，永久停靠在加利福尼亚州长滩，后来一部分被改建为邮轮旅馆，另一部分被改建为博物馆。"美利坚"号于 1969 年退役，服役期只有短短 17 年，后作为美国国家历史遗产停泊在费城海军基地。1985 年，随着"法兰西"号退出大西洋航线，邮轮作为交通工具的角色基本淡出历史舞台。

形势迫使邮轮公司进行业务转型，将传统远洋客轮进行设施功能改造，迎合以休闲旅游为主的市场需求。邮轮公司探索将大西洋航线与加勒比诸岛间的旅游航线相结合，利用邮轮提供交通、住宿和餐饮，解决岛屿间交通不便，以及岛上缺乏酒店旅馆设施的困难，这种形式逐渐受到乘客欢迎。欧洲乘客可选择乘飞机至美国后，再乘坐邮轮游览加勒比诸岛，即"飞机–邮轮"交替路线模式。还有

邮轮公司尝试利用小型邮轮,开展地中海、挪威沿海、加那利群岛等地的景点间短途游览。至此,现代邮轮旅游模式开始成形。当今著名的几家现代邮轮公司基本都成立于20世纪60—70年代,如嘉年华邮轮集团成立于1972年,皇家加勒比国际邮轮公司成立于1968年,诺唯真邮轮公司成立于1966年。这些邮轮公司都以使乘客获得愉悦的海上旅游度假体验为目的,提出了"乐趣""度假""不一样的体验"等商业口号。

邮轮由交通型向旅游型的功能转变也使其船型特点发生了变化。交通型邮轮需在恶劣天气海况下尽快穿过大洋准时到达目的地,故其航速相对较快(30 kn左右),主机功率相对较大,结构相对较强,燃油舱舱容相对较大。而旅游型邮轮不需要十分精确地控制出港、到港时间,对恶劣海况也可适当规避,故对其航速要求相对较低,对主机功率、结构强度、燃油舱舱容等的要求也相对较低,但要求船内空间大、舒适、安全和经济,这些因素决定了现代旅游型邮轮的设计特点和风格。

1.1.4　现代邮轮的功能

传统邮轮是客运工具,主要目的是把乘客运送到彼岸,船上的生活娱乐设施只是为了让乘客的行程更为舒适。现代邮轮则更多的是作为一种旅游休闲工具,将巡航、住宿、休闲娱乐、岸上游、餐饮、购物结合在一起,不再单纯是一种交通工具,故而也可称"游轮""游船"。现代邮轮普遍以绕圈方式行驶,起点和终点通常是同一港口(母港),不需跨洋航行,也就不必再刻意追求高航速;旅程通常较短,少则1~2天,多则1~2周以上。

现代邮轮主要有以下几个功能或用途。

1. 作为休闲娱乐的平台

现代邮轮拥有舒适的生活条件、丰富的娱乐休闲设施,特别注重乘客在船上的娱乐休闲体验,以尽可能激发乘客的二次消费。邮轮本身即旅游目的地,是"漂浮的旅游目的地""浮动的海上旅馆"。比如,星梦邮轮公司的"世界梦"号和丽星邮轮公司的"双鱼星"号在香港运营的周末短程无目的地航线,就是这种观念的体现。

2. 作为携带乘客至旅游目的地的交通工具

邮轮中途会停靠不同的目的地港口(访问港、经停港),供乘客登陆进行短途观光旅游或探险,体验异域的景色和风土人情。显然,有新鲜感的旅游目的地有助于激发人们的出行欲望,增加邮轮旅游的吸引力。开辟新航线、开发新的船岸互动与岸上游览模式也是现代邮轮公司运营的一项重要业务。

3. 邮轮旅馆、海上浮式酒店

邮轮旅馆或海上浮式酒店是纯粹的休闲娱乐载体,大多固定停靠在码头、港口附近,不具备交通运输功能。海上浮岛、海上社区、海上娱乐综合体等概念的本质与邮轮旅馆一致,都是将邮轮作为生活居住、娱乐休闲的载体。

2001 年,退役的"奥丽安娜"号邮轮被杭州宋城集团购入,经重新设计及装修后打造成集高档餐饮、娱乐演艺、休闲观光、酒店住宿为一体的邮轮主题乐园,停泊于大连星海湾畔。2002 年 7 月—2004 年 6 月,"奥丽安娜"号曾短暂投入运营,成为当地的地标性景点,后由于台风造成进水搁浅而报废。

近年来陆续有新概念的邮轮旅馆推出。2021 年初,Storylines 公司宣布在克罗地亚 Brodosplit 船厂订造一艘住宅式邮轮"MV Narrative"号。这艘 5.5 万总吨的邮轮总计有 627 间客房,房间面积为 22 ~ 224 m^2,计划于 2024 年交付后展开环游世界之旅。该邮轮的最大特色是将作为海上公寓运营,顾客购入客房后既可自住,也可交由 Storylines 公司负责出租。

近日,沙特阿拉伯王国主权的公共投资基金(Pubilic Investment Fund,PIF)公布了最新的旅游项目"钻井平台"(The Rig)。如图 1.7 所示,该项目计划将数个位于阿拉伯湾的石油钻井平台连接并改造成一个占地150 000 m^2 的海上极限公园和度假村,将拥有 800 间客房、50 艘游艇泊位、3 间酒店、11 家餐厅、直升机停机坪,以及巨型水滑梯、摩天轮、过山车、赛车、蹦极、潜水艇等游乐和极限冒险运动。"钻井平台"是沙特阿拉伯王国摆脱对石油经济过分依赖的宏大计划的一部分,但也为海洋石油产业与旅游探险度假产业的结合提供了一种新思路。

图 1.7 "钻井平台"海上乐园规划图

(图片来源:https://therig.sa/)

目前,除了"玛丽女王"2 号等极少量的跨大西洋定点航线,岛屿、沿海城市间的定点航线,以及无目的地航线外,绝大部分邮轮航线都设有中间经停港。对于中国等新兴邮轮旅游市场的国家来说,现阶段这些国家的乘客的二次消费理念薄弱,不少乘客把停靠港看作"景点",他们对岸上游体验的重视甚至超过邮轮设施和服务本身。这种情况下,旅游目的地更是邮轮公司需要重点考虑的因素。[①]

1.2　邮轮主要船型参数状况分析

1.2.1　总吨位

与货船以载货为主不同,邮轮以载客为主,通常以总吨位(Gross Tonnage, GT)衡量其大小。总吨位按照式(1.1)和式(1.2)计算:

$$GT = K_1 V \tag{1.1}$$

$$K_1 = 0.2 + \log_{10} V \tag{1.2}$$

式中　V——主船体和上层建筑内所有围蔽处所的总容积,m^3。

总吨位表征船舶的空间大小,用作船舶登记、检验,以及计算港口费、系缆费、码头停泊费等的依据,故又称总登记吨位、注册总吨(Gross Registered Tonnage,GRT)。1 总吨约等于 2.83 m^3。

图 1.8 为克拉克松统计的 2010—2019 年交付的 110 艘邮轮的总吨位分布情况,其中 15 万总吨以上 21 艘,7 万~15 万总吨 42 艘,5 万~7 万总吨 4 艘,1 万~5 万总吨 21 艘,1 万总吨以下 22 艘。近 10 年来,13 万总吨以上邮轮的建造量增长较快,尤其是 2015 年之后交付的大型邮轮基本都在 15 万总吨以上,7 万~11 万总吨的邮轮建造量很少,大型邮轮的船型大型化趋势特别明显。中小型邮轮方面,4 万~5 万总吨邮轮的建造量也有较快的增长,主要对应一些奢侈品牌邮轮。

---

① 参见 Cruise Industry News. State of the industry and future forecast-annual report 2018-2019, 31st Edition. New York,America,2018 年 4 月;参见 Cruise Industry News. State of the industry and future forecast-annual report 2019,32nd Edition. New York,America,2019 年 2 月。

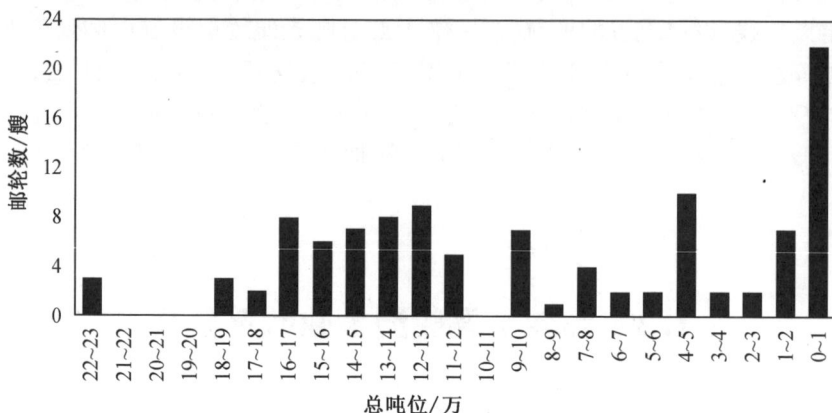

图 1.8　2010—2019 年交付的邮轮吨位区间及数量统计

1.2.2　乘客空间比

乘客空间比(Passenger Space Ratio,PSR)又称乘客人均吨位、客容比,等于邮轮的总吨位除以乘客数,是评价邮轮品级的重要参考指标之一。总体上,乘客空间比越大,意味着每个乘客所能占用的公共空间就越大,感觉也就越宽敞。

用总吨位除以标准载客量得到的比值,称为标准乘客空间比(PSR(2)),用总吨位除以最大载客量得到的比值,称为最大乘客空间比(PSR(M))。如没有特别说明,一般将乘客空间比默认为标准乘客空间比。

标准载客量即下铺(lower berths)载客量,是指除沙发床、下拉床、折叠床等之外的床位对应的乘客数。若没有确切数据,标准载客量可近似等于客舱数量的两倍。

最大载客量是指邮轮所能装载的最大乘客数量,等于下铺载客量加上沙发床、下拉床、折叠床等对应的乘客人数。

图 1.9 所示为 1990—2019 年交付,且尚在运营中的 187 艘大型邮轮的乘客空间比分布情况①。由图 1.9(a)可见,大型邮轮的 PSR(2)均超过 30,以 35~45 最为集中。由图 1.9(b)可见,大型邮轮的 PSR(M)均超过 25,但不超过 40,以 30~40 最为集中。

① 在役大型邮轮中,只有皇家加勒比邮轮公司的 4 艘"绿洲"级大型邮轮超过 19 万总吨,接近 23 万总吨。"绿洲"级的设计理念较特殊,且数量少,这里不作为船型参数分析的样本。

(a)PSR(2)

(b)PSR(M)

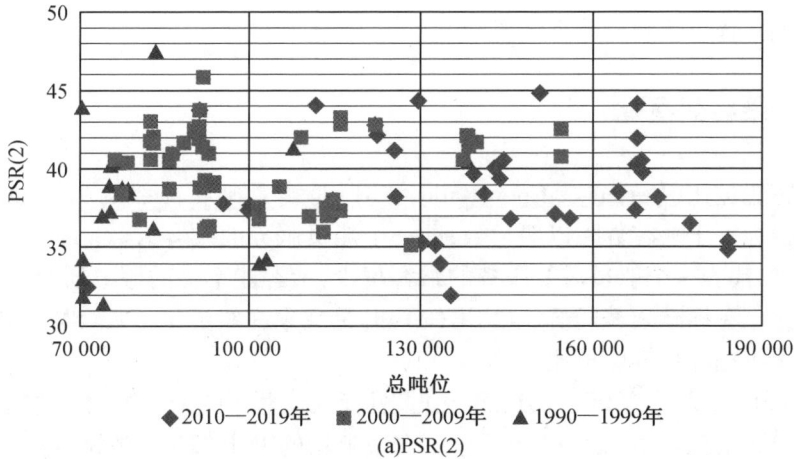

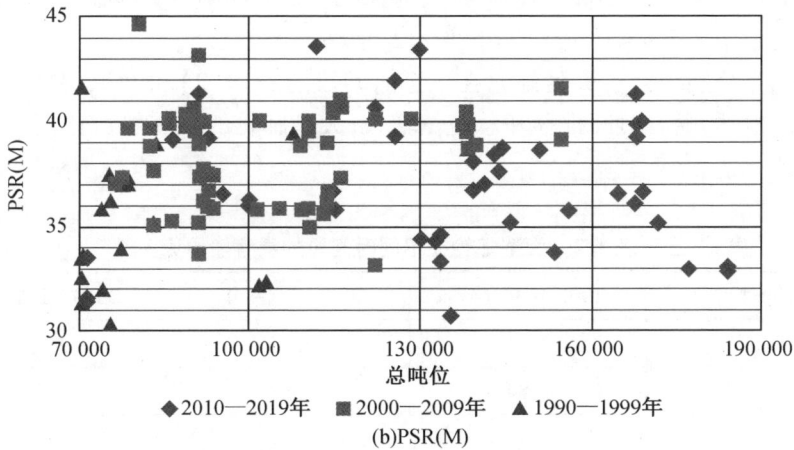

图 1.9 1990—2019 年部分在役大型邮轮的乘客空间比分布情况

表 1.1 分别统计了大型邮轮在三个时间段的 PSR(2)和 PSR(M)的均值变化情况。可以看出,大型邮轮的乘客空间比并没有随着船型增大而增大,近年来反而有一定的整体下降。

表 1.1 大型邮轮在不同时间段的乘客空间比

交付时间	1990—1999 年	2000—2009 年	2010—2019 年
PSR(2)均值	37.6	40.1	38.5
PSR(M)均值	30.4	33.5	32.1

由图 1.9 可见,2010 年后交付的大型邮轮的乘客空间比离散度较大,这反映了现代邮轮各品牌间运营理念更趋分化,差异性更明显。

1.2.3　乘客船员比

乘客船员比(Passenger Crew Ratio,PCR)是衡量邮轮品级的另一项重要指标。该指标等于乘客数除以船员数,即一个船员服务的乘客人数。显然,乘客船员比越小,代表一个船员需要服务的乘客越少,乘客能享受的服务质量越高。乘客船员比也有标准乘客船员比(PCR(2))与最大乘客船员比(PCR(M))之分,一般默认采用标准乘客船员比。

图 1.10 所示为 1990—2019 年交付,且尚在运营中的 187 艘大型邮轮的乘客船员比分布情况。由图 1.10(a)可见,大型邮轮的 PCR(2)大部分集中于 2.0 ~ 3.0,最低不小于 1.5,最高不超过 3.7。由图 1.10(b)可见,大型邮轮的 PCR(M)大部分集中于 2.5 ~ 4.0,最低不小于 2.2,最高不大于 4.5。

表 1.2 分别统计了大型邮轮在三个时间段的 PCR(2)和 PCR(M)的均值变化情况。显然,随着时间推移和总吨位增大,大型邮轮的乘客船员比值的提高比较明显。

表 1.2　大型邮轮在不同时间段的乘客船员比

交付时间	1990—1999 年	2000—2009 年	2010—2019 年
PCR(2)均值	2.31	2.43	2.78
PCR(M)均值	2.84	2.92	3.34

现代大型邮轮的乘客船员比提高,可归结为以下几个方面的原因。
(1)现代邮轮上数字化、信息化辅助服务设施的提升;
(2)现代邮轮上设施设备自动化程度的提升;
(3)邮轮产品从精英化向大众化的转型;
(4)现代邮轮消费向更加休闲化、自由化的转变。

可以预见,随着现代邮轮公司越来越注重数字辅助服务系统、服务机器人等高科技技术在邮轮服务岗位上的应用,服务人员的数量配额还有进一步降低的空间。

由图 1.10 可见,2010 年后的乘客船员比离散度最大,这同样是现代邮轮各品牌间运营理念更趋分化的反映。

(a)PCR(2)

(b)PCR(M)

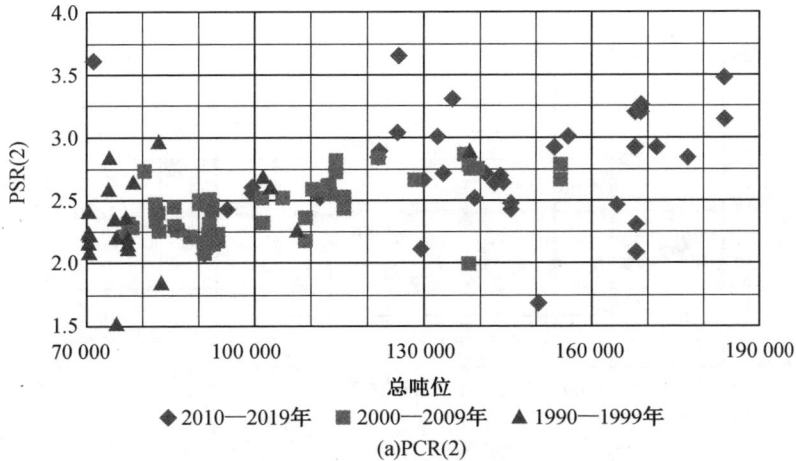

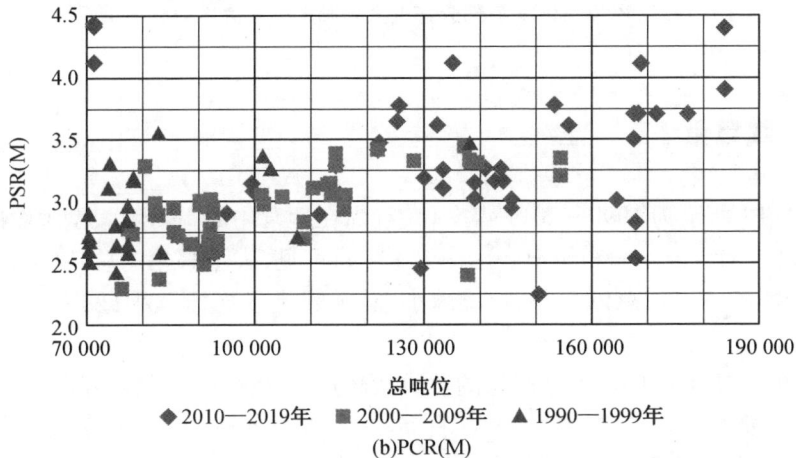

图 1.10 1990—2019 年部分在役大型邮轮的乘客船员比分布情况

1.2.4 航速

图 1.11 所示为 1990—2019 年交付,且尚在运营中的 187 艘大型邮轮的最大航速分布情况。由图 1.11 可见,大型邮轮的最大航速均在 21 kn 以上,高于 25 kn 的不多,特别是 2010 年之后交付的更集中于 22~23 kn。

据统计,图 1.11 中 1999 年前交付的邮轮平均航速为 22.6 kn,2000—2009 年交付的邮轮平均航速为 23.3 kn,2010—2019 年交付的邮轮平均航速为 22.5 kn。整体来看,近年来新建大型邮轮的航速略有下降,这可能与现代邮轮更注重巡游而

非竞速的发展理念相关。

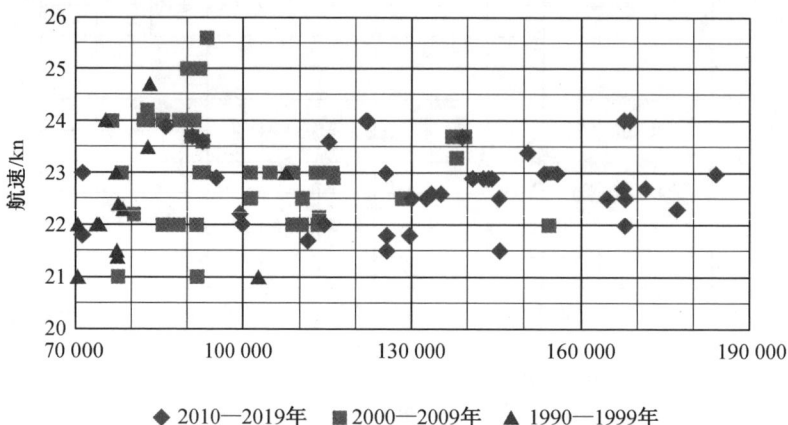

图 1.11　1990—2019 年部分在役大型邮轮的最大航速分布情况

1.2.5　载重量

图 1.12 所示为 1990—2019 年交付,且尚在运营中的 187 艘大型邮轮的总吨载重量之比和载重量分布情况。由图 1.12(a)可见,大型邮轮的总吨位与总吨载重量之比为 7 ~ 15。总体上,总吨位越小,总吨载重量之比越小;反之,总吨位越大,总吨载重量之比越大。

由图 1.12(b)可见,大型邮轮的载重量超过 14 000 t 的不多。邮轮并非载货船型,其载重量的构成以燃油、淡水、食品物资、人员及行李、生活污水等为主,增加载重量的需求有限。

1.2.6　房型比例

邮轮的客舱房型主要有套房、阳台房、海景房、内舱房。套房又分为复式套房(LOFT)、普通套房。这些房型又可通过设置内部连通门,形成连通套房。此外,现在很多邮轮还设有单人海景房、单人内舱房。为照顾残疾人、老年人等行动不便人士的登船需要,邮轮上还设有无障碍客舱。

阳台房比例是指有阳台的客舱占全部客舱的百分比,是体现邮轮高端程度的重要指标之一。中小型邮轮、高端品牌邮轮的阳台房比例偏高,有的甚至达到100%,而大型邮轮、大众品牌邮轮的比例偏低。

(a) 总吨载重量之比

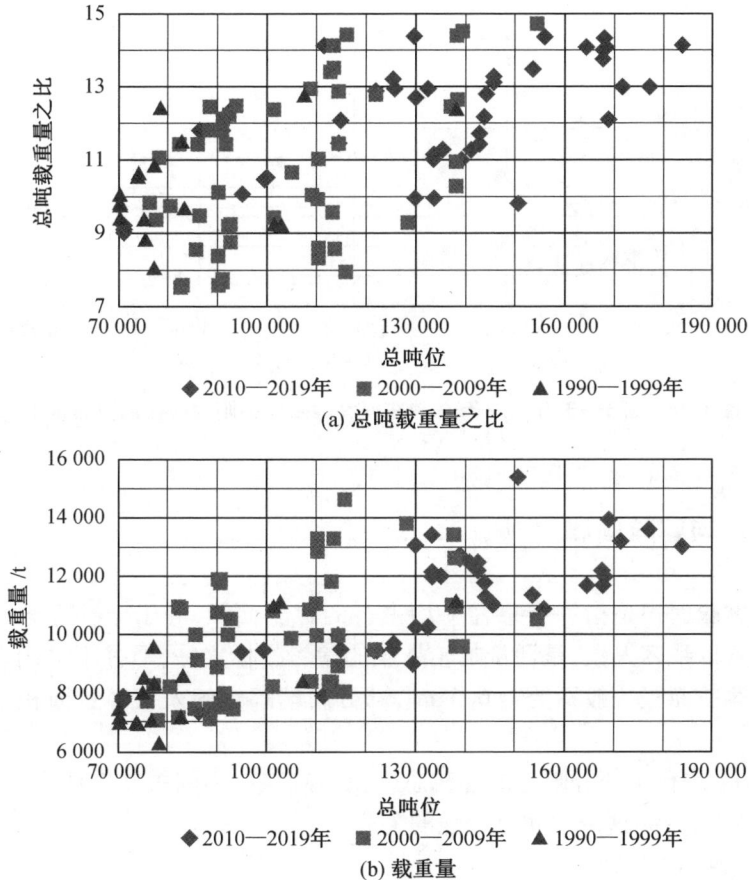

(b) 载重量

图 1.12 1990—2019 年部分在役大型邮轮的总吨载重量之比和载重量分布情况

图 1.13 所示为部分 13 万~19 万总吨在役大型邮轮的阳台房比例分布情况。由图 1.13 可见,大型邮轮的阳台房比例介于 45%~85%,但分布相当离散。阳台房比例很大程度上取决于邮轮公司的经营策略和品牌定位。以同在中国市场运营的邮轮为例,歌诗达"威尼斯"号的阳台房占比仅有 47%,而"盛世公主"号的阳台房占比则超过 80%。显然,内舱房数量越多,阳台房就越少,相应的比例就越低。

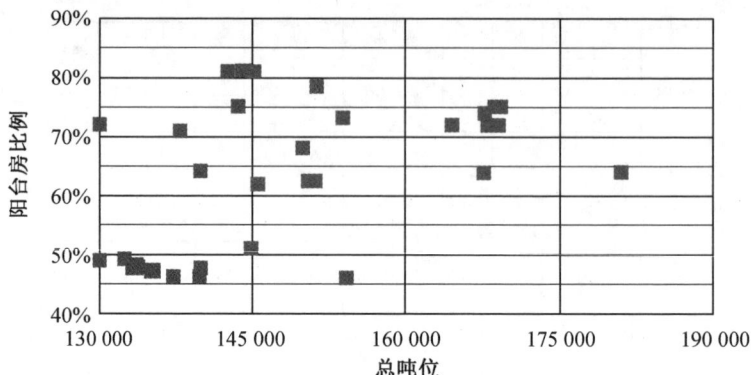

图 1.13　部分 13 万～19 万总吨在役大型邮轮的阳台房比例分布情况

1.2.7　人均客舱面积

人均客舱面积是指每个乘客平均占有的客舱面积,等于全部客舱所占有的甲板面积除以乘客人数,是评价邮轮品级的参考指标之一,但并不常用。大型邮轮的人均客舱面积一般不低于 6.5 m²,部分高端邮轮的人均客舱面积甚至超过 10 m²。

图 1.14 进行了部分邮轮的客舱总容积与总吨位之间关联的线性拟合,拟合度 $R^2=0.972$,说明这两者间有较强的关联。

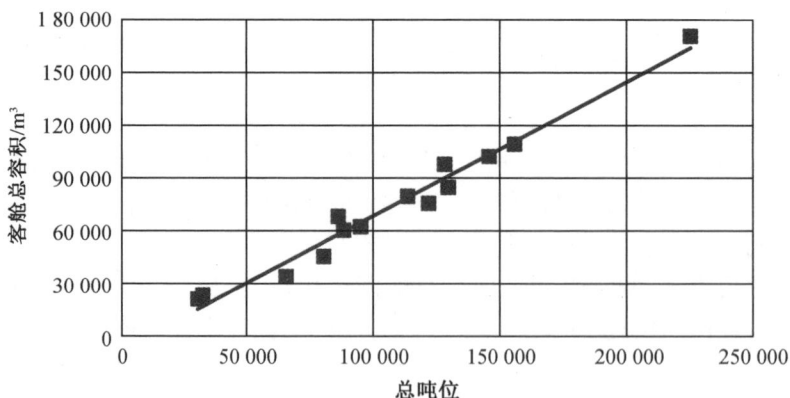

图 1.14　部分在役邮轮的客舱总容积与总吨位的关联

16

根据图 1.14 的拟合结果,邮轮的客舱总容积 V_{pc} 可按式(1.3)估算:

$$V_{pc} = 0.761\ 7GT - 7\ 654 \tag{1.3}$$

邮轮的客舱层高在 2.8 m 左右,客舱总面积可近似等于客舱总容积除以 2.8。

| 1.3 邮轮船型分类 |

1.3.1 按总吨位分类

邮轮可按总吨位大小划分为超大型邮轮或巨型邮轮、大型邮轮、中型邮轮、小型邮轮及微型(迷你型)邮轮,但尚无统一的行业标准[7-8]。为顺应邮轮的大型化趋势,建议按如下指标进行划分。

(1)超大型邮轮:总吨 15 万以上;

(2)大型邮轮:总吨 7 万~15 万;

(3)中型邮轮:总吨 5 万~7 万;

(4)小型邮轮:总吨 1 万~5 万;

(5)微型邮轮:总吨 1 万以下。

一般情况下如无须刻意区分船型大小,为表述和统计方便,通常将超大型邮轮归类为大型邮轮,将微型邮轮归类为小型邮轮。

1.3.2 按载客量分类

除按总吨位分类外,邮轮还可按载客量分类。无论是按总吨位分类,还是按载客量分类,都只是邮轮分类的参考方法而已,总吨位与标准载客量两项指标间并无直接关联。具体分类如下:

(1)大型邮轮:标准载客量 2 500 人以上;

(2)中型邮轮:标准载客量 750~2 500 人;

(3)小型邮轮:标准载客量 250~750 人;

(4)微型邮轮:标准载客量 250 人以下。

相对来说,按总吨位进行邮轮分类更常被采用。本书中除非有特殊说明,否则均采用按总吨位的邮轮分类。

1.3.3　按品级定位分类

1. 邮轮类型

按照邮轮的品级定位,即所谓的豪华程度、档次及用途,可将邮轮分为大众(contemporary)型邮轮、精品(premium)型邮轮、经济(budget)型邮轮、奢侈(luxury)型邮轮、探险(expedition)型邮轮、小众或专用(niche)型邮轮[①]。按照品级由低到高的排序为:经济型邮轮→大众型邮轮→精品型邮轮→奢侈型邮轮→探险型邮轮→专用型邮轮。这6种类型的邮轮各具特点,具体如下。

(1)大众型邮轮

该型邮轮的单次航行周期一般不超过7天,价格较具竞争力,能吸引不同年龄段、不同收入层次的乘客,以大型邮轮为主。乘客以家庭为单位出游、团队出游的比例较高。典型品牌包括嘉年华、歌诗达、皇家加勒比、诺唯真、地中海、爱达、丽星等。

目前在中国市场运营的邮轮绝大部分都属于大众型邮轮。中国船舶工业集团有限公司(以下简称“中船集团”)嘉年华邮轮公司旗下的“大西洋”号和“地中海”号是两艘比较经典的大众型邮轮。中船集团承建的国产首制13.55万总吨大型邮轮的定位也是大众型邮轮。

(2)精品型邮轮

与大众型邮轮相比,精品型邮轮或轻奢型邮轮的船型通常要小些,单次航行周期要长些,乘客空间比要大些,乘客船员比要小些,娱乐休闲设施、住宿条件、餐饮质量等要好些,套房比例较高,定价自然要高些,通常能吸引更有邮轮旅游经验的乘客。典型品牌包括公主、精致、荷美、大洋、途易、P&O、星梦、冠达、精钻等。

(3)经济型邮轮

该型邮轮的硬件和娱乐设施、装修、住宿条件要比大众型邮轮差些,船型偏旧、偏小,定价便宜些,通常通过提供更好的服务和餐饮来弥补硬件的不足。经济型邮轮主要出现在欧洲、美国的一些沿海和内河航线上,多由旧邮轮翻新改装而成,航行周期也偏短。

(4)奢侈型邮轮

该型邮轮的单航次周期更长,空间宽敞,乘客船员比低,提供的餐饮和服务最佳,定价也是最高的。该型邮轮基本采用中小船型。典型品牌包括水晶、世

[①]　参见 Cruise Industry News. State of the industry and future forecast-annual report 2018-2019,31st Edition. New York,America,2018 年 4 月。

邦、丽晶、银海、维京、丽兹卡尔顿、保罗高更等。

（5）探险型邮轮

该型邮轮用作偏远区域的岛屿、岛礁探险，以及极地探险，属于专业型邮轮。早期的探险型邮轮更注重探险学习体验，而不注重装修和生活休息条件。现代探险型邮轮的硬件和服务趋向奢华，定价也越来越高。该型邮轮的目标人群一般是喜欢冒险的中高端客户，客户数量不会太多，基本采用小微船型，很少超过3万总吨。典型品牌包括 Lindblad、庞洛、夸克、海达路德、SunStone、世邦、水晶、泛海、Coral Expedition 等。

（6）专用型邮轮

该型邮轮是除上述类型之外的有特殊用途或特性的邮轮，船型偏小。如"Aranui 6"这种专用于南太平洋法属波利尼西亚群岛间交通的客滚邮轮，以及图1.15 所示的"Flying Clipper"风帆邮轮。

(a)　　　　　　　　　　　　　　　　(b)

图 1.15 "Flying Clipper"号风帆邮轮①

需要指出，上述邮轮品牌归类是根据各个邮轮公司旗下大多数邮轮的品级和市场定位来定的，但不意味着其旗下所有邮轮都必须服从这种归类。如某个品牌推出的邮轮大部分都属于大众型，但也可能会推出少量精品型或其他品级的邮轮，这具体取决于各个邮轮公司自身的运营和品牌建设策略。

2. 邮轮品级对应的乘客空间比

所谓大众型邮轮与精品型邮轮之间、精品型邮轮与奢侈型邮轮之间很难用乘客空间比指标来量化界定，也没有权威规定。英国旅游经济学家 Cartwright 和 Baird 曾提出用乘客空间比和客舱面积来区分邮轮的品级[9]，具体数值见表 1.3 和表 1.4。

---

① 除特别注明外，本章中的图表数据均来源于网址 www.cruiseindustrynews.com 和 www.cruising.org，图片均来源于网址 www.cruisemapper.com。

表1.3　不同品级邮轮的乘客空间比

品级	PSR(M)			PSR(2)
	最大值	最小值	平均值	平均值
大众型邮轮和经济型邮轮	29.8	15.1	22.1	26.8
精品型邮轮	47.5	24.1	35.7	40.1
奢华型邮轮	61.6	36.7	48.0	49.5

表1.4　不同品级邮轮的客舱面积

品级	平均值/m²	最小值/m²	最大值/m²
大众型邮轮和经济型邮轮	11.6	5.0	98.4
精品型邮轮	14.4	12.4	140.7
奢华型邮轮	19.5	12.8	120

客观地讲,表1.3和表1.4的指标是20年前提出的,已不能适应当代邮轮的大型化、高端化的发展趋势。毕竟现代邮轮的PSR(2)很少有低于30的,而49.5的PSR(2)现在看来也很难称作"奢华"。

建议大众型邮轮的PSR(2)最小不低于33,PSR(M)最小不低于25,客舱最小面积不低于14 m²是比较合适的指标;精品型邮轮的PSR(2)最小不低于39,PSR(M)最小不低于33。

3.邮轮品级对应的乘客船员比

与乘客空间比类似,各品级邮轮之间很难用乘客船员比指标来量化界定。

意大利船级社(RINA)曾通过对世界邮轮资料进行分析,给出了不同品级邮轮对应的乘客船员比的分布区间。如表1.5所示,大众型邮轮的PCR(M)基本在3.5以上,精品型邮轮的乘客船员比基本在2.5以上,而奢侈型邮轮的乘客船员比基本在1.5以下,真正体现了管家式的贴身服务。

表1.5　RINA建议的邮轮等级特征指标

邮轮品级	船型大小	下铺乘客数/人	乘客空间比	PCR(M)
大众型邮轮	大型	≤6 000	30~50	3.5~4.0
精品型邮轮	大中型	1 000~2 000	30~50	2.5~3.0
奢侈型邮轮	中小型	250~500	65	<1.5
经济型邮轮	中型	500~1 500	30	3.0~4.0

1.3.4 按动力系统分类

邮轮的动力系统主要包括柴电动力、柴燃混合动力、燃气轮机动力、柴油机动力和新能源动力等系统形式,前三者采用电力推进,柴油机动力系统则为传统的机械推进[10-12]。

根据克拉克松对 2000—2017 年交付的 195 艘邮轮的统计结果来看:采用柴电动力系统的有 143 艘,采用柴燃混合动力系统的有 10 艘,采用柴油机动力系统的有 33 艘,采用燃气轮机动力系统的有 8 艘,还有 1 艘采用核动力推进①。

1. 柴电动力系统

该系统通过柴(燃)油发电机驱动发电机组产生电力,提供给推进电机以驱动推进器运转,并为其他用户供电。该系统能根据全船用电负荷控制柴油发电机组的启停和负荷,特别适合邮轮这种用电负荷多变的船型,是目前邮轮动力系统的主流形式。在邮轮中速柴油机供货方面,瓦锡兰(包括原瑞士苏尔寿)占据大部分市场份额,曼恩(MAN)和卡特 MaK 机占据的份额较小。ABB 则占据了电力推进系统的大部分市场份额。

2. 柴燃混合动力系统

该系统通过柴油机与燃气轮机混合驱动发电机组以产生电力,这是它与柴电动力系统的最大区别。该系统也被称为复合式柴油/燃气涡轮系统(Combined Diesel And Gas turbine,CODAG),低速平稳运营时由柴油机驱动,高速运营时与高功率的燃气轮机并联输出。燃气轮机功率密度大、动力响应快、噪声小、氮氧化物(NO_x)排放低、可靠性高,但其排烟系统占据空间大,只能燃用洁净而昂贵的蒸馏油(汽油),变工况能力差,部分工况燃油消耗极高。

以“蓝宝石公主”号为例,该邮轮安装有 2 台 9L46C 型和 2 台 8L46C 型瓦锡兰中速柴油发电机组,总功率为 35.7 MW;另配 2 台美国通用电气公司(GE)的 LM2500 + 型燃气轮机,总功率为 50 MW。高速航行时,由柴油发电机组与燃气轮机联合供电,驱动 2 台20 MW推进器;低速时,全部由柴油发电机组供电。

3. 燃气轮机动力系统

该系统以燃气轮机驱动发电机为主。“Celebrity Millennium”号是第一艘采用 GE 开发的燃气轮机和蒸汽轮机联合电力系统(Combined Gas turbine,Electric

---

① “五十年胜利”号核动力破冰船由俄罗斯建造,2007 年正式交付使用。该船长159 m,宽 30 m,满载排水量25 000 t,船上装有两个核反应堆,总功率55 MW,可搭载乘客128 人和船员140 人,每年夏天都会开通北极点探险游航次。

and Steam system,COGES)的邮轮。针对燃气轮机热效率低、燃油经济性差的缺点,该邮轮以 2 台 GE LM2500 型燃气轮机为核心,回收燃气轮机的高温尾气用于锅炉燃烧,再利用锅炉产生的蒸汽驱动蒸汽轮机发电,极大地增加了能效转换率。

目前以燃气轮机动力系统为主要动力装置的邮轮仅有精致邮轮的"Millennium"级和皇家加勒比邮轮公司的"Radiance"级共 8 艘,均采用 COGES 的 9 万总吨级大型邮轮。燃气轮机主要应用于高速船,"Celebrity Millennium"号的航速就达 25 kn。由于近年来燃油的快速上涨,燃气轮机的燃油成本大大增加,严重影响了邮轮的运营盈利能力。2007 年起,"Celebrity Millennium"号等陆续启动了动力装置改造,加装柴电推进装置作为燃气轮机动力系统的补充,可使每艘邮轮每年节约燃油约 3 600 t。

4. 柴油机动力系统

该系统是由主机通过齿轮箱和传动轴直接驱动推进器的机械推进方式。柴油机机械推进方式的燃油经济性高,但较长的轴系影响了机舱布置的灵活性,响应速度慢,且引起的振动噪声问题相对突出,不符合邮轮振动噪声低的舒适性要求。再者,邮轮的空调、餐饮、娱乐、照明等系统用电需求较高,大功率发电机组还不能省略。

采用柴油机动力系统的邮轮交付时间主要集中于 2000—2005 年,在 2010 年之后仅有 4 艘交付,2014 年之后已再无新建邮轮使用机械推进方式。

5. 新能源动力系统

为适应低碳减排的发展趋势,液化天然气(LNG)、风能、燃料电池、蓄电池等新能源逐渐在邮轮上应用。这些新能源与常规燃油相比,节能减排效果明显,属于清洁能源。因此,还可按动力形式将邮轮分为 LNG 动力邮轮、风动力邮轮、电池动力邮轮及多种新能源混合动力邮轮等[13-14]。

2020 年交付的 Mystic Cruises 旗下的"World Voyager"号探险邮轮配有 2 套肖特尔 SPJ82 型喷水推进器,可以 5 kn 的速度航行。SPJ82 型喷水推进器的水下噪声小,有利于保护极地海洋生物免受噪声侵扰,这是邮轮上首次应用此类喷水推进系统。

1.3.5 按航线航区分类

按航线航区不同,邮轮可分为海上邮轮(Ocean Cruise)和内河邮轮(River Cruise)。按航程长短和离岸远近,海上邮轮又可分为远洋邮轮(长程航线、环球游)和近(沿)海邮轮(短程航线)。由于内河邮轮的市场份额和产业规模相对很小,因而除非特别说明,邮轮一般指海上邮轮,而内河邮轮一般称为"游轮"。

　　世界内河邮轮航道主要有欧洲的伏尔加河、第聂伯河、莱茵河、多瑙河、塞纳河和易北河,美国的密西西比河,非洲的尼罗河,南美洲的亚马孙河和中国的长江。欧洲是目前世界上最大的内河邮轮旅游市场[15]。维京邮轮则是目前世界上最大的内河邮轮公司,旗下有 65 艘以上内河邮轮,航线遍布欧洲内陆主要港口城市,是世界内河邮轮旅游的标杆企业。

　　典型的内河邮轮吃水浅,外形偏扁平,船长很少超过 200 m。由于受到航道桥梁的高度限制,通常欧美地区运营的内河邮轮仅有 3 ~ 5 层甲板。如图 1.16 所示,"Viking Ve"号内河邮轮,总吨 5 000,船长 135 m,有 4 层甲板,其中 3 层为客舱甲板,1 层为公共区域甲板。

图 1.16　"Viking Ve"号内河邮轮

　　我国的内河邮轮旅游主要围绕长江三峡展开,航线以往返重庆、宜昌为主,一般称为长江游轮。长江游轮包括涉外游轮和普通游轮,涉外游轮的吨位、规格、价位要比普通游轮高得多,但随着国内游客消费水平的提高,两者的界限逐渐模糊。除从事旅游观光业务外,部分小型游轮还承担公司会议、产品发布会、聚餐、婚礼等业务。如图 1.17 所示,"美维凯悦"号是目前最大的长江游轮,总吨达 1.7 万,船长 149.99 m,最大吃水 2.8 m,共有 7 层甲板,292 间客房均设景观阳台,可载客 695 人,设施满足我国内河游轮 5 星级标准。

图 1.17　"美维凯悦"号长江游轮

（图片来源:携程旅行网）

　　内河邮轮的船型特点、运营需求、性能要求及遵守的法规和规范等与海上邮轮有较大区别,是另一个专门领域,这里不再展开论述。

1.3.6 按星级分类

邮轮还可按星级进行分类划分,很多机构、杂志和网站都推出了自己的星级评分体系,其中最著名的当数《伯利兹邮轮年鉴(2019)》[①]。《伯利兹邮轮年鉴(2019)》综合船体、住宿、餐饮、服务、娱乐、乘坐体验6个方面进行评分,范围涵盖全球近300艘现役邮轮。表1.6列出了各评分大项的分值及权重,实际操作时,这些评分项被细化拆分成400个计分细项,每个细项分值为5分[16]。按照《伯利兹邮轮年鉴(2019)》要求,参评邮轮的星级每年都会调整,这将督促邮轮公司持续保持和改进服务。

表1.6 《伯利兹邮轮年鉴(2019)》的评分项及权重

评分项	分值	权重	评分项	分值	权重
船体	500 分	25%	服务	400 分	20%
住宿	200 分	10%	娱乐	100 分	5%
餐饮	400 分	20%	体验	400 分	20%

表1.7为《伯利兹邮轮年鉴(2019)》更为细化的主要评分项及标准。

表1.7 《伯利兹邮轮年鉴(2019)》的主要评分细项及标准

序号	大项	细项
1	船舶外观形态	美的外观、风格、线条、装饰及形态;船首伸出部、船尾形式及烟囱造型设计;船体及外部涂装情况;甲板材料的选配、安装、完工情况;救生艇及吊艇柱的布置与造型;救生筏及救生装备的状况;烟探测器及防火器具的布置;逃生路径标志和信号指示;露天楼梯造型及其布置;靠岸舷门及交通艇的布置

---

① 《伯利兹邮轮年鉴》由在邮轮行业从业近50年、每年在邮轮和河轮上旅行长达200天的邮轮专家、被《泰晤士报》称为"业界最严苛的评论家"道格拉斯·沃德(Douglas Ward)先生及其团队精心编撰。因其编辑团队长年所建立的权威形象,《伯利兹邮轮年鉴》被邮轮业界及消费者公认为"邮轮圣经",具有很高的权威性。

表 1.7(续 1)

序号	大项	细项
2	清洁度	乘客居住空间;露天甲板、遮阳/日光浴甲板、散步场所;游泳池、甲板上各种备品;通道和出入口处;室外观景空间;公共场所空间;大厅、楼梯、通道;公共卫生间及其设备;客舱及浴室;全部乘客用公共空间的状况
3	乘客舒适性	室内布置及安装;公共区域的照明、取暖和通风;空调系统(包含舒适区域);舱室通风控制及效率;甲板布置及方向指标完备性;室内噪声和震动程度;通风及排烟;公共卫生间设备;公共场所的沙发舒适度和利用率;乘客空间的比例与密度
4	家具及装饰	总体概观和状况;内装设计和装饰;色彩的配合;材质、协调与表面处理;窗帘等纺织品的选择、颜色及其状况;家具的耐用性和实用性;地毯的色调和实用性;地毯的铺装、接头和端部的处理;顶棚及其安装;工艺品质量及协调性
5	饮食	菜谱及其组合;菜肴的创造性、多样性及受欢迎程度;烹调原料的种类与新鲜度;味道;装盘与量的均匀性;早餐、晚餐、甲板简易餐厅;晚间及夜间简易餐厅;冷盘、汤、主菜、色拉、点心、面包、面条等;菜肴装饰性原料及冰的雕刻;对特殊饮食习惯及个别用餐乘客的安排和考虑
6	餐饮服务	综合餐厅服务;餐厅经理、主管及招待员等的工作态度;餐桌招待员及助手;桌上餐具布置;亚麻布类、瓷器及刀类的质量与状况;简易餐厅服务态度;公共场所的食品服务;饭菜合适的温度及服务;餐厅的气氛(装饰、色彩、照明)
7	饮品及服务	酒单(酒的品种与价格);啤酒饮料(品种、质量、价格);非啤酒饮料(品种、质量、价格);葡萄酒专业技术知识与服务;酒吧工作人员的专业知识与服务;公共场所的饮料服务;午后用茶与咖啡的服务;自动服务物品种类;玻璃餐具与非玻璃餐具状况;饮料的开封、倒入状况
8	客舱设施	舱室空间与出入口处的设计;空间布置与利用;声音、噪声、震动的隔离程度;家具设施的质量与布置;床铺的尺寸、样式与舒适度;衣柜及悬挂场所;抽屉及其他贮物设施;照明、空调、取暖;交、直流电源系统及种类;浴室尺寸、固定性及设施

表 1.7(续 2)

序号	大项	细项
9	客舱服务	服务员的服务、注意力;语言与联系;姿容与服装;工作效率与专业知识;可见性与应答性;处理反馈乘客问题的速度与正确度;织品的易更换性;舱室的用餐服务;对清洁度的留意程度;对舱室细节的关心程度
10	航线与旅游点	旅行路程与航线的设计;海上航行天数与港湾停留天数平衡;旅游景点的多样性;旅游地的主要名胜;地理位置及气候;历史、文化及名胜;甲板舷侧区域出入口处清洁度;交通方便性;在停泊港的时间安排;从船到岸的运转方式
11	岸上旅游	停泊港的旅游指南与咨询;旅游情报资料;岸上导游人员;岸上旅游的多样化与满足度;岸上旅游设施的利用与费用;交通导游的质量;岸上旅游用餐安排;个别旅游的交通配合;全部旅游计划的实施;全体乘客满意度
12	娱乐	节目安排的质量、多样化及好评程度;节目演技、艺术质量及满意程度;节目演出与酒吧的歌舞表演;舞台技术及演技熟练程度;照明、道具的设计与使用方法;音响效果;乐队及演奏;舞蹈伴奏的协调度与质量;电影、电视及剧场节目表;节目的时间计划与安排
13	休闲活动	活动计划安排多样化及满意度;知识的演讲与演示;酒会及社交聚会;室内外活动的均衡;体育和比赛;举办活动时工作人员的态度;工作人员的举止行为;独特性与创造性;对单身旅客的活动;适合儿童与少年节目的安排
14	导游人员	姿容与服装;可见性及与乘客的接触;登台及专业技术;话筒使用技术;演讲技巧对策;告示板、广播;组织、活动、管理能力,处理解决问题的技巧;在通道处的可见性;对工作的热爱程度;专业技术水平
15	船员	船长及高级船员;姿容及着装;组织能力、尊敬度及权威;社交接触及可见性;对乘客问题的处理与反馈;工作人员的管理培训及指导;语言与联络;与乘客接触中的友好与耐心;对工作的热情与精神;对公司产品的专业知识

表 1.7（续 3）

序号	大项	细项
16	健身运动设施	健身运动及设备;室外游泳池及室内浴池的尺寸与清洁度;体育馆、健身房、蒸汽浴及更衣室;跑道及运动甲板;训练指导程序;体育教练及顾问;训练种类及其活动;水上运动程序;室外运动和比赛程序
17	综合设施	公共场所及卫生间;休息室及酒吧;露天甲板及日光浴室;健身运动设施;体育运动器具及设施;娱乐场;商店、首饰和服饰用品店;美容院及美容服务;医疗设施;吸烟及禁烟的规定和措施
18	费用	标记价格的准确度;对预订商品的送货;对单身乘客商品的送货;船舶营运费用水平;船上服务费用水平;旅游环境及气氛;旅游景点;竞争的分析;价格的现实性;一天的费用
19	旅游综合体验	旅游与商品指南的易读性;空运与海运的配合;船票与登记表格的填写;交通方式的配合;登船及下船;旅游前后行李物品的包装及运送;船上设备设施整体评价;船上工作人员整体评价;船上服务整体评价;旅客满意程度整体评价

由表 1.6 中的评分项权重及表 1.7 中的评分细项可以看出,《伯利兹邮轮年鉴》对邮轮的星级评定标准更侧重于细节及软件方面的个人体验,而不仅局限于硬件设施。但这绝不意味着硬件设施不重要,一艘邮轮如果太过拥挤、服务人员人手不足,显然会影响打分者的主观体验感觉,至少会拉低乘坐体验评分项的分值。邮轮设计时固然应关注其中的外观造型、硬件设施、舒适性、导视系统等的设计,但有些表面看似与设计无关的评分项也不能忽视,如为确保甲板清洁度,设计时就应选择易清洁、可擦洗的甲板面材,甲板疏排水设施也应考虑到位。

按照《伯利兹邮轮年鉴(2019)》的评分体系,一艘邮轮的最高得分为 2 000 分。表 1.8 为《伯利兹邮轮年鉴(2019)》按照评分分值,将邮轮划分为 1 星~5 星+,共 10 个星级。

表 1.8 《伯利兹邮轮年鉴 2019》的星级及对应分值

星级	5 星 +	5 星	4 星 +	4 星	3 星 +
分值	1 851~2 000 分	1 701~1 850 分	1 551~1 700 分	1 401~1 550 分	1 251~1 400 分
星级	3 星	2 星 +	2 星	1 星 +	1 星
分值	1 101~1 250 分	951~1 100 分	801~950 分	651~800 分	501~650 分

参考《伯利兹邮轮年鉴(2019)》,现代邮轮基本分布于 3 星、3 星 + 、4 星、4 星 + 这 4 个星级,5 星级、5 星 + 级和 3 星级以下都很少。目前中国市场母港邮轮中,"大西洋"号、歌诗达"新浪漫"号、"宝瓶星"号、"双子星"号、歌诗达"维多利亚"号都属于 3 星级,歌诗达"赛琳娜"号、歌诗达"幸运"号、"处女星"号、"蓝宝石公主"号、"海洋航行者"号都属于 3 星 + 级,"海洋量子"号、"海洋光谱"号、"盛世公主"号、地中海"辉煌"号、诺唯真"喜悦"号都属于 4 星级,"世界梦"号则是唯一一艘 4 星 + 级邮轮。

1.3.7 按船体形状分类

目前几乎全部邮轮都采用单船体,而 UEI 邮轮公司的"塞班之星"号则是世界上仅有的一艘双体邮轮。"塞班之星"号的前身"Radisson Diamond"号于 1992 年交付,由当时的芬兰 Rauma Finnyards 船厂建造。如图 1.18 所示,"塞班之星"号采用小水线面双体船船型[①],是当时世界最大的小水线面双体船。"塞班之星"号总吨位为 20 295,船长 131 m,船宽 32 m,最大的亮点是设置在连接桥顶部中间位置的"海底长廊",乘客可以站在特制的玻璃地板上欣赏海底风光。

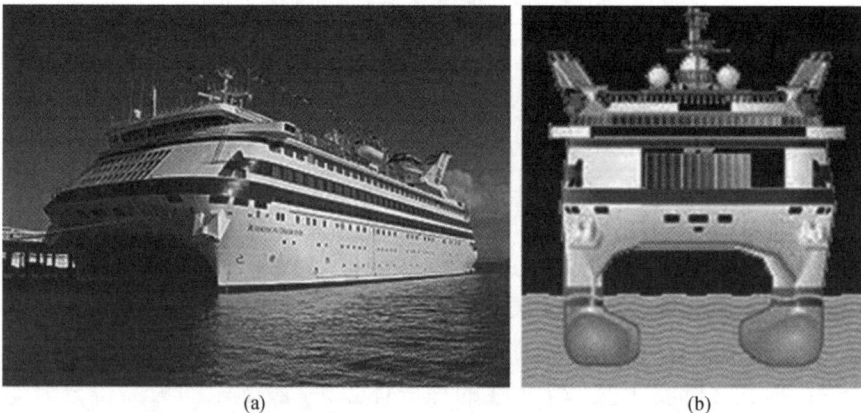

图 1.18 "塞班之星"号双体邮轮

1. 小水线面双体船的优点
(1)横摇周期长,横向运动小,高海况下的耐波性尤好;

---

① 小水线面双体船(Small Waterplane Area Twin Hull,SWATH)系指为改善耐波性、减小兴波阻力,将片体在水线处缩小形成狭长流线型截面的双体船。其主船体由连接桥结构连接的左右两个片体组成,每一个片体包括上船体、支柱体和下潜体。

(2)复原力矩大,横向稳性好;

(3)兴波阻力小,适合高速航行;

(4)操纵性好,水下侧向面积大而易保持航向稳定性,双桨回转力矩大而回转灵活;

(5)可通过拉大片体间距,增大甲板面积。

2.小水线面双体船的缺点

(1)湿表面积大,摩擦阻力大,低速航行时的总阻力较大;

(2)水下潜体的空间较小,难以布置大型的主机或推进电机;

(3)结构复杂,尤其是连接桥的结构设计分析难度较大;

(4)水线面小,装载变化引起的吃水变化较大;

(5)用钢量比单体船多,建造成本偏高;

(6)纵向稳定性差,高速航行时易发生埋首[17-18]。

现代邮轮很少全速航行,以巡航航速航行为主,进出港时航速更低,而低速时双体船的阻力性能较差,油耗量偏大。另外,由于双体船的潜体不易安装大型主机或推进电机,船型较大时航速提升空间有限。再者,现代邮轮都配有减摇鳍来改善耐波性,采用双体船提升耐波性的需求不迫切。因此,现代邮轮采用双体船型的意义不大。

1.4 典型邮轮简介

1.4.1 "海洋绿洲"号

皇家加勒比邮轮公司的"绿洲"(oasis)级是当之无愧的邮轮界"海上巨无霸"。首制船"海洋绿洲"号总吨位 226 838,船长 362 m,型宽 47 m,最大船宽 65 m,型深 22.55 m,设计吃水 9.1 m,水线以上高 72 m,最大航速 24 kn,巡航航速 22.6 kn,载重量 15 000 t;共有 18 层甲板,其中 16 层为乘客甲板,24 部乘客电梯,标准载客量 5 400 人,最大载客量 6 296 人,船员 2 165 人;共有客舱 2 798 间,其中 1 976 间带阳台,内舱房 496 间,有 46 间带轮椅通道;共有 37 个酒吧、24 个咖啡厅和餐厅,以及大量娱乐设施,商店面积达 930 m²。为了便于通过海峡桥梁,邮轮还采用了可以伸缩的烟囱设计①。

---

① 由于信息来源不一,邮轮定期或不定期改造后的信息也未必能得到及时反馈,本书部分船型数据可能与实际略有差异,仅供读者参考。

"海洋绿洲"号由 STX 芬兰图库船厂建造,2009 年交付运营,开启了邮轮巨型化的新时代[19-20]。能否停靠"绿洲"级邮轮成为衡量一个邮轮码头是否"高端"的标志。

"海洋绿洲"号最值得称道的是分离的上层建筑设计。其上层建筑实际分为两部分,左右舷两边各成一体,中间采取开放式结构。这样的设计使得大量的内部空间同样可以接触自然光。船上拥有露天的中央公园和宽阔的散步道。露天中央公园参照了美国中央公园的布局,公园长 107 m,中心区域是 3 座各具风格的花园,栽种着来自加勒比的热带花卉、灌木、棕榈树和其他树木,共计有 12 000 棵以上。散步道上设有餐厅、酒吧、商店、两个攀岩墙。船尾有一个 750 座的水上剧场,还设有世界上第一个全尺寸海上旋转木马,完全由白杨木手工打造。"海洋绿洲"号独特的上层建筑分离设计也使得邮轮上首次出现有景观的内舱房和阳台房,实际上这种客舱的费用比海景舱更高。邮轮配有一套称为 Wow Phone 的网络电话系统,可用于定位船上的家庭成员。为跟踪儿童的位置,还可为儿童提供手表式异频雷达收发机。图 1.19 显示了该船的外形、部分公共区域及娱乐设施。

(a) 整体外形

(a) 中央公园

(c) 散步道

(d) 水上剧场

(e) 海上旋转木马

(f) 中央公园街景房

图 1.19 "海洋绿洲"号邮轮的外形、部分公共区域及娱乐设施

如表 1.9 所示,"海洋绿洲"号的内舱房面积最小也有 16 m²,阳台房占比达 71%,内舱房占比 19%。乘客空间比为 35.8~41.7,乘客船员比为 2.5~2.9,达到了 Cartwright 和 Baird 提出的精品级邮轮水准。

表 1.9 "海洋绿洲"号的客舱房型

房型	数量	最大床位数/张	房间面积/m²	阳台面积/m²
皇家复式套房	1	6	143	79
主人复式套房	2	4	86	15
明星复式套房	2	4	68	39
双卧室露天剧场套房	6	8	62	61
单卧室露天剧场套房	6	4	30	33
皇冠复式套房	25	4	51	11
主人套房	10	3	52	20
皇家家庭套房	6	8	52	22
极限全景套房	2	4	86	—
高级套房	30	3	35	10
标准套房	86	4	27	8
家庭阳台房	7	6	25	8
海景阳台房	1 320	4	17	5
中央公园街景阳台房	475	4	17	5
家庭海景房	8	6	25	—
中央公园街景房	78	3	18	—
海景房	183	5	17	—
家庭海景房	4	6	24	—
中央大道街景房	18	5	18	—
内舱房	529	4	16	—

动力方面,"海洋绿洲"号采用柴电动力推进,配有 3 台瓦锡兰 16V46D 型和 3 台 12V46D 型中速发电机组,总功率 97 MW;配有 2 台 MTU 16V4000 型应急发电机组;如图 1.20 所示,配有 3 台 ABB Azipod XO 型吊舱桨(中间桨固定),单桨推进功率 20 MW,桨径 6.1 m;配有 4 台瓦锡兰 CT3500 型艏侧推,单机推进功率 5.5 MW。

环保方面,"海洋绿洲"号安装了混合式脱硫塔和污水净化系统,对港内废水排放的要求比美国联邦标准还要严格两倍;安装了先进的能源管理系统,通过优化航行路径和优化动力节省能源消耗;配有 2 台 Aalborg UNEX G－622 型和 2 台 UNEX G－533 型废热锅炉;如图 1.21 所示,该船甲板上安装有荷兰 BAM 能源集团的 1 950 m^2 的薄膜太阳能电池板,功率约 80 kW,为散步道和中央公园区域的照明提供电力。"海洋绿洲"号取得了挪威－德国船级社会集团(DNV-GL)发放的"绿色护照",还获得挪威海事展览会(Nor-Shipping)授予的首个"清洁海水奖"(Clean Sea Award),且船上还设有一位专职环境官员,以确保所有船员都能受到相关培训。

图 1.20 "海洋绿洲"号邮轮的 3 台 ABB Azipod XO 型吊舱桨

图 1.21 "海洋绿洲"号邮轮上的太阳能电池板

(图片来源:www.royalcaribbeanblog.com)

安全方面,"海洋绿洲"号配备 18 艘 CRV55 型双体救生艇和 LS45 型吊艇架系统。CRV55 型最大载员 370 人,配有特殊的"Green Sea"防上浪冲击绑扎系统;设有 11 个集合站,撤离仿真分析结果表明,夜间集合时间为 44.5 min,白天集合时间为 33.4 min,均满足国际海事组织(IMO)要求的 60 min 的时间限制要求。

目前已在运营的"绿洲"级邮轮共有 4 艘,即"海洋绿洲"号、"海洋魅力"号、"海洋和悦"号和"海洋交响"号,第 5 艘"海洋奇迹"号于 2022 年 2 月交付。

1.4.2 "海洋量子"号

"海洋量子"号大型邮轮是皇家加勒比邮轮公司"量子"(quantum)级的首制船,由德国迈尔船厂建造,2014 年 10 月交付,2015 年 5 月投入中国市场。"海洋量子"号总吨位 168 666,净吨位 153 251,总长 347.75 m,型宽 41.4 m,型深 11.45 m,设计吃水 8.5 m,最大吃水 8.8 m,水线以上高 62.5 m,最大航速 24 kn,巡航航速 22 kn,排水量 80 083 t,载重量 12 000 t;共有 16 层甲板,其中 9 层为乘客甲板,标准载客量 4 162 人,最大载客量 4 819 人,船员 1 300 人;共有客舱

2 095 间,其中 1 572 间带阳台,内舱房 367 间,有 34 间带轮椅通道;共有 16 部乘客电梯,其中 6 部为观光电梯,4 部为无障碍电梯,另有 13 部服务电梯。

"海洋量子"号因大量采用高科技技术而被称为"世界第一艘智能邮轮""来自未来的游轮"。北极星(North Star)高空全景观光舱和 RipCord by iFly 模拟高空跳伞无疑是该邮轮最具标志性的两项娱乐设施。北极星利用可旋转的吊臂,将宝石形的透明玻璃舱升高至距海面 90 m 的制高点,提供给乘客 360°的全景壮观视野。RipCord by iFly 高 7 m,通过垂直风洞,产生空气流,让乘客享受垂直降落的刺激和跳伞的快感。Two70°剧场是"量子"系列的标志性场所,通过几乎横跨船尾 3 层甲板的巨型落地玻璃窗,乘客能欣赏 270°海景。SeaPlex 大型多功能运动馆横跨两层,提供碰碰车、篮球场、Xbox360、滚轴溜冰、乒乓球、桌上冰球等娱乐设备。FlowRider 冲浪模拟器的冲浪马达每分钟可提供 110 m³ 的水,乘客可以在 12 m 的模拟器上体验"飞起来"的快感。Bionic Bar 是世界上第一个采用机器人酒保的酒吧,Makr Shakr 机器人酒保能够按照程序指令选择饮品成分和调整配比,并像真人调酒师一样混合并摇晃不同饮料。Makr Shakr 调制一杯鸡尾酒只需要 90 s,还能自动完成鸡尾酒的传送、酒杯回收和清洗。客人可以通过平板电脑点自己想要的饮品,然后观看机器人酒保调制各种鸡尾酒。其他娱乐休闲设施包括阳光浴场、水上乐园、海上攀岩墙、皇家大剧院、散步道、户外影院、游戏中心、托儿所、艺术长廊、赌场、免税店、水疗和健身中心等。皇家加勒比邮轮公司还在"海洋量子"号上首次推出了 Royal IQ 手机程序,乘客可通过手机实时预订邮轮上的各项活动,制定日程安排,也可以用作邮轮上的内部通信设备。图 1.22 显示了该船的外形和部分公共区域及娱乐设施。

如表 1.10 所示,"海洋量子"号的内舱房面积最小也有 15 m²,阳台房占比达 75%,乘客空间比为 35～40.5,乘客船员比为 3.2～3.7,达到 Cartwright 和 Baird 提出的精品级邮轮水准。"量子"级邮轮较早地引入了"虚拟阳台内舱房"的概念,在内舱房内嵌入一个约 2 m 的高分辨率(HD)、高画质屏幕的巨型虚拟落地窗,并且通过设置在船首至船尾的数部 RED Epic HD 电影摄影机,实时地将高画质影像与声音传送到屏幕上,营造出有如真正海景阳台一般的虚拟景致。"海洋量子"号还可提供 16 套三卧室家庭连通套房,该房型最多可容纳 10 人,房间总面积达 54 m²,阳台面积达 20 m²,为大家庭举家出游提供了一种价格相对便宜的房型选择。

(a) 整体外形

(b) 北极星

(c)RipCord by iFly

(d)Two70°剧场

(e)FlowRider 冲浪模拟器

(f)Makr Shakr 机器人酒保

图 1.22 "海洋量子"号的外形和部分公共区域及娱乐设施

表 1.10 "海洋量子"号的客舱房型

房型	数量	最大床位数/张	房间面积/m²	阳台面积/m²
皇家复式套房	1	8	152	57
主人复式套房	1	4	91	46
明星复式套房	9	4	62 ~ 78	17 ~ 33
主人套房	4	4	50	24
双卧室皇家家庭套房	4	4	33	24

表 1.10(续)

房型	数量	最大床位数/张	房间面积/m²	阳台面积/m²
高级套房	20	4	33	10 ~ 24
家庭套房	28	5	28	8
标准套房	16	4	26	15
SPA 标准套房	42	2	25	8
阳台房	1 435	4	18	5
海景房	156	4	17 ~ 33	—
内舱房	351	4	15 ~ 17	—
单人阳台房	12	2	11	5
单人内舱房	16	2	9	—

节能环保方面,"海洋量子"号装备了空气润滑气泡减阻系统(Air Lubricating System, ALS),能减少 6% ~ 8% 的燃油消耗,这是 ALS 在大型客船上的首次商业应用;配有 2 台 Aalborg Mission XW - 569 型和 2 台 Mission XW - 462 型废热经济器;配有 2 台瓦锡兰 33.6 MW 混合式脱硫塔。

动力方面,"海洋量子"号采用柴电动力推进,配有 2 台瓦锡兰 16V46F 型和 2 台 12V46F 型中速发电机组,总功率 67.2 MW;配有 2 台卡特 3516C 型应急发电机组,总功率 4.45 MW;配有 2 台 ABB Azipod XO 2300 - L 型吊舱桨,单桨功率 20.5 MW,桨径 5.6 m;配有 4 台 Brunvoll AS 公司的 FU115LTC3500 3.5 MW 液压驱动可调螺距艏侧推。

救生设备方面,"海洋量子"号配有 16 艘 Fassmer SEL 12.5 型、可容纳 313 人超大的半封闭救生艇,2 艘 Fassmer RR 6.5 ID - SF 型、可容纳 6 人的高速救助艇,2 套 Viking VEDC 2.7 双滑道垂直撤离系统(各配 2 个 Viking 150 DKS 型和 1 个 100 DKS 型自扶正救生筏),16 个 150 DKS 型自扶正救生筏。

替代设计方面,"海洋量子"号共需进行如下 4 个方面的替代设计。

(1)艉部两个主竖区和最前部 1 个主竖区,长度和面积均超过《国际海上人命安全公约》(SOLAS)的最大尺寸限制;

(2)全部救生艇,载员均超过《国际救生设备规则》(LSA)的 150 人最大人数限制;

(3)共 5 个位于主竖区防火分隔舱壁上的自动防火卷帘门;

(4)无机房电梯。

1.4.3 "威尼斯"号

"威尼斯"号采用"Vista"级船型，由意大利芬坎蒂尼造船厂建造，是歌诗达邮轮公司专为中国市场量身打造的大众型邮轮，于 2019 年交付后随即投入中国市场运营。"威尼斯"号是歌诗达邮轮公司第一次推出以城市命名的邮轮，圣马可广场、大运河和贡多拉、凤凰剧院、威尼斯电影节、假面舞会等威尼斯的地标和特色文化都被巧妙地搬到了船上，如图 1.23 所示。

(a) 整体外形

(b) 圣马可大堂

(c) 大运河餐厅

(d) 凤凰剧院

(e) 水上乐园

(f) 购物中心

图 1.23 "威尼斯"号邮轮的外形和设施

(图片来源：www.costachina.com)

　　"威尼斯"号造价达7.8亿美元,总吨位135 225,船长323.6 m,船宽37.2 m,型深11.2 m,设计吃水8.25 m,最大航速22.6 kn,巡航航速18 kn;共有16层甲板,其中12层为乘客甲板,标准载客量4 232人,最大载客量5 260人,船员1 278人;共有客舱2 116间,其中套房34间,阳台房969间,海景房287间,内舱房826间,有39间带轮椅通道;共有15个餐厅提供经典意式和中式美食,除大运河餐厅、马可波罗餐厅和丽都市集自助餐厅外,还有火锅、铁板烧、海鲜、烧烤、牛排、意式比萨、卡萨诺瓦、汉堡、意式冰激凌等几个特色收费餐厅,以及6个酒吧;娱乐休闲设施主要有水上乐园、水滑梯、攀岩墙、迷你高尔夫、篮球场、高空绳索攀爬乐园、思高俱乐部、尤文图斯足球队博物馆等;船中丽都甲板上设有跨一个两层的泳池,安装有巨大的可伸缩式铝质玻璃穹顶,墙上装有大型LED液晶屏播放电影和娱乐节目。

　　考虑中国乘客的爱好,"威尼斯"号上设有11个KTV包间及约800 m²的购物中心。考虑到中国人的家庭观念较重,比较喜欢家庭三代成员整体出游,船上设有青少年、儿童和婴儿俱乐部,很多阳台房、海景房、内舱房都被设计成连通房,这点尤为值得借鉴;船上很多吧台提供中国乘客偏爱的珍珠奶茶和果汁饮料;赌场面积也是"歌诗达"邮轮船队中最大的,赌场内还设有两个专用的VIP包间。

　　如表1.11所示,"威尼斯"号内舱房面积最小为16 m²;内舱房占比39%,阳台房占比47%,没有特别高规格的套房。另外,乘客空间比为26 ~32,乘客船员比为3.3 ~4.1,符合Cartwright和Baird提出的大众型邮轮指标,但指标在新建邮轮中基本属于最低。总体看来,"威尼斯"号的设计理念是多布置客舱、多载客。由于设计了较多的内舱房,使得阳台房比例偏低。这反映了邮轮公司的一种经营策略,即载客越多,船票收入越高。

表1.11 "威尼斯"号的客舱房型

房型	数量	最大床位数/张	房间面积/m²	阳台面积/m²
高级套房	20	3	26	6
迷你套房	14	4	17	7
特色阳台房	27	3	17	9
阳台房	822	4	17	4
内凹阳台房	120	4	17	4
海景房	287	4	16	—
内舱房	826	4	16	—

动力方面,"威尼斯"号采用柴电动力推进,配有 2 台 MAN 14V48/60 CR 型和 3 台 MAN 8L48/60 CR 型中速发电机组,总功率 62.4 MW;配有 2 台卡特 3516C 型应急发电机组,总功率 4.2 MW;配有 2 台 ABB Azipod XO2100 型吊舱桨,单桨功率 16.5 MW,桨径 5.7 m;配有 3 台瓦锡兰 CT275H 型 2.5 MW 艉侧推。

救生设备方面,"威尼斯"号配有 20 艘 Fassmer SEL 12.5 型、可容纳 314 人超大的半封闭救生艇,2 艘 6 人救助艇,2 套 Viking 双滑道垂直撤离系统(各配 2 个 150 DKS 型自扶正救生筏),10 个 150 DKS S30 型救生筏,2 个 100 DKS S30 型救生筏。

1.4.4 "AIDAnova"号

"AIDAnova"号是德国迈尔船厂推出的"超太阳神"(Excellence-Helios)级 LNG 动力邮轮首制船,于 2018 年交付运营,是全球第一艘真正意义上的 LNG 动力邮轮[①],也是第一艘获得德国政府授予的"蓝天使"(Blauer Engel)环保标志的邮轮。

"AIDAnova"号造价约 9.5 亿美元,总吨位 18.4 万,船长 337 m,船宽 42 m,最大吃水 8.8 m,最大航速 23 kn,巡航航速 17 kn;共有 16 层甲板,其中 11 层为乘客甲板,标准载客量 5 200 人,最大载客量 6 654 人,乘客空间比为 27.6~35.4,乘客船员比为 3.2~4.0;共有客舱 2 600 间,21 种房型,其中套房 128 间,阳台房 1 522 间,海景房 168 间,内舱房 782 间;共有 17 个餐厅,包括 6 间点菜餐厅、5 间特色餐厅和 5 间自助餐厅,以及 23 个酒吧和咖吧;顶部 3 545 m² 的 SPA 疗养中心跨两层甲板,含有 5 个桑拿房、2 间身体康复小屋和 1 个温水浴场,阳光甲板提供 3 个露天按摩池,80 多种水疗,是其一大特色。其他户外娱乐设施包括 3 个巨型水滑梯、水上乐园、攀岩墙、迷你高尔夫球场等。

船舶燃用 LNG 的关键之一是确保稳定的 LNG 供应。早在 2016 年,嘉年华邮轮公司就与壳牌 Shell Western LNG B. V. 等公司签署了长期的 LNG 供应协议,旗下邮轮可在马赛、巴塞罗那、萨沃纳等多个港口加注 LNG。"AIDAnova"号在加那利群岛地区首航时,以 14 天为一个周期在特内里费港加注 LNG;转移至西地中海地区运营后,则是以 14 天为一个周期在巴塞罗那港加注 LNG。图 1.24 所示为"AIDAnova"号在巴塞罗那港等待 LNG 加注船进行加注的场景。

除传统的套房、阳台房、海景房、内舱房外,"AIDAnova"号还是"爱达"邮轮

---

① "AIDAprima"号和"AIDAperla"号两艘邮轮均由日本三菱重工建造,均配备了卡特彼勒公司的 MaK 双燃料发动机,在靠港停泊时可使用 LNG 燃料。但两艘邮轮均没有 LNG 储存装置,不能在正常航行和进出港时使用 LNG,因此还不是真正意义上的 LNG 动力邮轮。

船队中第一个布置单人客舱的,各提供 12 间阳台单人房和内舱单人房,迎合国际上单人出游 (solo travel) 的新思潮①。单人房间面积 10 m²,提供 1 张单人沙发床,也可申请增加一张婴儿床,以满足单亲家庭需求。

与爱达邮轮公司旗下的其他邮轮一样,"AIDAnova"号也配置了 Pepper 移动人形机器人。如图 1.25 所示,Pepper 移动人形机器人能以

图 1.24　等待加注 LNG 的 "AIDAnova"号邮轮

(图片来源:www. aida. de)

英语、德语、意大利语 3 种语言为乘客提供信息查询、路径导引、导购促销、票务预订等服务,尤其增加了对青少年乘客的吸引力。

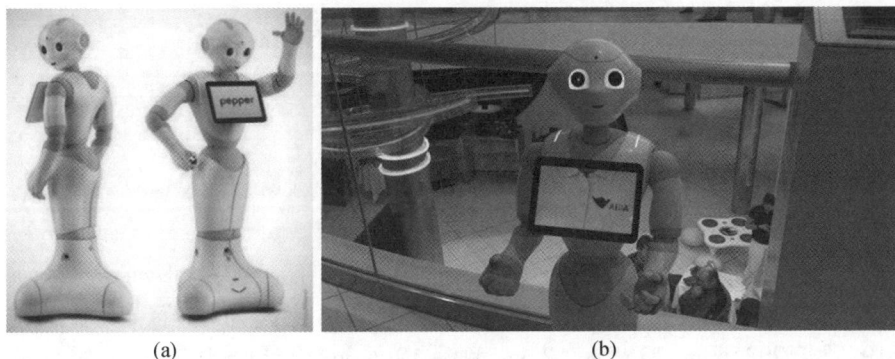

(a)　　　　　　　　　　　　　(b)

图 1.25　Pepper 移动人形机器人

动力方面,"AIDAnova"号装有 4 台 MaK 16M –46DF 型双燃料发电机组,总功率 61.8 MW;配有 2 台 CAT 3516C 型应急发电机组,总功率 4.19 MW;艉部配有 2 台 ABB Azipod XO2100 型吊舱桨,单桨功率 18.5 MW,桨径 5.2 m;配有 4 台 3.5 MW 艏侧推。

LNG 燃料存储方面,"AIDAnova"号装有 3 个低温 LNG 储罐,总容积达 3 570 m³,足够支撑该邮轮航行两周。如图 1.26 所示,2 个较大的储罐长 35 m,直径 7.75 m,容积 1 525 m³,另有 1 个较小的储罐长 28 m,直径 5 m,容积 520 m³。罐体采用德国

---

① 参见 Cruise Lines International Association (CLIA). State of the cruise industry outlook 2020. Washington,America,2019。

Ilsenburger Grobblech Gmbh 公司生产的 X8Ni9 型镍合金钢,可承受 −196 ℃的低温,最大板厚 50 mm,最小抗拉强度 640 MPa,钢板总重 308 t。此外,船上还设有 3 000 m³的氧化镁(MgO)储存舱。

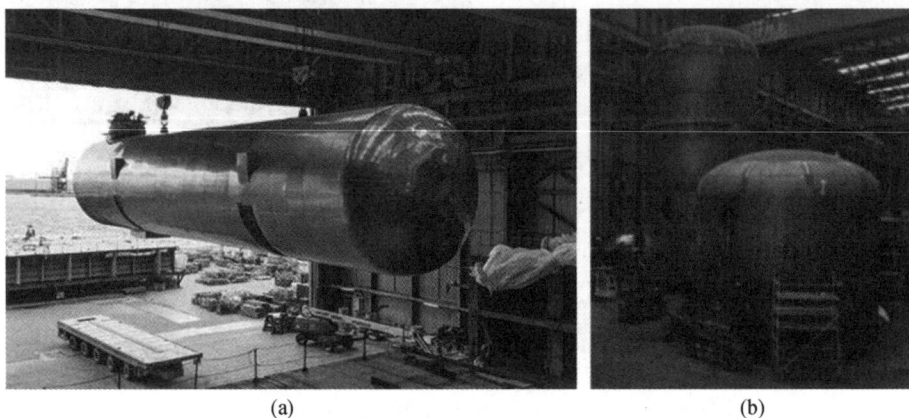

(a)   (b)

图 1.26 "AIDAnova"号邮轮的 LNG 储罐

(图片来源:www.ilsenburger-grobblech.de)

1.4.5 "大西洋"号

"大西洋"号是歌诗达邮轮公司"Spirit"级的首制船,由芬兰 Kvaerner Masa 船厂建造,于 2000 年交付,现由中船集团嘉年华邮轮公司运营。该船总吨位 85 619,总长 292.6 m,型宽 32.2 m,型深 10.6 m,设计吃水 7.8 m,最大吃水 8.0 m,最大航速 24 kn,巡航航速 22 kn,最大排水量 44 928 t,最大载重量 8 600 t;共有 15 层甲板,其中 12 层为乘客甲板,8 层为乘客住舱甲板,标准载客量 2 218 人,最大载客量 2 836 人,船员 920 人;共有 15 部乘客电梯,其中 3 部为观光电梯,另有 7 部服务电梯。

"大西洋"号船型经典,有"艺术之船"之美誉,设计师将大片的玻璃和不锈钢与大理石、上等原木等材质巧妙结合,以独特的设计展现其意式风格。该船最引人注目的是气势恢宏的中庭,中庭贯穿 10 层甲板,融合了罗马、文艺复兴时期和巴洛克风格,配有 3 部玻璃观光电梯直达中庭顶部的日光餐厅。"大西洋"号布设了很多世界闻名的 Murano 玻璃工艺品,及各类壁画、雕塑、艺术品 400 余件。巴洛克风格的弗洛里安咖啡馆历史悠久,是威尼斯的地标之一,"大西洋"号将其 1∶1 复制还原到船上。此外,重现了费里尼电影场景的咖吧、蝴蝶夫人酒吧内的蝶形楼梯等,这些都弥漫着浓郁的意式艺术气息。位于船尾、跨越第 2 层和第 3

层甲板的主餐厅——提香餐厅以意大利建筑风格为设计灵感,分两个批次提供晚餐。餐饮设施还包括波提切利自助餐厅,以及卡萨诺瓦餐厅、火锅餐厅、比萨餐厅等收费餐厅。戏水设施包括3个游泳池(其中一个带可伸缩顶盖)、4个按摩浴缸、1个水滑梯。其他休闲娱乐设施有卡鲁索大剧院、蝴蝶夫人酒吧、大堂吧、DISCO舞厅、珊瑚秀休闲厅、棋牌室、尤文图斯露天运动场、史皮卡购物街、思高儿童俱乐部、SPA中心、健身房、室外跑道、图书馆、录像厅等。图1.27显示了该船的外形和部分公共区域及娱乐休闲设施。

(a) 整体外形

(b) 玻璃工艺品

(c) 蝶形楼梯

(d) 主餐厅

(e) 中庭

(f) 弗洛里安咖啡馆

图1.27 "大西洋"号邮轮的外形和设施

  "大西洋"号在 2015 年进行过一次改造,增加了 16 间内舱房和 32 间迷你套房,现共有客舱 1 105 间,其中套房 90 间,阳台房 620 间,海景房 167 间,内舱房 228 间,有 8 间无障碍客房。内舱房面积 14 m^2,乘客空间比为 30.2 ~ 38.5,乘客船员比为 2.4 ~ 3.1,达到了 Cartwright 和 Baird 提出的精品级邮轮水准。"大西洋"号是最早一批推出阳台房房型的邮轮,阳台房占比接近 62%。表 1.12 列出了"大西洋"号的客舱房型参数及各乘客甲板的客舱分布。

表 1.12 "大西洋"号的客舱房型

客舱			乘客住舱甲板								总计
房型	面积/m^2	床位/张	1 层	4 层	5 层	6 层	7 层	8 层	9 层	10 层	
经典内舱房	14	2 ~ 4	52 间	5 间	17 间	48 间	0	0	0	0	122 间
高级内舱房	14	2 ~ 4	0	0	0	4 间	64 间	22 间	10 间	6 间	106 间
经典海景房	16	2 ~ 4	0	68 间	0	0	0	0	0	0	68 间
高级海景房	16	2 ~ 4	99 间	0	0	0	0	0	0	0	99 间
经典阳台房	16	2 ~ 4	0	54 间	102 间	0	0	0	0	0	156 间
高级阳台房	16 ~ 18	2 ~ 4	0	4 间	60 间	110 间	144 间	146 间	0	0	464 间
阳台套房	30 ~ 37	2 ~ 4	0	2 间	2 间	2 间	2 间	2 间	0	0	10 间
高级全景阳台套房	33 ~ 45	2 ~ 4	0	2 间	32 间	0	0	0	0	0	34 间
豪华全景阳光套房	45 ~ 51	2 ~ 4	0	2 间	0	2 间	8 间	2 间	0	0	14 间
迷你套房	25 ~ 30	2 ~ 3	0	0	0	0	0	0	20 间	12 间	32 间
共计	—	—	151 间	137 间	213 间	166 间	218 间	172 间	30 间	18 间	1 105 间

  动力方面,"大西洋"号采用柴电动力推进,装有 6 台瓦锡兰 9L46D 型中速柴油发电机组,总功率 62.37 MW;艉部配有 2 台 ABB Azipod 型吊舱桨,单桨功率 17.6 MW;艏部配有 3 台 1.9 MW 侧推。

  救生设备方面,"大西洋"号配有 6 艘 150 人交通艇兼救生艇,12 艘 150 人救生艇,56 个 35 人可吊救生筏,2 个训练用 35 人救生筏。

1.5 邮轮船型发展趋势

1.5.1 大型邮轮更趋大型化、平民化

大型邮轮一般定位为大众型邮轮,近年来大型邮轮的大型化趋势明显,尤其是 15 万总吨以上的超大型邮轮增量更为明显[7-8]。其主要有以下 3 个方面的原因。

(1)近年来邮轮市场持续向好,大型邮轮的单航次载客量、市场关注度等方面更佳,邮轮公司判断大吨位邮轮的市场竞争力更强。

(2)大型邮轮的定位趋向平民化,家庭、团组乘客的比例越来越高,这些乘客不是很在意环境是否嘈杂,甚至喜欢热闹的氛围。大船能提供的公共休闲娱乐空间更多,种类也更丰富,往往更受欢迎。

(3)能与吨位小些的在役邮轮形成互补,完善船队梯度配置,避免同质竞争。邮轮的设计寿命长达 30 年,2000—2010 年建造的吨位稍小的大型邮轮仍是当前市场的主力。

表 1.13 列举了自 20 世纪 90 年代以来,歌诗达邮轮公司旗下各级邮轮首制船的船型参数变化情况。从表 1.13 中可以看到,虽然发展历程略有波动,但总体上邮轮越新,其总吨位就越大。乘客空间比和乘客船员比方面,后期新建的"Excellence-Helios""Vista""Dream"几级邮轮的指标有较为明显的下降,并未随船型增大而同步提高。

表 1.13 歌诗达邮轮公司旗下各级邮轮首制船的船型参数

船级	船名	交付年份	总吨位	PSR(M)	PCR(M)
Classica	"新经典"号	1991	53 015	31.6	2.72
Victoria	"维多利亚"号	1996	75 166	31.4	3.13
Mistral	"新里维埃拉"号	1999	48 200	27.9	3.45
Spirit	"大西洋"号	2000	85 619	31.9	2.91
Fortuna	"幸运"号	2003	102 669	29.6	3.18
Concordia	"赛琳娜"号	2007	114 147	30.2	3.41

表 1.13（续）

船级	船名	交付年份	总吨位	PSR（M）	PCR（M）
Luminosa	"炫目"号	2009	92 720	32.8	3.03
Dream	"DIADEMA"号	2014	133 019	26.9	3.95
Vista	"威尼斯"号	2019	135 225	25.7	4.12
Excellence-Helios	"SMERALDA"号	2021	182 700	27.9	3.91

1.5.2　中小型邮轮更趋精品化

总吨位越大表示邮轮内部空间越大,能提供给乘客的休闲娱乐设施越丰富。但不能说邮轮越大,乘客体验一定越好,一定越受乘客青睐。一般来讲,总吨位越大,承载的乘客越多,虽然船上设施也相应地增加,但某些热门餐厅、娱乐设施的排队等候时间也可能越长,环境也更加嘈杂。

中小型邮轮船型小,意味着乘客数量相对少,私密性相对好,更能享受到安静的环境和优质的服务,更受"高端人士"的欢迎。近年来,4 万 ~7 万总吨的中小型邮轮更趋向高端化、精品化,船上设施的奢华程度、乘客空间比、乘客船员比等提升较快,很受市场追捧。

表 1.14 列举了近年来丽晶邮轮公司旗下中小型邮轮船队的船型参数变化情况。从表 1.14 中可以看到,邮轮的 PSR（M）和 PCR（M）均随着吨位增大而提升,这与大型邮轮的发展现状形成鲜明对比,印证了中小型邮轮的高端化、精品化趋势。

表 1.14　丽晶邮轮公司旗下中小型邮轮船队的船型参数

船名	交付年份	总吨位	最大载客量/人	船员/人	PSR（M）	PCR（M）
"Seven Seas Navigator"号	1999	28 803	557	315	51.7	1.77
"Seven Seas Mariner"号	2001	48 075	779	440	61.7	1.77
"Seven Seas Voyager"号	2003	49 000	777	447	63.1	1.74
"Seven Seas Explorer"号	2016	56 000	829	542	67.6	1.53
"Seven Seas Splendor"号	2020					

1.5.3 更注重高科技的应用

应用高新科技手段提升乘客的娱乐休闲体验,是打造特色邮轮的重要方式之一。现代邮轮业更趋信息化、数字化和智能化,船上 Wi-Fi、智能手环(智能穿戴设备)、智能服务 App、电子触摸屏、LED 虚拟景观显示屏、巨型 IMAX 影院、虚拟现实技术(VR)、智能机器人等高新科技在邮轮上的应用越来越普及[21]。

地中海邮轮公司将个人数字助理和语音控制技术应用到旗下邮轮,推出了虚拟个人邮轮助手——"Zoe"人工智能小管家。"Zoe"预先输入了近千条问题,可用 7 国语言与乘客进行语音交谈,能提供安排晚餐、预订短途旅行、预订出租汽车、提供天气预报、查看账单等服务,目前已投入使用在"荣耀"号和"鸿图"号上。地中海邮轮公司还推出了"我的 MSC"计划,对于举家出游的乘客来说,打开"我的 MSC"App 中的互动地图,对家人所在位置即可一目了然,还能引导乘客前往船内各处娱乐场所。地中海"传奇"号顶部装有 80 m 长的 LED 穹顶天幕,模拟日出日落、海底景色和星际宇宙等变幻的美景,给乘客带来惊艳的视觉享受。

皇家加勒比邮轮公司旗下的邮轮引进融合百度人工智能和途鸽全球云通信技术的百度共享 Wi-Fi 翻译机,开启"智能翻译 + 全球上网"的服务体验,乘客可随时随地上网,实现在线智能翻译。海上冲浪、海上高空跳伞、北极星、南极球等更是引领了邮轮高科技娱乐设施的潮流。

如图 1.28 所示,"Celebrity Edge"号在右舷搭载了一个重达 90 t、网球场大小的可移动升降甲板平台——"魔毯"(Magic Carpet)。靠港的时候平台可下降,协助乘客搭乘转驳船上岸游览。晚上平台上升至第 17 层甲板,成为一个延伸舷外的游泳池甲板餐厅。白天平台停留在第 5 层甲板,成为一个延伸舷外的酒吧。

(a)　　　　　　　　　　(b)

图 1.28　"Celebrity Edge"号邮轮上的可移动升降甲板平台——"魔毯"

如图 1.29 所示,精钻邮轮公司推出了 360°虚拟现实体验设施,借助 Oculus Rift 双目镜 VR 头盔,为乘客提供虚拟视觉体验,如游览邮轮上的设施、以 Z 字形翱翔于哥斯达黎加雨林、在哥伦比亚卡塔赫纳的月光下开启一场马车之旅等。

图 1.29　精钻邮轮上的 VR 体验馆
（图片来源:搜狐网）

迪士尼邮轮公司在旗下的"Disney Dream"号上建立了"星球大战"虚拟体验馆,儿童乘客将体验虚拟驾驶"千年隼"号宇宙飞船穿过数字空间,触发光速跳跃进入不同的星系,或参加游戏区的其他虚拟科技互动。

未来,类似皇家加勒比邮轮的"机器人酒保"、爱达邮轮的 Pepper 移动人形机器人服务员将会越来越多地应用于邮轮,承担客舱清洁、衣物换洗、送餐、路径引导等更多辅助服务工作。

1.5.4　更注重节能、绿色、环保

绿色环保、节能减排是整个船舶行业的发展趋势,LED、岸电、LNG、风能、太阳能、燃料电池、蓄电池等绿色清洁能源逐渐在船舶上得到应用。2018 年 4 月,IMO 海洋环境保护委员会(MEPC)第 72 次会议通过了《船舶温室气体减排初步战略》,其要求到 2050 年全球海运业温室气体排放量与 2008 年相比至少降低 50%,并逐步向零碳排放目标迈进。但目前多方要求国际航运业到 2050 年即实现零碳排放的呼声越来越高,美国、英国、欧盟等 27 个成员国、基里巴斯、马绍尔群岛和所罗门群岛等主管当局已向 IMO 提出了相关议案。各大邮轮公司也纷纷提出了到 2050 年,甚至早于 2050 年就将实现零碳排放的目标。

1. 岸电

据测算,在一艘邮轮的整个运营周期内,约有 40% 以上的时间停靠在港口。由于承载人员众多,大中型邮轮靠港期间的生活和娱乐用电负荷要比普通货船高得多。若使用岸基电源供电,邮轮自身的发电机组在靠港停泊期间将无须运行,这有利于减少港口区域的大气污染物排放[22]。

如图 1.30 所示,邮轮高压岸电系统主要包含 8 套设备,即进线开关柜、输入整流变压器、变频器、输出侧升压变压器、输出侧配电装置、移动式电缆管理系统、移动式电缆绞车、输电电缆[23]。

近年来,我国和国际主要邮轮母港都已陆续配套建设了岸电设施,邮轮使用岸电逐渐普及,岸电设施也已成为新建邮轮的标配。上海吴淞口国际邮轮码头

的岸电项目整体建设共分为两期,全面建成后将覆盖 4 个泊位。2016 年 7 月,一期项目正式投入运营,覆盖 2 个泊位,容量达 16 000 kV·A,供电频率为 50 ~ 60 Hz,是当时世界上最大的邮轮变频岸电系统,也是亚洲首套邮轮岸电系统。

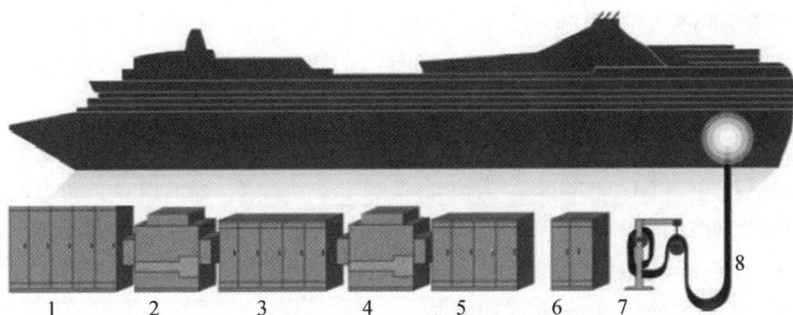

1—进线开关柜;2—输入整流变压器;3—变频器;4—输出侧升压变压器;
5—输出侧配电装置;6—移动式电缆管理系统;7—移动式电缆绞车;8—输电电缆。

图 1.30 邮轮高压变频电源设备组成示意图

爱达邮轮公司计划于 2020 年底前,完成旗下 14 艘邮轮中 12 艘(2000 年后建造)的船上接电设备改造,使之具备使用岸电的能力。

2. LNG

相比传统燃油,使用 LNG 燃料可有效减少 95% ~ 99% 的硫氧化物(SO_x)和微小颗粒物(PM)、80% 左右的氮氧化物(NO_x)、20% ~ 25% 的二氧化碳(CO_2)等大气污染物的排放,满足国际 0.5% 限硫令和 Tier Ⅲ 排放标准[24]。

2018 年底,经历两次延期后,世界第一条完全采用 LNG 动力的邮轮"AIDAnova"号完成交付,开启了邮轮进入 LNG 时代的大幕。2019 年底,同样经历两次延期后,世界第二条 LNG 动力邮轮"Costa Smeralda"号也已完成交付并投入运营。2021 年 1 月,LNG 动力邮轮"Costa Toscana"在迈尔图库出坞。目前,地中海、皇家加勒比、嘉年华、P&O、公主、迪士尼、途易等邮轮公司都已订购了 LNG 动力大型邮轮。据 Cruise Industry News 统计,2020—2025 年交付的 48 艘大型邮轮新造船中,有 20 艘为 LNG 动力,占比高达 42%①。庞洛邮轮公司还在挪威 VARD 船厂订购了世界首艘 LNG 动力极地探险邮轮"Le Commandant Charcot"号,已于 2021 年 8 月交付运营。

LNG 动力是邮轮,特别是大型邮轮的重要选择,但并非唯一选择。邮轮大规

————————

① 参见 Cruise Industry News. State of the industry and future forecast-annual report 2019, 32nd Edition. New York, America, 2019 年 2 月。

模使用 LNG 尚存在不少瓶颈和不确定性[25-26]，具体如下。

(1)LNG 只能减少，而不能从根本上杜绝 CO_2 和 NO_x 的气体排放，只是一种零碳排放的过渡解决方案。而且在 LNG 生产和使用过程中还存在"甲烷逃逸"的情况，并不是真正的低碳燃料①。LNG 是清洁能源，但并非低碳能源。

(2)LNG 码头加注设施不完善影响邮轮运营。目前 LNG 码头加注设施尚不完善，大多依靠槽罐车和加注船加注，加载速度慢，影响邮轮运营调度。在 LNG 码头加注设施相对完善的欧洲尚且如此，不难想象在其他地区的状况。

(3)与燃油、柴油、汽油等传统船用燃料相比，LNG 的体积能量密度低。总热量相同的情况下，LNG 舱的舱容为燃油舱的 1.5~2 倍。大型 LNG 动力邮轮普遍采用 C 形罐，储罐的体积更大。邮轮采用 LNG 动力势必占用更多的船体空间，压缩机器处所、船员舱室等的布置空间，乘客公共区域和居住区域的空间不得不相应减小，对乘客舒适性造成不利影响。

(4)推高建造和运营维护成本，增加运营压力。若要维持同等规模的公共区域和居住区域，采用 LNG 动力必将增大船体规模，与双燃料发动机、燃料供气系统等设备一起推高建造成本。采用 LNG 动力，也将增加设计难度和成本。LNG 动力装置的维护成本也要高于常规动力，相应的船员素质也要高些。理论上，LNG 具有成本优势，但这是长期行为。设计、建造和运营成本的增加，将不可避免地给邮轮公司带来经济压力，如果转嫁于消费者，势必将增加运营的难度。

(5)与其他船型相比，邮轮对于 LNG 存储、加注及供气系统的安全要求和标准更为严格，否则可能造成重大的人命损失。这迫切需要由邮轮运营方、海事主管机构、港口、船级社、LNG 供货商、设备商等各方合作制定 LNG 安全作业相关的技术标准体系及规程。

LNG 在降低 SO_x、NO_x 和 PM 排放上效果显著，被视为帮助实现 IMO 2030 年碳减排 40% 目标的主流过渡方案。但从根本上来看，LNG 还是化石燃料，考虑到整个供应链环节中的甲烷逃逸水平，其碳排放甚至有可能超过常规燃料。至少在 LNG 加注设施建设完善，且双燃料发动机价格大幅下降之前，选择 LNG 作为邮轮动力还需慎重。至今为止，诺唯真邮轮公司和云顶邮轮公司都没有订造

① 环保主义组织"航运清洁联盟"(Clean Shipping Coalition)在一份提交给 IMO 的技术报告中声称，LNG 中的主要成分甲烷本身就是一种温室气体。以 100 年时间计算，每克化石甲烷对气候造成的直接影响是等量 CO_2 的 30 倍。而在 LNG 的生产、运输、加注、使用的整个周期过程中，存在大量"甲烷逃逸"的情况。造船和航运界比较关注发动机工作时的"甲烷逃逸"，但据称 LNG 生产过程中的"甲烷逃逸"更为严重。从这个角度看，广泛采用 LNG 反而可能加快温室气体排放总量的增长。因此，该组织呼吁 IMO 的温室气体减排战略应当关注"真正的"低碳燃料，将 LNG 从低碳替代燃料的名单中剔除，但目前各界鲜有响应。

LNG 动力邮轮。正如商船领域一样,邮轮使用 LNG 是一种重要的选择,但不是唯一的选择。低硫油和脱硫塔两种减排方案仍具有不小的吸引力,船东需要综合政策法规、安全性、配套供应设施、品牌效应,特别是经济性做出决策[27-28]。

3. 锂电池

目前,锂离子电池是最主要的船用动力电池[29]。锂电池主要有三元锂电池、磷酸铁锂电池和钛酸锂电池三种。三元锂电池的能量密度高,但安全性和耐高温性差、寿命短。磷酸铁锂电池的能量密度低,但安全性好、耐高温性好、寿命长。钛酸锂电池的安全性最高、寿命最长,快速充放电能力强,但能量密度最低、价格也最高。

磷酸铁锂电池的正极材料为磷酸铁锂,磷酸铁锂的热失控温度普遍在 500 ℃ 以上,几乎无热失控的可能。即使出现热失控的状况,磷酸铁锂电池的放热量也相对较小,仅会出现缓慢冒烟的情况,几乎没有出现爆炸或者失火的可能性。相较之下,三元锂电池的热失控温度甚至还不到 300 ℃。另外,因为不使用镍、钴等贵金属,磷酸铁锂电池的价格也要比三元锂电池低不少。较好的高温安全性和性价比,使磷酸铁锂电池成为主流的船用动力电池[30]。

2019 年 6 月,世界第一艘油电混合动力邮轮——海达路德邮轮公司的"MS Roald Amundsen"号完成交付。这艘 2 万总吨的极地探险邮轮,如果 100% 使用电池组驱动引擎,将能持续运行约 30 min,节省约 20% 的燃油,创造极为安静的极地探险体验环境。该邮轮还使用可生物降解的液压油和润滑油,并且基本每个系统都连接到一个热交换系统上,有效回收剩余能量,提升船舶抗寒防冻能力。

爱达邮轮公司计划于 2020 年在"AIDAperla"号上安装世界最大的锂离子电池储能系统,功率容量将达到 10 MW·h。

4. 燃料电池

燃料电池是把燃料中的化学能通过电化学反应直接转化为电能的发电装置。单体电池由正负两个电极(燃料电极、氧化剂电极)及电解质组成。电解质隔膜两侧分别发生氢氧化反应与氧化还原反应,电子通过外电路做功,产生电能。只要有燃料和氧化剂(纯氧或空气)不断输入,燃料电池就能源源不断地产生电能,因此燃料电池兼具电池和热机的特点,具有能量转化效率高、无环境污染物排放、可低温快速启动、振动和噪声等级低等特点。燃料电池按其电解质不同,可分为质子交换膜燃料电池(PEMFC)、固体氧化物燃料电池(SOFC)、熔融碳酸盐燃料电池(MCFC)、磷酸燃料电池(PAFC)和碱性燃料电池(AFC)等几种。理论上燃料电池的能量转化效率可高达 90%,但由于在工作时受各种条件限制,目前各类燃料电池的实际能量转化效率为 40%~60%。燃料电池是继水力发电、热能发电和原子能发电之后的第四种发电技术。

爱达邮轮公司计划于 2021 年在"AIDAnova"号上启动一项名为"Pa – X –ell2"的燃料电池测试项目。该项目由德国联邦交通和数字基础设施部资助,旨在联合工业界探索在大型客船上应用燃料电池的混合动力技术。甲醇燃料电池使用甲醇制备氢燃料,由德国 FST 研发,首次车间试验显示电池的工作寿命超过 35 000 h。

地中海邮轮公司的新一代 LNG 动力邮轮"欧罗巴"(Europa)号将示范安装一台 50 kW 的固体氧化物 LNG 燃料电池。该系统由法国 Entrepose 公司设计,工作温度约 750 ℃,最高能量(电能 + 热能)转化效率能达到 60%。该系统能同时消除 SO_x、NO_x 和微小 PM 的排放,与双燃料主机相比,还能进一步减少约 30% 的温室气体排放。

皇家加勒比邮轮公司的新一代"ICON"级 LNG 动力邮轮计划配备加拿大 Ballard Power System 公司的 200 kW 质子交换膜(PEM)纯氢燃料电池。燃料电池将被集成到 ABB 提供的电气系统包中,以减少邮轮靠泊港口时的用电负荷。

2021 年 7 月,地中海邮轮公司宣布与芬坎蒂尼造船厂、能源基础设施运营商 SNAM 共同签署谅解备忘录,启动打造世界首艘氢动力邮轮的预研工作。根据协议,三家公司将在未来 12 个月内研究建造氢动力邮轮的关键技术,包括低温液态氢燃料的存储、氢燃料电池的空间布置与系统技术参数、温室气体减排数据,以及氢燃料供应和基础设施的技术经济性分析等。

燃料电池相较于蓄电池具有能量密度高、续航里程长、动力补给时间短、质量小、性能提升空间大等诸多优点,被视为最具发展潜力的绿色能源。但燃料电池技术相对复杂,催化剂、质子交换膜及双极板等关键材料制造难度大,氢燃料不易获取。燃料电池存在初期投资成本大、寿命短、动态响应慢、单位输出功率所需容积和质量大、高温燃料电池启动费时等问题,这些问题短期内不易解决,燃料电池要在邮轮上大规模商业应用仍需时间[31 – 32]。

5. 风帆推进

风力推进是最古老的船舶推进方式,但风能的主要缺点是来源不稳定,能量密度低。特别是船舶大型化以后,风力对船舶推进提供的帮助更为有限。目前除一些复古的风帆船外,已再无商业运营的船舶单纯使用风力推进。

船舶风帆结构形式主要有翼型风帆和旋筒风帆。近年来,业界开始尝试在船舶上使用大型风帆,以尽可能收集风能,提高推进力。

2018 年初,STX 法国推出了名为 SILENSEAS 的风帆推进邮轮概念。SILENSEAS 概念以风帆推进为主,将安装 STX 法国专利持有的"固体风帆"(Solid Sail)。如图 1.31 所示,作为 SILENSEAS 测试计划的一部分,庞洛邮轮公司旗下的"Le Ponant"号在同年 10 月底安装了面积超过 300 m^2 的固体风帆,开展为期 1 年的海上效能测试。

(a)   (b)

图 1.31 安装固体风帆后的"Le Ponant"号邮轮

转筒风帆通过旋筒的马格努斯效应使风力产生向前的推力,能够模块化安装。与传统风帆形式相比,转筒风帆占用空间更小,更便于灵活安装,在邮轮上应用有一定潜力。2018 年 4 月,维京邮轮公司旗下的"M/S Viking Grace"号安装了一套 Flettner 转筒风帆(风力助推转子),成为世界上第一艘 LNG/风力混合动力客滚船。如图 1.32 所示,该圆柱形转筒风帆高 24 m、直径 4 m,由芬兰 Norsepower 公司提供,能根据风力大小而自行

图 1.32 "M/S Viking Grace"号邮轮在吊装转筒风帆

(图片来源:www.norsepower.com)

感应和启用。安装转筒风帆后,预计该船每年可以减少 LNG 消耗 300 t,减少 CO_2 排放 900 t[33]。

风帆如何应用到邮轮上也是一个难题。要保证风帆的安装不影响邮轮的安全性,不影响邮轮的造型美观性,不影响露天娱乐设施的运转,又要保证风帆能正常作业,这需要在概念设计阶段就要统筹考虑,需要融合船舶工程设计和美学设计。

6. 太阳能光伏系统

太阳能光伏技术可直接将太阳辐射能转换为电能加以利用,即光生伏特效应。太阳能是绝对的清洁能源,但太阳能光伏在船舶上的大规模商业应用存在以下两个缺点。

(1)光伏转换效率低,要达到一定的容量规模需要很大的甲板面积;

(2)太阳辐射受航路天气影响较大,阴雨天和夜间无法发电。

此外,太阳能光伏系统还需要设置大容量蓄电池作为能量匹配的中间节点,

增加了成本和设计难度。

对大型船舶而言,离网型太阳能光伏系统作为船舶辅助电源是近年来的主要技术实现途径[34]。如图1.33所示,"Celebrity Solstice"号邮轮顶部共设有61块太阳能电池板,含216个电池片,总容量15.5 kW。

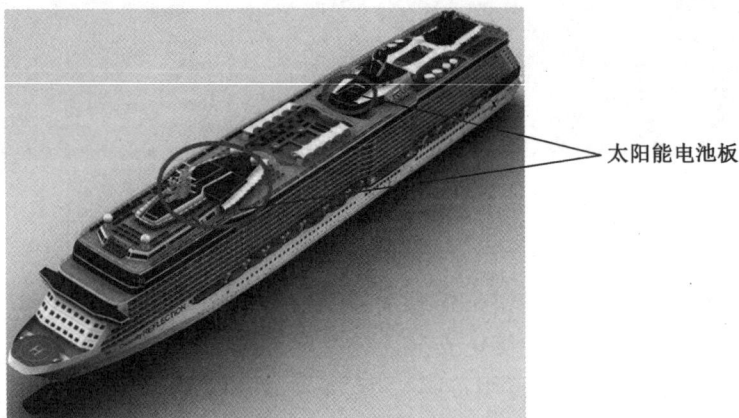

图1.33 "Celebrity Solstice"号邮轮顶部的太阳能电池板

与风帆一样,如何在邮轮上找到足够的露天甲板空间布置一定规模的太阳能电池板,又不至影响邮轮的整体美观性,不妨碍设施的运转,需要在概念设计阶段统筹考虑。

7. 混合动力

电池、风力、太阳能等是重要的化石燃料替代能源,但现阶段很难成为邮轮的主要动力来源。将各种新能源混合使用,发挥各自的优点,是现阶段较为可行的综合节能减排方案。如可考虑增设蓄电池组来储存太阳能电池板的电能,在用电高峰时使用,起到削峰填谷的作用。

图1.34所示为由日本非营利组织"Peace Boat"提出的"Ecoship"号超级生态环保概念邮轮。"Ecoship"号有5.5万总吨,使用LNG双燃料发电机组,最醒目的标志是位于其顶部的10面巨型可收放式风帆,能利用风能为邮轮的推进提供辅助动力。风帆表面和顶部甲板上均铺设了太阳能电池板,总面积达6 000 m²,发电功率750 kW。"Ecoship"号设计了水循环利用系统,将利用中水、雨水和淡化的海水浇灌花园。此外,还在乘客区域铺设了动能地板,能利用乘客活动来发电。

2021年10月,银海邮轮推出了一艘名为"Project Evolution"的混合动力邮轮建造计划,新船以LNG作为主要燃料,同时使用氢燃料电池和储能电池。作为主电源的补充,氢燃料电池能提供最高4 MW的全船酒店用电负荷,靠港期间将

100%使用氢燃料电池供电实现零排放。与之前的同类邮轮相比,按双人客舱折算,新船能减少40%的温室气体排放,船舶能效设计指数(EEDI)较 IMO 要求提高25%。

图 1.34 "Ecoship"号超级生态环保概念邮轮

1.5.5 更注重品牌的个性化、辨识度

邮轮运营终归是一种市场行为,面临着激烈的市场竞争。现代邮轮更注重品牌的个性化塑造,以增加品牌的市场辨识度,提升对乘客的吸引力和市场竞争力。打造特色邮轮有多种方式,如特色主题、特色休闲娱乐设施、特色餐饮、特色外观造型等。

邮轮产品主题已呈现多元化的趋势,将邮轮和节日、事件、热点、故事、体育及其他旅游活动集合在一起,增加体验性、趣味性、参与性,有助于带给游客难忘的体验。

迪士尼邮轮公司以迪士尼童话故事为主题,借鉴其丰富的主题公园运营管理经验,提供迪士尼舞台剧演出、儿童互动游戏,船上有很多迪士尼童话故事的人物、动物形象展示,主要吸引带小孩的家庭游客。

歌诗达邮轮公司旗下邮轮的艳黄明亮色调的烟囱,搭配象征企业识别标志的英文字母"C",相当醒目,具有很高的品牌辨识度。歌诗达邮轮主打意式风情,无论是外观,还是内部装潢,都是按照意大利的风格与传统设计。除提供意大利风格的餐饮、歌舞表演等外,歌诗达邮轮都会布设较多的雕塑、绘画、壁挂、壁饰等艺术品和工艺品。最新建造的"威尼斯"号、"佛罗伦萨"号等更是直接以意大利城市命名,将这些城市的地标性建筑、标志性文化和景点等与文艺复兴巧妙融合到船上。

皇家加勒比邮轮公司将"大船"作为一个亮点,在推出超大型船型方面走在前列,22万总吨级的"绿洲"级、16万总吨级的"量子"级无一不领导了邮轮巨型化的潮流。值得一提的是,皇家加勒比邮轮公司计划于2022年将目前世界最大的"海洋奇迹"号部署到中国。此外,皇家加勒比邮轮公司在打造高科技娱乐设施方面也是走在各大邮轮公司的前列。

在特色休闲娱乐设施方面,各家邮轮公司不遗余力,都试图通过独一无二的标志性设施凸显自己的不同。比如,"海洋光谱"号的南极球、诺唯真"喜悦"号的卡丁车赛道(图1.35(a))、迪士尼"幻想"号的巨型水上滑梯、嘉年华"全景"号的高空自行车(图1.35(b))、"Celebrity Edge"号的大型升降平台——"魔毯"等。

(a)   (b)

图1.35 邮轮的特色娱乐设施
(图片来源:凤凰新闻)

云顶邮轮公司依靠亚洲本土品牌优势,注重打造符合亚洲乘客口味的美食。"云顶梦"号邮轮把知名选秀节目《中国达人秀》搬到海上,以此作为吸引中国乘客的一个卖点。诸如此类的软文化可与硬件设施相互配合、相得益彰,提升邮轮的吸引力。

1.6 本章结语

历经近两个世纪的发展演变,邮轮已从最初的从事邮件、乘客运输的邮政船和远洋客运班轮,发展成如今的海上旅游休闲度假工具,而不再单纯是一种交通工具。现代邮轮将巡航、住宿、休闲、娱乐、餐饮、购物结合在一起,为乘客提供舒适的生活条件、丰富的娱乐休闲设施,以提升他们的乘船体验。邮轮本身即旅游目的地,是"漂浮的旅游目的地""浮动的海上旅馆"。

"没有最好的邮轮,只有最适合的邮轮。"邮轮作为一种旅游消费产品,应针对目标市场的特定客户需求而定。总吨位、乘客空间比、乘客船员比、航速、载重量,以及阳台房比例等船型参数是反映邮轮品级的重要指标,但绝对不是控制指标。一艘邮轮能否受到乘客青睐,既取决于其硬件,也取决于其软件。在餐饮、娱乐休闲设施完备的前提下,适当降低乘客空间比,提高载客量,从而增加船票收入,未尝不是一种提高经营效益的有效方法。

从邮轮的发展趋势来看,大型邮轮,尤其是大众型邮轮,更趋大型化、平民化,在增加载客量的同时,为乘客提供更大的公共空间、更丰富的休闲娱乐设施;中小型邮轮更趋高端化、精品化,着意为乘客提供安静的环境和优质的服务,增加私密性;更注重高科技手段的应用,更趋信息化、数字化和智能化;更注重绿色环保、节能减排,岸电、LNG、锂电池、燃料电池、风帆推进、太阳能等得到越来越多的应用;更注重通过特色主题、特色娱乐设施等打造特色邮轮,增加邮轮的市场竞争力。我国正致力于邮轮设计制造领域的技术攻关,以及邮轮的自主运营能力培养和品牌建设,肯定不能忽视这些发展趋势,必须立即着手建立相关技术储备。

新能源在邮轮上的应用前景需理性看待。新能源在建造和维护成本、可靠性、安全性、设施配套等方面尚有所欠缺,不可能在短期内完全取代常规燃油。新能源自身也存在种种不足,如燃料电池存在大功率化和小型化难题、风能和太阳能的能量密度太低、LNG存在"甲烷逃逸"和加注难题。将各种新能源混合使用,发挥各自的优点,是现阶段较为可行的邮轮综合节能减排方案。此外,各种新型绿色能源,特别是氨燃料的兴起也值得重视。

参 考 文 献

[1] 张言庆,马波,范英杰. 邮轮旅游产业经济特征、发展趋势及对中国的启示[J].北京第二外国语学院学报,2010(7):26-33.

[2] 罗玉杰,叶欣梁,孙瑞红. 我国邮轮产业发展的国际经验借鉴及对策研究[J].经济论坛,2019(7):97-103.

[3] 席龙飞. 近代客船的发展史与中国客船的发展前景[J].船海工程,1988(1):6-9.

[4] 崔燕. 世界邮轮技术发展路径[J].中国船检,2011(9):44-48.

[5] 于建中. 世界大型豪华客船发展综述[J].造船技术,1990(11):1-4.

[6] 翁雨波. 豪华邮轮设计理念五大趋势[J].中国船检,2019(4):56-58.

[7] 谭晓楠,张言庆,高洪云. 全球邮轮船型特征及发展趋势分析[J].世界海运,

2016,39(2):8 – 12.

[8] 李华,杨宇琨.基于关键参数分析的全球邮轮船型特征研究[J].海洋开发与管理,2017,34(2):10 – 16.

[9] CARTWRIGHT R,BAIRD C. The Development and Growth of the Cruise Industry [M]. Center for Chinese Studies,University of Michigan,1982.

[10] 李夏青.豪华邮轮动力产业"谁主沉浮"[J].船舶物资与市场,2018(3):23 – 26.

[11] 秦立新,查长松,徐建中.船舶综合电力推进系统的发展及应用[J].舰船科学技术,2009,31(5):42 – 45.

[12] 陈永道.船舶动力系统现状及发展趋势[J].机械制造与自动化,2013,42(2):164 – 166.

[13] 孙义存.船舶新能源动力系统现状与发展趋势[J].中国水运,2012,12(7):87 – 89.

[14] 刘继海,肖金超,魏三喜,等.绿色船舶的现状和发展趋势分析[J].船舶工程,2016,38(S2):33 – 37.

[15] 李睿.欧洲内河游轮旅游市场发展现状及启示[J].水运管理,2019,41(7):31 – 32.

[16] DOUGLAS W.伯利兹邮轮年鉴(2019)[M].吕江泉,译.北京:中国旅游出版社,2019.

[17] 刘红,张顺方.小水线面双体船性能初探[J].上海海运学院学报,2000,21(2):11 – 17.

[18] 葛纬桢,郭值学.小水线面船的运动稳定性[J].中国造船,2000,41(3):28 – 34.

[19] 孙瑞红,汪雪婷,王亚男,等."绿洲级"豪华邮轮技术应用特点与启示[J].船舶工程,2018,40(8):45 – 51,111.

[20] 陈波.豪华邮轮设计流行趋势[J].中国船检,2011(3):54 – 58.

[21] 品橙旅游.盘点:国际邮轮产业最新科技应用布局与案例[EB/OL].(2015 – 08 – 19)[2021 – 06 – 13].https://www. pinchain. com/article/42565.

[22] 冯书桓,吴笑风,李萍.船舶岸电法规和标准全景扫描[J].中国船检,2020(5):54 – 59.

[23] 孔令兵.邮轮高压岸电电源系统发展及工程化应用研究[J].智能建筑电气技术,2020,14(6):49 – 52.

[24] 牛志刚,杨波,郑坤,等.LNG 在船舶节能减排方面的应用[J].资源节约与环保,2015(6):88 – 89.

[25] 薛龙玉,冒晓立.研发零排放船舶技术迫在眉睫:访 ICCT 海运项目研究员冒晓立[J].中国船检,2020(3):40 – 43.

[26] 马网扣,黄雪忠,杨陆峰.LNG 动力邮轮研发动向[J].中国船检,2021(9):

66 - 70.

[27] 彭传圣. 满足 IMO 2020 年限硫要求方法的选择[J]. 中国远洋海运,2019 (12):69 - 71.

[28] 张荻萩,王利宁,吴春芳,等. 船运业应对燃料限硫新规三种方案经济性比较[J]. 国际石油经济,2019,27(5):48 - 53.

[29] 范维,王晶,冯书桓. 船用电池动力技术的发展[J]. 中国船检,2020(3):66 - 69.

[30] 唐礼辉. 磷酸铁锂电池作为电推船舶动力源的应用分析[J]. 江苏科技信息,2019(22):49 - 51.

[31] 杨发财,李世安,沈秋婉,等. 绿色航运发展趋势和燃料电池船舶的应用前景[J]. 船舶工程,2020,42(4):1 - 7.

[32] 程一步. 氢燃料电池技术应用现状及发展趋势分析[J]. 石油石化绿色低碳,2018,3(2):5 - 13.

[33] 王杰. 马格努斯效应的研究现状[J]. 科技创新与应用,2020(15):12 - 15.

[34] 严新平,孙玉伟,袁成清. 太阳能船舶技术应用现状及展望[J]. 船海工程,2016,45(1):50 - 54,60.

第2章

邮轮市场发展和新造船状况

2006 年 7 月 3 日,歌诗达邮轮公司旗下"爱兰歌娜"(Allegra)号在上海港国际客运中心启动了首个中国母港航次,开启了中国邮轮旅游的新纪元[1]。"爱兰歌娜"号设计轻快时尚,装修精致而又充满艺术气息,总吨位 28 500,载客量 984 人,船员 466 人,有 399 间客舱。为吸引中国乘客,该邮轮进行的适应性改造包括增加中文服务人员、乘客区域标志调整为中英文、客舱增加热水壶、餐桌增加筷子、餐饮增加中餐比例、增加异国风情歌舞表演场次等。图 2.1 所示为停泊于上海港国际客运中心的"爱兰歌娜"号,尽管现在看来,该船船型偏小,但在当时确实开拓了国人的眼界,让更多国人领略了邮轮这种全新的旅游方式。

图 2.1　停泊于上海港国际客运中心的"爱兰歌娜"号邮轮

(图片来源:网易新闻)

虽然邮轮旅游进入中国市场较晚,发展中也经历了不少波折,但总体增长势头强劲。截至 2019 年底,中国邮轮母港航次已超过 700 艘次,母港出入境乘客接近 400 万人次,年均增长率超过 20%。中国已成为世界第二大邮轮旅乘客源国,上海吴淞口国际邮轮港已成为世界第四大邮轮母港。

中国繁荣的邮轮旅游市场背后,也存在不少隐忧,如航线单一、同质化竞争严重、包船售票模式、乘客船上消费力弱等问题逐步显现[2]。中国邮轮旅游市场长期被外资邮轮公司所掌控,本土邮轮公司规模和市场份额都很小。自"海娜"

号和"天海新世纪"号先后退出后,"钻石辉煌"号也几乎倒闭,疫情暴发前中国市场仅有"中华泰山"号和新入场的"鼓浪屿"号两艘本土邮轮[①],整体规模小,经营也不甚理想。中国本土邮轮运营经验累积和邮轮文化培养任重道远。

邮轮是高度个性化的产品,品级档次、主题风格、航线规划、吨位规模、酒店设施、娱乐设施等这些技术参数都需要有丰富的运营经验支撑,需要基于船型发展趋势、市场需求分析、经济性评估和邮轮品牌建设战略等因素综合决策,否则设计出来的船型很难有吸引力和市场竞争力。我国的邮轮运营基础薄弱,经验积累不多,对邮轮研发设计的支撑力度有限。

本章分别收集整理世界和中国邮轮市场的总体运营状况、主要邮轮公司运营状况、邮轮船型运营状况,分析研究主要邮轮船型的新造船,特别是大型邮轮、LNG 动力邮轮和探险邮轮的状况,以及主要邮轮建造商接单情况。这些信息有助于我们探索世界邮轮船型的发展趋势,为我国的邮轮研发设计方案规划和决策提供参考。

| 2.1　世界邮轮市场状况简介 |

近数十年来,世界邮轮市场总体保持持续增长。根据 Cruise Industry News 的数据统计,世界邮轮客运量已由 2001 年的 1 121 万人次增长到 2019 年的 2 776 万人次,年均增长率约 5.2%;运营邮轮数已由 2001 年的 242 艘增长到 2019 年的 404 艘,年均增长率约 2.9%;床位数已由 2001 年的 23 万个增长到 2019 年的 60 万个,年均增长率约 5.8%;邮轮公司销售收入已由 2001 年的 112 亿美元增长到 2019 年的 416 亿美元,年均增长率约 7.6%。2019 年是世界邮轮产业的又一个大年,运营邮轮数、床位数、客运量、邮轮公司销售收入四项指

---

① 2021 年 4 月底,随着"地中海"号的交付,中船集团嘉年华邮轮公司已拥有"大西洋"号、"地中海"号两艘大型邮轮。2020 年底,招商局蛇口工业区控股股份有限公司与维京邮轮公司正式签订合资协议,双方通过组建合资公司共同开拓中国沿海高端邮轮市场,"维京太阳"号(中文名"招商伊敦")中型邮轮有望成为招商维京游轮旗下第一艘中国籍邮轮。2021 年 3 月,"憧憬"(Charming)号邮轮进驻三亚凤凰岛邮轮港,将成为三亚国际邮轮发展有限公司旗下福熙永乐邮轮品牌的旗舰,该邮轮原为公主邮轮旗下的"碧海公主"号。由于新冠肺炎疫情影响,截至 2021 年 9 月底,这几艘邮轮都没有实现商业运营。

标均创新高,同比分别增长 4.1%、4.7%、6.9% 和 4.0%[①]。

图 2.2 显示了 2009—2019 年世界邮轮客运量和运营邮轮数变化情况。

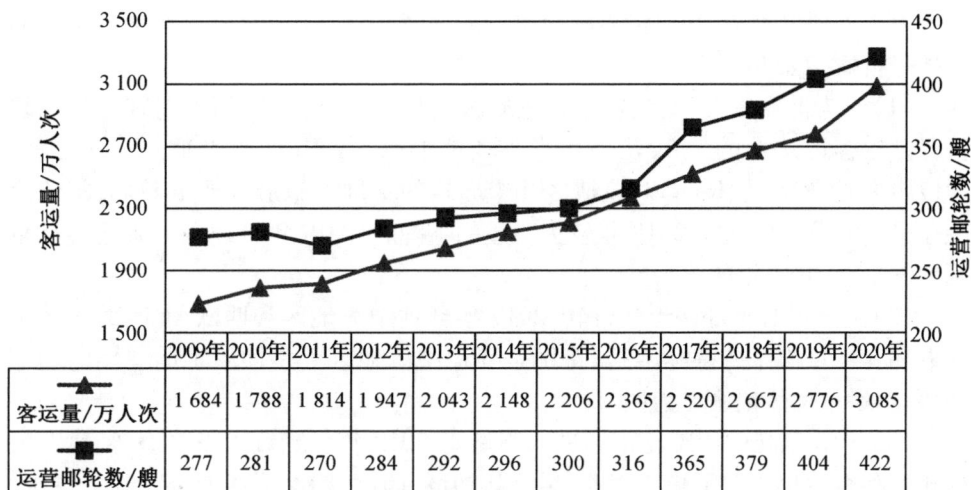

	2009年	2010年	2011年	2012年	2013年	2014年	2015年	2016年	2017年	2018年	2019年	2020年
客运量/万人次	1 684	1 788	1 814	1 947	2 043	2 148	2 206	2 365	2 520	2 667	2 776	3 085
运营邮轮数/艘	277	281	270	284	292	296	300	316	365	379	404	422

图 2.2　2009—2019 年世界邮轮客运量和运营邮轮数变化情况

CLIA[②] 的最新统计显示,2018 年世界邮轮出发港与目的地港的乘客和船员访问量共计 1.46 亿人次,同比增长 6.9%;经济产出贡献高达 1 501 亿美元,同比增长 12.1%,其中包括物资和服务支出的直接经济贡献达 680 亿美元,工资支出达 456 亿美元,同比分别增长 11.4% 和 10.3%;创造就业岗位 117.7 万个,同比增长 6.1%。[③]。

---

① 参见 Cruise Industry News. State of the industry and future forecast-annual report 2018-2019, 31st Edition. New York,America,2018 年 4 月;Cruise Industry News. State of the industry and future forecast-annual report 2019,32nd Edition. New York,America,2019 年 2 月。

② 国际邮轮协会(Cruise Lines International Association,CLIA)成立于 1997 年,是全球最大的邮轮行业协会,成员涵盖 55 家邮轮公司(超过全球运力的 95%)、400 家战略合作伙伴(供货商、港口、目的地、服务商等合作方)、1.5 万家旅行社和 5.3 万家旅行代理商。总部设于美国华盛顿,在全球设有 15 家办公室。职能包括邮轮产品推销、旅游代理培训、营销支持、行业法规制定和宣贯、行业监管、行业知名度建设、促进行业内外部交流等。

③ 参见 Cruise Lines International Association (CLIA). 2019 Cruise trends & industry outlook. Washington,America,2019;Cruise Lines International Association (CLIA). The contribution of the international cruise industry to the global economy in 2018. Washington,America,2019 年 11 月。

2.1.1 总体运营状况

表 2.1 列出了 2019 年世界邮轮市场的运营情况,其中针对主要邮轮市场的表现分析概括如下。

(1)作为世界最大、最成熟的邮轮旅游市场,加勒比地区的邮轮客运量稳超世界邮轮客运总量的 1/3,几乎相当于环地中海、西欧/北欧和亚太三地之和。2017 年的超强飓风"Irma"对该地区几个岛屿的基础设施造成严重破坏,邮轮旅游业受到波及。经历了 2018 年较为明显的下降后,2019 年该地区的邮轮客运量逐渐恢复至 2017 年的水平。

(2)主要得益于经济形势好转,2019 年环地中海地区和西欧/北欧的运营邮轮数和客运量均保持持续增长,特别是环地中海地区更是摆脱了前些年的萎缩颓势,客运量增长幅度尤为明显。

(3)2018 年起中国邮轮市场进入调整期,2019 年仍延续了下降态势,运营的邮轮数和客运量双双下降。因此,尽管新加坡、印度、印度尼西亚、菲律宾、泰国、越南等国的邮轮市场均有增长,但由于中国的邮轮市场客运量超过亚太地区总客运量的一半,2019 年亚太地区的客运量仍有较为明显的下降。

(4)澳大利亚是仅有的几个客运量下降的邮轮市场之一。但考虑到澳大利亚全国人口仅有约 2 500 万人,其邮轮旅游市场渗透率约为 4.3%,高居世界第一,且客运量降幅微小,完全可看作正常的市场波动。

(5)随着南北极极地邮轮旅游的升温,阿拉斯加州的运营邮轮数和客运量保持持续增长,而南极的客运量尽管目前占比很小,但具备不小的增长潜力。

表 2.1　2019 年世界邮轮市场的运营情况

邮轮市场	运营邮轮数/艘	客运量/万人次	客运量占比	同比增长
加勒比地区	164	1 074.2	38.7%	0.3%
环地中海地区	147	411.6	14.8%	0.6%
亚洲和太平洋	73	342.7	12.3%	−2.8%
西欧和北欧	147	262.2	9.4%	0.1%
阿拉斯加州	57	123.4	4.4%	0.4%
澳大利亚	46	107.0	3.9%	−0.1%
美国西海岸和墨西哥	40	98.2	3.5%	0.2%

表 2.1(续)

邮轮市场	运营邮轮数/艘	客运量/万人次	客运量占比	同比增长
南美洲	72	61.1	2.2%	0.1%
加那利群岛	57	55.7	2.0%	−0.1%
印度洋和红海	40	51.7	1.9%	0.7%
百慕大群岛	22	43.7	1.6%	0.3%
跨大西洋	110	36.9	1.3%	−0.1%
加拿大和新英格兰	51	33.2	1.2%	0.0%
夏威夷州	24	26.8	1.0%	0.1%
非洲	20	16.4	0.6%	0.2%
南极洲	40	6.2	0.2%	0.0%

近几年其他主要邮轮市场均基本保持平稳,这里不再展开论述。

2.1.2　主要邮轮公司运营情况

总体来看,2019 财年世界主要邮轮公司经营业绩表现良好,嘉年华邮轮公司营业收入更是创下历史新高。表 2.2 统计了 2019 年世界前四大邮轮公司嘉年华、皇家加勒比、诺唯真和地中海的经营业绩。四大邮轮公司营业收入增长取决于多种因素,但都有很大一部分来自船票收入增长和船上消费收入增长,净利润则普遍受到燃料价格上升的不利影响。

表 2.2　世界四大邮轮公司 2019 年经营业绩统计[①]

邮轮公司	嘉年华邮轮公司	皇家加勒比邮轮公司	诺唯真邮轮公司	地中海邮轮公司[②]
营业收入/亿美元	208.3	109.5	64.6	35.2
同比增长	10.3%	15.4%	6.6%	17.3%
净利润/亿美元	29.9	19.1	9.3	4.45
同比增长	−5.1%	4.9%	−2.1%	16.4%
净利润率	14.4%	17.4%	14.4%	12.7%

注:①数据来源:各邮轮公司官网。

②地中海邮轮公司的财报以欧元统计,这里已按欧元、美元汇率 1.1 换算。

表2.3列出了2019年四家邮轮公司和云顶香港邮轮公司在船队、标准床位数、客运量及市场份额方面的情况。2019年,五大邮轮公司分别占据了41.8%、23.8%、9.0%、8.6%、3.7%的全球客运市场份额[①]。五大邮轮公司均以大中型邮轮运营为主,尽管运营邮轮数只占全球运营邮轮总数的54.5%,但标准床位数却占到全球邮轮标准床位总数的86.4%,客运量则占全球客运总量的86.9%。

表2.3 2019年世界五大邮轮公司船队、标准床位数、客运量及市场份额方面的情况

邮轮公司/品牌	运营邮轮数/艘	标准床位数/张	客运量/万人次	全球客运量占比
嘉年华邮轮公司	105	252 490	1 161.6	41.8%
嘉年华	27	74 274	448.4	16.1%
歌诗达	16	44 303	201.0	7.2%
公主	18	48 840	183.4	6.6%
爱达	13	30 212	121.8	4.4%
荷美	14	25 232	89.7	3.2%
P&O	6	15 505	54.7	2.0%
P&O澳大利亚	3	4 854	33.6	1.2%
冠达	3	6 712	22.0	0.8%
世邦	5	2 558	7.0	0.3%
皇家加勒比邮轮公司	63	140 416	660.8	23.8%
皇家加勒比	26	84 890	447.2	16.1%
精致	14	25 430	96.2	3.5%
途易(合资)	7	17 684	62.3	2.2%
伯尔曼(合资)	4	7 358	38.4	1.4%
银海	9	2 916	9.4	0.3%
晶钻	3	2 138	7.3	0.3%
诺唯真邮轮公司	27	59 046	249.5	9.0%
诺唯真	17	51 130	227.0	8.2%
大洋	6	5 256	14.9	0.5%

[①] 参见 Cruise Industry News. State of the industry and future forecast-annual report 2018-2019, 31st Edition. New York, America, 2018 年4月。

表 2.3（续）

邮轮公司/品牌	运营邮轮数/艘	标准床位数/张	客运量/万人次	全球客运量占比
丽晶	4	2 660	7.6	0.3%
地中海邮轮公司	17	54 028	237.8	8.6%
云顶香港邮轮公司	8	13 693	103.1	3.7%
星梦	3	8 800	52.8	1.9%
丽星	2	3 001	44.4	1.6%
水晶	3	1 892	5.9	0.2%
总计	220	519 673	2 412.8	86.9%

2.1.3　不同类型邮轮运营情况

2019 年,世界范围内的大众型邮轮、精品型邮轮、经济型邮轮、小众型邮轮、奢侈型邮轮和探险型邮轮的客运量占比分别为 68.6%、21.7%、4.8%、2.3%、2.0% 和 0.6%,其中大众型邮轮和精品型邮轮的合计占比超过 90%,占据市场绝对主导地位[1]。

表 2.4 列出了 2019 年五种类型邮轮各自在全球及北美洲、欧洲和亚太地区的市场分布情况。北美洲和欧洲的邮轮市场开发相对早,文化积累相对深厚,邮轮类型相对多样。而亚太地区明显以大众型邮轮和精品型邮轮为主,深层次、个性化的邮轮旅游需求尚待激发。

表 2.4　2019 年五种类型邮轮的市场分布状况

市场	运力	大众型	精品型	经济型	小众型	奢侈型	探险型
全球	运营邮轮数/艘	145	82	20	63	38	56
	标准床位数/张	374 564	162 652	24 300	15 270	18 290	6 701
	客运量/万人次	1 905.3	601.7	133.1	62.8	55.5	18.0
	客运量占比	68.6%	21.7%	4.8%	2.3%	2.0%	0.6%

[1]　参见 Cruise Industry News. State of the industry and future forecast-annual report 2018-2019, 31st Edition. New York,America,2018 年 4 月;Cruise Industry News. State of the industry and future forecast-annual report 2019,32nd Edition. New York,America,2019 年 2 月。

表 2.4(续)

市场	运力	大众型	精品型	经济型	小众型	奢侈型	探险型
北美洲	运营邮轮数/艘	70	50	2	22	36	47
	标准床位数/张	205 294	93 696	2 900	3 973	17 366	5 679
	客运量/万人次	1 084.1	339.3	53.2	13.1	52.9	15.5
	客运量占比	69.6%	21.8%	3.4%	0.8%	3.4%	1.0%
欧洲	运营邮轮数/艘	53	23	18	41	2	—
	标准床位数/张	127 076	46 016	21 400	11 297	924	
	客运量/万人次	516.1	153.5	79.9	49.8	2.5	
	客运量占比	64.4%	19.1%	10.0%	6.2%	0.3%	
亚太地区	运营邮轮数/艘	22	9	—	—	—	9
	标准床位数/张	42 194	22 940				1 022
	客运量/万人次	305.0	109.0				2.5
	客运量占比	73.2%	26.2%				0.6%

近年来奢侈型邮轮和探险型邮轮增长趋势较为明显,但两者均以小型邮轮为主,运力提升有限,对大众型邮轮和精品型邮轮的市场份额影响很小。因此,对于中国这样一个新兴邮轮旅游市场及人口大国来说,大众型邮轮和精品型邮轮,尤其是前者更值得业界多关注。

| 2.2 中国邮轮市场状况简介 |

经过连续多年的高速增长后,中国邮轮市场自 2018 年起进入调整期。2019年,中国邮轮市场总体延续下降态势,客运量占全球客运总量的比例由上年的 8.4% 降至 7.2%。2019 年既经历了诺唯真"喜悦"号和"盛世公主"号的退出,又迎来了全新的歌诗达"威尼斯"号、"海洋光谱"号、"探索梦"号(由原"处女星"号改装升级)的加入,更迎来了中资品牌——星旅远洋旗下首艘中型邮轮"鼓浪屿"号的加入。新航线开辟方面,皇家加勒比邮轮公司首次试水了上海→日本→符拉迪沃斯托克、天津→日本→符拉迪沃斯托克、上海→菲律宾→冲绳的几个

航次。

在经历了中国邮轮市场的低谷后,国际邮轮公司也在持续调整在华策略。2019 年歌诗达邮轮公司与青岛国际邮轮有限公司签署合作协议,首次在青岛实现常态化运营。皇家加勒比邮轮公司也试水了厦门、青岛、大连等二线城市。随着中国邮轮市场的下沉,国际邮轮公司即将展开在二三线市场的争夺。

中国的邮轮文化尚未普及,"邮轮本身就是旅游目的地"的理念尚待培养。不少中国乘客依然把邮轮看作出国旅游的交通工具,二次消费意愿不高。中国邮轮乘客中年龄在 30 ~ 59 岁的占比接近 50%,其次为 60 岁以上的占比接近30%。由于种种原因,超过 8 成的中国乘客,尤其是年纪大的乘客,不会在邮轮上进行二次消费[3]。

另外,自萨德事件后,中国始发邮轮不再停靠韩国港口,也在一定程度上降低了中国乘客乘坐邮轮的兴趣。

2.2.1 总体运营状况

图 2.3 和图 2.4 分别统计了 2013—2019 年邮轮停靠艘次和出入境乘客人数变化情况[4-6]。可以看到,中国邮轮市场下行主要是受母港邮轮运营下降的影响,访问港邮轮体量较小对总体运营影响相当有限。

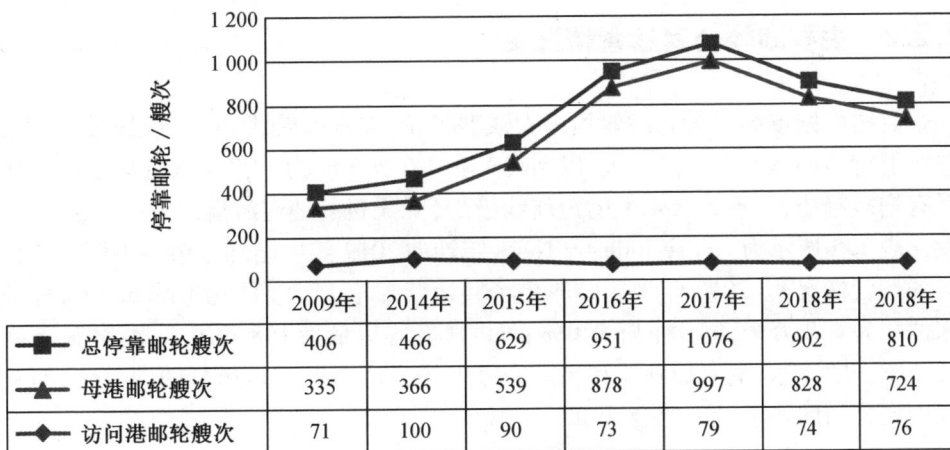

	2009年	2014年	2015年	2016年	2017年	2018年	2018年
■ 总停靠邮轮艘次	406	466	629	951	1 076	902	810
▲ 母港邮轮艘次	335	366	539	878	997	828	724
◆ 访问港邮轮艘次	71	100	90	73	79	74	76

图 2.3　2013—2019 年全国邮轮港停靠邮轮艘次变化

	2013年	2014年	2015年	2016年	2017年	2018年	2019年
出入境旅客总量	120.0	172.4	248.0	438.6	487.8	482.2	416.3
母港旅客量	102.4	147.9	222.4	418.4	470.4	465.1	398.4
访问港旅客量	17.8	24.5	25.6	20.2	17.4	17.1	17.9

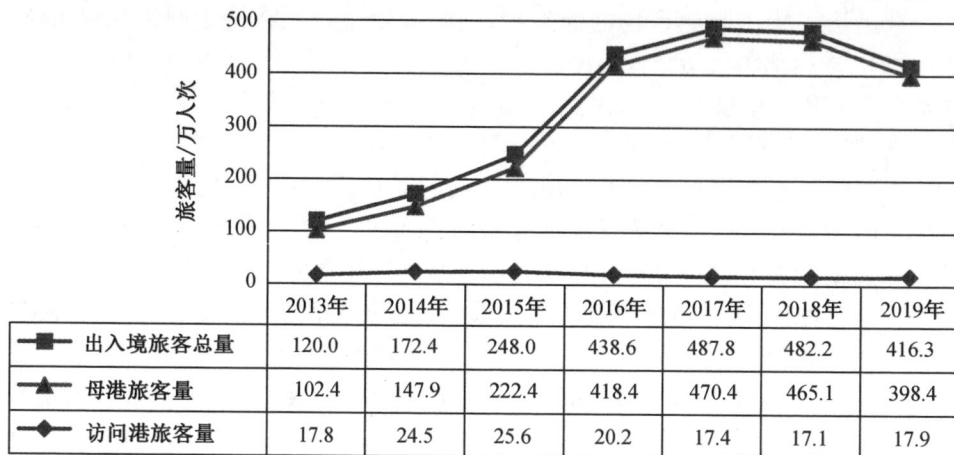

图 2.4　2013—2019 年全国邮轮港出入境乘客人数变化

　　2018 年邮轮停靠艘次下降 16.2%,但出入境乘客量只微降了 1.2%,这是因为中国市场运营邮轮的数量虽然减少,但吨位有所增加,总床位数减少不多。2019 年的下降态势更为明显,尤其是母港邮轮停靠艘次下降 12.8%,母港出入境乘客量下降 14.3%,已基本跌回 2016 年的水平。

2.2.2　主要邮轮公司运营情况

　　目前中国市场运营的邮轮均为大众型邮轮,以日韩航线和东南亚航线为主,单次航行周期基本不超过 6 天,以 5 天 4 晚和 6 天 5 晚为主,7 天 6 晚以上的长航线有增多趋势,少于 5 天 4 晚的短航线极少(除无目的地巡游航次外)。
　　表 2.5 所示为 Cruise Industry News 统计的 2019 年中国邮轮市场主要邮轮公司的运营情况①。2019 年中国邮轮市场共运营邮轮 15 艘,同比下降 6.3%;标准床位数为 4.2 万个,同比下降 9.0%;母港邮轮客运量为 198.5 万人次,同比下降 11.5%。歌诗达、皇家加勒比和星梦三家邮轮公司占据了客运量的前三位,而三家中资公司的客运量占比合计也不到 10%。

---

① 参见 Cruise Industry News. 2019 China Market report. New York,America,2018 年 9 月。

表 2.5　2019 年中国邮轮市场主要邮轮公司的运营情况

序号	邮轮公司	运营邮轮数/艘	运营邮轮	运营床位/张	客运量/人次	客运量占比
1	歌诗达①	3	"威尼斯"号 "大西洋"号 "赛琳娜"号	9 346	624 700	31.5%
2	皇家加勒比	3	"海洋光谱"号 "海洋量子"号 "海洋航行者"号	11 710	505 100	25.4%
3	星梦	2	"世界梦"号 "探索梦"号	5 376	322 000	16.2%
4	地中海	1	"辉煌"号	3 274	184 800	9.3%
5	丽星②	1	"双子星"号	1 492	51 520	2.6%
6	公主	1	"盛世公主"号	3 560	79 200	4.0%
7	钻石	1	"辉煌"号	838	61 174	3.1%
8	渤海	1	"中华泰山"号	832	60 736	3.1%
9	星旅	1	"鼓浪屿"号	1 828	54 180	2.7%
10	诺唯真	1	"喜悦"号	4 200	42 000	2.1%
总计		15	—	42 456	1 985 410	100%

注:①没有计入"新浪漫"号,该邮轮仅在中国作为季节性部署;
　②没有计入"双鱼星"号和"宝瓶星"号,前者全年在中国香港运营 2 天 1 晚的无目的地短程航线,后者全年以中国台湾基隆港为母港运营日本航线。

市场布局方面,自"海洋光谱"号和"威尼斯"号两艘新船进入中国后,皇家加勒比邮轮公司和歌诗达邮轮公司分别将原在上海运营的"海洋量子"号和"赛琳娜"号移至天津母港,各自形成华东、华南、华北每地一艘邮轮的全面布局。这样既能减轻华东市场的运力饱和度,又能避开竞争激烈的华东市场,开拓华北和东北市场,体现了"邮轮大船队"市场布局的灵活性。云顶香港邮轮公司比较侧重于布局华南市场,"世界梦"号全年以广州为母港运营东南亚、日本航线,每周五则运营广州/香港出发的 3 天 2 晚无目的地海上巡游航线。中资邮轮则基本布局于二线邮轮市场。

新航线开辟方面,皇家加勒比邮轮公司的"海洋量子"号首次运营了天津→

69

福冈→静港→符拉迪沃斯托克的 1 个航次(8 晚 9 天);"海洋光谱"号则首次运营了上海→京都→福冈→符拉迪沃斯托克的 1 个航次(8 晚 9 天),以及上海→伊洛克斯→苏比克湾→冲绳的 1 个航次(7 晚 8 天)。

2.2.3 主要邮轮港运营情况

表2.6 和表2.7 分别统计了 2019 年我国主要邮轮港出入境乘客量和停靠邮轮艘次情况[4-6]。2019 年上海、天津和广州依然维持华东、华北、华南三大区域的邮轮旅游集散中心地位。在中国邮轮市场运营状况总体下行的现状下,也有了一些新的趋势和变化。

(1)国际邮轮公司在北方市场和二线城市的航班投放力度加大,拉动了当地潜在的邮轮旅游消费需求。天津、大连和青岛 3 个北方邮轮港,以及温州、厦门等城市的出入境乘客量和停靠邮轮艘次均实现逆势增长。

(2)上海吴淞口国际邮轮港主要运营日韩航线,2019 年的出入境乘客量和停靠邮轮艘次保持全国第一,187 万人次的出入境乘客量更是接近全国的一半,但两者降幅均超过 30%。如此大的降幅主要是受制于中国市场下行的大环境,但临近的温州、舟山、连云港等地邮轮港的兴起,也分流了传统的苏、浙、沪等地的客源。2019 年吴淞口国际邮轮港二期改造工程完工,现有泊位总长达 1 600 m,港口前沿航道水深 9~13 m,可同时停靠 2 艘 15 万总吨级和 2 艘 22.5 万总吨级大型邮轮。2019 年,该港母港邮轮有"海洋光谱"号、"海洋量子"号、"赛琳娜"号、"威尼斯"号、"探索梦"号、"喜悦"号、"辉煌"号、"盛世公主"号等。上海港国际客运中心码头岸线长 882 m,现有 3 个邮轮泊位和 15 个游艇泊位,可同时停靠 3 艘 7 万总吨级邮轮,水深 9~13 m。

(3)天津国际邮轮母港主要运营日韩航线,2019 年的乘客接待量位居全国第二位,达到 73 万人次,出入境乘客量和停靠邮轮艘次均有小幅增长。2019 年首次实现了"海洋量子"号、"赛琳娜"号和"辉煌"号 3 艘邮轮的部署。该港现有岸线总长 1 112 m,港口前沿航道水深 11.5 m,港池水深 10.5 m,按 22.5 万总吨级邮轮标准设计,可以同时停靠 3 艘大型邮轮或 4 艘中小型邮轮。

(4)广州港国际邮轮母港主要运营日本和东南亚航线,2019 年的乘客接待量位居全国第三位,达到 43 万人次。广州港邮轮码头在南沙港区三期码头 14 号泊位,泊位长 376 m,港口前沿航道水深为 15.5 m 左右,可停靠 1 艘 15 万总吨级邮轮。而新建的南沙国际邮轮母港已于 2019 年 11 月开港运营,现有岸线总长 770 m,港口前沿航道水深 10.5 m,港池水深 10 m,可同时停靠 1 艘 10 万总吨级和 1 艘 22.5 万总吨级邮轮。南沙邮轮港计划近期将进港航道和港池疏浚至 10.9 m 水深,以吸引更多大型邮轮进驻。"世界梦"号常年以南沙为母港。

(5)厦门国际邮轮母港主要运营日本和东南亚航线,2019 年的乘客接待量位居全国第四位,达到 41 万人次,升幅较为明显。2019 年 5 月,还成功开通了经停高雄、澎湖的对台湾地区的邮轮航线,共运营 3 个航次,乘客吞吐量达 1.15 万人次。该港现有可用泊位岸线总长 1 375 m,包括 1 个 15 万总吨级(0#泊位)、2 个 8 万总吨级邮轮泊位(1#、2#泊位)和 1 个滚装船泊位,港口前沿航道水深 11 m,可同时停靠 3 ~4 艘中大型邮轮。0#泊位长 440 m,港池水深 10.5 m,可停靠 1 艘 22.5 万总吨级邮轮。该港母港邮轮有"大西洋"号、"鼓浪屿"号、"新浪漫"号、"中华泰山"号等。

表 2.6　2019 年中国主要邮轮港出入境乘客量情况[①]

序号	邮轮港	出入境乘客/人次	同比变化	母港乘客/人次	同比变化
1	上海吴淞口国际邮轮港	1 871 434	−31.1%	1 810 786	−32.2%
2	天津国际邮轮母港	725 533	6.1%	686 458	6.5%
3	广州港国际邮轮母港	434 443	−9.7%	434 160	−9.8%
4	厦门国际邮轮母港	413 717	27.4%	395 977	35.3%
5	深圳招商蛇口邮轮母港	373 098	2.3%	367 959	0.9%
6	青岛邮轮母港	176 287	60.3%	158 866	54.9%
7	大连国际邮轮中心	88 507	4.8%	78 689	8.7%
8	上海港国际客运中心	22 012	−40.9%	0	−100.0%
9	温州国际邮轮港	27 527	90.5%	27 527	90.5%
10	舟山群岛国际邮轮港[②]	16 048	—	16 048	—
11	广州南沙国际邮轮母港[③]	7 481		7 481	
12	三亚凤凰岛国际邮轮港	6 435	−67.9%	0	−100.0%

注:①数据来源于《邮轮志》;
　　②该港 2018 年仅有 1 艘次访问港邮轮停靠,乘客数仅数百人,故不做数据对比;
　　③该港于 2019 年 11 月 17 日开港首航,故无 2018 年数据对比。

表 2.7   2019 年中国主要邮轮港停靠邮轮艘次情况①

序号	邮轮港	停靠邮轮/艘次	同比变化	母港邮轮/艘次	同比变化
1	上海吴淞口国际邮轮港	240	−31.1%	225	−38.4%
2	天津国际邮轮母港	121	6.1%	104	5.1%
3	广州港国际邮轮母港	89	−9.7%	88	−9.3%
4	厦门国际邮轮母港	136	27.4%	128	50.6%
5	深圳招商蛇口邮轮母港	97	2.3%	96	9.1%
6	青岛邮轮母港	51	60.3%	45	12.5%
7	大连国际邮轮中心	39	4.8%	33	3.1%
8	上海港国际客运中心	18	−40.9%	0	−100.0%
9	温州国际邮轮港	6	90.5%	6	20.0%
10	舟山群岛国际邮轮港	5	—	5	—
11	广州南沙国际邮轮母港	4	—	4	—
12	三亚凤凰岛国际邮轮港	4	−67.9%	0	−100.0%

注:①数据来源于《邮轮志》。

除上述邮轮港外,国内还有约 7 座新建和改建中的邮轮港,包括烟台国际邮轮母港、湛江国际邮轮港等。这些新建、改建的邮轮港都位于二三线城市,在激发属地中小城市邮轮旅游市场潜力的同时,不可避免地也会抢夺传统邮轮旅游中心港的客源。我国邮轮港普遍超标准建设,强调规模、投资大、成本高、港口自身盈利能力差、企业基本亏损,这些问题需要引起重视[7]。

2.2.4   船型状况

表 2.8 统计了近年来部分在中国市场运营的大中型邮轮的船型情况。

(1)中国市场运营的邮轮以大型邮轮为主,另有少量中型邮轮。新进入中国市场的邮轮以大型和超大型邮轮为主,新建邮轮的船型增大趋势明显。

(2)外资邮轮继续占据绝对领先地位,大型邮轮均为外资邮轮;仅有的两艘中资邮轮均为 7 万总吨级("天海新世纪"号已退出中国市场),整体船型偏小。

(3)总体来看,乘客空间比和乘客船员比随总吨位的变化较小。表 2.8 中邮轮的 PSR(2)均值为 39,PSR(M)均值为 32,PCR(2)均值为 2.5,PCR(M)均值为 3。

（4）阳台房占比随总吨位变化较大，表2.8中大型邮轮的阳台房占比均值为59%，中型邮轮的仅为23%；而大型邮轮的内舱房占比均值为28%，中型邮轮的为33%，两者相差不大。这不难理解，船型越大，甲板层数越多，就能布置更多的阳台房，阳台房的比例自然越高。

（5）"世界梦"号是中国市场唯一一艘被《伯利兹邮轮年鉴（2019）》评为4星+级的邮轮，各项指标均位居前列。尤其是其PSR（2）接近45，PCR（2）接近2，是中国市场高端邮轮的标杆。

（6）"海洋光谱"号和"威尼斯"号都是2019年交付的新船，但两者的定位差异较大。除乘客船员比接近外，"海洋光谱"号的乘客空间比和阳台房比例都要比"威尼斯"号高得多，居住条件更好。事实上，"威尼斯"号的乘客空间比和乘客船员比在表2.8中所有邮轮里是最低的，阳台房比例基本也是最低的。

表 2.8　中国市场部分运营邮轮的指标统计

建造年份	船名	总吨位	乘客空间比		乘客船员比		客舱数/间	房型占比	
			标准	最大	标准	最大		阳台房①	内舱房
2019	"海洋光谱"号	168 870	39.8	31.6	3.27	4.11	2 137	75.4%	17.3%
2016	"海洋赞礼"号	168 666	40.5	35.0	3.20	3.71	2 094	75.0%	17.9%
2014	"海洋量子"号	168 666	40.5	35.0	3.20	3.71	2 094	75.0%	17.9%
2017	"喜悦"号	167 725	44.1	36.3	2.09	2.54	1 925	77.1%	17.1%
2017	"世界梦"号	150 695	44.6	33.6	2.07	2.75	1 710	71.6%	23.5%
2017	"盛世公主"号	142 714	40.1	33.4	2.64	3.16	1 780	80.8%	19.2%
1999	"海洋航行者"号	138 194	40.5	33.7	2.89	3.47	1 708	46.3%	40.4%
2009	"辉煌"号	137 936	42.1	35.1	2.39	2.87	1 637	76.3%	18.0%
2019	"威尼斯"号	135 225	32.0	25.7	3.31	4.12	2 116	47.4%	39.0%
2004	"蓝宝石公主"号	115 875	43.3	36.1	2.43	2.92	1 339	55.1%	28.3%
2007	"赛琳娜"号	114 147	37.9	31.6	2.82	3.39	1 519	39.9%	39.0%
2001	"黄金公主"号	108 865	41.3	33.5	2.40	2.95	1 318	56.4%	27.8%
2003	"幸运"号	102 587	38.0	31.6	2.53	3.04	1 354	38.6%	37.7%
2000	"大西洋"号	85 619	38.7	32.3	2.45	2.94	1 097	65.5%	19.3%
1999	"探索梦"号	75 338	40.3	26.9	1.70	2.55	928	40.2%	38.3%
1996	"维多利亚"号	75 166	39.0	32.5	2.35	2.82	964	27.2%	40.6%

表 2.8（续）

建造年份	船名	总吨位	乘客空间比		乘客船员比		客舱数/间	房型占比	
			标准	最大	标准	最大		阳台房①	内舱房
1995	"天海新世纪"号	71 545	39.4	33.8	2.14	2.50	907	43.4%	35.1%
1995	"鼓浪屿"号	69 840	37.1	36.2	2.35	2.41	943	13.8%	35.2%
2003	"海抒情"号	65 591	33.2	27.7	2.74	3.29	992	22.8%	35.8%
1993	"新浪漫"号	56 769	36.0	30.0	2.43	2.91	789	31.2%	28.9%

注:①房型占比统计中的阳台房已计入有阳台的套房。

2.3 世界邮轮新造船状况

据 Cruise Industry News 统计,2020—2025 年交付的邮轮新造船共有 107 艘①。图 2.5 所示为这些邮轮新造船的总吨位分布情况,其中超大型邮轮 25 艘、大型邮轮 23 艘、中型邮轮 9 艘、小型邮轮 34 艘、微型邮轮 16 艘[3-4]。

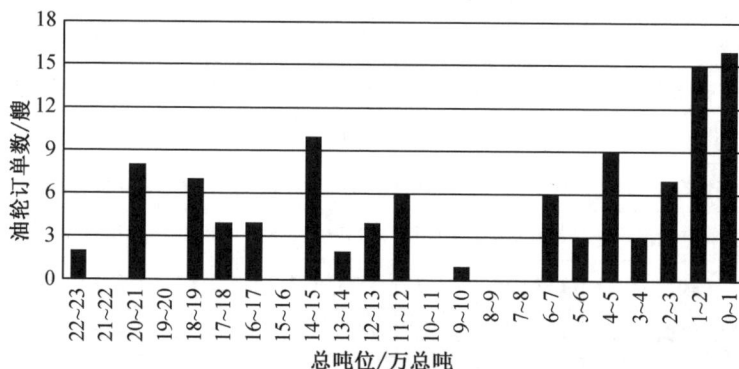

图 2.5　2020—2025 年世界邮轮新造船总吨位分布情况

图 2.6 所示为世界邮轮新造船的年代和船型分布情况,其中大型邮轮 48 艘、

---

① 这里的世界邮轮新造船订单统计日期截至 2020 年 10 月 26 日。由于持续的新冠肺炎疫情影响,部分订单已有推迟或取消,信息未能及时得到反馈。本书仅从事理论研究,读者不必拘泥于个别数据。

探险型邮轮 35 艘、LNG 动力邮轮 21 艘。

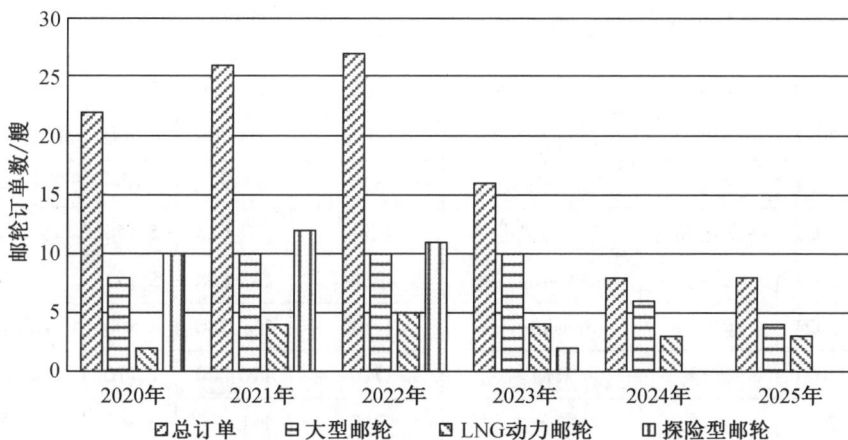

图 2.6　世界邮轮新造船的年代和船型分布情况

2.3.1　大型邮轮新造船状况

作为邮轮旅游的绝对主力,大型邮轮的造价高、建造周期长,基本由主流邮轮公司运营而具有较好的规划性。表 2.9 列出了 2020—2025 年交付的大型邮轮新造船情况。可以看到,各个年份的大型邮轮订单相对稳定,说明市场对大型邮轮有持续而稳定的需求。

表 2.9　2020—2025 年交付的大型邮轮新造船情况

序号	交付年份	邮轮公司	船名	造价/百万美元	总吨位	标准床位/张	船厂
1	2020	P&O	"Iona"号[①]	950	183 900	5 200	迈尔
2	2020	嘉年华	"Mardi Gras"号[①]	950	180 800	5 200	迈尔图库
3	2020	地中海	"Virtuosa"号	900	177 100	4 888	大西洋
4	2020	歌诗达	"佛罗伦萨"号[②]	780	135 500	4 232	芬坎蒂尼
5	2020	公主	"奇缘公主"号	760	141 000	3 660	芬坎蒂尼
6	2020	皇家加勒比	"奥德赛"号	950	167 000	4 200	迈尔
7	2020	维珍	"Scarlet Lady"号	710	110 000	2 770	芬坎蒂尼

表 2.9（续 1）

序号	交付年份	邮轮公司	船名	造价/百万美元	总吨位	标准床位/张	船厂
8	2020	精致	"Apex"号	900	129 500	2 900	大西洋
9	2021	星梦	"环球梦"号②	1 100	208 000	4 700	MV Werften
10	2021	荷美	"Rotterdam"号	520	99 000	2 660	芬坎蒂尼
11	2021	皇家加勒比	"Wonder"号②	1 300	227 625	5 448	大西洋
12	2021	爱达	"AIDAcosma"号①	950	183 858	5 252	迈尔
13	2021	地中海	"Seashore"号	1 100	169 380	4 560	芬坎蒂尼
14	2021	维珍	未命名	710	110 000	2 770	芬坎蒂尼
15	2021	公主	"寻梦公主"号	760	141 000	3 660	芬坎蒂尼
16	2021	精致	"Beyond"号	900	129 500	2 900	大西洋
17	2021	歌诗达	"Toscana"号①	950	183 900	5 224	迈尔图库
18	2021	迪士尼	"Disney Wish"号①	900	140 000	2 500	迈尔
19	2022	星梦	未命名②	1 100	208 000	4 700	MV Werften
20	2022	地中海	"欧罗巴"号①	1 200	205 700	5 400	大西洋
21	2022	皇家加勒比	未命名①	1 100	200 000	5 000	迈尔图库
22	2022	精致	未命名	900	129 500	2 900	大西洋
23	2022	维珍	未命名	710	110 000	2 770	芬坎蒂尼
24	2022	嘉年华	未命名①	950	183 900	5 200	迈尔图库
25	2022	诺唯真	未命名	850	140 000	3 300	芬坎蒂尼
26	2022	冠达	未命名	600	113 000	3 000	芬坎蒂尼
27	2022	P&O	未命名①	950	183 900	5 200	迈尔
28	2022	迪士尼	未命名①	900	140 000	2 500	迈尔
29	2023	途易	"Mein Schiff 7"号	625	110 000	2 900	迈尔图库
30	2023	爱达	未命名①	950	183 900	5 200	迈尔
31	2023	皇家加勒比	未命名	1 300	231 000	5 714	大西洋
32	2023	公主	未命名①	1 000	175 000	4 300	芬坎蒂尼
33	2023	维珍	未命名	795	110 000	2 770	芬坎蒂尼
34	2023	诺唯真	未命名	850	140 000	3 300	芬坎蒂尼

表 2.9（续 2）

序号	交付年份	邮轮公司	船名	造价/百万美元	总吨位	标准床位/张	船厂
35	2023	嘉年华	未命名②	750	135 500	4 232	中船集团
36	2023	地中海	未命名	1 100	169 380	4 560	芬坎蒂尼
37	2023	地中海	未命名①	1 000	177 100	4 888	大西洋
38	2023	迪士尼	未命名①	900	140 000	2 500	迈尔
39	2024	皇家加勒比	未命名①	1 100	200 000	5 000	迈尔图库
40	2024	精致	未命名	900	129 500	2 900	大西洋
41	2024	地中海	未命名①	1 200	205 700	5 400	大西洋
42	2024	诺唯真	未命名	850	140 000	3 300	芬坎蒂尼
43	2024	嘉年华	未命名②	750	142 000	4 230	中船集团
44	2024	途易	未命名①	850	161 000	4 000	芬坎蒂尼
45	2025	公主	未命名①	1 000	175 000	4 300	芬坎蒂尼
46	2025	皇家加勒比	未命名①	1 100	200 000	5 000	迈尔图库
47	2025	地中海	未命名①	1 200	205 700	5 400	大西洋
48	2025	诺唯真	未命名	850	140 000	3 300	芬坎蒂尼

注：①采用 LNG 双燃料动力；
　　②交付后将投入中国市场运营。

2020—2025 年将有 48 艘大型邮轮建造交付。其中，超大型邮轮有 25 艘、LNG 动力邮轮有 20 艘，交付后投放中国市场的有 6 艘。

1. 大型邮轮主要参数指标

大型邮轮新造船总吨位均值约 16 万，标准床位均值为 4 100 张，乘客空间比均值为 39.8，每床位造价均值为 24 万美元。总吨位低于 10 万的仅有 1 艘（荷美邮轮的"Rotterdam"号，9.9 万总吨），其余均在 11 万总吨以上，进一步印证了邮轮船型的大型化趋势[8-9]。

大型邮轮新造船以大众型邮轮为主，迪士尼邮轮公司订造的 3 艘 14 万总吨"Triton"级 LNG 动力大型邮轮则是奢侈型邮轮的代表。该系列邮轮以迪士尼童话故事为主题，继承了其品牌一贯的高端路线，PSR（2）高达 56，PCR（2）为 1.7，每床位造价高达 36 万美元，三项指标均为所有大型邮轮新造船中最高。首制船"Disney Wish"号是迪士尼邮轮公司的第 1 条 LNG 动力邮轮，计划交付后投放到加勒比地区运营。图 2.7 所示为"Disney Wish"号的中庭，中庭有三层楼高，按照

迪士尼童话里的城堡造型打造,在这里将进行专门的表演和互动娱乐,也是该邮轮的标志性建筑。

图 2.7 "Disney Wish"号的中庭

星梦邮轮公司的 2 艘"环球"(Global)级超大型邮轮的船型大小仅次于"绿洲"级。"环球"级总吨位 20.8 万,船长 342 m,船宽 46.6 m,最大吃水 9.5 m,电站功率 96 MW,有 19 层甲板,客舱 2 500 间,有电梯 28 部,其中自动扶手电梯 8 部,单船造价高达 11 亿美元。如图 2.8 所示,"环球"级拥有极为丰富的休闲娱乐和餐饮设施,将引入全球最长的海上过山车"太空飞船",推出亚洲及西式 SPA、多种地道的亚洲餐饮。据称该邮轮最大载客量可达 9 500 人,旺季时船员最多可达 2 500 人,有望成为全球载客最多的邮轮。首制邮轮"环球梦"号初步计划于 2022 年交付后进驻中国市场,母港为上海吴淞口国际邮轮港。

(a) (b)

图 2.8 "环球梦"号的外观及顶部娱乐设施

如图 2.9 所示,大型邮轮新造船的 PSR(2)基本集中于 35 ~ 40,最大不超过 45。乘客空间比最小为 32,对应歌诗达"佛罗伦萨"号。LNG 动力邮轮中,"Costa

Toscana"号的乘客空间比最低为 35.2。

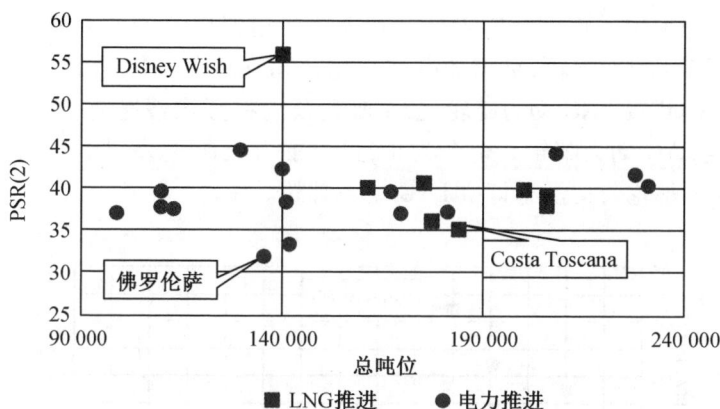

图 2.9　大型邮轮新造船的 PSR(2) 分布情况

如图 2.10 所示,大部分大型邮轮新造船的 PCR(2) 都集中于 2.5～3.0。
"AIDAcosma"号的乘客船员比最高为 3.47,歌诗达"佛罗伦萨"号次之为 3.27。
总体来看,随着船型增大,乘客船员比也随之增大。

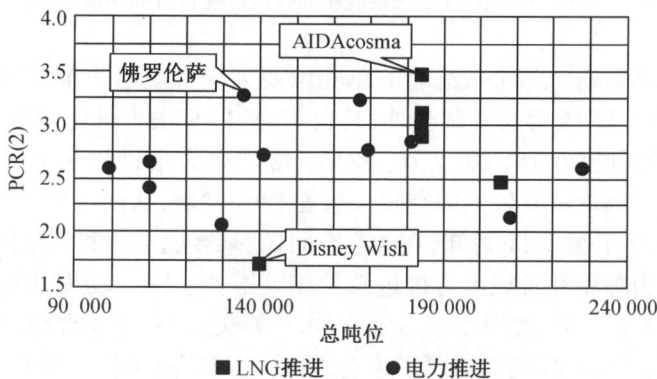

图 2.10　大型邮轮新造船的 PCR(2) 分布情况

如图 2.11 所示,大部分大型邮轮新造船的每床位造价都低于 25 万美元。歌
诗达"佛罗伦萨"号每床位造价 17.7 万美元,处于最低。此外,嘉年华邮轮公司
的 7 艘 18.4 万总吨 LNG 动力邮轮的每床位造价为 18.3 万美元,也处于低位。

2. LNG 动力大型邮轮新造船状况

受到日趋严格的污染气体排放限制法规的驱动,特别是 2020 年生效的全球

0.5%限硫令的驱动,LNG动力大型邮轮订单占比逐年稳步上升[10-11]。嘉年华邮轮公司共有7艘18.4万总吨"Excellence-Helios"级LNG动力邮轮订单,继续保持行业领先地位。地中海邮轮公司在大西洋造船厂订购了4艘20.6万总吨"World"级LNG动力邮轮,皇家加勒比邮轮公司在迈尔图库造船厂订购了3艘20万总吨"Icon"级LNG动力邮轮,公主邮轮公司在芬坎蒂尼造船厂订购了2艘17.5万总吨LNG动力邮轮。至今为止,世界前五大邮轮公司中,只有诺唯真邮轮公司和云顶邮轮公司没有订造LNG动力邮轮。

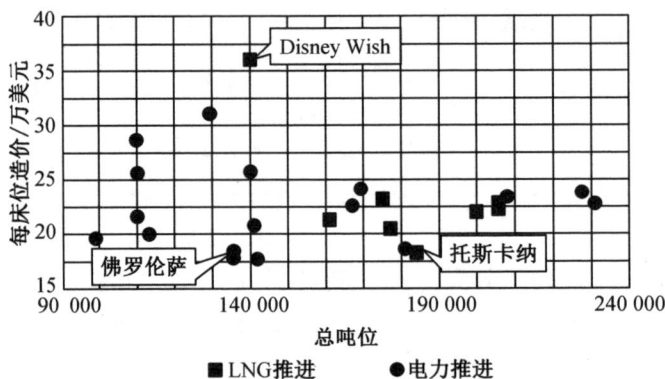

图 2.11　大型邮轮新造船的每床位造价分布情况

　　总体上,LNG动力邮轮新造船的总吨位要大于常规电力推进邮轮。除迪士尼邮轮公司的3艘14万总吨邮轮外,其余17艘LNG动力邮轮均为超大型邮轮。LNG动力邮轮总吨位均值18.1万,远大于常规电力推进邮轮14.6万的均值。显然,LNG动力邮轮需要较大的空间来布置LNG储罐,从而使船型更趋大型化。

　　综合图2.9至图2.11可知,在乘客空间比、乘客船员比和每床位造价几项指标上,LNG动力邮轮和常规电力推进邮轮相差不大。LNG动力邮轮的每床位造价均值为22.8万美元,甚至小于后者的24.9万美元,一个重要原因是前者船型偏大,标准床位相对多,进而摊薄了建造成本。当然,由于船型偏大,LNG动力邮轮新造船的整体造价还是要高出很多。

2.3.2　探险邮轮(探险型邮轮)新造船状况

　　相对于2017年2艘和2018年4艘的交付量来说,2019—2023年的探险邮轮新造船共有47艘,年均近10艘,可以用暴发式增长来形容。探险邮轮这波暴发行情主要是由南极、北极探险旅游升温带动的[12-13]。

　　表2.10列出了2020—2023年交付的探险邮轮新造船情况。2020—2023年

将有 35 艘探险邮轮建造交付,其中极地探险邮轮有 31 艘,占比接近 90%。

表 2.10　2020—2025 年交付的探险邮轮新造船情况

序号	交付年份	邮轮公司	船名	造价/百万美元	总吨位	标准床位/张	船厂
1	2020	Sunstone	"Ocean Victory"号	65	8 000	186	招商局重工有限公司(以下简称"招商重工")
2	2020	Mystic/Nicko	"World Voyager"号	80	9 300	200	West Sea
3	2020	海达路德	"Fridtjof Nansen"号	220	20 000	530	Kleven
4	2020	庞洛	"Le Bellot"号	110	10 000	180	VARD
5	2020	庞洛	"Le Jacques Cartier"号	110	10 000	180	VARD
6	2020	珊瑚探险	"Geographer"号	75	5 500	120	VARD
7	2020	银海	"Silver Origin"号	75	5 739	100	De Hoop
8	2020	夸克	"Ultramarine"号	150	13 000	200	Brodosplit
9	2020	Lindblad	"NG Endurance"号	135	12 000	126	乌斯坦
10	2020	水晶	"Endeavor"号	195	19 800	200	MV Werften
11	2021	Sunstone	"Ocean Explorer"号	65	8 000	140	招商重工
12	2021	庞洛	"Le Commandant Charcot"号[①]	324	31 700	270	VARD
13	2021	世邦	"Venture"号	225	23 000	264	Mariotti
14	2021	赫伯罗特	"H/Spirit"号	155	16 100	230	VARD
15	2021	海达路德	未命名	220	20 000	530	Kleven
16	2021	Mystic/Atlas	"World Navigator"号	80	9 300	200	West Sea
17	2021	Vodohod	未命名	150	10 000	148	Helsinki
18	2021	SunStone	"Sylvia Earle"号	65	8 000	132	招商重工
19	2021	Oceanwide	"Janssonius"号	85	6 300	174	Brodosplit
20	2021	Lindblad	"NG Resolution"号	150	12 000	126	Ulstein
21	2021	维京	"Viking Octantis"号	275	30 000	378	VARD
22	2021	水晶	未命名	195	19 800	200	MV Werften

表 2.10（续）

序号	交付年份	邮轮公司	船名	造价/百万美元	总吨位	标准床位/张	船厂
23	2022	Vodohod	未命名	150	10 000	148	Helsinki
24	2022	Mystic/Atlas	"World Traveller" 号	80	9 300	200	West Sea
25	2022	SunStone	"Ocean Odyssey" 号	65	8 000	140	招商重工
26	2022	世邦	未命名	225	23 000	264	Mariotti
27	2022	维京	"Viking Polaris" 号	275	30 000	378	VARD
28	2022	SunStone	"Ocean Discoverer" 号	65	8 000	186	招商重工
29	2022	SunStone	"Ocean Albatros" 号	65	8 000	186	招商重工
30	2022	Mystic/Atlas	"World Seeker" 号	80	9 300	200	West Sea
31	2022	水晶	未命名	195	19 800	200	MV Werften
32	2022	保罗高更	未命名	165	11 000	230	VARD
33	2022	保罗高更	未命名	165	11 000	230	VARD
34	2023	Mystic/Atlas	"W. Adventurer" 号	80	9 300	200	West Sea
35	2023	Mystic/Atlas	"W. Discoverer" 号	80	9 300	200	West Sea

注：①采用 LNG 双燃料动力。

2022 年后的探险邮轮订单迅速下降，主要有以下两个方面的原因。

第一，加勒比海诸岛、加拉帕戈斯群岛、塔斯马尼亚、大堡礁、俄罗斯远东等传统探险邮轮市场增量有限，极地邮轮旅游增幅较大，但体量终归有限。大量新船交付后市场是否趋于饱和难以准确预判，船东下单的意愿不强。

第二，探险邮轮的设计和建造周期相对较短，且其中不乏投机性订单，船东无须过早确认订单。

1. 探险邮轮主要参数指标

86% 的探险邮轮新造船的总吨位不超过 2 万，这与其需要灵活布置、灵便操纵的运营需求相适应。但与探险邮轮越来越"奢侈"的趋势相对应，其船型也呈现大型化趋势。

如图 2.12 所示，庞洛邮轮公司的 "Le Commandant Charcot" 号是高端奢侈探险邮轮的代表，是世界第一艘，也是目前唯一一艘 LNG 动力探险邮轮新造船。该邮轮专为前往北极点、威德尔海和彼得一世岛等目的地开发，破冰等级达 Polar Class 2，总吨位 3.17 万，船长 150 m，装机功率 40 MW（瓦锡兰 4×14V31DF + 2×10V31DF），配有 2 台 ABB Azipod VI 17 MW 破冰吊舱桨。有 3 层住舱甲板，

135 间客房全为阳台房,客房面积最小也有 20 m²(阳台面积 5 m²)。配置一间科学实验室,以供海洋科考使用。配置 2 架直升机,船首部设有直升机起降甲板。配置 16 台 Zodiacs 大容量刚性充气登陆艇。"Le Commandant Charcot"号是世界第一艘薄膜型 LNG 邮轮,采用法国 GTT 公司的"MARK Ⅲ"薄膜型 LNG 储存舱,舱容 4 500 m³。该邮轮造价 3.24 亿美元,乘客空间比高达 117,每床位造价高达 120 万美元,两项指标均为所有探险邮轮新造船之最。

(a)　　　　　　　　　　　　　　(b)

图 2.12　"Le Commandant Charcot"号的外观及艉部露天平台

我国招商局工业集团承接了美国 SunStone 公司的 7 + 3 艘极地探险邮轮建造订单,该系列船由挪威乌斯坦(Ulstein)提供基本设计、设备和系统集成,芬兰 MAKINEN 公司提供内装设计,采用乌斯坦的 X - BOW 船首专利设计。如图 2.13 所示,首制船"Greg Mortimer"号于 2019 年正式交付后,已由船东租给极地探险公司 Aurora Expeditions 展开南极探险之旅。"Greg Mortimer"号总吨位 8 035,船长 104.4 m,船宽 18.4 m,型深 7.25 m,最大吃水 5.3 m,最大排水量 6 252 t,载重量 1 743 t,最大航速 16.5 kn,经济服务航速 12 kn,载客量 120 ~ 160 人,船员 94 人,客舱 80 间,其中 64 间为阳台房。该邮轮抗冰等级为 PC6,主发电机组采用瓦锡兰 W8L20 和 W6L20 机型各两台,采用电力驱动的轴系双桨主推进,艏部配有 1 台 880 kW 侧推。

图 2.13　"Greg Mortimer"号极地探险邮轮

探险邮轮新造船的 PSR(2)均值为 63,远高于大型邮轮。如图 2.14 所示,探险邮轮新造船的 PSR(2)基本集中于 45~70。总体上,探险邮轮新造船的船型越小,乘客空间比也越小。

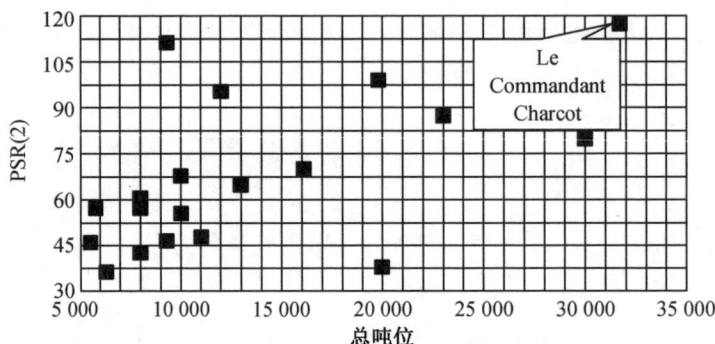

图 2.14　探险邮轮新造船的 PSR(2)分布情况

探险邮轮新造船的每床位造价均值为 66 万美元,远高于大型邮轮新造船。Lindblad 的"NG Resolution"号探险邮轮的每床位造价高达 120 万美元。如图 2.15 所示,大部分探险邮轮新造船的每床位造价都低于 70 万美元,最低也达到 36 万美元左右。

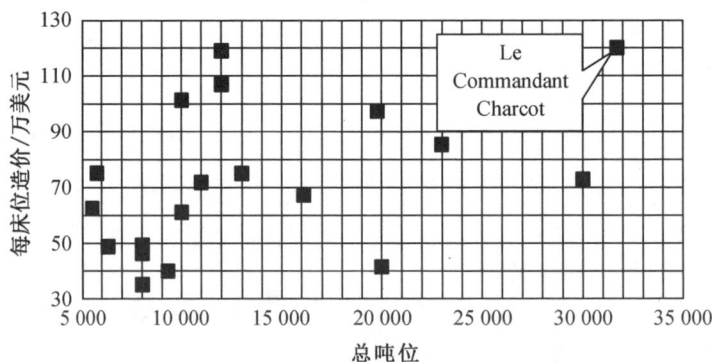

图 2.15　探险邮轮新造船的每床位造价分布情况

2. 探险邮轮船型分布情况

大部分极地探险邮轮公司采用冬季北极、夏季南极的经营策略。南极航线出发港口主要包括阿根廷的乌斯怀亚和布宜诺斯艾利斯、挪威奥斯陆、巴西里约热内卢,其中以从阿根廷乌斯怀亚出发居多。北极航线出发母港一般为荷兰的

阿姆斯特丹、格陵兰。

国际南极旅行运营商联合会（IAATO）①将从事南极旅行的船只分为4类[14]：

（1）YA型——载客12人或以下的游艇，允许安排登陆，登陆地点最灵活；

（2）C1型——载客13～200人的小型探险船，允许安排登陆，可以选择的登陆地点较多；

（3）C2型——载客201～500人的中型探险船，允许安排登陆，但可选择的登陆地点较少；

（4）CR型——载客500人以上的大型探险船，不允许安排登陆。

IAATO规定在任何一个南极登陆地点，每个批次的登陆人数不得超过100人，且每20人至少配备1名导游[15]。一般情况下，如果天气条件许可，一天可安排两次登陆，每次登陆时间控制在2～3 h。从满足乘客登陆南极的需求出发，C1型邮轮基本可实现每名乘客每天一次登陆，因此最受欢迎。

表2.11是IAATO对近几年南极旅游乘客数量的统计。可以看到，乘客的数量逐年增长，乘客总数、登陆乘客数和未登陆乘客数的平均增幅均超过15%，尤其是最近一个年度的乘客总数增幅更是超过30%，这说明南极探险游已成为邮轮旅游市场的热点。另外，近几年的登陆乘客占比均维持在75%以上，说明乘客更热衷于登陆实地体验南极的美景。

表 2.11　南极旅游乘客数量统计①

时间	乘客总数/人	登陆乘客数/人	未登陆乘客数/人
2015—2016 年	38 479	30 370	8 109
2016—2017 年	45 083	37 608	7 475
2017—2018 年	51 842	42 711	9 131
2018—2019 年	55 904	45 015	10 889
2019—2020 年②	74 381	55 875	18 506

注：①数据来源于 www.iaato.org。

②统计日期截至 2020 年 11 月 1 日。

图2.16统计了2019—2023年交付的极地探险邮轮新造船的类型分布情况。

_____

① 国际南极旅行运营商联合会（International Association of Antarctic Tour Operators，IAATO）成立于1991年，目前成员已超过100个。协会负责建立南极旅游业有关安全和环保方面的制度规范，并实施行业监管。协会建有网站，提供乘客指南、旅游数据统计等信息。

极地探险邮轮新造船共计 43 艘,其中 C1 型 31 艘,占 72.1%,C2 型 9 艘,CR 型仅 3 艘,均为海达路德邮轮公司订购,载客均为 530 人。

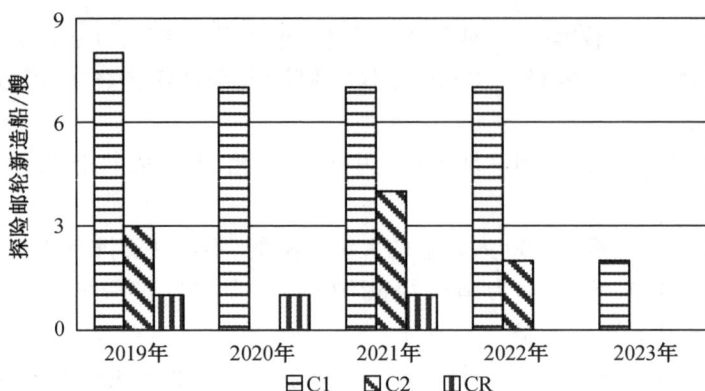

图 2.16　极地探险邮轮新造船的类型分布情况

抗冰设计方面,极地探险邮轮的抗冰等级集中在较低的级别,几乎都为 PC5 ～ PC6,或者更低等级 IA、IB 和 IC,只有个别邮轮的抗冰级别比较高,达到 PC2。这跟航线规划有很大关系,除非要深入极地内部冰层更厚的地方,否则没有必要提高抗冰级别。

2.3.3　中小型邮轮新造船状况

表 2.12 列出了 2020—2025 年交付的 4 万～7 万总吨的中小型邮轮新造船情况。18 艘中小型邮轮新造船的乘客空间比均值为 60,每床位造价均值为 55.6 万美元,均远高于大型邮轮新造船,而接近于探险邮轮新造船。与现有的中型邮轮相比,新造船的乘客空间比有明显提高,高端化趋势显著。当然,表 2.12 中的邮轮公司基本走的是高端路线,订造的邮轮自然规格较高。鉴于短期内中小型高端邮轮不会成为我国邮轮市场的主流船型,这里不再展开论述。

表 2.12　2020—2025 年交付的 4 万～7 万总吨的中小型邮轮新造船情况

序号	交付年份	邮轮公司	船名	造价/百万美元	总吨位	标准床位/张	船厂
1	2020	Saga	"S/Adventure"号	350	58 250	1 000	迈尔
2	2020	丽晶	"Splendor"号	478	54 000	750	芬坎蒂尼

表 2.12(续)

序号	交付年份	邮轮公司	船名	造价/百万美元	总吨位	标准床位/张	船厂
3	2020	银海	"Silver Moon"号	370	40 700	596	芬坎蒂尼
4	2021	维京	"Viking Venus"号	400	47 000	930	芬坎蒂尼
5	2021	银海	"Silver Dawn"号	380	40 700	596	芬坎蒂尼
6	2022	水晶	未命名	900	67 000	800	MV Werften
7	2022	大洋	未命名	660	67 000	1 200	芬坎蒂尼
8	2022	维京	未命名	400	47 000	930	芬坎蒂尼
9	2022	维京	未命名	400	47 000	930	芬坎蒂尼
10	2023	地中海	未命名	600	64 000	1 000	芬坎蒂尼
11	2023	丽晶	未命名	545	54 000	750	芬坎蒂尼
12	2023	维京	未命名	400	47 000	930	芬坎蒂尼
13	2024	地中海	未命名	600	64 000	1 000	芬坎蒂尼
14	2024	维京	未命名	400	47 000	930	芬坎蒂尼
15	2025	大洋	未命名	660	67 000	1 200	芬坎蒂尼
16	2025	地中海	未命名	600	64 000	1 000	芬坎蒂尼
17	2025	维京	未命名	400	47 000	930	芬坎蒂尼
18	2025	维京	未命名	400	47 000	930	芬坎蒂尼

2.3.4 主要邮轮建造商接单情况

邮轮,尤其是大型邮轮的建造具有高度垄断性。表 2.13 统计了 2020—2025 年世界前 7 大邮轮建造商承接的新造船订单状况(按订单总吨位排名)。这 7 大邮轮建造商共计承接订单 78 艘,总造价 570 亿美元,总床位 21.6 万个,总吨位 889 万,占全部订单总吨位的 96%。

表 2.13 2020—2025 年世界前 7 大邮轮建造商承接的新造船订单状况

船厂	订单数/艘	总吨位	总吨位占比	总造价/10 亿美元	大型邮轮订单数/艘	LNG 动力邮轮订单数/艘
芬坎蒂尼	34	3 323 660	35.9%	22.49	18	3
大西洋	11	1 947 925	21.1%	11.70	11	4

表 2.13(续)

船厂	订单数/艘	总吨位	总吨位占比	总造价/10 亿美元	大型邮轮订单数/艘	LNG 动力邮轮订单数/艘
迈尔	9	1 380 850	14.9%	7.80	8	7
迈尔图库	7	1 261 700	13.6%	6.77	7	6
MV WERFTEN	6	542 400	5.9%	5.08	2	0
中船集团	2	277 300	3.0%	1.50	2	0
VARD	9	153 600	1.7%	1.65	0	1
总计	78	8 887 435	96.1%	57.0	48	21

大型邮轮新造船订单方面,除中船集团手持的 2 艘"Vista"级大型邮轮订单外,其余大型邮轮订单均集中于欧洲船厂。意大利芬坎蒂尼、德国迈尔、芬兰迈尔图库和法国大西洋 4 家造船厂更是手持 44 艘大型邮轮订单,处于绝对领先位置。德国 MV WERFTEN 则手持丽星邮轮公司的 2 艘"环球"级超大型邮轮订单。VARD 船厂手持 9 艘订单,但均为探险邮轮,所以总吨位占比较低。此外,芬坎蒂尼造船厂基本垄断了中型邮轮新造船订单。

LNG 动力邮轮新造船订单方面,除 VARD 造船厂获得 1 艘 LNG 动力探险邮轮订单外,其余 20 艘 LNG 动力大型邮轮订单均被芬坎蒂尼、迈尔、迈尔图库和大西洋 4 家造船厂瓜分。迈尔造船厂和迈尔图库造船厂在 LNG 动力邮轮订单承接方面优势尤为明显,两家造船厂 2020 年后交付的新船基本为 LNG 动力。实际上,世界第一艘和第二艘 LNG 动力邮轮"AIDAnova"号和"Costa Smeralda"号,即分别出自迈尔造船厂和迈尔图库造船厂。芬坎蒂尼造船厂承接的 LNG 动力邮轮订单比例最低,第一艘要到 2023 年第四季度才能交付。

2.4 本章结语

近年来,世界邮轮市场总体保持持续增长,2019 年的客运量、运营邮轮数、床位数、销售收入等多项指标均创新高。邮轮新造船市场同样表现强劲,2020—2025 年交付的邮轮新造船超过 100 艘,其中近一半为大型邮轮新造船,说明市场对大型邮轮有稳定的需求;而探险邮轮新造船,尤其是极地探险邮轮新造船增速很快,占到全部新造船的 1/3;LNG 动力大型邮轮占比稳步上升,世界第一艘薄膜

型 LNG 探险邮轮也即将交付；大型邮轮总吨位越来越大，而中小型邮轮的乘客空间比、乘客船员比指标越来越高，越来越趋高端化；从邮轮新造船订单来看，欧洲几大主要邮轮建造商的业务相当饱和，公开交付期排到了 2026 年，这无疑给中国造船业带来了新的机遇。

经过连续多年的高速增长后，中国邮轮市场自 2018 年进入调整期，2019 年总体延续下降态势，尤其是母港邮轮停靠艘次下降 12.8%，母港出入境乘客量下降 14.3%，已基本跌回到 2016 年的水平。近年来先后有多艘中资和外资邮轮退出中国市场，但我们也要看到后续几年预计将陆续有歌诗达"佛罗伦萨"号、地中海"荣耀"号、地中海"华彩"号、"环球梦"号、"海洋奇迹"号等新建大型邮轮进入中国市场，船型也越来越大，说明国际邮轮公司对中国邮轮旅游市场仍旧抱有信心。我们理性看待外资邮轮进进出出的同时，也必须意识到中国的邮轮旅游市场竞争将更加激烈。随着一线邮轮市场的饱和以及非一线城市出行需求的增加，外资邮轮公司已将目光倾斜向二三线邮轮市场，正逐步向北方和二线市场扩张。现有中资邮轮体量小、单打独斗、运营管理经验欠缺，必将面临更大的竞争压力。

国际经验表明，人均国内生产总值（GDP）达到 5 千美元时，邮轮市场开始起步发展；人均 GDP 达到 1 万~4 万美元时，邮轮市场将会快速发展。2020 年我国将全面进入小康社会，人均国民收入有望达到或超过 1 万美元，更加接近高收入国家标准。从经济社会发展环境看，我国具备了支撑邮轮市场快速发展的经济基础。另一方面，邮轮旅游文化得到越来越多国人的认可，我国消费者对邮轮旅游这种休闲度假方式的接受度越来越高，尤其是家庭式、团队式出游渐成风尚。

我国中央和地方政府推出了一系列政策，大力支持邮轮产业发展。2018 年 9 月由交通运输部、发展和改革委员会等十部门联合制定的《关于促进我国邮轮经济发展的若干意见》提出：到 2035 年，我国邮轮市场成为全球最具活力市场之一，邮轮乘客年运输量达到 1 400 万人次。2018 年 10 月，上海市人民政府印发了《关于促进本市邮轮经济深化发展的若干意见》，要求结合打响"四大品牌"的总体要求，不断做强特色，提升邮轮旅游服务能级，发展以邮轮制造为核心的高端制造业和配套产业，到 2035 年全面掌握大型邮轮设计建造技术和运营管理能力，使上海成为亚太邮轮企业总部基地和具有全球影响力的邮轮经济中心之一。2019 年 5 月，交通运输部发布了《交通运输部关于推进海南三亚等邮轮港口海上游航线试点的意见》，原则上同意基于海南海域情况及海南国际邮轮发展状况，在五星红旗邮轮投入运营前，先期在三亚、海口邮轮港开展中资方便旗邮轮无目的地航线试点。

2019 年底，Cruise Industry News 曾预估中国邮轮市场将在 2020 年开始复苏，母港邮轮客运量将达到 230 万人次，较 2019 年增长 16%，有望摆脱连续两年的

下降颓势。但突然暴发的新冠肺炎疫情打破了这种势头,2020 年、2021 年的业绩非常惨淡,2022 年的状况如何现在也很难预判。"没有一个冬天不会过去,没有一个春天不会到来。"新冠肺炎疫情不可避免地会冲击人们对邮轮旅游的信心,但不会改变邮轮旅游产业长期向好的趋势,因为邮轮旅游自有其独特的魅力和拥趸。

参 考 文 献

[1] 罗玉杰,叶欣梁,孙瑞红.我国邮轮产业发展的国际经验借鉴及对策研究[J].经济论坛,2019(7):97 – 103.

[2] 崔慧玲.中国邮轮旅游十年发展历程回顾及展望[J].广西经济管理干部学院学报,2017,29(3):71 – 78.

[3] 谢燮.对中国邮轮市场的几点看法[J].中国船检,2018(1):46 – 47.

[4] 全国邮轮市场 2017 年 12 月数据和分析[J].邮轮志,2018(1):27 – 30.

[5] 全国邮轮市场 2018 年 12 月数据和分析[J].邮轮志,2019(1):30 – 32.

[6] 全国邮轮市场 2019 年 12 月数据和分析[J].邮轮志,2020(1):31 – 33.

[7] 丁敏.我国邮轮港口发展的技术经济特征[J].中国港口,2018(12):19 – 24.

[8] 谭晓楠,张言庆,高洪云.全球邮轮船型特征及发展趋势分析[J].世界海运,2016,39(2):8 – 12.

[9] 李华,杨宇琨.基于关键参数分析的全球邮轮船型特征研究[J].海洋开发与管理,2017,34(2):10 – 16.

[10] 彭传圣.满足 IMO 2020 年限硫要求方法的选择[J].中国远洋海运,2019(12):69 – 71.

[11] 张荻萩,王利宁,吴春芳,等.船运业应对燃料限硫新规三种方案经济性比较[J].国际石油经济,2019,27(5):48 – 53.

[12] 范军.探险邮轮,下一个市场热点[J].中国港口,2018(4):33 – 35.

[13] 翁雨波.中小型邮轮演绎建造市场新精彩[J].中国船检,2019(1):54 – 56.

[14] 张振振,陈晨,冯涛,等.南极旅游的发展和对我国的建议[J].海洋开发与管理,2019,36(6):59 – 62.

[15] 陈丹红.南极旅游业的发展与中国应采取的对策的思考[J].极地研究,2012,24(1):70 – 76.

第3章

邮轮总体设计概述

按照 SOLAS 的分类,邮轮属于载客 12 人以上的客船,但与客滚船、渡轮等其他类型客船相比,邮轮在功能需求、船型特点、法规、规范、设计与建造难度、造价、运营管理等方面都有很大区别。

客滚船和渡轮的定位是水上运输工具,其内装配套设施较为简单,仅需满足乘客基本出行需求即可。近些年出现的豪华客滚船开始设置高端的客房和餐厅,以及 KTV、影院和酒吧等娱乐设施,目的是提升游客的旅途体验,但其交通工具的根本属性没有改变。而邮轮以海上观光旅游为主要诉求,邮轮本身就是旅游目的地,体验奢华的居住环境和现代化的娱乐设施是游客最主要的目的。为了满足这一诉求,邮轮可以说将一座微型的现代化城市搬到船上,设置新潮的休闲娱乐设施,提供高品质的餐饮生活服务,并持续创新和充分利用最前沿技术,不断提升游客的旅游体验。

从客船的乘客空间比指标来看,现代邮轮的 PSR(2) 很少低于 30,而豪华客滚船的这项指标很少超过 20。从乘客船员比指标来看,邮轮的 PCR(M) 船员比很少超过 4,而豪华客滚船的这项指标很少低于 4。因此,从所谓"豪华"程度来讲,邮轮要比客滚船、渡轮高端得多。

有别于传统的货船和客船,邮轮并不强调装载货物的空间和能力的大小,而是专注于如何通过组织船内空间,以获得合理的载客量,有效地布置多种不同类型的服务场所,并能够便利地组织船上的人流交通,满足紧急状况时安排船上人员避难甚至撤离的要求。因此,邮轮是一种典型的以布置为首要设计目标的船型。邮轮上布置的舱室具有各类特殊功能要求,许多舱室区域设计具有一定的创新性,游客活动及登离船、就餐、娱乐等行为十分频繁,这些特点为全船设计带来了很大的挑战,包括超规范替代设计、安全返港系统设计、高密度人群流线设计、人员应急撤离疏散系统设计、导识系统设计、特殊船体结构设计、振动噪声控制等一系列新型或特有的技术。

邮轮总体设计技术是邮轮船型概念设计和基本设计的基础。本章首先分析邮轮总体设计的基本原则、建立总体设计流程,其次介绍邮轮总布置要点,然后

分析中国邮轮游客的共性和个性需求,接着介绍邮轮总体设计应关注的法规、规范与标准,再次分析邮轮主尺度选择要点、型线设计与优化方法,并依次介绍稳性与装载、耐波性、操纵性、风舒适性这四项总体性能的分析设计,以及电站系统和推进系统的选型方法,再从生活污水处理、废热回收、垃圾处理、气泡减阻几个方面介绍邮轮的节能减排措施,最后选择从餐厨系统布置模式和厨房设计两个方面介绍大型邮轮的餐厨系统设计方法。

3.1　邮轮总体设计的基本原则

邮轮属于船舶,常规船的基本理论、原理和设计方法同样适用于邮轮。但邮轮的业务和使用要求有别于普通船舶,邮轮设计需遵循以下几个基本原则。

1. 邮轮设计时要更多考虑"人"的需求

邮轮运营终归是一种商业行为,邮轮设计只有更多地考虑游客的喜好、贴近游客的需求,才能受到游客的青睐,从而更具市场竞争力。设计师要多注意收集邮轮运营方面的资料,条件许可时,还应开展市场调研论证和游客满意度调查。设计过程中,要加强与船东(邮轮公司)的沟通交流,多倾听船东和运营方的意见与建议,提升设计的人性化。正是考虑"人"的需求,与其他船型相比,邮轮更注重舒适性,对耐波性、振动噪声控制、风舒适性、船上交通便捷性、人员活动流线舒畅性、空间路径导视标志等的要求更高。

2. 邮轮是高度个性化、定制化的产品设计

与那些单纯以载货为目的的运输船不同,邮轮是高度个性化的产品,品级档次、主题风格、航线规划、吨位规模、酒店设施、娱乐设施这些技术参数都需要有丰富的运营经验支撑,需要基于船型发展趋势、市场需求分析、经济性评估和邮轮品牌建设战略等因素综合决策,否则设计出来的船型很难有吸引力和市场竞争力。

3. 邮轮设计必须满足船舶相应的安全和性能要求

邮轮归根结底还是船舶,必须满足船舶相应的安全、健康、环保和性能要求。邮轮搭载成百上千的游客,一旦发生火灾等安全事故,很有可能造成极大的人命损伤。邮轮的设计、建造及材料与设备的选型必须遵守相关国际公约、法规、规范和标准,取得船东、监管机构、船级社的认可。大中型邮轮需满足安全返港要求,总布置和舱室功能区规划时,需考虑安全区、关键系统分区等的优化。为满

足一些特殊的功能需求,邮轮设计可能会突破现有的法规框架,其安全性必须通过等效替代设计得到验证。

4.邮轮设计是船舶设计与艺术设计的协同

邮轮设计既包含了船舶设计,又包含了船舶造型设计、内部空间艺术设计、舱室艺术设计、标志设计与陈列装饰设计等,需要船舶设计师与建筑设计师共同完成[1-2]。

船体设计和艺术设计必须整体考虑、协调统筹。船舶设计的目的是提供一个船型平台,总体设计要注重大格局、大空间划分,而不必过多拘泥于艺术设计、内装设计、涂装设计等细节。船舶设计师有责任对艺术设计区域的宏观布局做出规划,对艺术设计所选材料的质量重心、防火等级、采购成本建立约束,协调艺术设计与其他专业间的接口。艺术设计师有权利就具体艺术设计提出自己的见解,贯彻自己的思想,但也必须遵守船舶设计师制定的边界约束条件。

总之,不管是巴洛克风格、文艺复兴风格,还是怀旧主题、智能科技主题、神话故事主题,艺术设计绝不能天马行空、无拘无束。否则,艺术设计再怎么新颖酷炫、夺人眼球也是毫无意义的,或者说这种艺术设计没有考虑船舶作为海上浮式结构物的特点,因为脱离于船舶这个载体就会变得不切实际。船舶设计与艺术设计的协同贯穿邮轮设计建造的全过程,需密切关注两者工作界面间的精细化衔接,船舶设计师要协调结构、机电设备、管理系统、电缆、空调通风管道与内装设计间的冲突,提出合理可行的解决方案。

5.邮轮设计是船舶工程与酒店工程的融合

邮轮可看作船舶与酒店宾馆的集合,船舶是酒店宾馆的载体,酒店宾馆则是邮轮的功能呈现。邮轮的上层建筑丰满,规模及体量不亚于主船体,既包括乘客的居住、餐饮、休闲、娱乐、购物等场所,也包括空调、交通、储藏、配电等功能性辅助处所。相较于常规船舶的居住区域,邮轮的上层建筑更像是高档酒店和大型商业综合体。邮轮设计必须考虑酒店工程的功能实现和布置,与主船体设计有机融合。事实上,不少邮轮的中庭,甚至整个乘客公共区域都直接参照高档酒店、著名商场的布局和风格进行设计。

3.2 邮轮总体设计流程

　　船舶设计的总体方案构思是整个船舶设计的一个重要环节,又是一项相当复杂的综合性工作,涉及面非常广泛。由于各船东(邮轮公司)对邮轮的业务和使用要求不尽相同,每艘邮轮的总体设计方案需要构思考虑的内容也会各有侧重,但主要应包括以下几个方面。

　　(1)主题风格及艺术设计;

　　(2)主尺度参数的选取;

　　(3)船体外观造型设计;

　　(4)船体型线设计;

　　(5)酒店系统配置及布置;

　　(6)娱乐系统配置及布置;

　　(7)舱室和功能区布局设计;

　　(8)结构形式的选择及结构设计;

　　(9)船体主要设备及系统配置。

　　邮轮船型复杂,设计时应综合考虑邮轮的各个子系统,反复权衡各主要功能和次要功能要求,使各子系统的相互关系达到最佳,从而最有效和最经济地达到一切应有的功能,同时应考虑绿色环保、节能减排等要求。

　　与其他船型一样,邮轮设计也需遵循提出问题、分析问题、解决问题的基本步骤,分为前期准备、概念设计、基本设计、详细设计、生产设计、完工图纸几个设计阶段。邮轮设计主要工作可参考图 3.1 所示的流程。当然,具体设计流程应按船型成熟度、设计方设计惯例、多方协作分工等实际情况而做出调整。对于相对成熟的船型,设计方如有把握,完全可跳过概念设计,直接进行基本设计。

设计任务提出

任务要求分析 ← 市场调研论证/初步经济性评估

外形及主尺度规划　　室内外娱乐休闲设施规划

总布置草图

初步艺术设计

初步型线设计/初步结构设计/机电舾设备估算……

公区六面图/效果图/材料清单/技术规格书……

简要技术规格书

空船质量重心估算 ← 内装材料估算

关键性能评估

是否满足要求

否　　是

造价估算

概念设计

否

否

是否满足要求

是

船体基本设计 → 深化艺术设计

施工图/询价文件/排版图/船体接口文件……

船体详细设计 ← 内装施工设计

样舱图纸/样本手册……

船体生产设计

样舱制作

完工图纸

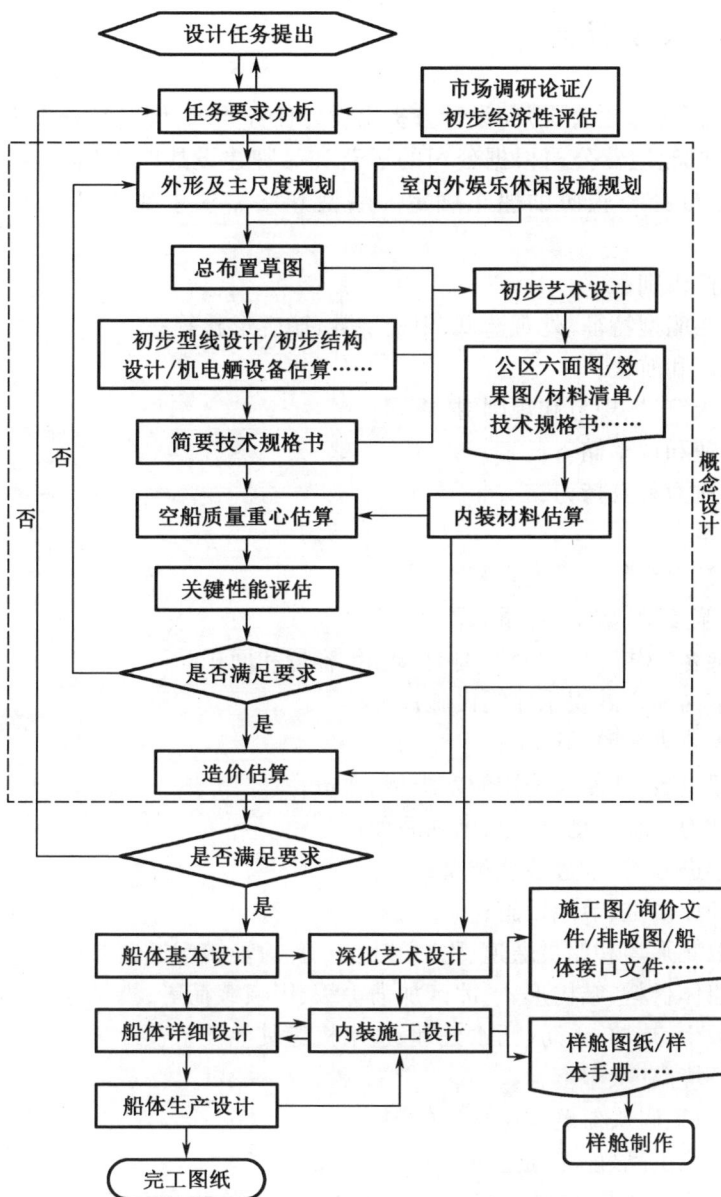

图 3.1　邮轮设计的参考流程

95

3.2.1 设计任务提出

首先,船东(邮轮公司)向设计方提出设计任务要求,即船型开发需求。这些需求一般由邮轮运营公司根据公司的运营和品牌建设战略提出,也可由邮轮设计公司根据自身经验协助船东确定。船型开发需求主要包括但不限于如下项目。

(1)吨位级别;

(2)主要船型特征、外观造型、甲板层数、艏艉形状等;

(3)航区和航线;

(4)船级符号、规范和规则、挂旗国;

(5)航速和功率储备;

(6)续航力和自持力;

(7)载重量;

(8)下铺乘客数和最大乘客数;

(9)客舱类型、数量、容量和面积;

(10)乘客公共区域的处所类型、数量、容量和面积;

(11)室内和户外娱乐休闲设施;

(12)无障碍客舱和设施;

(13)船员数、住舱及公用舱室类型、数量;

(14)动力装置类型、台数、燃油品种;

(15)推进方式、推进装置类型;

(16)环保设施、节能设施;

(17)舷侧乘客和船员通道、物料转运通道、垃圾转运通道要求;

(18)船体材料、结构形式、冰区加强等级、甲板载荷等;

(19)救生、减摇、消防、污水处理、造水机等其他设备;

(20)环境温度、湿度;

(21)航道、码头对船舶主尺度的限制;

(22)船东供品、船东指定设备。

船东的任务要求是邮轮设计的主要依据之一,除非与国际公约规则、挂旗国主管机构的法规、船级社规范、国家行业标准等相抵触,或在设计上明显不合理,或者因受生产条件限制而不能实现,否则均应予以满足。如果发生任何不能满足的情况,均应及时同船东协商,取得一致意见后方可展开后续工作。

船东的任务要求以合同、设计说明书或设计图样等形式得到保证,并且通常在合同中列入罚款条款。邮轮开发设计的罚款项目通常包括设计周期、航速、载

重量、油耗、振动噪声、最大乘客数、最大船员数、客舱和船员住舱(房型、面积、数量)等。

3.2.2　任务要求分析

邮轮设计任务书下达后,应由设计方牵头船东一起评估任务书中技术指标和功能指标的合理性、可行性、先进性和经济性。邮轮船型相对复杂,如有必要可聘请第三方机构,协助开展目标邮轮市场调研论证,研究船型发展趋势,进行初步经济性评估。船东再根据任务要求分析的结果,调整任务书指标。设计任务提出和任务要求分析是两个交互调整的步骤,可能会经历多次反复。

由于邮轮运营的专业性很强,经济性评估最好由船东主导,或由船东自己完成,因为邮轮公司掌握丰富的运营数据,包括淡旺季客流量变化、船票销售收入、船上消费收入和各种运营成本,而这些数据往往被各个邮轮公司视为商业秘密而不予公开。设计方则侧重从船舶系统成本估算方面提供支撑。

3.2.3　概念设计

任务要求确定后,进入概念设计阶段。如图 3.1 所示,邮轮的概念设计可分为船体概念设计和初步艺术设计两部分。其中,前者的主要工作及流程与其他船型相差不大,而后者则是邮轮区别于其他船型的主要特色之一。

目前,邮轮的艺术设计基本都是由第三方专业设计公司牵头负责。艺术设计公司大都由船东方聘请,也有部分由建造方聘请。除艺术设计工作本身外,艺术设计方有时还需负责与船体设计方、建造方之间进行沟通协调。

在概念设计阶段,邮轮的公区艺术设计不可能全面铺开,但至少应涵盖主要乘客公共区域和典型客舱,乃至主要船员公共区域和典型的高级船员住舱。公共区域和住舱的艺术设计也常被称为装饰设计。艺术设计方应获得的信息包括但不限于空间位置、平面布局(含家具、桌椅、陈列品等)、功能、空间尺寸(长、宽、净高)、主要结构(围壁、隔断、立柱、开口等)、内外部通道(走道、门、栏杆、扶手、梯道等)、天花板布局(照明灯具、空调进出风口等)、地板布局(升高地板、浮动地板、照明灯具等)等。所以,艺术设计要在初版总布置图、初步结构设计、简要技术规格书、初步通道规划等工作完成后才能开展。概念设计阶段的艺术设计成果包括典型公共区域和住舱的六面图、效果图、主要材料清单、技术规格书与三维电子模型。主要材料清单反映材料的材质、样式、规格、性能等信息,但不需指定生产厂商。有了这些成果文件,就具备了内装材料的物量及质量估算、造价成本估算的基础。相对船型主尺度、性能、主要机电舾设备规格等来说,艺术设

计更偏主观化。艺术设计方可适当制定数个出图阶段,以便在设计过程中及时与各方协调沟通,并有效控制设计进度。

概念设计阶段还需进行邮轮的外观造型设计,即外观设计。外观设计的目的是美化邮轮的外观造型,增强主船体和上层建筑造型间的协调性,甚至还需根据船东要求突出特定主题,从而提高邮轮的视觉吸引力。外观设计在主船体尺度和外形、上层建筑规模及外形初步固化后进行,更多的是对上层建筑的造型的改善优化,大规模改动是不切实际的。外观设计可调整上层建筑首尾端端壁的纵向位置,以及垂向坡度、甲板的端部形状、各层甲板间的水平方向错落、顶部甲板室的分布等,还需注意与烟囱、露天娱乐设施、通道设备等的协调。外观设计不能影响船舶性能,尽量控制对住舱数量、公共区域规模等的影响,否则需要与船东及设计方及时沟通并获得认可。外观设计还包括邮轮的外观涂装设计,但涂装设计更偏艺术设计层面,对船体设计本身的影响有限。

概念设计的成果主要包括外形图、初版总布置图、简要技术规格书、空船质量重心估算书、主要性能估算书、中横剖面图、电力负荷估算书、空调负荷估算书、主要机电设备选型表、钢料和物料预估单等,以及上述典型公共区域和住舱艺术设计成果。这些图纸文件,应能够支撑造价成本估算。如果不能满足任务书的要求,特别是造价不能满足船东的要求时,就需要重新分析,重新进行概念设计,直至满足任务书的要求为止。

总之,邮轮概念设计是一个多目标、多参数、多约束的求解和逐步近似优化过程,最初确定的主尺度等船型参数完全有可能不符合要求,只有通过反复地迭代校验和验证,才能确保取值的可靠性。

3.2.4 后续设计阶段

概念设计完成后,就进入基本设计、详细设计、生产设计、完工图纸几个后续设计阶段。后续设计阶段的船体设计工作内容、特点与其他船型相差不大,具体可参考相关船舶设计手册,这里不再展开。

基本设计阶段要根据船体基本设计图纸,如无障碍设施图等,在概念设计的基础上继续深化完善艺术设计。其涵盖更多的公共区域和典型住舱。

内装施工设计在艺术设计完成后进行,是艺术设计效果的物理呈现。内装施工设计阶段特别要注意与船体详细设计图纸间的接口的协调一致,主要成果有内装施工设计图、内装材料询价文件、布置图等。此阶段还需完成样板间(MOCK - UP,样舱)施工设计图、样本手册,并制作样板间。

|3.3　总布置要点|

邮轮主甲板以上主要设置住宿、餐饮、娱乐、休闲等为乘客服务的舱室处所，以及必要的配套舱室处所。主甲板以下的主船体内主要设置动力、推进、配电、辅机泵等机器处所，以及淡水、燃油、污水、压载等液舱及空舱。大型邮轮的船员较多，通常将大部分普通船员住舱布置在主甲板下，以尽可能少地占用主甲板以上的乘客空间。邮轮主甲板以上为宾馆系统，主要包括乘客服务系统和服务支撑系统，主甲板以下为船舶系统，主要包括船员生活系统和船体系统。

3.3.1　邮轮的系统分类及对应舱室

按照邮轮的主要功能需求，可将其分为宾馆系统和船舶系统两部分。宾馆系统又可分为直接为乘客提供餐饮、住宿、休闲娱乐的系统和支撑这些功能的系统，船舶系统可分为船员需求系统和船体运行系统。

图 3.2 为邮轮功能系统分类及对应的典型舱室，可为邮轮设计时的总布置和舱室规划提供参考。

3.3.2　主甲板以上的布置

1. 整体布局

不少资料将邮轮主甲板以上的总布置形容为"三明治"结构：主甲板以上1~2层为客舱甲板，再往上3层左右为乘客公共区域甲板，再往上又为客舱甲板。图 3.3 显示了邮轮典型的乘客公共区域和客舱布局，这基本反映了邮轮主甲板以上的舱室和区域整体布局。

当然，这种分层结构并不是绝对的，客舱往往和乘客公共区域有所交叉混合。有的邮轮，如"海洋量子"号邮轮的顶部 2~3 层甲板全部为乘客公共区域，1 间客舱也没有布置。

2. 乘客居住区布局

邮轮的乘客住舱甲板布局基本采用纵向环形走廊，客舱沿走廊两侧布置，走廊宽度一般不小于 1.2 m。各种局部横向通道、电梯厅出入口、梯道等与走廊相连，确保交通路径通畅及满足人员安全逃生的法规要求。居住区舱室以客舱为主，还有一些必要的服务处所、机器处所，包括电梯、梯道、空调器室、储藏室、配

餐间、管缆通道等。如图3.4所示,乘客居住区典型的横向布局有以下几种。

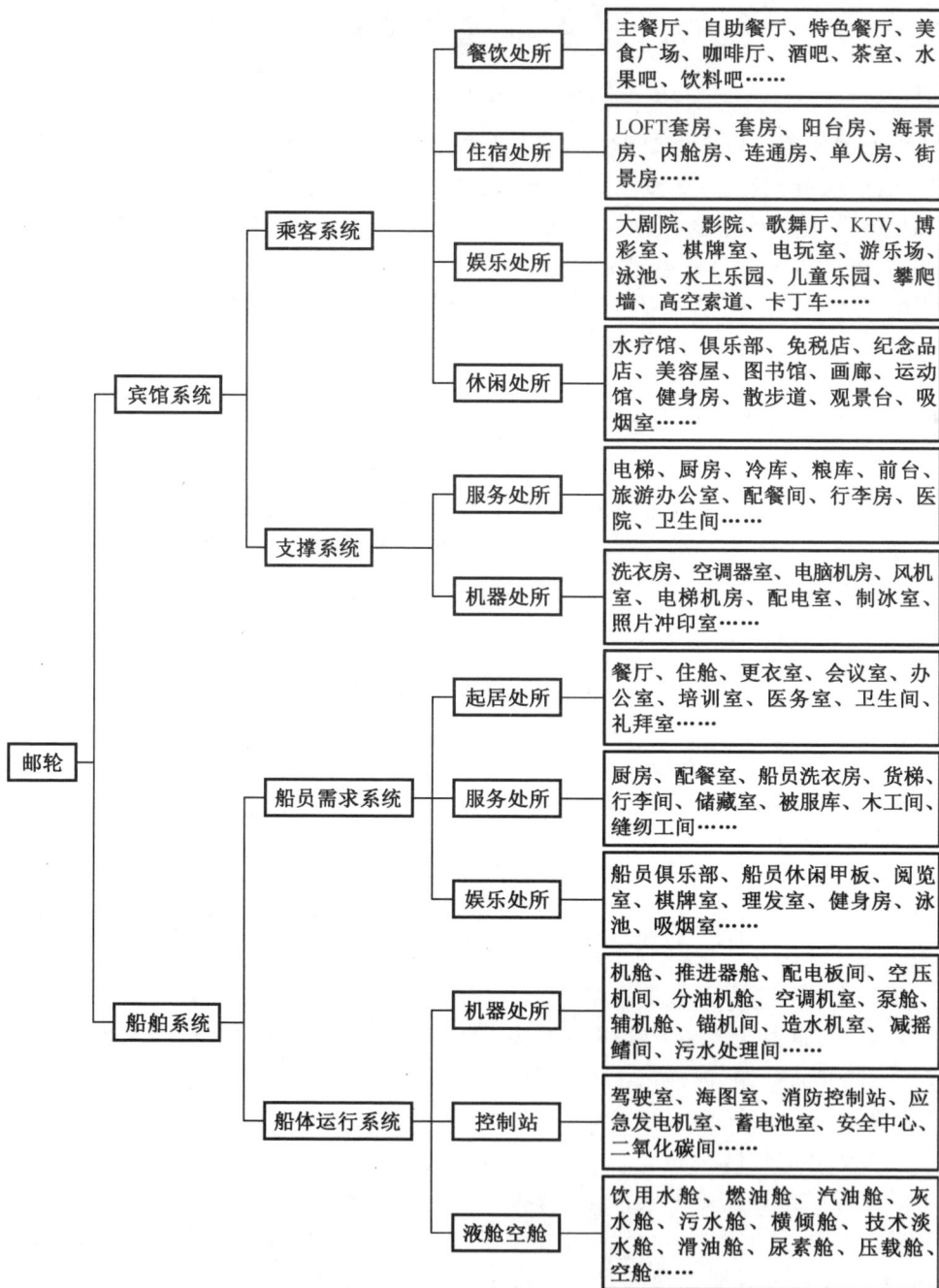

		餐饮处所	主餐厅、自助餐厅、特色餐厅、美食广场、咖啡厅、酒吧、茶室、水果吧、饮料吧……
	乘客系统	住宿处所	LOFT套房、套房、阳台房、海景房、内舱房、连通房、单人房、街景房……
宾馆系统		娱乐处所	大剧院、影院、歌舞厅、KTV、博彩室、棋牌室、电玩室、游乐场、泳池、水上乐园、儿童乐园、攀爬墙、高空索道、卡丁车……
		休闲处所	水疗馆、俱乐部、免税店、纪念品店、美容屋、图书馆、画廊、运动馆、健身房、散步道、观景台、吸烟室……
	支撑系统	服务处所	电梯、厨房、冷库、粮库、前台、旅游办公室、配餐间、行李房、医院、卫生间……
		机器处所	洗衣房、空调器室、电脑机房、风机室、电梯机房、配电室、制冰室、照片冲印室……
邮轮	船员需求系统	起居处所	餐厅、住舱、更衣室、会议室、办公室、培训室、医务室、卫生间、礼拜室……
		服务处所	厨房、配餐室、船员洗衣房、货梯、行李间、储藏室、被服库、木工间、缝纫工间……
		娱乐处所	船员俱乐部、船员休闲甲板、阅览室、棋牌室、理发室、健身房、泳池、吸烟室……
船舶系统	船体运行系统	机器处所	机舱、推进器舱、配电板间、空压机间、分油机舱、空调机室、泵舱、辅机舱、锚机间、造水机室、减摇鳍间、污水处理间……
		控制站	驾驶室、海图室、消防控制站、应急发电机室、蓄电池室、安全中心、二氧化碳间……
		液舱空舱	饮用水舱、燃油舱、汽油舱、灰水舱、污水舱、横倾舱、技术淡水舱、滑油舱、尿素舱、压载舱、空舱……

图3.2 邮轮功能系统分类及对应的典型舱室

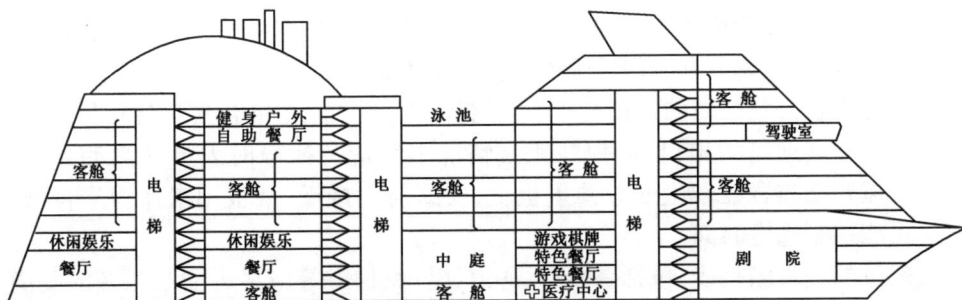

图 3.3　邮轮典型的乘客公共区域和客舱布局

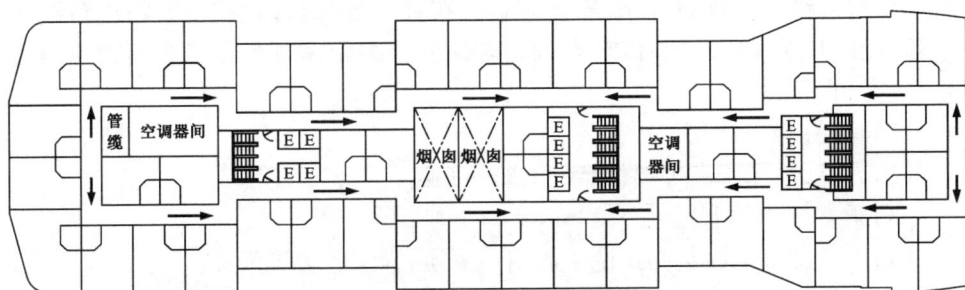

图 3.4　邮轮乘客居住区典型的横向布局

（1）阳台房（或海景房）、走廊、内舱房、空调器室、内舱房、走廊、阳台房；

（2）阳台房、走廊、空调器室、走廊、阳台房；

（3）阳台房、走廊、阳台房；

（4）阳台房、走廊、内舱房、内舱房、走廊、阳台房；

（5）阳台房、走廊、内舱房、空调器室、走廊、阳台房。

显然，第（1）种布局占满了整个船宽，能布置的客舱总数也最多，但内舱房的比例也不低，是大众型邮轮最常见的舱室布局。第（2）和第（3）两种布局只设阳台房，多为品级较高的邮轮采用。第（4）和第（5）两种布局一般只出现在局部区域，相对较少采用。

3．人流路线

从乘客登船开始到入住，再到航程中的船上活动，直至最后离船的整个流程，都必须合理考虑船上的人流路线。乘客登乘大厅通常布置在船中部，靠近主要的乘客登船口，对应的乘客电梯能力也要大些，以减轻登离船时的拥挤程度。除露天泳池、水上乐园、户外运动场等露天娱乐休闲处所外，免税店、赌场、剧院、

歌舞厅、各种特色风味餐厅、休闲吧、室内游乐场等集中布置,且靠近主餐厅和乘客登乘大厅,以便形成集中休闲消费区。人流密集度高的大型公共区域,如主餐厅和剧院,适当远离有利于缓解瞬时人流叠加而造成的拥挤。

大型乘客公共区域的人员密集,连接各个区域的通道和走廊不能太窄,且应设置多个相互远离的出口,确保在正常情况下和应急撤离时人员的流动顺畅。这些区域要么布置在救生艇登乘甲板上,要么与之接近,常被用来作为集合站,以尽可能控制逃生时间。

船员的登离船路线,包括登船口、通道、电梯、梯道等应尽可能与乘客的登离船路线避开。

4. 物流路线

邮轮的功能区划分、舱室及通道布置需考虑物流路线,使之传输流畅、高效。原则上,物流路线涉及的区域、舱室应就近布置,以缩短传输路径。物流路线还应尽可能避开乘客活动区,以免影响乘客体验。邮轮需要重点考虑的物流路线主要包括如下几条。

(1)食品出库→厨房→餐厅;

(2)食品、酒店用品等船供品的上船→仓储;

(3)乘客行李的上船→分发→收集→下船;

(4)客舱被服的收集→送洗→收纳→更换、客房送餐等服务;

(5)垃圾送岸。

邮轮的主厨房基本设在船尾,这样其排烟口也能就近设置在船尾,以减少排烟的影响。相应地,食品库和主餐厅也靠近主厨房布置在船尾。最常见的布置方式是三者垂向共线,食品库在最下方,位于主甲板上,主厨房在食品库之上,主餐厅又在主厨房之上,三者之间通过服务电梯进行食物转运。为方便食品的装船,通常在靠近食品库的主甲板附近设置专用舷门。

行李转运间应靠近船中设置,以平衡运送行李至船尾、船首各个客舱的路径长度,且配有专用舷门及通达各层居住区的服务电梯。

邮轮设有专门的服务电梯用于被服收洗、送餐等客房服务,应确保连接服务电梯与被服库、洗衣房、厨房、配餐间等之间的通道顺畅。

5. 乘客电梯

乘客电梯是乘客在邮轮各层甲板之间移动的主要交通工具,是乘客交通系统的核心,其布置的合理性和便捷性与乘客的乘船体验息息相关。大型邮轮的乘客数量、客舱数量较多,且公共区域位于不同甲板层的不同位置,垂直交通负荷极大,因此有必要综合平衡中庭、登离船通道、主餐厅、自助餐厅、剧院、商场等主要乘客公共区域和客舱的交通需求,分析其内部交通需求,进而规划乘客电梯的位置和数量[3]。乘客电梯布局应匹配乘客区通道系统的设计,并考虑无障碍

通道设计的相关需求。

　　邮轮的客舱数量是决定乘客电梯数量的关键参数,表 3.1 统计了多艘大型邮轮的客舱数量与乘客电梯数量,以及两者间的比例。由表 3.1 可知,大型邮轮的客舱数量与乘客电梯数量之比大都集中于 100～120。另外,10 万总吨以下的大型邮轮基本设置 12 部乘客电梯,10 万～15 万总吨的大型邮轮基本设置 14 部乘客电梯,而 15 万总吨以上的大型邮轮基本都要设置 16 部乘客电梯。

表 3.1　大型邮轮的客舱数量与乘客电梯数量统计

序号	船名	总吨位/万	客舱数量	客梯数量	客舱数量/客梯数量
1	"大西洋"号	8.6	1 105	12	92
2	"伊丽莎白女王"号	9.1	1 043	12	87
3	诺唯真"宝石"号	9.3	1 188	12	99
4	嘉年华"胜利"号	10.1	1 379	14	98
5	"歌诗达幸运"号	10.3	1 358	14	97
6	"歌诗达赛琳娜"号	11.4	1 500	14	107
7	"蓝宝石公主"号	11.6	1 337	14	95
8	爱达"珀拉"号	12.5	1 643	14	117
9	迪士尼"梦想"号	13.0	1 250	14	89
10	歌诗达"威尼斯"号	13.6	2 116	16	132
11	地中海"辉煌"号	13.8	1 637	14	116
12	"盛世公主"号	14.4	1 780	14	127
13	"世界梦"号	15.1	1 686	16	105
14	"海洋量子"号	16.8	2 090	16	130
15	诺唯真"喜悦"号	16.8	1 925	16	120
16	"海洋绿洲"号	22.7	2 798	24	117

　　如图 3.5 所示,大型邮轮大都采用舯、舯、艉 3 客梯群形式,即在船首、船中、船尾各设 1 个客梯厅,集中布置不同数量的客梯。也有部分邮轮采用舯前和舯后 2 个客梯群形式,如"世界梦"号的舯前和舯后各设 1 个客梯厅,均容纳 8 部电梯,而"海洋量子"号的 1 个舯前客梯厅容纳 6 部客梯,1 个舯后客梯厅容纳 10 部客梯,包括 6 部乘客观光电梯。

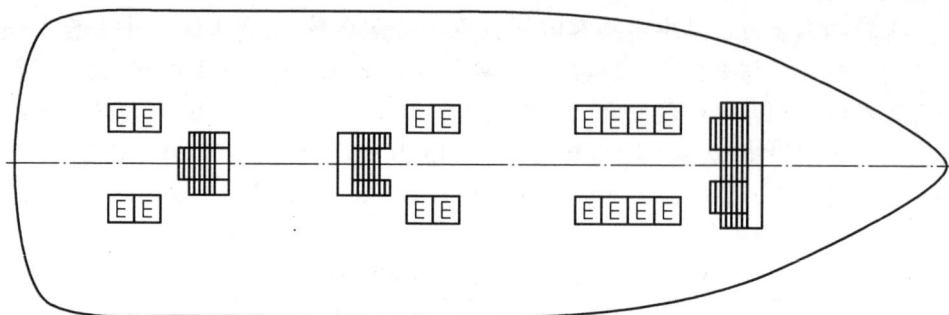

图 3.5　大型邮轮的艏、舯、艉 3 客梯群形式

通常将乘客电梯与乘客主梯道布置在一个防火分隔内,这种集中布置方式有以下优点。

(1)楼梯的中转平台也用作电梯厅的一部分,提高了空间利用率;

(2)便于乘客就近选择楼梯上下,以缓解交通高峰时段的电梯压力;

(3)外围壁上的防火门既是主梯道的防火门,又是电梯厅的防火门。

6. 救生艇甲板位置

SOLAS 对救生艇筏存放位置有以下两点规定。

第一,每艘救生艇筏的存放应在安全和可行的情况下尽可能靠近水面,并且对除需抛出船外降落的救生艇筏以外的救生艇筏,在船舶满载时纵倾至 10°和任何一舷横倾至 20°或横倾至船舶露天甲板的边缘浸入水中的角度(取较小者)等不利的情况下,其存放处应使其登乘位置在水线以上不少于 2 m;

第二,规定对吊架降落的救生艇筏,其在登乘位置的吊架顶部至最轻载航行水线之间的高度应尽可能不超过 15 m。

要同时满足这两点,救生艇筏的存放位置不能太高,也不能太低。邮轮的救生艇筏基本都存放在主甲板以上第 2 或第 3 层甲板。集合站应尽可能靠近救生艇筏登乘位置。大型邮轮救生艇筏登乘位置所在甲板,以及上下一层或两层甲板都会设集合站。集合站分为室内和室外,对于大型邮轮来说,室外集合站的面积一般不够,因此就要设置室内集合站。通常,室内集合站会选择主餐厅、登乘大厅、大剧院等公共区域。从这点来说,救生艇筏的布置位置决定了大型邮轮公共区域所在甲板的位置。

为满足大规模人群的快速安全撤离要求,现代大型邮轮基本都采用海上撤离系统。海上撤离系统(Marine Evacuation System,MES)是指将人员从船舶登乘甲板迅速转移到漂浮的救生艇筏上的设备,可等容量替代救生艇筏和降落设备,如图 3.6 所示。MES 占用空间小,响应迅速,人员撤离速度快。MES 由存储容器

（含释放装置）、撤离通道及支撑装置、转移平台（救生艇筏撬块）、滑道收放绞车、缆绳张紧绞车等组成。撤离通道有倾斜式和垂直式两种，前者适用于转移平台距水面低的情况，后者则相反。大型邮轮基本采用垂直式海上撤离系统（Vertical Evacuation System, VES），若采用双通道，每半小时可撤离数百人，甚至接近一千人。

采用 MES 时，邮轮的总布置应注意以下几点。

（1）MES 登乘站的高度应与其作业高度范围对应，如距最轻载水线不得低于 8 m，但也不能高于 17 m，具体以实际产品参数为准；

图 3.6　海上撤离系统示意图

（2）MES 的登乘站和最轻载水线之间的船侧不应设有任何开口和突出物；

（3）MES 应布置在能安全降落的位置，应特别注意避开推进器及船体陡斜悬空部分，以尽可能使之能从船舷平直部分降落下水；

（4）如适合，船舶的布置应对存放位置的 MES 加以保护，使其免受巨浪的侵坏。

7. 甲板层高

客舱甲板的层高一般控制在 2.8 m 以内，而餐厅、商场、赌场、酒吧、舞厅、剧院等乘客公共区域的层高基本不低于 3.2 m。

3.3.3　主甲板以下的布置

大型邮轮的型深一般在 10 m 以上，主船体内设置双层底和平台甲板。

1. 水密舱壁划分

大型邮轮的水密舱壁间距一般为 4～6 个强框间距，为 11.2～17.5 m。1 个主竖区内基本设 2 道水密舱壁，将其分隔为 3 个水密舱段。从客船的舷侧破损破舱稳性考虑，水密舱壁的间隔不宜小于 $0.03L_{\mathrm{S}}$，即船舶分舱长度的 3%，这个长度基本对应大型邮轮的 3 个强框间距。

2. 双层底

内底板由艏部防撞舱壁延伸至艉尖舱舱壁，并左右延伸至舷侧外板。双层底高度一般不低于 $B/20$，但也不必大于 2 m。除满足燃油舱双壳保护、底部碰撞破舱稳性等公约法规要求外，双层底高度还需考虑液舱舱容的要求、管道安装检修要求等。按照美国公共卫生署（USPH）要求，邮轮双层底内不得布置饮用水舱。

3. 平台

大型邮轮型深较大,在主甲板与双层底间设置平台能更有效地利用主船体内空间。大型邮轮一般设置 1~2 层平台,层高在 3 m 左右。内底板上和下层平台主要布置各类主机、辅机、泵和专用设备等,上层平台更多地用来布置船员住舱和生活设施。

3.3.4　典型邮轮的总布置示例

图 3.7 所示为大型邮轮"Carnival Vista"号的乘客区域甲板布局。该邮轮总吨位为 133 500,总长 323 m,型宽 37.2 m,乘客甲板层数为 15 层(实为 14 层),下层甲板层数为 4 层,最大载客人数为 4 980 人,其姐妹船有"Carnival Horizon"号和"Carnival Panorama"号,以及歌诗达"威尼斯"号和"佛罗伦萨"号。

"Carnival Vista"号共设 6 个主竖区,艏艉部两个主竖区的最大长度超过SOLAS 规定的 48 m 长度限制。乘客住舱甲板的层高为 2.8 m,公共区域甲板的层高为 3.3 m。全船共设船首、船中、船尾 3 个主垂向通道区,船首主垂向通道区设 8 部乘客电梯和 4 个扶梯,船中、船尾两个主垂向通道区各设 4 部乘客电梯和2 个扶梯。

1. 主甲板以上舱室布置

(1)主甲板 0 前部主要布置船员生活系统,包括住舱、厨房、高级船员餐厅、普通船员餐厅、服务员餐厅、娱乐室、健身房、培训室、会议室、医院(包括诊疗室和病房,也布置于甲板首部);中部布置行李转运间、机舱集控室、办公室、电工间、机工间、垃圾处理间、左右舷加注站、储藏室等;再往后布置干粮库、冷库(包括肉库、鱼库等冷冻库),以及果蔬库、酒库、奶制品库、饮料库等冷藏库;最尾部布置左右吊舱推进电机间、变频器间、电阻间。

(2)甲板 1 为乘客住舱甲板,房型均为海景房、内舱房。首部设有船员住舱;尾部布置系泊设备。空调器间基本布置于左右舷内舱房之间。

(3)甲板 2 为乘客住舱甲板,房型以海景房、内舱房为主。首部设有船员住舱;中部左右舷设内凹阳台房;尾部设阳台房。空调器间基本布置于左右舷内舱房之间。

(4)甲板 3 以乘客公共区域为主,包括船尾主餐厅下层、主厨房、船中餐厅、大堂吧、接待中心等。中前部设有海景房和内舱房,锚系泊设备布置于首部。

(5)甲板 4 以乘客公共区域为主,包括船尾主餐厅上层、聚光酒廊、艺术展示区、体育吧、赌场、中庭、免税店、剧院下层等。前部设有船员住舱。

(6)甲板 5 以乘客公共区域为主,包括哈瓦那酒吧及 SPA、海洋广场吧、牛排餐厅、寿司餐厅、钢琴吧、书吧、啤酒吧、中庭、免税店、剧院上层等。尾部设有阳台房和内舱房;前部设有船员住舱;左右舷还设有户外吸烟点、户外餐台。

(a)

(b) 甲板 15

(c) 甲板 14（前）　　　　　　　　　(d) 甲板 14（后）

(e) 甲板 12

(f) 甲板 11

(g) 甲板 10

(h) 甲板 9

(i) 甲板 8

(j) 甲板 7

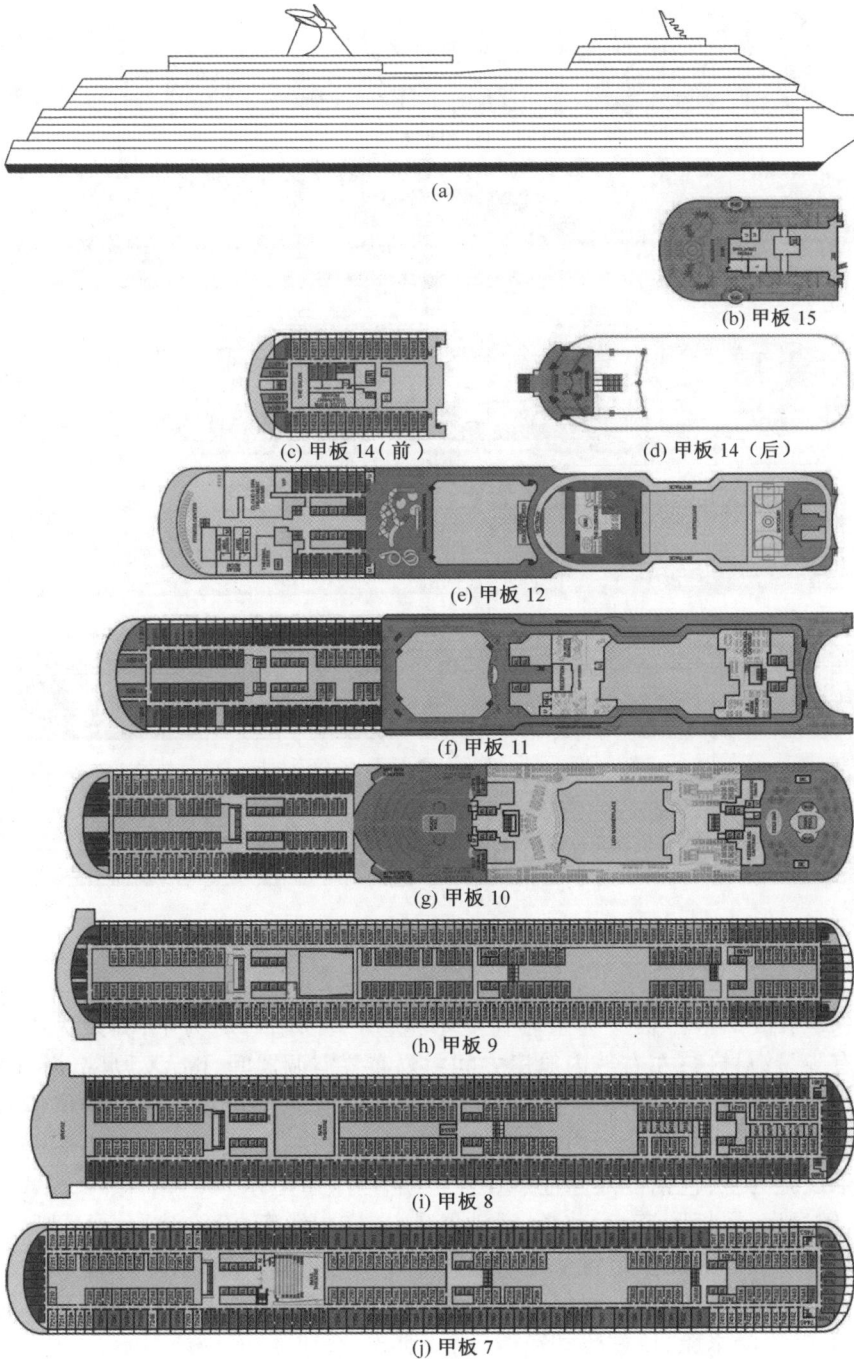

图 3.7　大型邮轮"Carnival Vista"号的乘客区域甲板布局

（图片来源：歌诗达邮轮公司官网）

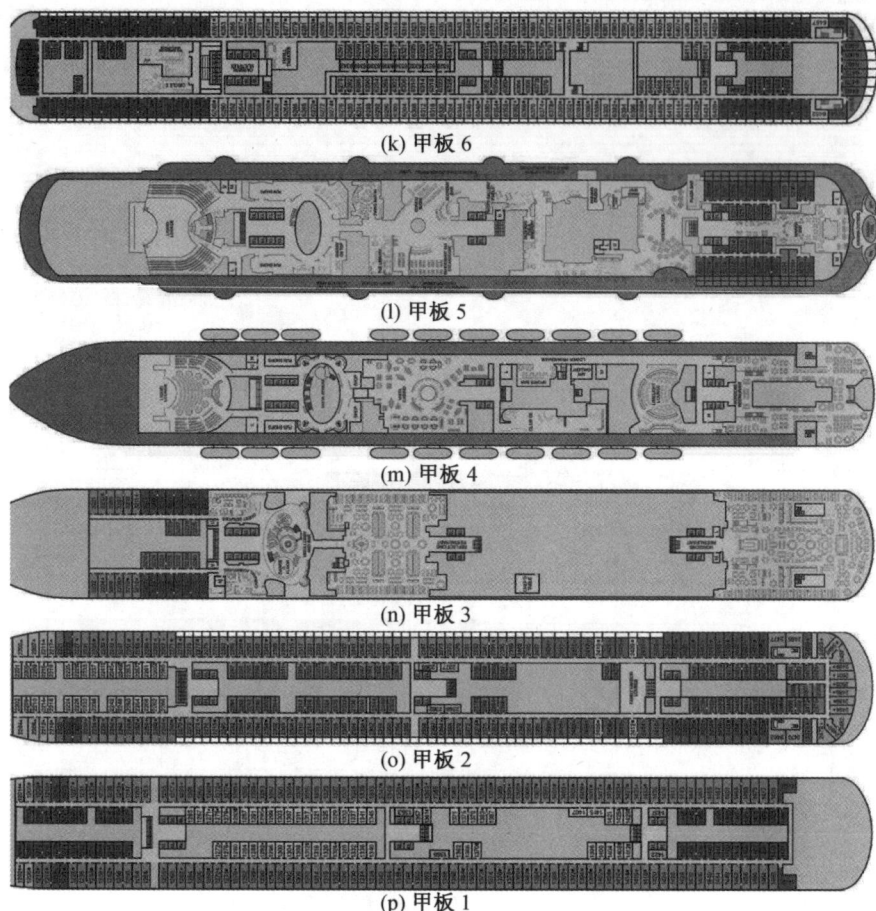

(k) 甲板 6

(l) 甲板 5

(m) 甲板 4

(n) 甲板 3

(o) 甲板 2

(p) 甲板 1

图 3.7（续）

（7）甲板 5 至甲板 9 为乘客住舱甲板,房型以阳台房为主,其余为内舱房。首部有少量海景房;左右舷内舱房之间主要布置空调器间、IMAX 剧院、游戏厅。

（8）甲板 10 以上为乘客公共区域与乘客住舱混合布置。住舱均位于首部,房型以阳台房为主,其余为内舱房,还有少量海景房;公共区域位于中后部,以户外娱乐设施为主,包括沙滩泳池、LIDO 自助餐厅、水上乐园、空中花园、SPA、康体中心、健身房、甲板跑道、运动场、运动俱乐部、空中缆车、潮汐泳池、静谧吧等。

2. 主甲板以下舱室布置

（1）双层底高 2.2 m,双层底内主要设有燃油舱、汽油舱、污水舱、灰水舱、洗衣水舱、技术淡水舱、压载舱和空舱,以及泄放、冷却、溢流等杂用舱。

（2）内底板上设有机舱、分油机间、焚烧炉间、空压机室、造水机间、污水处理间、空调机组间、辅机间、推进器舱等,以及饮用水舱、燃油舱、汽油舱、滑油舱、污

水处理舱、燃油日用舱、燃油沉淀舱、横倾水舱等液舱。

(3)在距基线5.6 m高度设局部平台,层高2.8 m,主要布置乘客主洗衣间、被服库、干衣熨衣工作间、洗浴织物储藏室等。

(4)在距基线8.4 m高度设一层长平台,层高2.8 m,主要用来布置大量的船员住舱,还设有工作人员储藏室、木工工间、水管工工间、装潢工工间、空调工工间等。

3.4 中国邮轮游客需求

邮轮旅游产品具有极强的消费品属性,邮轮设计要考虑游客的情感、行动等因素,充分发掘游客的共性需求,反馈于各项功能区规划及布置,提高游客的住宿、饮食、休闲及娱乐体验,增强市场竞争力。特别是对于中国来说,邮轮旅游是舶来品,现有邮轮的功能处所、区域划分及设备设施等更多基于欧美国家游客的需求。我国要实现邮轮的自主研发,就必须了解当前中国邮轮游客的实际需求,用以指导邮轮的总布置和舱室设计。

我国的邮轮游客需求调查,主要从以下两个方面展开。

1.游客对邮轮的整体认知及感受

此项调查包括出行目的、乘船关注点、邮轮信息获取渠道、游客特征(年龄、性别、职业、来源地、收入等)、旅游时长喜好、风格喜好、对邮轮各类活动及设施的期待及满意度、在邮轮上最常去的地方、船上的消费类型及金额等。

2.游客对邮轮各类活动区域的认知及感受

游客对住宿、餐饮、休闲娱乐(购物、文娱演出、体育运动、文化活动、少年儿童活动、老年人活动等)三个方面的了解度、满意度及参与度。

目前我国的邮轮游客满意度调查,大都采用问卷调查方式,调查样本数量少,样本覆盖的游客特征、邮轮船型不丰富,所得的调查结果未尽全面,有的可能还有所偏颇,甚至互相矛盾。国外主要邮轮公司都有长期运营经验,积累的丰富运营数据被视为核心商业秘密而不予透露。这也是我国发展邮轮产业的薄弱环节之一,需要引起各方的重视。上述邮轮游客需求调查项目中,部分仅取决于游客对邮轮的了解程度,部分与邮轮市场运营关系更为密切。限于篇幅,这里只简单介绍部分对邮轮研发影响相对较大的游客需求调查项。

3.4.1　游客团组构成

图 3.8 所示为中国邮轮游客的团组构成调查结果。有超过七成的游客选择与家庭成员一同出游,约三成的游客选择与朋友/同学一同出游,选择新婚蜜月旅行的占 3% ,而选择独自一人出游的仅占 1% 。

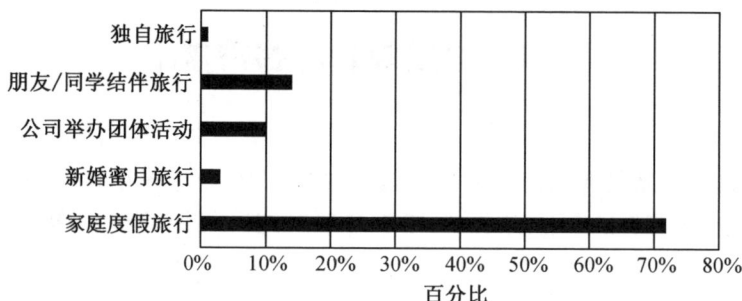

图 3.8　中国邮轮游客的团组构成调查结果

中国人家庭观念重,而且三代同堂出游的比例呈增长趋势,家庭出游应是中国邮轮市场重点关注的目标。相应地,在进行邮轮客舱规划时,可考虑适当增加套房、连通房的数量,客舱的沙发床、折叠床或下拉床也需要适当增加。

3.4.2　游客年龄分布

图 3.9 所示为中国邮轮游客的年龄分布调查结果。31 ~ 60 岁的中青年游客占比接近六成,60 岁以上的老年游客占比超过两成,18 ~ 30 岁的青年人占比一成多,未成年人占比还不到一成。由于在问卷调查时,年龄过小的儿童很难独立作答,因此未成年人的统计量肯定比实际偏少得多。调研还发现游客多以 60 岁左右为主,本年龄段人群刚刚退休,可自由支配的时间多。另外,调研还发现男女游客的比例基本相当。

在进行邮轮船型研发时,可针对中老年游客偏多的特点规划配套设施,如中国的中老年男性吸烟比例偏高,可考虑在公共娱乐处所适当增加吸烟室。

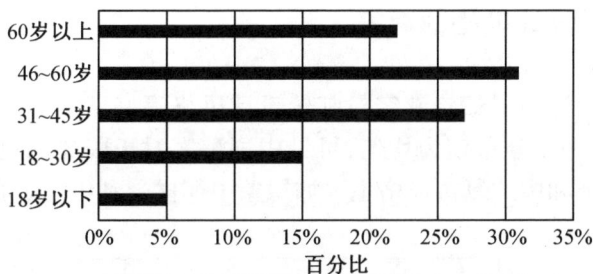

图 3.9 中国邮轮游客的年龄分布调查结果

3.4.3 游客对航程时长的喜好

图 3.10 所示为中国邮轮游客对航程时长偏好的调查结果。受限于国内小长假 3 天及国庆长假 7 天的客观条件,大多数游客的旅游时长偏好集中在一周之内。其中接近四成的游客认为最理想的时长是 4~5 天,超过三成的游客认为 6~7 天比较合适,接近两成的游客认为 2~3 天比较合适,剩下超过一成的游客认为 10 天左右或 2 周以上比较合适。另外,调查中也有游客表示时间超过 1 周的海上航行会让他们感到无聊,即便有再多的娱乐活动也无济于事。从这个角度来看,不超过 1 周的邮轮旅行更符合中国游客的心理习惯。

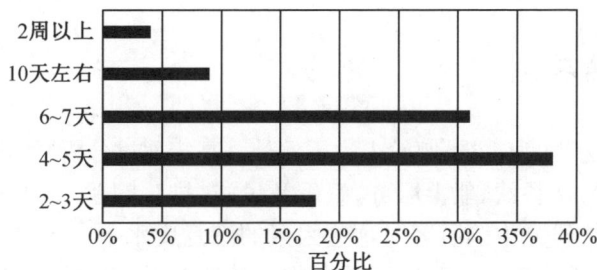

图 3.10 中国邮轮游客对航程时长偏好的调查结果

地理位置决定了我国的邮轮航线以日韩航线和东南亚航线为主,5~6 天的航程天数基本能够保证访问 1~3 个国外城市。在进行邮轮船型研发时,如无船东给出的特别要求,建议选择 5~6 天作为航程时长。

3.4.4 游客对设计风格的喜好

图3.11所示为中国邮轮游客对邮轮设计风格喜好度的调查结果。图中五种设计风格的喜好度分布较为均匀,可见中国游客对于邮轮的设计风格并无特别偏好,奢华装饰和中式复古风格也不如想象中那样受到中国游客欢迎。

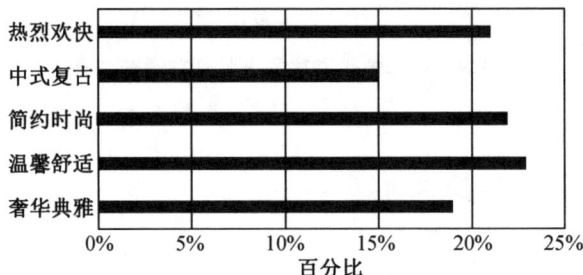

图3.11 中国邮轮游客对邮轮设计风格喜好度的调查结果

事实上,无论是所谓"中国风"还是"英伦风","古典风"还是"现代风",都有人喜欢,也有人不喜欢。吸引游客的并非是某种风格类型,而是每种风格的精致程度、完善程度。因此,在进行邮轮船型研发时,最好由船东明确指定设计风格,如果没有,也大可不必过多纠结于所谓的设计风格。很难说哪种风格绝对受欢迎,哪种风格绝对不受欢迎。或者说,没有不好的风格,只有做不好的风格。

3.4.5 餐饮需求

中国人对"吃"尤为重视,邮轮上也不例外。高宁通过分析"海洋量子"号19个航次的调查问卷,从餐饮、船上服务、娱乐及设施、排队问题、岸上观光、突发事件应对等方面入手,研究中国游客对这些因素的满意度水平[4]。结果显示,中国游客对邮轮餐饮最不满意,主要问题是食物口味不适应、种类不丰富、浪费严重。此外,游客也对餐厅用餐排队用时较长不满。

图3.12所示为中国邮轮游客光顾邮轮上各种餐厅频率的调查结果。邮轮上的自助餐厅最受中国游客欢迎,超过八成的中国游客常去自助餐厅。这是因为自助餐厅是免费的,而且开放时间长。特色餐厅需要付费,所以吸引力不如自助餐厅强。超过六成的中国游客常去冷饮吧和饮料吧,比例远超酒吧,这正是东西方在酒吧文化上差异的反映:中国游客并不习惯到酒吧喝酒,中国人更习惯在吃饭的时候喝酒,而不是纯粹去喝酒,导致中国市场邮轮上的酒吧空置率比较高[5-6]。

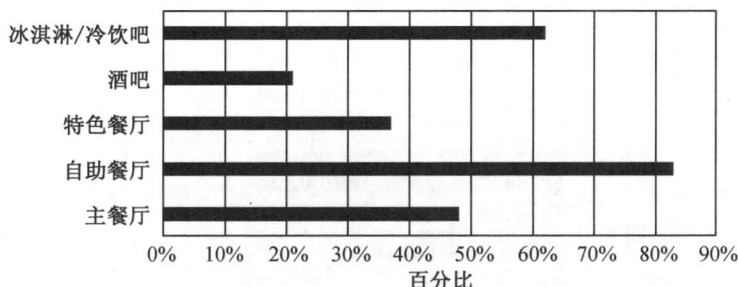

图 3.12　中国邮轮游客光顾邮轮上各种餐厅频率的调查结果

图 3.13 所示为中国邮轮游客饮食口味喜好度的调查结果。接近九成的中国游客选择了中餐,超过七成选择了火锅、烧烤等特色餐饮,超过五成选择了西餐,不到四成选择了日韩料理。但汉堡、比萨的选择度仅略超两成,说明中国游客,尤其是中老年游客,对这类西方食物的认可度较低。

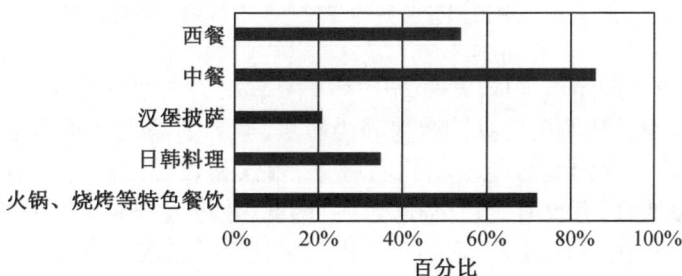

图 3.13　中国邮轮游客饮食口味喜好度的调查结果

中国游客的家庭出游、熟人团组出游比例高,用餐时间比较集中,喜欢同时拥入餐厅用餐。因此,在进行邮轮舱室规划时,应考虑增加自助餐餐厅的空间,避免人多拥挤,减少排队等候时间;适当考虑增加饮料吧的数量,提供冷饮、奶茶、果汁等中国游客偏爱的饮品,而酒吧的数量应加以控制;适当考虑增设火锅、烧烤等特色餐厅,而汉堡、比萨之类的餐厅不宜多设。

3.4.6　住宿需求

图 3.14 所示为中国邮轮游客的客舱类型选择偏好调查结果。不同的人群构成,选择的客舱类型有较大差异:独自旅行的人,一半选择内舱房,一半选择阳台房;朋友/同学结伴旅行的人群,主要选择阳台房、内舱房和海景房;参加公司

组织团体活动的人群,选择内舱房的明显较多,其次选择阳台房和套房;新婚蜜月旅行,主要选择阳台房和套房;家庭度假旅行的,主要选择阳台房和内舱房,选择套房和海景房的也有一定比例。

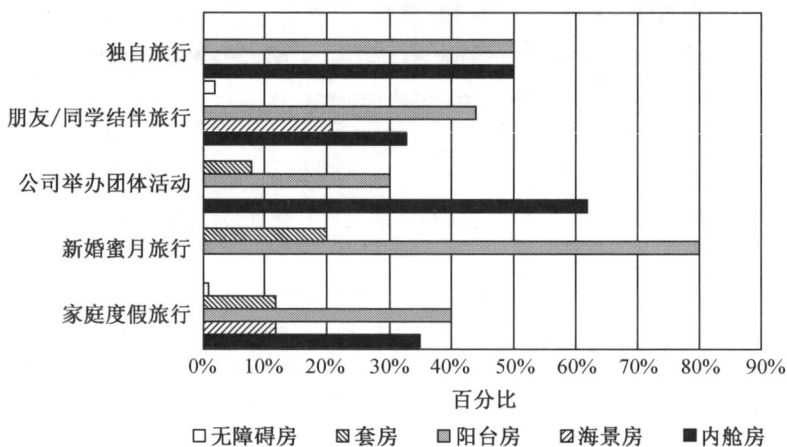

图3.14 中国邮轮游客的客舱类型选择偏好调查结果

中国邮轮旅游团组构成以家庭出游为主,其次为与朋友/同学一同出游。综合看来,中国游客更倾向选择阳台房和内舱房,两者的需求几乎相当。其主要原因是部分游客认为内舱房能享受到的服务、餐饮和娱乐设施与其他房型并无区别,但价格更便宜,有没有窗户倒在其次。因此,在进行邮轮总布置规划时,不必刻意追求较高的阳台房比例,适当提高内舱房比例符合现实市场需求。

目前中国游客对邮轮上无障碍客舱的需求不高,事实上由于我国邮轮旅游尚不普及,邮轮上很少看到行动不便人士。随着邮轮旅游的发展,会有越来越多的行动不便人士登船,尤其是中国市场的老年游客比例较高。因此,建议在总体规划时适当提高无障碍客舱的比例[7]。

3.4.7 休闲娱乐需求

图3.15所示为除客房和餐厅外,中国邮轮游客对邮轮上休闲娱乐处所喜好度的调查结果。中国游客最喜欢的活动处所是游泳池,超过九成游客常去游泳池,尤其是带小孩的家庭。其次是日光甲板,中国游客更喜欢在靠近游泳池的躺椅上享受日光浴。近六成的中国游客选择去中庭/商业街闲逛,免税店的小礼品、化妆品、食品较受欢迎。超过三成的游客会去赌场消费,也有超过一成的游客会去棋牌室打牌。只有不到三成的游客选择去剧院,因为其节目以国外歌舞表演为主,且多场次重复表演,游客只需观看一次即可。健身房/SPA、各类体育

活动、歌舞厅/KTV、电影院、VR/失重等新型娱乐设施的受关注度基本不足一成，一是因为中国游客中中老年比例偏高,他们对这些新鲜刺激的活动不感兴趣;二是因为部分项目需要额外付费。

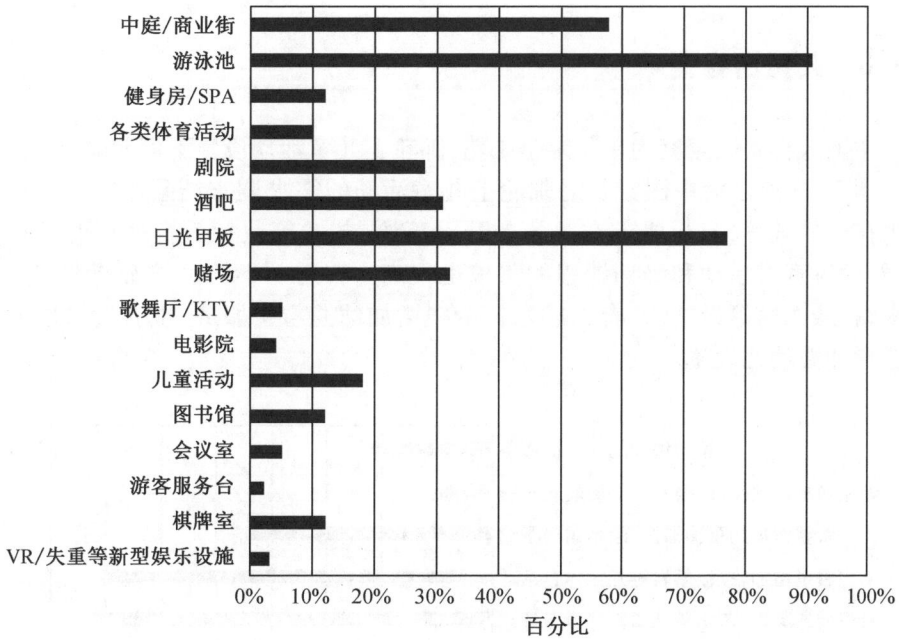

图 3.15 中国邮轮游客对邮轮上休闲娱乐处所喜好度的调查结果

图 3.16 所示为中国邮轮游客在邮轮上的消费偏好调查结果。中国游客的最大消费还是花在餐饮上,其次是购物,娱乐设施和赌场也较受欢迎,但在美容美发/SPA 一类的休闲项目上消费意愿不高。

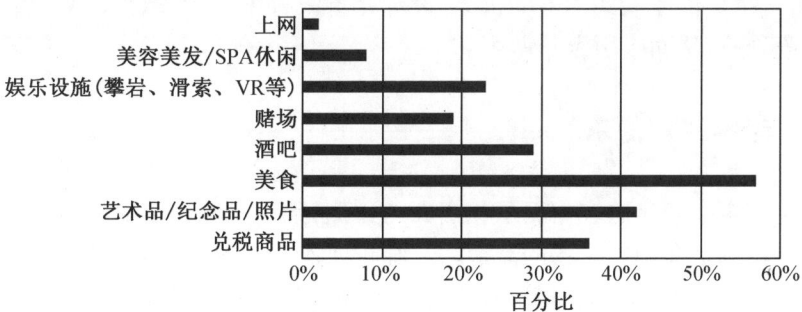

图 3.16 中国邮轮游客在邮轮上的消费偏好调查结果

在进行邮轮总布置规划时,可考虑适当增加游泳池、水上乐园、按摩浴缸等亲水设施,在游泳池附近增设更大的日光甲板,增加礼品店、免税店和赌场面积,控制健身房、体育活动场所、KTV、电影院、美容院等的规模。如果建造成本有限,可尽量少设刺激性强、参与度不高的娱乐设施,甚至不做考虑。

3.4.8 儿童游客需求

中国人喜欢以家庭为单位乘坐邮轮,邮轮上儿童活动设施不可或缺。

图 3.17 所示为中国家长对邮轮上儿童活动的需求调查结果。中国人比较重视孩子的教育,家长要求在邮轮上开设英语、艺术等儿童教育课程的呼声最高,开设体育类活动和培训课程的需求也很高。有近一半的家长希望增加儿童图书馆/绘本馆等设施,另有二成家长希望增加幼儿看护服务,也有近一成家长希望增加婴幼儿设施。

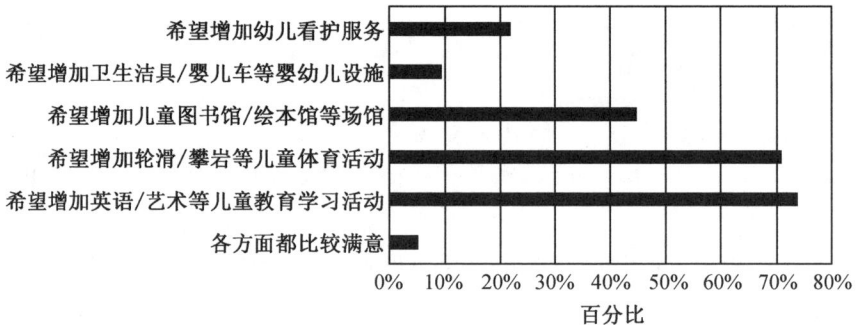

图 3.17　中国家长对邮轮上儿童活动的需求调查结果

在进行邮轮总布置规划时,可以引入儿童和青少年学习教育与体育活动为卖点,为儿童提供体验式学习的机会,设置儿童教育中心、儿童游乐场、青少年活动中心等处所,从而吸引家长游客。

3.4.9 老年游客需求

邮轮游客中老年游客占据了相当大的比例,无论是国内还是国外,都有这样的趋势。特别是在中国市场的非节假日邮轮航次中,老年游客的比例更高,其中还有很多是带着孙辈一起出游的,这与老年游客的自由支配时间更多有关。

图 3.18 所示为中国老年邮轮游客的活动需求调查结果。老年游客最希望增加歌唱比赛、养生学习等集体组织活动,以及棋牌、书画等个体休闲活动。超

116

过一成的老年游客希望增加中医理疗、按摩等老年特殊服务。

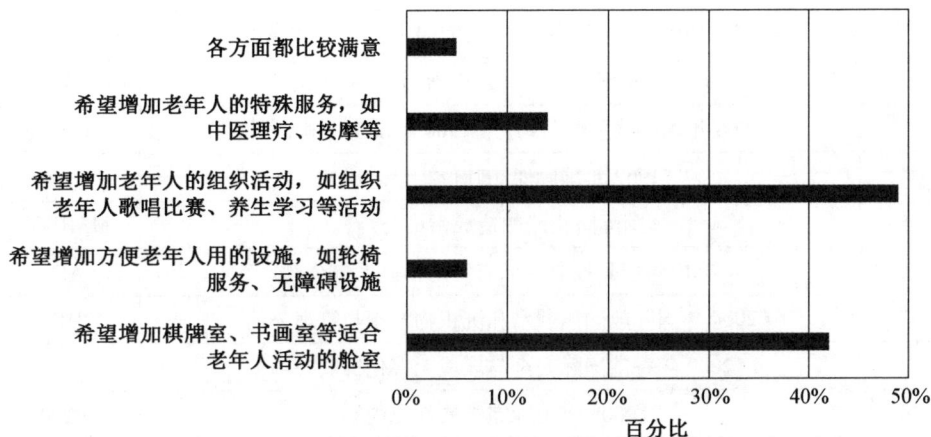

图 3.18　中国老年邮轮游客的活动需求调查结果

在进行邮轮总布置规划时,为吸引老年游客,可适当增加安静舒缓的老年活动设施,比如在顶部开敞甲板上增加门球场地,增加棋牌室、书画室等老年活动舱室。另外还需适当提高无障碍设施的比例。

3.5　公约、法规、规范、标准

邮轮设计、建造及运营涉及的公约、法规、规范及标准众多,按其体系可分为国际公约和法规、船旗国和港口国法规、船级社规范、各种行业协会及政府组织制定的标准。

3.5.1　国际公约和法规

邮轮需遵守 IMO 及国际劳工组织(ILO)制定的各类海事公约、法规、决议、通函和指南。主要公约和法规见表 3.2。目前,对邮轮总体设计影响较大的有 SOLAS 2020 破舱稳性、IMO 2020 全球限硫令和 NO_x Tier Ⅲ、《2006 年海事劳工公约》(MLC 2006)、EEDI 第 3 阶段等几个法规,具体将在第 4 章介绍。

表 3.2 邮轮需遵守的主要国际公约和法规

序号	公约和法规名称	缩写
1	《1974 年国际海上人命安全公约》及其议定书和修正案	SOLAS 1974
2	《1972 年国际海上避碰规则》及其修正案	COLREGS
3	《1966 年国际载重线公约》及 1988 年议定书和修正案	LL 1966
4	《1969 年国际船舶吨位丈量公约》	
5	《国际防止船舶造成污染公约》	MARPOL
6	《2001 年国际控制船舶有害防污底系统公约》	AFS
7	《2004 年国际船舶压载水和沉积物控制与管理公约》	BMW
8	《2009 年香港国际安全与环境无害化拆船公约》	
9	《2008 年国际完整稳性规则》	IS 2008
10	《国际救生设备规则》	LSA
11	《国际消防安全系统规则》及其修正案	FSS
12	《国际耐火试验程序应用规则》	FTP
13	《船上噪声等级规则》MSC.337(91)	
14	《2006 年海事劳工公约》	MLC 2006
15	《国际船舶和港口设施保安规则》	ISPS
16	《国际安全管理规则》	ISM
17	《1978 年海员培训、发证和值班标准国际公约》及其修正案	STCW 78
18	《1979 年国际海上搜寻救助公约》	SAR

3.5.2 船旗国和港口国法规

邮轮需满足船旗国的相关法规,因为不同船旗国主管当局对 MLC 2006 的某些细节可能存在不同解释。

邮轮还需满足拟运营海域和停靠港口所属国的相关法规。例如,在美国海域运营和停靠美国港口的邮轮,需满足美国海岸警卫队(USCG)《对悬挂外国旗的船只在美国海域航行的规则》、美国《2010 年邮轮安全法案》、美国公共卫生署和疾病控制与预防中心《船舶卫生计划》(VSP)、美国建筑和运输障碍合规委员会《客船无障碍设计指南》(PVAG)等。在阿拉斯加海域运营的邮轮还需遵守《阿拉斯加大型商业客船污水排放规定》,该海域船只的灰水不允许直接排放,需

在净化处理后才允许排放。另外,还要特别注意港口国的部分法规要比国际公约更严格,如中国、韩国最近都在沿海划出了 0.1% 硫化物排放控制区,远低于 IMO 0.5% 的硫化物排放指标要求。

泳池是邮轮水上娱乐系统的重要组成部分,以"Vista"级大型邮轮为例,该船泳池的组成为 1 个海水主泳池、1 个船尾海水泳池与配套的 2 个温泉涡流泳池、1 个哈瓦那海水泳池与配套的 2 个温泉涡流泳池、宁静酒吧内的 2 个悬吊式温泉涡流泳池,以及 1 个船员专用的温泉涡流泳池。所有涡流泳池均为小型恒温淡水泳池[8]。VSP 对邮轮娱乐用水设施,包括泳池的水质和水处理提出了如下具体要求。

(1)娱乐用水设施的来源须为饮用水或用于娱乐的海水。

(2)娱乐用水设施以两种不同模式运行。

①海对海模式——邮轮距离最近陆地超过 20 km 时,海水不断地被泵入娱乐用水设施中,而溢出的海水直接流回大海。由于水体在不断变化,因此不需要通过消毒系统进行氯化。

②内循环模式——邮轮距离最近陆地 20 km 以内或在港内时,海水泵入系统关闭,娱乐用水设施通过水循环系统进行过滤和氯化处理。只有在水体游离氯浓度与 pH 值达到标准后方可启用娱乐用水设施。

(3)温泉涡流泳池和温泉泳池应具有可替换的滤筒或滤罐,温泉涡流泳池的至少 72 h 更换一次,温泉泳池的至少 30 d 更换一次,每运行 24 h 要提高游离氯浓度至最少 10 ppm①,并保持 1 h。温泉涡流泳池和温泉泳池都应有温度监测系统,保证水温为 32 ~ 40 ℃。

(4)娱乐用水设施应安装循环泵、过滤和消毒设备,确保内循环模式时的水体置周期满足表 3.3 的要求。海对海模式时,水体置换周期至少每小时一次。如果娱乐用水设施的功能不止一种,应以水体置换周期要求更高的为准。例如,某儿童池具有互动娱乐用水设施的功能,则其水体置换周期须为 0.5 h。

表 3.3　内循环模式下邮轮娱乐用水设施的水体置换周期要求

娱乐用水设施	置换周期/h
游泳池	4.0
儿童池	0.5
浅水池	1.0

_____

① 1 ppm = 10^{-6}。

表 3.3(续)

娱乐用水设施	置换周期/h
温泉涡流泳池(SPA)	0.5
温泉泳池(SPA)	2.0
互动娱乐水池或活动池(水深小于 610 mm)	1.0
互动娱乐水池或活动池(水深大于 610 mm)	2.0
婴幼儿水池	0.5
其他	与 VSP 协商并获得认可

(5)娱乐用水设施的循环处理系统必须有过滤单元,运行过程中要监测过滤压力,并定期检查维护、清理毛发、消毒及更换滤料滤材。

(6)娱乐用水设施的循环处理系统须监测流速、游离和混合卤素水平、pH值、总碱度和浊度。

(7)娱乐用水的 pH 值须保持在 7.0 ~ 7.8。

(8)娱乐用水设施须设有快速泄放系统,使得其中的水可在 10 min 内排空。

(9)娱乐用水设施的循环处理系统的氯化消毒单元能自动控制游离氯浓度和 pH 值。邮轮娱乐用水设施的游离氯浓度控制要求见表 3.4。

表 3.4　邮轮娱乐用水设施的游离氯浓度控制要求

泳池/水娱乐设施	游离氯浓度/ppm
游泳池	1.0 ~ 5.0
儿童池	1.0 ~ 5.0
浅水池	1.0 ~ 5.0
互动娱乐水池或活动池	2.0 ~ 5.0
婴幼儿水池	3.0 ~ 10.0(游离氯),4.0 ~ 10.0(溴)
温泉涡流泳池和温泉泳池(SPA)	3.0 ~ 10.0(游离氯),4.0 ~ 10.0(溴)

3.5.3　船级社规范

目前,主要国外船级社基本不单独设立邮轮入级与建造检验规范,而是将邮轮作为客船的一种在规范中体现,并增加了一些船级符号来响应邮轮的特殊要求。

以客船的振动噪声为例,主要船级社都推出了相关的船级符号来限定其指

标值,其中适用大型邮轮振动噪声设计的见表3.5和表3.6。以歌诗达"威尼斯"号邮轮为例,在推进器全负荷运转,制冷、通风、空调等辅机正常运转情况下,该船乘客套房的噪声限值为44 dB(A),标准客舱的噪声限值为49 dB(A),客舱的振动限值为1.5 mm/s,振动噪声控制指标之严格远超其他船型。

表3.5 主要船级社的客船噪声舒适性船级符号

船级社符号	舱室噪声限值/dB(A)		频率范围/Hz
	高级乘客舱室	标准乘客舱室	
CCS COMF(NOISE 1)	45	49	
LR PAC(1)	45	49	
DNV COMF(NOISE 1)	44	49	20~20 000
BV COMF – NOISE – PAX 1	45	49	
RINA COMF – NOISE – PAX A	45	50	

表3.6 主要船级社的客船振动舒适性船级符号

船级社符号	舱室振动限值/(mm/s)		频率范围/Hz
	高级乘客舱室	标准乘客舱室	
CCS COMF(VIB 1)	1.7	2.0	
LR PAC(1)	1.5	1.8	
DNV COMF(VIB 2)	1.5	2.0	1~80
DNV COMF(VIB 1)	1.5	1.5	
BV COMF – VIB – PAX 1	1.7	2.0	
RINA COMF – VIB – PAX A	1.0	1.5	5~100
RINA COMF – VIB – PAX B	2.5	3.0	5~100

中国船级社(CCS)制定了《邮轮规范(2017)》,从结构、消防、稳性、救生、安保、乘客空间、振动噪声、照明等方面对入级邮轮进行了规定[9]。该规范设立了邮轮休闲体验设计指数(CEDI(Ox,Cx,Fx))和邮轮健康保障设计指数(SEDI(x))两个附加标志。CEDI标志中的"O"表示乘客空间,包括乘客空间比、人均客舱面积、乘客船员比等指标;"C"表示舒适度,包括振动、噪声、室内气候等指标;"F"表示乘客休闲设施,包括客房、乘客公共处所、娱乐休闲处所等处所及相

应设施配备的指标。SEDI 主要从厨房与餐厅、食品存储、饮用水、垃圾和废弃物处理、医疗设施、室内环境、洗手站、通风、娱乐用水设施、儿童活动设施等方面做出了规定。两个附加标志中的"x"分别为 3,4,5,数字越大,对应的要求越高。规范中部分指标的取值有待商榷。

《邮轮规范(2017)》部分要求超过了 SOLAS 的规定,如要求所有救生筏应为自扶正或带顶篷两面可用救生筏,还须配备额外的救生衣,具体内容如下。

(1)额外的成人救生衣数量应不小于乘客床位数最多的主竖区内的乘客下铺床位的数量,只有一个主竖区的小型邮轮的额外的成人救生衣数量不必超过船上总人数的 50%。

(2)额外的儿童救生衣数量应不小于乘客床位数最多的主竖区内的乘客下铺床位的数量的 10%。

(3)额外的婴儿救生衣数量应不小于乘客床位数最多的主竖区内的乘客下铺床位的数量的 2.5%。

以歌诗达"威尼斯"号邮轮为例,该船第 6 主竖区的乘客床位最多,对应的乘客下铺床位有 1 092 个,按照规范要求须额外多设成人救生衣 546 件、儿童救生衣 110 件、婴儿救生衣 28 件,增量不可谓不大。

此外,针对安全返港、替代设计和布置、整船直接计算等邮轮设计关键技术,CCS 推出了《实施 IMO 安全返港及有序撤离要求指南》《船舶替代设计和布置应用指南》《邮轮整船直接计算指南》等指导性文件[①]。

3.5.4 各种行业协会及政府组织制定的标准

邮轮设计还需遵守国际标准化组织(ISO)、世界卫生组织(WHO)、国际电工委员会(IEC)、国际邮轮协会(CLIA)、欧洲邮轮理事会(ECC)、邮轮安全论坛(CSSF)、国际引水员协会等相关国际组织、行业协会的相关标准,以及相关的国家和行业标准,如中国国家标准(GB)和中国船舶行业标准(CB)。欧洲航行邮轮通常还需满足职业健康及安全管理体系(OHSAS 18001)标准。

CLIA 从行业监管角度,对邮轮的营运安全、消防、环保、健康及安保等做出了规定。例如,CLIA 规定邮轮的救生衣配置除需满足 SOLAS 及挂旗国的要求外,还要额外提供成人救生衣,数量不低于容纳床位最多的主竖区内的人数;CLIA 推荐采用内华达州博彩控制委员会的监管标准进行赌场内设备设施的配置,这也为我国涉外邮轮的赌场设计提供了一种参考。

---

① 参见 CCS 发布的《实施 IMO 安全返港及有序撤离要求指南》《船舶替代设计和布置应用指南》《邮轮整船直接计算指南》。

3.6　主　尺　度

在确定主尺度和主要船型参数时,一般将船舶分为两种类型:载重型船舶和布置型船舶。根据这两类船型的特点,在确定主尺度时,考虑的因素各有侧重[10]。

1. 载重型船舶

油船、散货船之类的载重量占排水量主要部分的船舶,其船长、船宽、吃水及方形系数主要受载重量所需的浮力和快速性条件约束,而型深则由最小干舷和舱容所决定。

2. 布置型船舶

主尺度和船型要素主要取决于主船体内及主甲板以上的布置所需的空间。这类船舶设计一般需从布置上入手,匡算所需的船长、船宽、型深等尺度,然后再结合对重力与浮力平衡、快速性、稳性、耐波性等的分析确定合理的主尺度和船型要素。

邮轮是以布置型为主、载重型为辅的船舶。邮轮需要足够大的甲板以上的内部空间,以满足客舱、游客公共区域及服务支撑系统的布置,同时也需要一定的主船体内部空间,以保证船舶系统的布置和装载要求。

3.6.1　船长

邮轮船长的选择主要取决于布置需求,同时受到航道(如苏伊士运河、巴拿马运河、马六甲海峡)的通航尺度限制,以及港口码头泊位的长度限制。从快速性考虑,排水量不变时,增加船长可减小船宽和方形系数,从而减小兴波阻力和形状阻力。从耐波性考虑,当 $\lambda/L > 0.8$ 时(λ 为波长,L 为水线长),增加船长可改善纵摇、垂荡和失速。从操纵性考虑,增加船长可改善航向稳定性,但船舶遭受的风、浪、流侧向载荷增加,回转性变差,需要增加侧向推进器的功率。从抗沉性考虑,增加船长可增加可倾长度,提高破舱稳性,改善抗沉性。从经济性考虑,随着船长的增加,要维持同等的总纵强度,船体就要耗费更多的钢材,内装、管系、电缆等也会更多,从而进一步提高造价。

邮轮船长对主竖区的数量有一定影响。按照 SOLAS 要求,客船主竖区最长不得超过 48 m,面积最大不得超过 1 600 m²,否则必须采用替代设计。合理选择船长,能够控制主竖区的数量,降低设计难度和建造成本。

图 3.19 统计了近 70 艘 10 万 ~ 17 万总吨现役邮轮船长与总吨位之间的关

系,可供方案设计确定船长时参考。总体上,船长与总吨位之间的关联度较高。由图 3.19 可见,10 万总吨级邮轮的船长在 270 m 左右,而 15 万总吨级邮轮的船长在 330 m 左右。

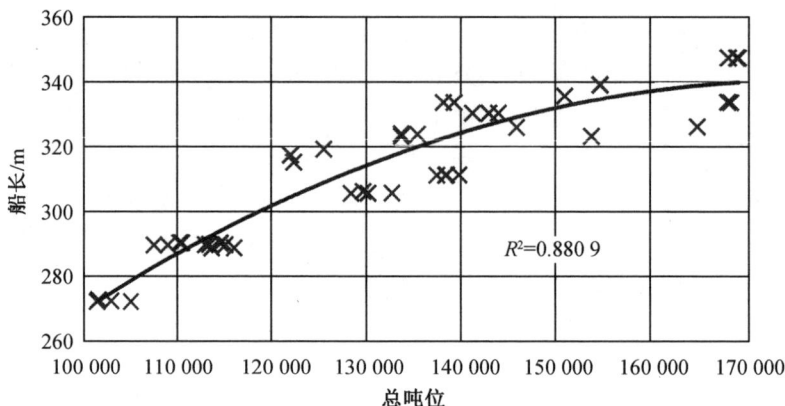

图 3.19　邮轮船长与总吨位关系统计

方案设计阶段的邮轮船长可按下式取值:

$$L = -1 - 8GT^2 + 0.004\,3GT - 35.293 \tag{3.1}$$

3.6.2　船宽

为保持良好的观察视线,邮轮的驾驶室宽度基本都要超出主船体宽度。也有不少大型邮轮采用外置式救生艇,救生艇突出舷外放置,此时的船宽更大。邮轮的最大船宽 B_{max} 取驾驶室处船宽和救生艇处船宽中的大者。但邮轮的总体性能主要取决于型宽,因而一般所指的船宽即为型宽。

邮轮船宽的选择受到航道的通航尺度限制。巴拿马运河扩建前,很多 9 万总吨级邮轮都将船宽控制在 32.2 m 以内(新巴拿马运河通航限宽已提高至 49.1 m)。从快速性考虑,船长和吃水不变时,增加船宽不利于减小阻力。从节省钢料用量考虑,应尽可能增加船宽、减小船长。在同样的排水量条件下,增加船宽引起的空船质量增加要比增加船长的小很多。

船宽与稳性密切相关,船宽越大,初稳性高 GM 越大。邮轮方案设计初步确定船宽时,GM 是很重要的考量因素。表 3.7 中列出了三艘现役大型邮轮的主要尺度参数,表中 T_S 为结构吃水,T_D 为设计吃水。可见,大型邮轮的 GM 基本都不低于 2.0 m。

表 3.7 三艘现役大型邮轮的主要尺度参数

总吨位	船长 /m	船宽 /m	型深 /m	吃水/m		排水量/t		GM/m	
				T_S	T_D	T_S	T_D	T_S	T_D
84 500	292.5	32.2	10.6	8.00	7.80	43 437	44 837	2.19	2.05
114 500	290.2	35.5	11.2	8.30	8.20	56 650	55 823	1.98	1.98
132 500	306.0	37.2	11.2	8.50	8.35	68 938	67 952	2.35	2.03

　　船宽的选择还需考虑邮轮的横摇性能。邮轮的主要功能是搭载乘客,横摇性能差,则乘客的乘坐舒适性差,对提高邮轮的市场竞争力不利。影响横摇性能的主要指标是横摇周期,横摇周期短则摇摆剧烈。从耐波性角度考虑,应尽量增加邮轮的横摇周期,邮轮的横摇周期愈大,则其在波浪上的横摇愈平稳,横摇角和横摇加速度愈小,并且在海上受到谐摇的程度也愈小。因此,在满足稳性等要求的前提下,不宜过度增加船宽。

　　为了确保乘坐舒适性,邮轮的横摇周期该如何取值很难有明确规定。大型邮轮的横摇周期最好不低于 15 s。横摇周期 T_R 可按 IMO 推荐公式计算:

$$T_R = \frac{2CB}{\sqrt{GM}} \tag{3.2}$$

$$C = 0.373 + 0.023\frac{B}{d} - 0.043\frac{L_{WL}}{100} \tag{3.3}$$

式中　B——型宽,m;

　　　　d——型吃水,m;

　　　　L_{WL}——水线长,m。

　　图 3.20 统计了近 70 艘 10 万 ~17 万总吨邮轮型宽与总吨位之间的关系,可供方案设计确定型宽时参考。总体上,邮轮型宽与总吨位之间的关联度较高。由图 3.20 可见,10 万总吨级邮轮的型宽基本为 35 ~36 m,而 15 万总吨级邮轮的型宽基本为 39 ~40 m。

　　方案设计阶段的邮轮型宽可按下式取值:

$$B = 4^{-10}GT^2 - 2^{-5}GT + 32.7 \tag{3.4}$$

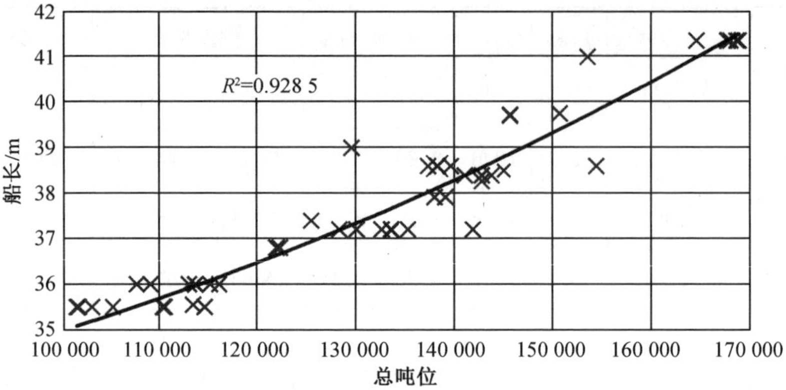

$R^2=0.9285$

图 3.20　邮轮型宽与总吨位关系统计

3.6.3　型深

邮轮型深的选取首先应满足最小干舷要求,还要满足主船体内布置空间的高度要求。邮轮往往在主船体内布置船员住舱和服务舱室,型深的选取也要满足 MLC 对这些舱室的层高要求。从结构强度考虑,适当增加型深有利于提高船体梁抵抗总纵弯矩的能力。从稳性考虑,增加型深可提高静稳性力臂最大值对应角及稳性曲线消失角,增加可浸长度,提高破舱稳性,但也会导致船体重心提高,初稳性高降低。

总体上,型深变更对总布置的影响较小,在方案设计阶段可先参考母型船初定,在完成相关计算后再根据需要进行调整。

据统计,大型邮轮的型深基本都在 10 m 以上。

3.6.4　吃水

邮轮的吃水通常包含设计吃水和结构吃水。设计吃水一般对应船东指定装载工况的吃水,是航速考核吃水。结构吃水一般对应夏季载重线吃水,即最大吃水,代表了邮轮的最大装载能力,也纳入了船东的改装质量设计余量。

邮轮吃水的选择受到航道的通航尺度及港口码头的水深限制。从初稳性和横摇周期考虑,船长和船宽确定后,吃水就成了调节初稳性高的主要参数,增加吃水,可以减小初稳性高,增加横摇周期。从推进性能考虑,吃水不宜过小,否则会限制螺旋桨直径取值,降低推进效率。

图 3.21 统计了近 70 艘 10 万~17 万总吨现役邮轮结构吃水与总吨位之间的关系,可供方案设计确定吃水时参考。可以看到,邮轮结构吃水与总吨位之间的离散度较大,但仍有一定参考借鉴意义。由图 3.21 可见,10 万总吨级邮轮的结构吃水基本在 8.2 m 左右,而 15 万总吨级邮轮的结构吃水基本在 8.6 m 左右。

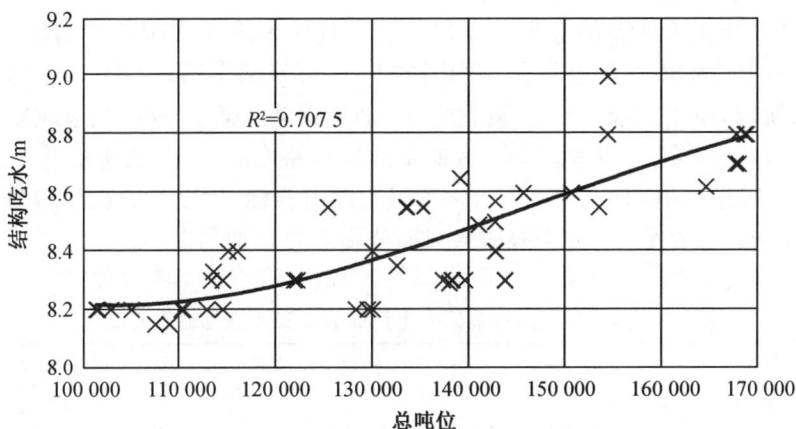

图 3.21　邮轮结构吃水与总吨位关系统计

3.6.5　船体高度

邮轮航行受到航道和桥梁等的通航高度限制。例如,巴拿马运河最大允许通航高度为 57.9 m,如果提前申请,通航高度可放宽至 62.5 m[11];杨浦大桥通航限高等于 51.92 m 减去船舶通过大桥时的潮高[12],即使 7 万~8 万总吨级的邮轮也很难通过,也就无法停靠上海国际航运中心码头。

气隙是指水线以上的船体高度。显然,吃水确定后,船体高度越大,气隙也就越大。一般 8 万总吨级邮轮的气隙约为 53 m,11 万总吨级邮轮的气隙约为 61 m,15 万总吨级邮轮的气隙基本就要超过 66 m 了。

邮轮的通航高度限制应在设计任务书中明确。在进行方案设计时,应合理测算船体高度和吃水,确保气隙满足通航高度限制。也可采用倒放式桅杆、可拆卸式烟囱等设计,以临时减小船体高度,满足通航高度限制。

3.6.6　航速

邮轮航行有严格的时间安排,各个航次之间必须有效衔接。如果一个航次

不能按期完成,邮轮没有按时返回出发港等候乘客登船,必将影响下一个航次的邮轮按计划起航,不可避免地会造成邮轮公司的声誉损失和经济损失。而邮轮的航速是保障航程时间的关键技术指标。因此,在邮轮的方案设计阶段,必须根据拟运营航线和航程周期要求,确定合理的航速指标,尤其是最低航速指标,以确保每个邮轮航次的时间可控。

表 3.8 所示为典型的上海—福冈—上海航线 5 天 4 晚邮轮旅游航程计划。该航程总时间为 86.5 h,扣除停靠福冈的 11 h,以及两个港口共约 13 h 的进出港时间后,航行时间约为 62.5 h。该航线总巡航航程约 865 n mile,故巡航航速不能低于 14.1 kn。再进一步考虑 15% ~ 20% 的风浪裕度后,巡航航速不低于 16.5 ~ 17.6 kn。除巡航航速外,邮轮还有一项最大航速指标,用以考虑长距离调遣情况及一些意外因素的影响,如为躲避台风而绕道需要增加的航程。

表 3.8 典型的上海—福冈—上海航线 5 天 4 晚邮轮旅游航程

日期	城市	抵达(当地时间)	起航(当地时间)
第 1 天	上海		16:30
第 2 天	海上巡游		
第 3 天	福冈	08:00	19:00
第 4 天	海上巡游		
第 5 天	上海	07:00	

据统计,现代邮轮的最大航速大都为 22 ~ 23 kn,巡航航速大都为 18 ~ 20 kn。

3.7 型线设计

邮轮水下部分的型线设计与快速性、耐波性、振动噪声等性能密切相关,属于传统的船舶工程技术领域。水上部分的型线设计是船体外形设计的重要组成部分,应更多考虑艺术设计,以使邮轮造型美观、协调、契合主题。

3.7.1 传统型线设计

船型对阻力性能的影响与船速有密切关系,在不同速度范围内,船型参数对阻力的影响有本质上的差别。对一般的水面排水型船,可按弗劳德数 Fr 分为低

速船($Fr < 0.2$)、中速船($0.2 < Fr < 0.3$)和高速船($Fr > 0.3$)。Fr 按下式计算：

$$Fr = \frac{v}{\sqrt{gl}} \tag{3.5}$$

式中　　v——航速，m/s；

　　　　l——水线长，m；

　　　　g——重力加速度，9.81 m/s²。

在进行型线设计和优化时，需要考虑船舶的静水阻力。静水阻力主要分为摩擦阻力、兴波阻力和黏压阻力，在进行设计时尤需考虑前两者的影响。目前主流的邮轮长宽比集中于 7~9，并逐渐朝着肥大的趋势发展，但仍属于瘦长型船，兴波阻力较小，且受型线变化的影响较小。此外，邮轮吃水较浅，摩擦阻力较小。综合而言，邮轮船型的型线本身的优化空间较小。

大中型邮轮最大航速对应的 Fr 大部分为 0.20~0.24，属于中速船的范畴。对于邮轮这样的消瘦型中速船，安装球鼻艏有以下两点好处。

(1)降低兴波阻力。如球鼻艏的大小和位置选择适当，则在一定范围内，球鼻艏产生的波系会与船体波系发生有利干扰，合成波的波高将降低，兴波阻力下降。

(2)降低破波阻力。加装球鼻艏后，艏部船体前伸，使得该处的横剖面面积曲线的坡度和艏部水线进水角减小，这有利于改善艏柱附近的压力分布，缓和船首的破波，降低破波阻力[1,13]。

目前主流的邮轮船首仍为球鼻艏，能够满足几乎所有邮轮对于航行的综合要求。如图 3.22 所示，"玛丽女王"2 号为了满足在大西洋这样的恶劣航线中航行的快速性要求，在进行优化时，将球鼻艏加长了 2 m，达到了此前任何邮轮从未有过的 12 m，使得快速性提升了 15%~20%，满足了大西洋航线特殊的快速性要求。

现代大中型邮轮基本都设有长球鼻艏，水线以上船首前倾，艉部基本采用方形艉。图 3.23 所示为典型的带有长球鼻艏的大型邮轮主船体型线示例。

3.7.2　型线设计新变化

高速船的球鼻艏减阻效果非常明显，低速船的球鼻艏减阻机理则比较复杂。球鼻艏能否减阻主要取决于船型(主要是 C_B)和航速(Fr)，不同机构和学者给出了球鼻艏减阻效果界限线的经验统计公式。图 3.24 所示为几个经验公式的 Fr 与 C_B 对应情况[1]。只有当 Fr 处于图 3.24 中球鼻艏效果界限线以上位置时，选用适当的球鼻艏才能有效降低阻力。

图 3.22 "玛丽女王"2 号的长球鼻艏

纵剖线图

(a)

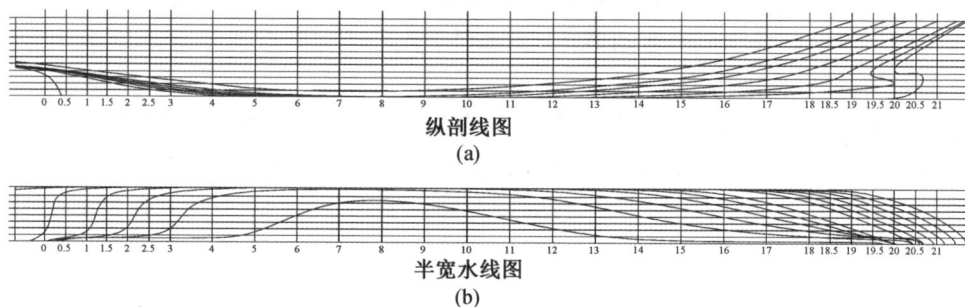

半宽水线图

(b)

图 3.23 典型的带有关球艏的大型邮轮主船体型线

由图 3.24 可知,C_B 为 0.6 ~ 0.7 时,Fr 至少不能低于 0.22 ~ 0.25,否则球鼻艏没有减阻效果。大部分邮轮的最大航速对应的 Fr 都低于 0.23,而实际上邮轮大部分时间是以巡航航速航行,巡航航速一般要比最大航速低 2 ~ 5 kn,Fr 相应要小 0.02 ~ 0.05。再者,随着船型增大,Fr 呈下降趋势。因此,如果考虑巡航航速,不少邮轮已属于低速船,从减阻角度出发,采用球鼻艏未必是优选方案。

近年来,有不少邮轮开始采用复古的直立形船首——蒸汽动力时代的"泰坦尼克"号、"奥林匹克"号等采用的刀刃状直立形船首。船舶设计师认为直立形船首更有利于劈开波浪,降低波浪引起的船体应力和应变。直立形船首的波浪砰击和水动噪声也优于球鼻艏[14-15]。直立形船首的一个缺点是艏部甲板容易发

130

生上浪或飞溅,但邮轮本身属于富裕干舷船,艏部露天甲板离水面距离较远,不易上浪。"AIDAprima"号和"AIDAperla"号两艘姐妹船均采用直立形船首,为避免上浪和飞溅,船首采用了封闭式甲板结构。图 3.25 为"AIDAprima"号邮轮的直立形船首。

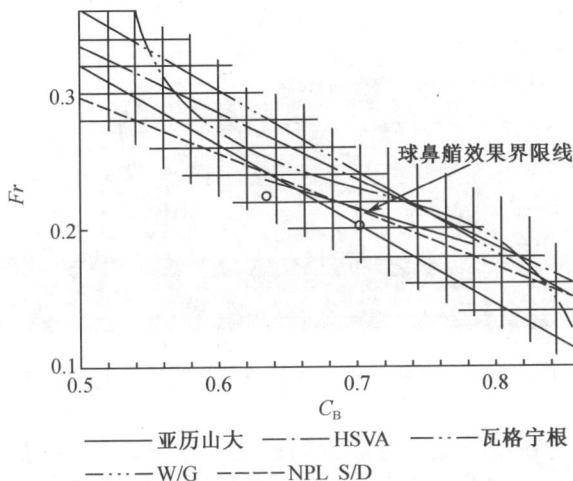

图 3.24　球鼻艏减阻效果的经验公式界限线

图 3.25　"AIDAprima"号邮轮的直立形船首

"Celebrity Edge"号和"Celebrity Apex"号邮轮也采用了直立形船首,但没有刻意采用类似"AIDAprima"号的船首封闭甲板。有消息称,诺唯真邮轮公司在芬坎蒂尼造船厂订造的 4+2 艘 14 万总吨级常规动力邮轮也将采用近似直立形船首设计,这些新船将在"Breakaway-plus"级基础上改进。近年来,业界也开始探讨极地探险邮轮采用直立形船首,以增强艏向破冰能力的可行性。

　　"Costa Smeralda"号和"AIDAnova"号两艘新建 LNG 动力大型邮轮还采用了"直立形船首＋小球鼻艏"的组合船首,在直立形船首底部附加设计隐形小球鼻艏,据称减阻效果更胜单纯的直立形船首。图 3.26 为"Costa Sneralda"号邮轮的隐形小球鼻艏。

图 3.26　"Costa Smeralda"号邮轮的隐形小球鼻艏

　　随着 X 形船首在海洋工程船舶上的成功应用,这种船首也开始出现在邮轮上。比如,招商重工为美国 SunStone 公司建造的系列极地探险邮轮,以及超级环保生态邮轮"Ecoship"号的设计方案都采用了 X 形船首。

　　邮轮相较于其他船型的特殊点之一,就是其拥有庞大的上层建筑。邮轮在进行总体布局设计时,将上层建筑与船体型线有机结合也是一项需要重点考虑的因素。如图 3.27 所示,维珍集团的"Scarlet lady"号邮轮将直立形船首和流线型艏部上层建筑融为一体,在减小涡旋作用、降低风阻的同时又带给游客较强的视觉冲击力。

图 3.27　"Scarlet lady"号邮轮的艏部外形

3.7.3　节能附体在邮轮上的应用

出于快速性及节能减排的考虑,鸭尾、阻流板等特殊附体逐渐在邮轮上得到应用。

这些特殊附体安装在邮轮的尾部,会干扰船尾流场,影响推进装置的选型与布置。

1. 鸭尾

鸭尾是一种对船舶尾部型线的生动化描述,是艉封板表面向后伸出的一块板状附体。鸭尾是在保持原主船体型线不变的基础上,按纵剖线和水线的趋势延伸的,因此不存在与中纵剖面的夹角,即夹角为 0°。鸭尾的主要设计参数是它的长度[16-17]。

从外形上看,鸭尾与压浪板比较相似,但两者的作用机理有所不同。鸭尾是船体尾部型线的顺势延伸,是顺流的,而压浪板则明显对水流流动有阻滞作用。鸭尾采用顺流设计,不会阻滞尾部流场,可减小剩余阻力。高速航行时,鸭尾能增加船体虚长度,减小弗劳德数 Fr,进而减小兴波阻力。如图 3.28 所示,"世界梦"号邮轮的尾部就采用了鸭尾附体设计。

图 3.28　"世界梦"号邮轮的鸭尾附体

2. 阻流板

图 3.29 所示的阻流板,又称艉扰流板、截流板等,外形上为紧贴着艉封板垂直下伸的直板,是安装在艉封板上的附体[18]。阻流板类似于船尾的垂向可调艉板,安装在船体尾部用以改善船体受力及尾流、增加船体虚长度。阻流板可分为高度固定的固定式阻流板和高度可调的可调式阻流板。一般来说,阻流板采用

连续布置或间断布置,沿船宽方向分布,宽度等于船舶尾部宽度,高度大约为船长的千分之一量级,对改变船舶受力与纵倾有较大影响。

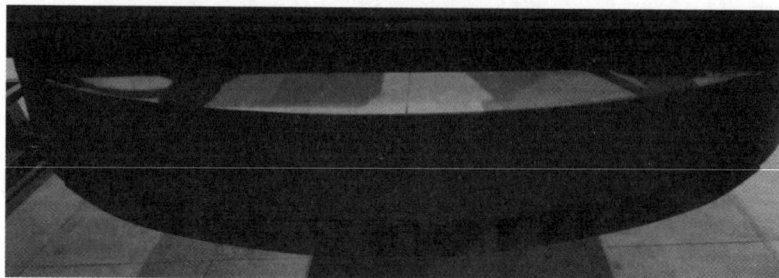

图3.29 某船模上安装的阻流板

阻流板影响船舶尾部流场,其减阻作用通过以下三个方面体现。

(1)增加了船体的虚长度。船舶在高速行驶时,尾部的水流由于克服黏性而迅速脱离船的尾部,在船后的某个位置发生交汇,增大了虚长度,能减小弗劳德数 Fr,进而降低兴波阻力。

(2)改变了船后体的压力分布。由于阻流板对船舶尾部流场的影响,改变了船体的压力分布,即产生升力,使得船体抬升而减少了湿表面积,进而减小摩擦阻力。船底压力变化会产生纵倾力矩,能在一定情况下改变船舶航行时的浮态。

(3)减小了鸡尾流的高度,减少了碎波的产生。阻流板通过改变尾波的波形,抑制了碎波的出现,能减小高速船舶的兴波阻力。

3. 艏侧推盖

艏侧推的螺旋桨推进器放置在横贯船体的导筒内,导筒延伸至船体两舷外板,在外板上形成大开口。航行过程中,船体外板上艏侧推开口处容易形成水流阻力而影响航速,为改善其阻力性能,可采用以下三种节能装置。

(1)导流格栅

为防止异物进入侧推器,一般会在侧推器的导筒两端增设导流格栅。导流格栅应与船体外板型线匹配,既能防止异物进入侧推器,又能改善侧推器开口附近的水流,减小部分航行阻力。但是,导流格栅的缺点也很明显,因格栅之间的间距较大,无法完全封闭筒体,船舶在航行过程中仍有额外的水流阻力。

(2)盖板式侧推盖

导流格栅的缺点是无法完全封闭推进器筒体,因此可考虑给筒体配置盖板,将其完全封闭。但不可避免地会有部分盖体突出于船体外,无法与船体型线完全贴合,在航行状态下反而可能增大阻力。此外,侧推器浸没于水中,盖板装卸时需潜水员配合,操作程序烦琐,耗时较长,每次操作均须船东承担额外的费用。

（3）门式侧推盖

将类似门的盖板布置在推进器筒体内侧，通过转动轴进行盖板的启闭[19]。利用门式侧推盖将侧推器筒体完全封闭，并与外板型线完美贴合，可极大地减小航行中的水流阻力。图 3.30 所示为"玛丽女王"2 号邮轮的门式艉侧推盖装置。

图 3.30　"玛丽女王"2 号邮轮的门式艉侧推盖装置

3.7.4　大型邮轮型线优化

1. 船首形状优化

以某大型邮轮为例，通过计算流体动力学（CFD）分析对比不同船首形状的减阻效果[20]。基于排水量等效、总长一致原则，分别设计了常规球鼻艏和垂直艏（带隐形小球艏）两个船首方案，艉部型线和附体保持一致。图 3.31 所示为两个船首方案的外形对比。

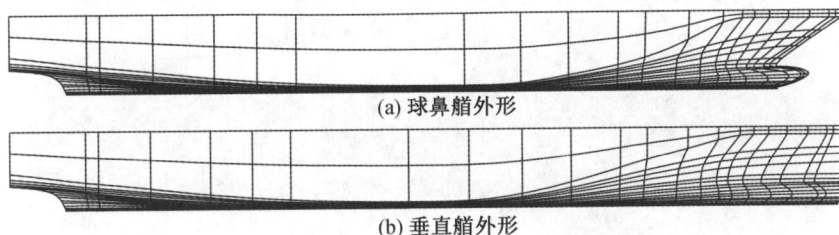

(a) 球鼻艏外形

(b) 垂直艏外形

图 3.31　两个船首方案的外形对比

使用 CFD 软件计算了目标邮轮航速为 18～23 kn 的阻力，航速范围覆盖巡航航速和最大航速，以较为全面地对比球鼻艏方案和垂直艏方案的阻力性能。图 3.32 所示为目标邮轮在设计吃水 8.15 m、航速 22 kn 工况下，两个船首方案的波形图。可以看出，垂直隐形小球鼻艏方案的波形相对更均匀，艏部和艉部存在较大的波面升高，而球鼻艏方案使艏部的波面升高更大、更明显。

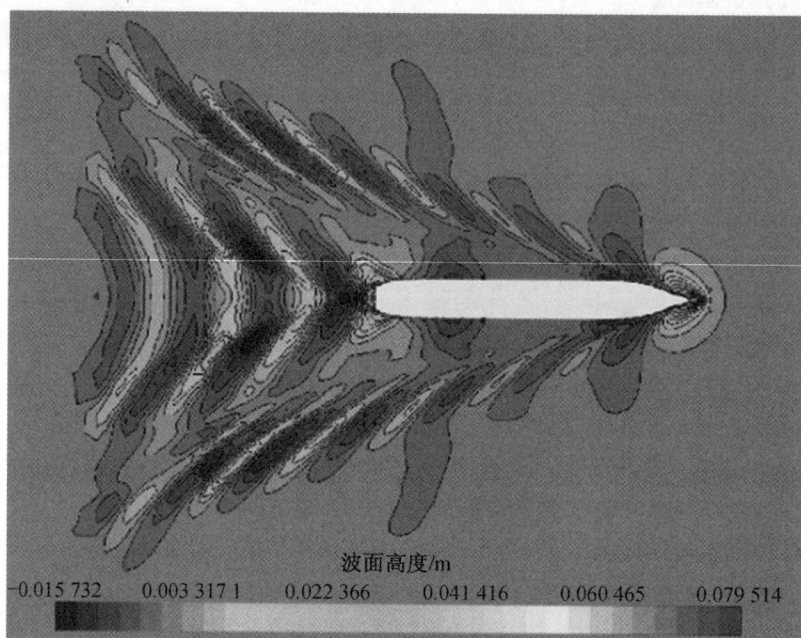

(a) 球鼻艏

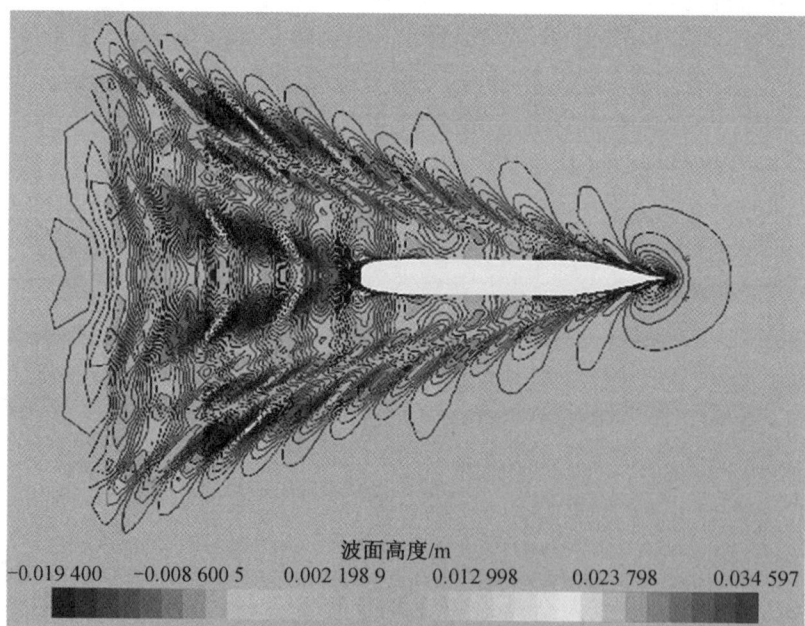

(b) 垂直艏

图 3.32　两个船首方案的波形图(航速 22 kn)

表 3.9 列出了目标邮轮在设计吃水、不同航速下的有效功率 P_e 的计算结果。可以看出,航速为 18 ~ 19 kn 时,垂直艏方案的阻力性能要优于球鼻艏方案;航速为 20 ~ 23 kn 时,球鼻艏方案的阻力性能反而优于垂直艏方案;而航速为 24 ~ 25 kn 时,垂直艏方案的阻力性能又要优于球鼻艏方案。

表 3.9　两个船首方案的有效功率计算结果对比

航速 /kn	P_e/kW		P_e 变化
	球鼻首[1]	垂直艏[2]	$1 - [1]/[2]$
18	12 063	11 895	− 1.4%
19	14 873	14 265	− 4.3%
20	16 431	16 773	2.0%
21	19 151	19 550	2.0%
22	22 272	23 108	3.6%
23	25 993	26 828	3.1%
24	31 017	30 498	− 1.7%
25	36 490	34 879	− 4.6%

垂直艏方案同时增加了水线长和湿表面面积。垂直艏方案的艏柱前移,增加了水线长,减小了弗劳德数和进水角,改善了船首处的压力梯度,总体上对降低兴波阻力有利,但湿表面面积的增加又对减小摩擦阻力不利。两种阻力成分此消彼长,对总阻力的贡献程度又与航速密切相关,机理比较复杂,可能不易总结出规律性的结论。

上述两种方案的对比只是通过 CFD 计算进行的定性分析对比,目标邮轮的艉部型线没有考虑匹配船首变化而优化,也没有考虑更低航速的工况。隐形小球艏设计也很有讲究,还需要更多的优化方案计算对比,以及船模试验、综合实际运营工况和经济性的考量才能找到最佳的船首型线方案。

2. 阻流板高度优化

以某大型邮轮为例,通过 CFD 分析对比不同高度阻流板的减阻效果。阻流板方案最高取 340 mm,分别考虑 18 kn 和 23 kn 两个航速,计算不同阻流板高度对该邮轮的减阻效果,计算结果见表 3.10。

表 3.10　不同阻流板高度的减阻效果对比

阻流板高度/mm	18 kn	23 kn
85	− 1.33%	− 1.81%
170	− 1.28%	− 1.33%
255	− 1.13%	− 1.93%
340	− 0.82%	− 1.65%

图 3.33 所示为某大型邮轮在设计吃水、阻流板高度 255 mm 工况下,通过 CFD 分析得到的不同航速时的波形图。

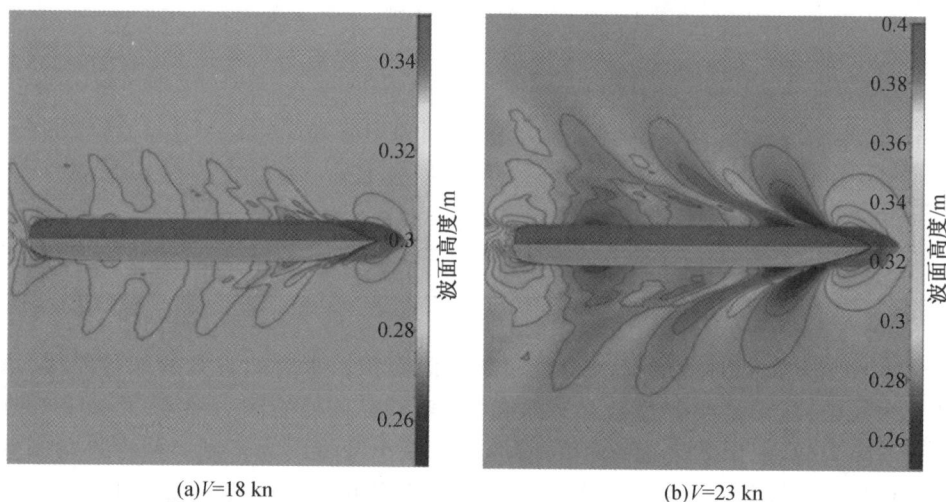

(a)V=18 kn　　　　　　　　　　　　(b)V=23 kn

图 3.33　某大型邮轮不同航速时的波形图(阻流板高度 255 mm)

对比表 3.10 中的计算结果,可做出如下两个推断。

(1)阻流板存在一个最佳减阻高度,这个最佳高度因航速不同而异,航速越高,阻流板的最佳减阻高度越高。目标邮轮航速 18 kn 时,阻流板高度超过 85 mm 后的减阻效果随高度增加而降低,而航速 23 kn 时,阻流板最佳减阻高度是 255 mm。

(2)阻流板高度不变时,其减阻效果随着航速增加而提高。

目前关于阻流板减阻机理的研究不多,尤其是针对邮轮船型减阻的文献资料更少。阻流板的高度不到 350 mm,甚至更小,相对船体主尺度而言是个小量,这增加了数值模拟的建模难度,精度也不易把控。阻流板对船舶的纵摇和升沉比较敏感,减阻机理要比其他附体复杂得多。表 3.10 中阻流板高度 170 mm 的计算结果的规律性较差,这有可能是数值模拟精度的原因,也有可能本来特性如

此,具体还需进一步研究分析。总之,邮轮应用阻流板进行减阻的机理和规律还有待更深入的研究,需要更多的数值模拟工作,乃至船模或实船试验验证。

3.上层建筑外形优化

邮轮上层建筑庞大,风阻力占总阻力的比例要比一般船型大得多。以某大型邮轮为例,通过 CFD 分析对比其上层建筑的风阻优化设计方案。图 3.34 所示为优化前后的目标邮轮上层建筑外形对比,船首及烟囱是此次外形优化的重点,具体优化项目包括艏部各层甲板围栏、驾驶甲板舷窗、烟囱迎风面及各层甲板进流段。

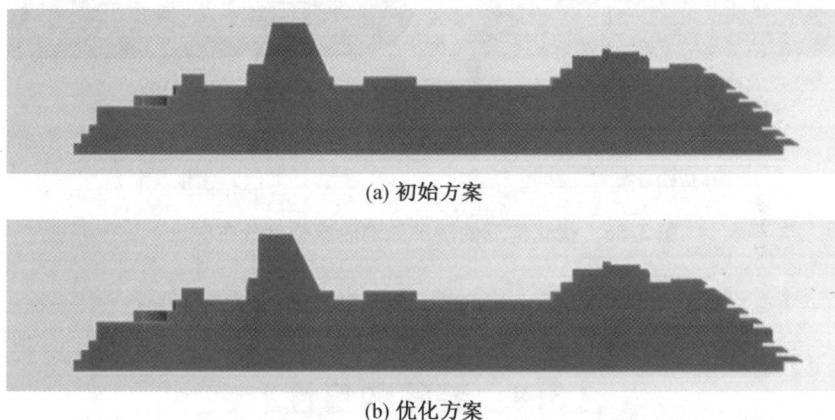

(a) 初始方案

(b) 优化方案

图 3.34 优化前后的目标邮轮上层建筑外形对比

如图 3.35 至图 3.36 所示,CFD 计算结果表明,优化后的上层建筑的风阻和流场特性有一定程度的改善:风阻减小 3.3%;船中泳池周围的湍流度较优化前明显减小,低湍流区增大;烟囱迎风面的低湍流区较优化前有所增大,但船尾泳池周围的湍流强度分布更均匀。

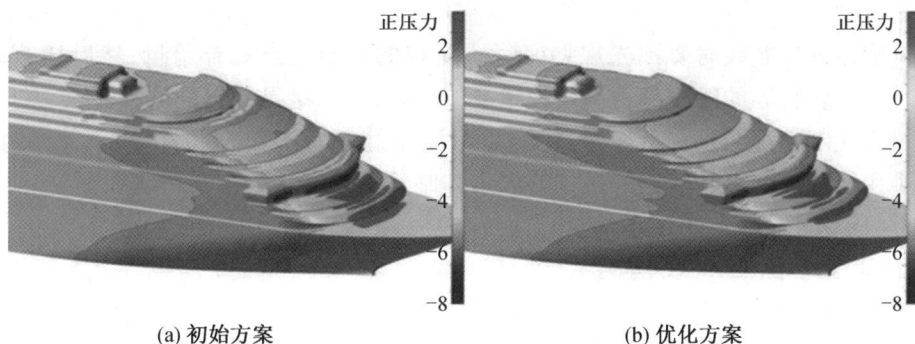

(a) 初始方案　　　　　　　　　　　　　　(b) 优化方案

图 3.35 优化前后的船体表面压力分布对比

(a) 初始方案　　　　　　　　　　　　(b) 优化方案

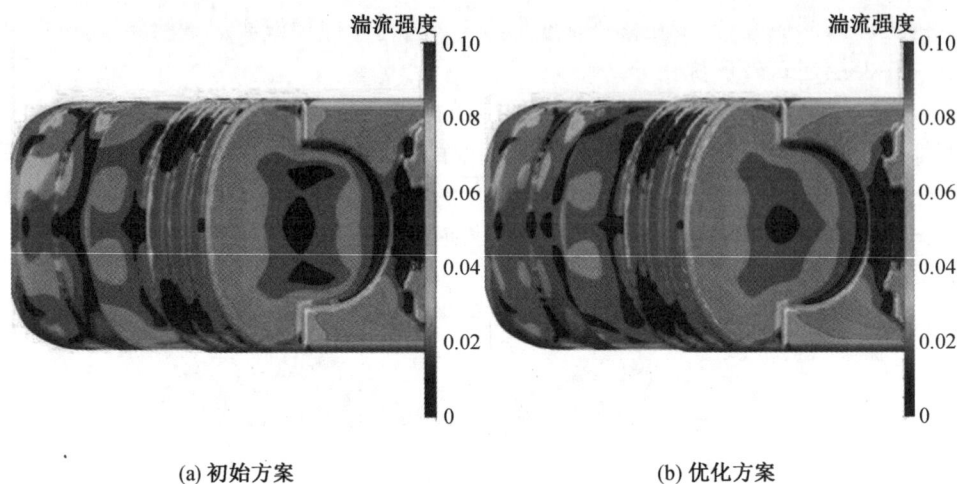

图 3.36　优化前后的艉部泳池湍流强度分布对比

3.8　装载和稳性

与常规货船不同,邮轮不需装载货物。邮轮的载重量主要由燃油、柴油、滑油、饮用水、技术淡水、灰水、污水、压载水、泳池水,以及食品、生活供应品、乘客及行李、船员及行李、备品备件等构成。

3.8.1　舱容

确定邮轮航线时要预先规划好每个航程的补给地点和补给量,然后核算燃油、淡水、食物等的舱容是否满足耗量要求,是否可以满足预定的航程需求。

现代邮轮都会设置大容量造水机,只要系统正常工作、电力供应不间断,淡水不会成为限制邮轮航程的最主要因素。邮轮上饮用水的主要用途如下。

(1)饮用、洗涤、淋浴或沐浴;

(2)淡水泳池和漩涡水疗;

(3)医院;

(4)处理、准备和烹饪食物;

(5)清洁食品储藏区、食品准备区、餐具和餐厨设备。

140

　　理论上讲,饮用水舱只需满足法规、标准等的最低要求即可,不必设置过大的舱容以在出港前携带整个航程所需的淡水。例如,USPH 要求饮用水舱的舱容至少要存储 2 天的饮用水量,要保证能为全部乘客和船员每人每天提供不低于 $0.12\ m^3$ 的饮用水。

　　燃油舱的舱容则直接决定了邮轮在没有靠港补给情况下的最大航行距离和电力供应,只要燃油供应充足,邮轮就能源源不断地提供电力来造水。因此,燃油是最关键的装载项,也是邮轮配载时必须力保的装载项。

　　邮轮需要频繁靠港,在港口停泊时间相对货船要长些。如果邮轮不能使用岸电,或不能在港口使用废气洗涤装置时,汽油舱的舱容应适当考虑增大。

　　大型邮轮的污灰水舱舱容较大,部分还兼作压载舱,舱容总体都在 $3\ 000\ m^3$ 左右。邮轮的灰水来源主要包括 4 类:厨房灰水、洗衣机排水、居住区域落水、食物残渣余水。前两者的产生处所十分明确,灰水产量与乘员数目和提供服务的规格直接相关。大型邮轮的日灰水产量巨大,美国环保署在一份调查报告中指出大型邮轮的人均灰水产量达 $0.17\ m^3/d$,而波罗的海海洋环境保护委员会(HELCOM)建议在进行船舶灰水产量估算时,以人均 $0.221\ m^3/d$ 较恰当。现代邮轮都已采用真空式黑水收集系统,RINA 建议按人均 $0.011\ m^3/d$ 来估算黑水产量,英国劳氏船级社(LR)和挪威船级社(DNV)的推荐值分别为人均 $0.015\ m^3/d$ 和 $0.025\ m^3/d$,而 CCS 建议航程超过 24 h 的船舶的人均生活污水产量为 $0.035\ m^3/d$,各船级社间差异较大[21]。对一艘载员 5 000 人的大型邮轮,估算每天要产生污灰水 $1\ 000\ m^3$ 左右。

　　横倾水舱的作用是通过调拨左右舷的压载水,产生横倾力矩,来抵消船上质量移动或强风引起的横倾。从横倾力臂长度考虑,横倾水舱应靠近船中布置,基本都是在艏艉部各设置 1 对,共 4 个液舱。横倾水舱的舱容须与抗横倾能力匹配,一般要求在 50% 压载水左右舷调拨的情况下,能产生 $2° \sim 2.5°$ 的横倾。

　　尽管海况恶劣时泳池水会被排空,以免其发生剧烈晃荡,并增加稳性储备,但在配载时还应考虑泳池水的质量,以及最大自由液面对稳性的影响。

　　推荐乘客质量为人均 75 kg,船员质量为人均 85 kg,两者的行李质量为人均 10 kg。

　　表3.11 为3 艘不同吨位现役大型邮轮的液舱舱容。可以看到,除压载水舱外,燃油舱、饮用水舱、灰水舱和污水舱占据液舱舱容的大部分。由于资料来源有限,部分船型的年代较久,表中的数据可能与实际有些偏差。当然,部分小型液舱舱容没有在表中反应,如碱液舱、空调凝水收集舱、冷却水泄放舱等。

表 3.11　3 艘不同吨位现役大型邮轮的液舱舱容　　　　　　　　单位:m³

液舱类型	84 500GT	132 500GT	168 600GT
饮用水舱	3 046	6 150	4 893
燃油舱,包括日用/沉淀/溢流舱	3 278	3 970	3 682
汽(柴)油舱	172	950	525
滑油舱	285	330	312
技术淡水舱	618	460	602
洗衣灰水舱	336	120	152
厨房灰水舱	244	—	330
灰水舱	395		1 042
处理后污水舱	328	3 100	3 253
压载兼用污水舱	2 100		296
专用压载水舱	1 926	4 800	3 388
横倾水舱	574	940	1 447

3.8.2　装载

　　邮轮的实际配载相当复杂,其很大程度上取决于邮轮的运营策略。邮轮公司会根据不同停靠港的燃油、淡水、食品价格波动而调整补给地点和频次,也会根据停靠港的补给设施运行状态、淡水水质卫生状况等做出取舍。邮轮的装载工况既需考虑技术层面,也需考虑运营经济性层面。

　　邮轮有一个合同离港工况,这个工况的载重量由船东指定,吃水为设计吃水,通常对应 13~15 d 的巡航航程。设计方还会根据船东的不同运营要求,进行一些典型航线对应装载工况的配载。当然,满载工况作为法规要求的考核工况也必不可少。其他还需考虑进坞、空船等装载工况。

　　表 3.12 为 13 万总吨级的"Costa Diadema"号大型邮轮的典型装载工况。L02 为合同考核工况,对应的载重量为 10 250 t,具体细项组成应在造船合同中详细约定。邮轮设计和建造过程中,应加强对空船质量和重心的管控,确保载重量指标的实现。

表3.12 13万总吨级的"Costa Diadema"号大型邮轮的典型装载工况

工况	描述	说明
L01	空船质量	
L02	合同出港,航程15 d,设计吃水	合同考核工况
L03	合同到港,航程15 d,油水耗品10%	
L04	满载出港,最大吃水,油水耗品100%	法规考核工况
L04LR	满载出港,无污水,油水耗品100%	
L05	满载到港,油水耗品10%	
L06	出港,航程14 d,燃油2 780 t	船东自定义工况
L07	到港,航程14 d,燃油1 755 t	船东自定义工况
L08	出港,航程7 d,燃油1 755 t	船东自定义工况
L09	到港,航程7 d,燃油730 t	船东自定义工况
L10	出港,航程10 d,燃油2 280 t	船东自定义工况
L11	到港,航程14 d,燃油400 t	船东自定义工况
L12	出港,航程17 d,燃油3 770 t	船东自定义工况
L13	到港,航程17 d,燃油575 t	船东自定义工况
L14	出港,航程15 d,燃油3 330 t	船东自定义工况
L15	到港,航程15 d,燃油820 t	船东自定义工况
L16	进坞,油水耗品50%	
L17	进坞,油水耗品10%	

表3.13列举了"Costa Diadema"号邮轮的合同考核工况对应的载重量组成情况。显然,燃油和饮用水占据载重量的大部分,供应品、备品备件、行李等都是小量。另外,载重量是指有效载荷,压载水肯定不能计入。此载重量能够确保该邮轮在吃水8.2 m、25%的风浪裕度、服务航速19.9 kn、辅机用电载荷10.5 MW的条件下,持续航行14 d。

表3.13 "Costa Diadema"号邮轮的合同考核工况对应的载重量组成情况

装载项	质量/t
燃油	2 790
柴油	620

表 3.13(续)

装载项	质量/t
滑油(含主机滑油循环舱)	120
饮用水	4 300
杂用舱,包括技术淡水	260
泳池水	168
污水(处理舱和存储舱)	307
横倾水舱	190
乘客和行李	430
船员和行李	130
备品备件	155
供应品	650
船东供应品(不包括计入空船质量的部分)	120
总计	10 240

3.8.3 稳性

邮轮的完整稳性应满足《2008 年国际完整稳性规则》及其修正案 MSC. 398(95)的有关要求。综合大中型邮轮的完整稳性计算结果,控制衡准均为 IMO 气象衡准,这与邮轮具有庞大的上层建筑从而有较大的侧向受风面积密切相关。

破舱稳性需满足 SOLAS 相关要求,具体如下。

(1)Ⅱ–1/6 条——概率破舱稳性分舱指数要求 R,要求实际分舱指数 $A \geqslant R$;

(2)Ⅱ–1/8 条——客船稳性特殊要求,关于舷侧破损的确定性破舱衡准;

(3)Ⅱ–2/9 条——客船双层底要求,关于底部碰撞破损的确定性破舱衡准。

邮轮的宽度吃水比较大,干舷高,且进水点距水线较远,浸水角大,大倾角稳性较好。根据对现有邮轮的稳性计算调研,邮轮的完整稳性比较富裕,破舱稳性更为关键。邮轮的破舱稳性计算要比其他船型复杂得多,特别应注意 A 级分隔舱室的关联进水、横贯进水设施,以及垂直逃口、水平逃生路线、控制站等进水点的定义。

图 3.37 所示为某大型邮轮的稳性计算结果。由图 3.37 可见,该船破舱稳性对 GM 的要求要比完整稳性的高很多,两者相差 0.4 ~ 0.7 m,而实际装载工况的 GM 只比破舱稳性要求值高 0.15 ~ 0.35 m,可见破舱稳性是该船稳性性能的控制因素。

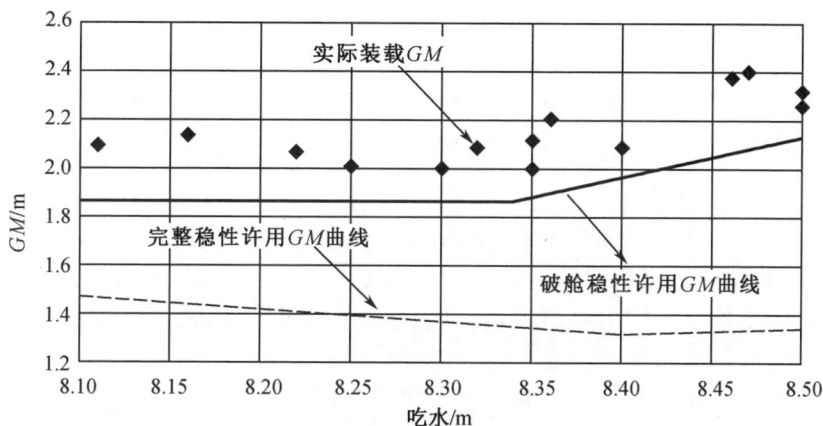

图 3.37　某大型邮轮的稳性计算结果

图 3.37 中的破舱稳性是按 SOLAS 2009 核算的,而新生效的 SOLAS 2020 对邮轮的破舱稳性要求更严格,将对邮轮总体设计产生较大的影响[22],具体将在第 4 章介绍。

3.9　耐　波　性

耐波性是指船舶在波浪扰动下,产生各种摇荡运动、砰击、甲板上浪、失速、螺旋桨出水等,仍能在波浪中维持一定航速安全航行的性能。船舶耐波性衡准是指在船舶受到波浪扰动而产生运动的影响下,人员、船体、船舶系统(设备)能否进行作业、完成任务的极限指标。船舶耐波性衡准与其任务、人员的素质及系统(设备)的功能有着直接联系,很难对每一耐波性因素做出一个绝对统一的评价衡准[23]。

耐波性指标受诸多因素的影响,是一个综合性指标。耐波性同海洋环境条件有关,并随任务不同而各异,耐波性指标同商船的营运效率(经济效益)的高低直接相关,是比较船舶竞争能力优劣的标尺。设计者的任务首先是要能算出这些量化指标,进而改进设计并使之有所提高。耐波性设计应从船舶初步设计阶段开始,直接参与船形系数选择及主尺度等基本要素的确定。

3.9.1　邮轮的耐波性考虑因素

邮轮,首先作为船舶,应满足船舶的耐波性要求;其次作为客船,应特别关注乘客的舒适性。邮轮的耐波性主要考虑安全性、可作业性、适居性三个方面的因素。

(1)为了使救生艇和工作艇在风浪情况下能顺利地施放到水面,通常要求横摇幅值不超过15°,纵摇幅值不超过7°。

(2)应考虑在预定的海浪中航行时,船上人员能够有效工作的能力,对加速度(包括线加速度和角加速度)及横摇做出限制。

(3)要保证船上系统设备能够正常工作,对邮轮的摇荡运动及砰击概率进行限制。

(4)应该考虑船舶在风浪中航行时,不得不人为地降低主机功率而减小航速的因素。为了避免螺旋桨飞车、砰击和甲板上浪,通常通过减速来缓和船舶的摇摆运动。这就需要一个限定飞车、砰击和甲板上浪的临界摇摆幅值或其他衡准指标。

(5)邮轮以短期或长期的载客旅游为主要功能,这就要求邮轮能够提供相比其他船型更为舒适的居住环境,对横摇、纵摇及线加速度、角加速度等做出更为严格的限制。

(6)邮轮的吃水相对较浅,同时艉部存在外飘,艏部型线向外延伸,这样的船型特点导致邮轮在波浪中航行时,实际水线面面积变化会比较大。而邮轮侧向受风面积也特别大,容易在风浪的作用下发生横倾。当邮轮的横摇固有频率等于其在波浪中遭遇频率的一半时,容易发生大幅度的参数横摇现象,危及邮轮的安全。

(7)邮轮还应避免在波浪中运动时所产生的衍生耐波性事件,主要包含甲板上浪、螺旋桨出水和砰击等。为了避免这些不利现象,邮轮通常选择降低航速来缓和船舶的摇摆运动。

甲板上浪——对邮轮来讲,发生甲板上浪可能会损坏甲板上的设备,并限制乘客和船员的活动,甚至可能威胁人员的生命安全。甲板上浪也会妨碍驾驶人员观察海面等。因此,严重的甲板淹湿常迫使驾驶人员降低船速,以免造成不良后果。大型邮轮的露天甲板较高,如"VISTA"级邮轮的露天甲板距离水线超过11 m。因此,除非极端恶劣的海况,否则邮轮发生甲板上浪现象的概率极低。

螺旋桨出水——船尾部的大幅垂向运动使螺旋桨桨叶露出水面,造成桨叶在旋转一周的过程中受力不均匀,使轴系和船体强烈振动。严重的螺旋桨出水将使主机周期性地空转,有损坏主机或推进电机的危险。而邮轮浅吃水的特点

会增大发生螺旋桨飞车的概率,因此必须严加注意。

砰击——船舶在恶劣海况中航行时,由于剧烈的升沉和纵摇运动,造成船首底部部分露出水面。当船首露出水面以后,以一定的速度向下回落时,底部拍击水面,称为砰击。底部发生砰击时,产生局部应力集中,可能使船底局部结构遭到破坏。砰击也会使船体产生剧烈的震动,可能使船上仪器受到破坏,使船上人员感到难受。发生砰击时,邮轮处于大幅运动的状态,这会使船上乘客感到恐慌。作为以载客出游为主要任务的船型,邮轮的安全性和舒适性尤为重要,因此需要严格限制砰击发生的概率。另外,现在越来越多的大型邮轮采用外置式救生艇,突出舷外的救生艇在恶劣海况下的上浪砰击也需要关注。

3.9.2　现有耐波性评价指标

对于耐波性衡准,世界各国的研究机构和专家学者提出了不同的建议。下面列举一些比较有代表性的评级指标。

1. 中国船舶科学研究中心耐波性衡准

表 3.14 列出了中国船舶科学研究中心提出的耐波性衡准。

表 3.14　中国船舶科学研究中心提出的耐波性衡准

耐波性因素	衡准值
单幅有义纵摇 $\psi_{a1/3}$ /(°)	4.8
单幅有义横摇 $\theta_{a1/3}$ /(°)	16.0
晕船率(2 h 内)/%	30.0
有义垂向加速度	$0.4g$
100 次振荡中出现的砰击次数/次	3.0
每分钟甲板上浪次数/次	0.5
每分钟螺旋桨出水次数(25% 桨叶)/次	0.5

2. 北欧合作研究计划耐波性衡准

北欧合作研究计划(NORDFORSK)综合考察了船舶耐波性之后,提出了预报船舶作业特性的基本耐波性衡准(表 3.15),以及从船员工作效率及适居性考虑的耐波性衡准(表 3.16)。

表 3.15　NORDFORSK 提出的预报船舶作业特性的基本耐波性衡准

衡准要素		商船	军船	高速小艇
垂向加速度均方根值	艏柱处	$0.050g(L \geqslant 330$ m$)$ $0.275g(L \leqslant 100$ m$)$	$0.275g$	$0.650g$
	桥楼处	$0.150g$	$0.200g$	$0.275g$
横向加速度均方根值	桥楼处	$0.120g$	$0.100g$	$0.100g$
横摇均方根值/(°)		6.000	4.000	4.000
砰击临界概率		$0.010(L \geqslant 330$ m$)$ $0.030(L \leqslant 100$ m$)$	0.030	0.030
甲板淹湿临界概率		0.050	0.050	0.050

表 3.16　NORDFORSK 提出的从船员工作效率及适居性考虑的耐波性衡准

衡准要素	衡准值1	衡准值2	衡准值3	衡准值4	衡准值5	衡准值6
垂向加速度	$0.275g$	$0.20g$	$0.15g$	$0.10g$	$0.05g$	$0.02g$
横向加速度	—	$0.10g$	$0.07g$	$0.05g$	$0.04g$	$0.03g$
横摇角/(°)		6.00	4.00	3.00	2.50	2.00
适宜的范围	简单轻工作	轻手工工作	重手工工作	脑力工作	客运	邮轮

3. ISO 下属的卫生和安全委员会(HSC)提出的高性能船舶耐波性衡准

ISO 下属的 HSC 提出的高性能船舶耐波性衡准见表 3.17。

表 3.17　ISO 下属的 HSC 提出的高性能船舶耐波性衡准

标准类别		垂向加速度	横向加速度	横摇/(°)	纵摇/(°)
正常运营 安全标准	HSC 法规	—	$0.20g$(max)	—	—
	ISO/Stanag[1]	$0.20g$(rms[2])	$0.20g$(max)	4.0(rms)	1.5(rms)
预定最坏条件	HSC 法规	—	$0.35g$(max)		
安全标准	ISO/Stanag	$0.25g$(rms)		4.0(rms)	2.0(rms)
舒适性标准	ISO/其他	$0.10g$(rms)	$0.10g$(max)	3.0(rms)	1.5(rms)
结构设计标准	船级社规范	$0.33g$(rms)	—		

注:①Stanag:STANAG 4154,北大西洋公约组织标准化协议;
　②rms 为均方根值。

4. 章新智等提出的邮轮耐波性衡准

章新智等通过对一艘豪华邮轮的计算分析,结合经验和规范,提出豪华邮轮的耐波性衡准(安装减摇装置后),具体见表 3.18[24]。

表 3.18 章新智等提出的邮轮耐波性衡准

衡准要素	衡准值(rms)
艏垂线处垂向加速度	≤0.025g
桥楼处加速度	0.025g
横向加速度	≤0.015g
横摇/(°)	≤3.000
横摇周期/s	15～25
纵摇/(°)	≤1.500
纵摇与升沉周期/s	12～20

3.9.3 大型邮轮耐波性衡准建议

现代邮轮都配置舭龙骨和大型主动式减摇鳍来控制船舶姿态、减小横摇幅度,有的邮轮还会配置被动式减摇水舱。从乘客舒适度的角度来说,邮轮船型的标准要求应该比其他客船更高,因而在运动幅值耐波性衡准的选取上也应该更为严格。根据北欧合作研究计划从船员工作效率及适居性考虑的耐波性衡准,邮轮横摇均方根值不超过 2°。根据章新智等的研究,邮轮横摇均方根值不宜超过 3°,纵摇均方根值不超过 1.5°。

综合分析邮轮船型特点及任务功能需求,结合前人的研究成果分析,本书推荐的大型邮轮的耐波性衡准(使用减摇鳍)见表 3.19。这里的耐波性衡准没有考虑不规则波作用下邮轮的参数横摇、波浪增阻等因素。

表 3.19 大型邮轮的耐波性衡准(使用减摇鳍)

衡准要素	计算值
横摇(rms)/(°)	≤3.00
纵摇(rms)/(°)	≤1.50
垂向加速度幅值(rms)	≤0.02g
横向加速度幅值(rms)	≤0.02g

表 3.19(续)

衡准要素	计算值
甲板上浪概率	≤0.01
艏底砰击概率(艏柱后 0.15L 处)	≤0.01(L≥330 m) ≤0.03(L≤100 m)
螺旋桨出水概率(1/3 桨叶出水)	≤0.05

3.9.4 减摇鳍

如图 3.38 所示,现代邮轮都至少配有 1 对收放式减摇鳍来控制恶劣海况下的横摇角幅值,以增加乘客的乘坐舒适性。减摇鳍的工作原理:控制装置根据信号指令,驱动鳍翼转动相应的角度 α,鳍翼在水流的作用下产生"升力",两个鳍翼的转角大小基本相等、方向相反,形成一个与波浪力矩方向相反的稳定力矩 M_{st},从而减小船舶的横摇角。

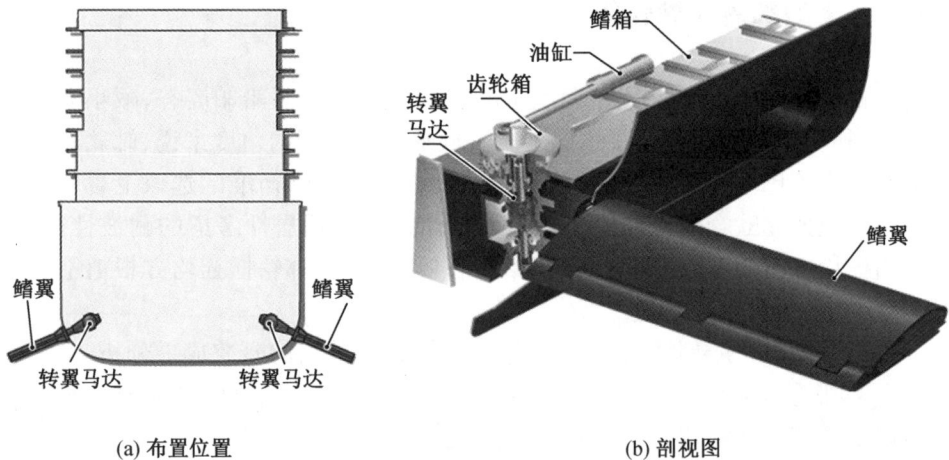

(a) 布置位置　　　　　　　　(b) 剖视图

图 3.38　邮轮典型的减摇鳍

减摇鳍的稳定力矩 M_{st} 按下式计算:

$$M_{st} = C_y \rho S V^2 R \tag{3.6}$$

式中　C_y——鳍翼升力系数(与鳍翼转角 α 有关);

　　　ρ——海水密度,1.025 t/m³;

　　　S——鳍翼面积,m²;

V——船舶航速,m/s;

R——横摇力臂,m。

这里的横摇力臂等于左右舷鳍翼受力中心点之间的水平距离。由式(3.6)可知,减摇鳍的减摇效果正比于鳍翼升力系数、鳍翼面积、航速的平方及横摇力臂。一旦减摇鳍安装后,横摇力臂、鳍翼面积就是固定值,如果航速不变,只能通过调整鳍翼转角来改变其升力系数,进而调整转动力矩以实现不同的减摇效果。

减摇鳍的减摇效果通常有以下两种约定方式。

(1)按波倾角约定,如某船在设计吃水 8 m、航速 18 kn、波倾角 3°时,减摇效果不低于 90%。

(2)按海况约定,如某船在设计吃水 8 m、航速 18 kn、4 级海况(有义波高 2.5 m)时,剩余横摇角 < 3°。根据调研,国外设计的邮轮更多采用前一种约定方式。

设计阶段,应根据邮轮拟运营区域的海况条件、耐波性性能及横摇角控制要求计算确定减摇鳍的鳍翼面积。减摇鳍应尽量靠最大船宽位置布置,这有利于增大横摇力臂。作为附体,减摇鳍会增加邮轮航行时的阻力,需要对减摇鳍布置位置、鳍箱开口形式、开口边缘型线、盖板等进行综合优化以降低阻力。大型减摇鳍在不同航速、不同转角时的流体噪声也值得关注。

表 3.20 中列出了 3 艘现役大型邮轮的减摇鳍面积和开口模式以供参考。

表 3.20　3 艘大型邮轮的减摇鳍参数

邮轮	总吨位	鳍翼数量	单鳍翼面积/m²	收放模式
"大西洋"号	85 619	1	18.3	后收式
"赛琳娜"号	114 147	1	21.6	后收式
"威尼斯"号	135 225	1	21.6	前收式

3.10　操　纵　性

船舶操纵性是指船舶在控制装置的作用下按照驾驶者的意图保持或者改变其运动状态的能力,即船舶保持或改变其航速、航向和姿态的能力。船舶操纵性与航行的安全性、快速性和经济性密切相关。

3.10.1 IMO 的操纵性要求

IMO 于 2002 年颁布了 MSC.137(76)《船舶操纵性标准》,规定了船长 100 m 及以上带舵自航船舶、所有化学品船和气体运输船应当满足的操纵性性能指标,明确要求在设计阶段用缩尺船模试验或数学模型计算预报船舶的操纵性能。要求操纵性试验在开阔深水区域进行,水深不小于 5 倍吃水,风力不超过蒲氏 3 级,潮流平稳。

1. 回转能力

《船舶操纵性标准》规定船舶以向左或向右 35°舵角回转时,其回转圈的纵距应不大于 4.5 倍船长,战术直径应不大于 5 倍船长。

船舶的回转能力用回转操纵试验测量。如图 3.39 所示,回转试验是指船舶在直航状态下,向左或者右打舵 35°,或者该航速下的最大舵角,让船舶进入稳定回转状态,艏向角至少要回转 540°,艏摇角速度为 0。需要记录的数据是纵距、横距、战术直径、稳定回转半径、船首改变 90°时的速度损失和所耗费的时间、船首改变 180°时的速度损失和所耗费的时间、船首改变 720°时的速度损失和所耗费的时间。如有可能,整个航行轨迹都需要记录下来。

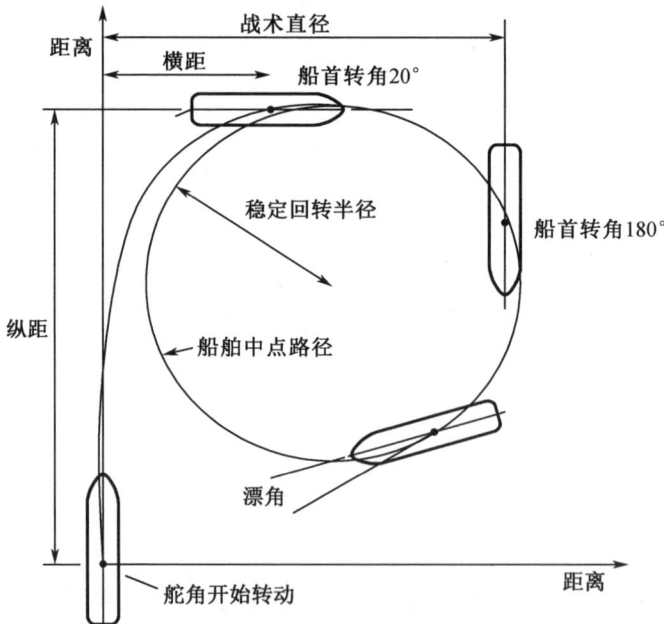

图 3.39 标准船舶回转试验

2. 初始回转能力

初始回转能力是指船舶对中等舵角的反应能力,是衡量直航船舶改变航向性能的指标。船舶的初始回转能力用 Z 形操纵试验测量。根据《船舶操纵性标准》,10°/10° Z 形试验中第一次从操舵 10°到船首转向 10°,船舶行驶过的路径不得超过 2.5 倍船长。

3. 转艏纠偏和航向稳定能力

转艏纠偏能力是指船舶进入旋回状态,角速度达到一定时,向反方向操舵,船首对舵角的响应能力。Z 形操舵试验包括 10°/10° Z 形试验和 20°/20° Z 形试验。《船舶操纵性标准》规定的性能指标如下。

(1) 10°/10° Z 形试验测得的第一超越角应不超过以下情况时的度数。

①10°,当 $L/V < 10$ s;

②20°,当 $L/V \geqslant 30$ s;

③$5 + 0.5(L/V)$,当 10 s $\leqslant L/V < 30$ s。

这里的 L 指船舶的垂线间长。

(2) 10°/10° Z 形试验测得的第二超越角应不超过以下情况时的度数。

①25°,当 $L/V < 10$ s;

②40°,当 $L/V \geqslant 30$ s;

③$17.5 + 0.75(L/V)$,当 10 s $\leqslant L/V < 30$ s。

(3) 20°/20° Z 形试验测得的第一超越角应不超过 25°。

如图 3.40 所示,以 10°/10° Z 形试验为例,在船舶处于直航稳定状态下,舵角向右打 10°舵角,当艏向角变为向右偏 10°时,立刻将舵角改变为左舵 10°,此时船舶依旧朝右偏,但是偏航角速度逐渐减小,当向右偏航角速度为 0 时,艏向角第一次达到向右偏航的最大角度,此时超过 10°的部分被称为第一次超越角;然后艏向角开始向左偏,当艏向角改变向左偏 10°时,立刻将舵角改变为右偏10°,此时船舶依旧朝左偏,但是偏航角速度逐渐减小,当向左偏航角速度为 0 时,艏向角第一次达到向左偏航的最大角度,此时超过 10°的部分被称为第二次超越角。20°/20° Z 形试验和 10°/10° Z 形试验的操纵方式相同。

需要记录的数据是初始转向时间,即从第一次改变舵角到船首角度回到初始角度的时间;超越角,即当舵角已经转向另外一边,船首超过该角度的最大角度;纠偏期,即当舵角已经转向时到最大超越角的时间间隔;复向期,即当舵角第一次从 0°开始改变到艏向角第一次回到 0°时间;Z 形操纵周期,即当舵角第一次从 0°开始改变到第三次改变舵角,艏向角回到 0°时间;转艏角速度,即当舵角第二次改变后,船首转动的角速度。

4. 停船能力

《船舶操纵性标准》规定全速倒车停船试验测得的航迹不应超过 15 倍船长。但如因排水量过大而使该衡准值不切合实际时,主管机关可修改该衡准值,但不

能超过 20 倍船长。

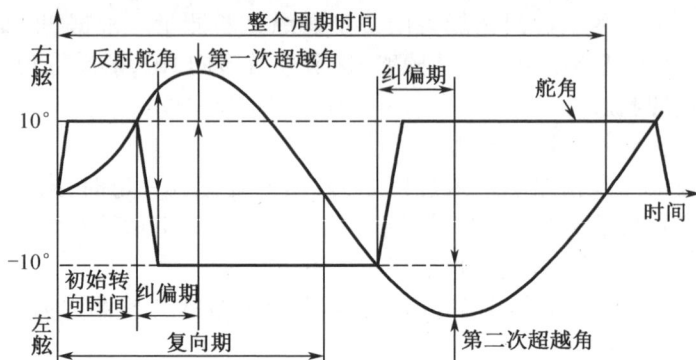

图 3.40　标准船舶 10°/10°Z 形试验

如图 3.41 所示,船舶停船能力通过全速倒车停船试验测量。停船试验,亦称惯性实验,是指船舶在全速前进的稳定状态下,从下达全速倒车开始,直到航速降到 0 为止,需要记录船舶在这段时间的停船轨迹和停船距离。停船轨迹是指从全速倒车命令下达开始,直到船舶航速降为 0 时,船舶行驶过的路程。停船距离指这段时间内,船舶中心位置的纵向截距。

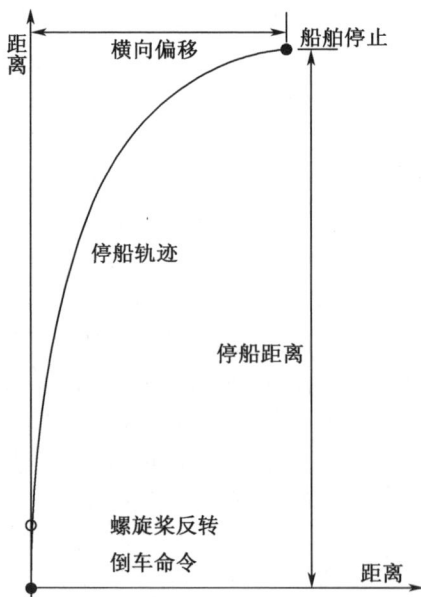

图 3.41　船舶停船能力通过全速倒东停船试验测量

除上述标准操纵试验外,国际拖曳水池会议(ITTC)、美国造船工程学会(SNAME)和其他海事研究机构还提出了螺旋和逆螺旋试验、回舵(脱开)试验、威廉逊(Williamson)溺水救生试验、低速 Z 形操纵、加速试验、减速试验、浅水操纵试验等操纵性试验方法,这里不再做深入介绍。

3.10.2　邮轮的操纵性

邮轮相对其他船舶来说其体型庞大,在停靠各类码头时对低速状态下的操纵性能要求较高,因此邮轮通常采用吊舱推进器＋艏侧推的方式,少部分邮轮仍采用轴系推进器＋艏侧推的推进方式,但基本都会配置艉侧推来提高操纵性。采用吊舱推进器可以兼顾螺旋桨的推进和舵的控制作用,既能保证良好的操控性,又能维持必要的航向稳定性。由于吊舱推进器可在 360°范围内进行全回转,实际上邮轮的操纵性能要优于常规推进船舶。

1. 邮轮的回转性能

吊舱推进船舶实际上不需要很大的偏转角度(对应最大的偏航力)就可以实现比常规船舶还要小的回转半径。或者说,要达到同样大小的回转半径,吊舱推进器用较小的偏转角度就可实现。因此,IMO 规定的 35°最大舵角对吊舱而言并不完全适用。

Woodward 等对采用吊舱推进的"Carnival Elation"号和常规推进的"Carnival Fantasy"号两艘邮轮进行海上回转试验对比,试验结果见表 3.21。试验结果对比显示,"Carnival Elation"号的回转性能满足《船舶操纵性标准》的要求,而且各项指标均要好于"Carnival Fantasy"号[25]。

表 3.21　"Carnival Elation"号和"Carnival Fantasy"号的海上回转试验对比结果

船名	"Carnival Elation"号		"Carnival Fantasy"号	
总吨位	71 909		70 367	
初始航速/kn	11.20	全速	10.20	全速
舵角/(°)	35	35	40	40
纵距与船长比	2.01	2.35	2.73	3.11
正横距与船长比	0.73	0.71	1.67	1.55
战术直径与船长比	1.94	1.89	3.14	3.05
稳定回转直径与船长比	1.81	1.77	3.28	3.15
速降比/%	60	>70	31	51

2. 邮轮的停船性能

邮轮采用吊舱推进器,停船性能也优于传统桨舵推进船舶,并且能够根据实际情况采用以下四种不同的停船方式。

(1)传统急停

传统急停采取的方式是倒转螺旋桨,这种方式用于紧急停船,但是容易损坏吊舱机构,一般不推荐使用。

(2)强操纵停船

强操纵停船的具体操作方式是将两个吊舱的推进功率降到 60% 以下,然后再将两个吊舱同时朝外或者朝内旋转 35°~45°,等待船舶的航行速度下降至 15 kn 左右,转动两个吊舱,使其推进方向和原来的方向相反。相比传统急停方式,吊舱在强操纵停船方式下能够承受更大的载荷,产生更大的推力,停船距离相比传统急停方式要短。

(3)回转停船

回转停船通常利用船舶阻力并结合停机方式,使船舶紧急回转。这种方式只能在航速不太高的情况下才能进行,否则容易引起倾覆。这种停船方式的好处是船舶停船的距离很小,而且转弯半径也小,但是需要较大的横向空间。

(4)横阻停船

横阻停船具体操作方式是将两个吊舱分别向内旋转 90°,两个吊舱的桨叶相对,等待船舶航速下降到 5 kn 左右时,吊舱转向到和原来航线方向的 180°。这种方式的好处是能够快速地让船舶航速下降,为旋转吊舱反向获得空间。

试验结果表明强操纵停船方式的停船距离最短,横阻停船方式的效率最低,而且容易增加机器磨损。ABB 制定的吊舱操纵规范上通常推荐强操纵停船和回转停船两种方式。

如图 3.42 所示,某 17 万总吨级大型邮轮分别采用传统急停方式和强操纵停船方式进行停船试验,试验水深超过 500 m,初始航速 22.2 kn,迎风,风速蒲氏 4 级。强操纵停船方式的操作步骤如下:先将两个吊舱同步向外旋转 35°,137 s 后航速降至 15 kn,此刻开始同步向内转动两个吊舱,198 s 后使其推进方向和原来的方向完全相反。由图 3.42 可知,强操纵停船方式的停船距离和横向偏移都小于传统急停方式,尤其是停船距离要减小 45%,优势明显。另外,强操纵停船方式的停船时间为 338 s,小于后者的 540 s,艏向角变为 47°,也小于后者的 52°。

3. 邮轮的航向稳定性

邮轮采用吊舱推进,高航速情况下的航向稳定性要比传统推进船舶差些。为了便于吊舱安装,邮轮船尾多采用平直型线,在高航速情况下航向控制能力较

弱。邮轮至少配置 2 台吊舱,通常采用较大的尾鳍来改善航向稳定性,满足《船舶操纵性标准》的要求不成问题。

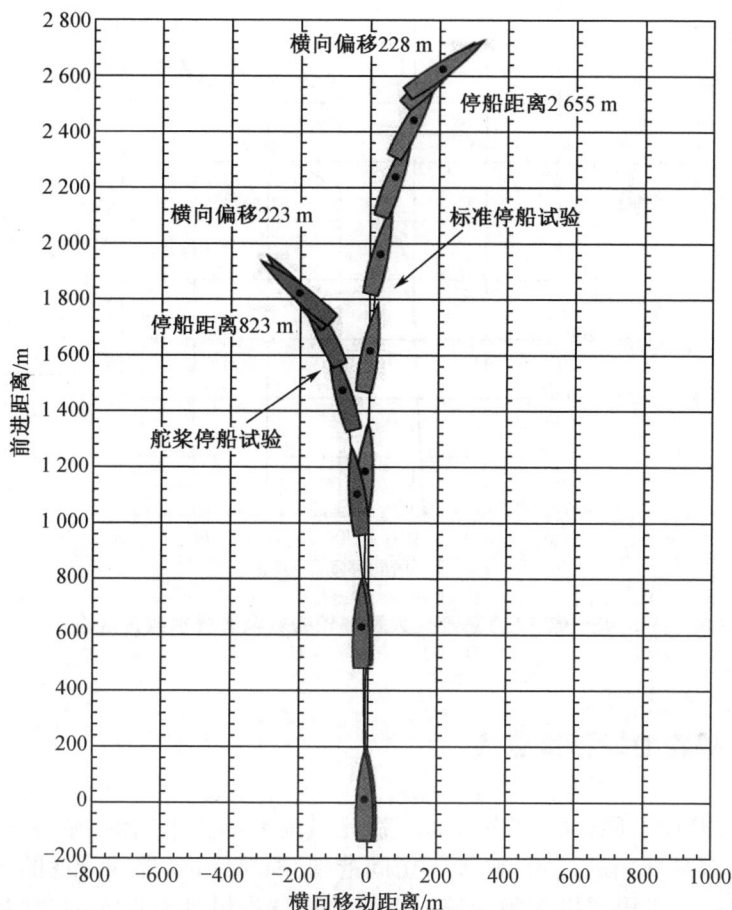

图 3.42　某 17 万总吨级大型邮轮的传统停船方式
和强操纵停船方式的试验比较

　　近年来邮轮的人员投水和意外落水事件逐渐增多,这要求其具有良好的操纵性,以便进行应急救援打捞。图 3.43 所示为某 17 万总吨级大型邮轮的威廉逊溺水救生试验。试验开始时先将吊舱向右舷打舵 35°,待航向角偏向右舷 45°后,再将吊舱向左舷打舵 35°,等到航向与初始航向完全相反时,将舵角归零。

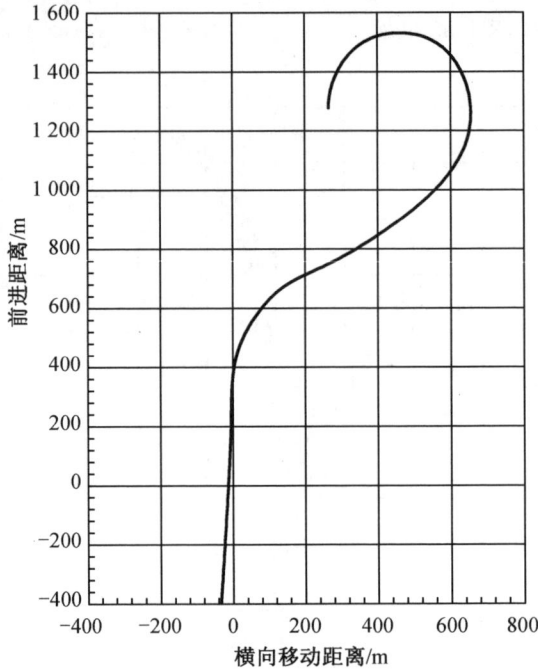

图 3.43　某 17 万总吨级大型邮轮的威廉逊溺水救生试验

3.10.3　邮轮的横移操纵性

　　与普通货船不同,邮轮的运营模式决定其需要频繁进出港、靠码头。每一个航程,邮轮都要执行驶离母港、停靠访问港、驶离访问港、停靠母港的操作,停靠的访问港越多,进出港操作越频繁。良好的横移操纵性有助于缩短邮轮的靠离泊作业时间,增加运营的灵活性。现代邮轮大都采用吊舱 + 艏侧推的推进器组合,也有少量采用舵 + 轴系桨 + 艉侧推 + 艏侧推的推进器组合,横移操纵性相对传统推进形式的船舶要灵活很多。

　　现代邮轮的艏侧推数基本不低于 3 个,功率应根据码头环境条件通过横移计算分析确定。环境条件也可由船东指定,如要求推进器的横向推力能够抵抗 25 kn 的横向风。初步设计阶段,艏侧推可近似取为吊舱总功率的 25% ~ 35%。

3.10.4　IMO 操纵性标准对邮轮的适用性

　　总体而言,邮轮采用吊舱 + 艏侧推的推进方式,操纵性较好。美国 Transas

研发中心在航海模拟器上针对 3 艘实尺度吊舱推进邮轮的操纵性进行了模拟仿真,特别考察了浅水效应的影响[26]。表 3.22 给出了 3 艘邮轮的主尺度参数,以及模拟而得的深水和浅水($h=1.5T$)条件下的操纵性结果。

表 3.22　3 艘邮轮在深水和浅水条件下的操纵性模拟结果

船名	"玛丽女王"2 号		"海洋灿烂"号		"海洋航行者"号	
排水量/t	76 499		44 809		64 220	
$Lpp \times B \times T$/m	344 ×41 ×10		263 ×32.2 ×8.2		297 ×38.6 ×8.6	
吊舱数量/个	4		2		3	
试验工况		深水	浅水	深水	浅水	深水	浅水
35°右舷回转	纵距与船长比	2.70	2.51	2.66	3.14	3.43	3.84
	横距与船长比	1.12	1.25	1.02	1.76	1.48	1.86
	战术直径与船长比	2.36	2.38	2.20	3.38	3.72	4.30
20°右舷回转	纵距与船长比	4.16	4.15	3.66	4.94	4.34	5.14
	横距与船长比	2.47	2.90	1.80	3.49	2.28	3.01
	战术直径与船长比	4.98	5.95	3.50	7.14	5.64	6.80
加速回转	纵距与船长比	0.50	0.46	0.54	0.50	0.95	0.93
	横距与船长比	0.24	0.17	0.25	0.21	0.43	0.40
	战术直径与船长比	0.98	0.74	1.01	0.84	2.00	1.88

表 3.22(续)

船名		"玛丽女王"2 号		"海洋灿烂"号		"海洋航行者"号	
10°/10° Z 形试验	第一超越角/(°)	1.33	0.68	3.00	0.97	5.74	2.13
	第二超越角/(°)	1.70	0.95	4.66	1.17	10.10	3.71
20°/20° Z 形试验	第一超越角/(°)	3.98	2.09	7.60	2.70	8.36	5.38
	第二超越角/(°)	5.33	2.63	10.90	3.22	7.06	4.89
	制动距离与船长比	2.04	1.91	1.90	2.30	1.71	2.17
脱开试验	是否稳定	是	是	是	是	否	是

由模拟结果可以看到,深水情况下 3 艘邮轮基本都能满足《船舶操纵性标准》的要求。"海洋航行者"号在回舵试验中不具固有稳定性,可能与模拟器的模型精度有关,还需进一步研究。总的来看,浅水情况下这些邮轮的操纵性模拟结果都有所增加,浅水效应增加了操纵控制难度。

《船舶操纵性标准》可以直接用于邮轮的操纵性评估和试验,但有以下两点需要注意。

(1)建议进一步明确回转试验中吊舱偏转角度的定义,以便获得与最大舵角效应对应的等效吊舱偏转角;

(2)从安全性考虑,吊舱旋转应尽可能柔和,避免出现急转吊舱的情况。当船舶处于较高航速时,吊舱从一侧35°转向另外一侧35°的时长尽量不低于 35 s。

3.11 风 舒 适 性

位于邮轮顶部的露天甲板或者作为露天娱乐活动场地,或者安装室外娱乐设施,并无明显的结构物用于遮蔽风或偏转风的干扰。当邮轮遭遇大风天气时,

游客在这些露天游步甲板区域的风舒适性体验将会大打折扣,进而对邮轮服务品质造成负面影响。如何提高邮轮的风舒适性是船舶设计的关键技术问题之一。

3.11.1 邮轮风舒适性定义

风场具有一定的阵风特性,大气环境中某处的风速 U 通常由该处的时均速度与脉动速度组成。在工程实践中,湍流强度 I 是一个用于度量气流脉动程度的物理量,通常用脉动速度均方根与时均速度之比来表示脉动的大小。湍流强度 I 的定义如下:

$$I = \frac{U'}{\overline{U}} \tag{3.7}$$

$$U' = \sqrt{\frac{U_x'^2 + U_y'^2 + U_z'^2}{3}} \tag{3.8}$$

式中　$\overline{U}$——时均速度,m/s;

　　U'——脉动速度的均方根,m/s;

　　$U_i'(i=x,y,z)$——在 x,y,z 方向上的脉动速度,m/s。

邮轮上层建筑的风舒适性指数(Comfort index)可理解为对风的遮蔽效果[27-29],其定义如下:

$$Comfort_{index} = \frac{U_1}{U} = \frac{\overline{U_1} + U_1'}{\overline{U} + U'} \tag{3.9}$$

式中　U——无上层建筑时,露天甲板所在空间位置处的参考风速,m/s;

　　U_1——有上层建筑影响时,露天甲板所在空间位置处的局部风速,m/s。

该速度由其时均速度 $\overline{U_1}$ 和脉动速度的均方根 U_1' 组成。

参考风速 U 和局部风速 U_1 的示意图如图 3.44 所示,图中 h 表示距露天甲板的高度。

将式(3.7)与式(3.9)联立,可将风舒适性公式表达为

$$Comfort_{index} = \frac{U_1}{U} = \frac{\overline{U_1}(1 + I_1)}{\overline{U}(1 + I)} \tag{3.10}$$

式中　I——无上层建筑时,露天甲板空间位置处湍流强度;

　　I_1——有上层建筑影响时,露天甲板空间位置处的湍流强度。

(a) 参考风速

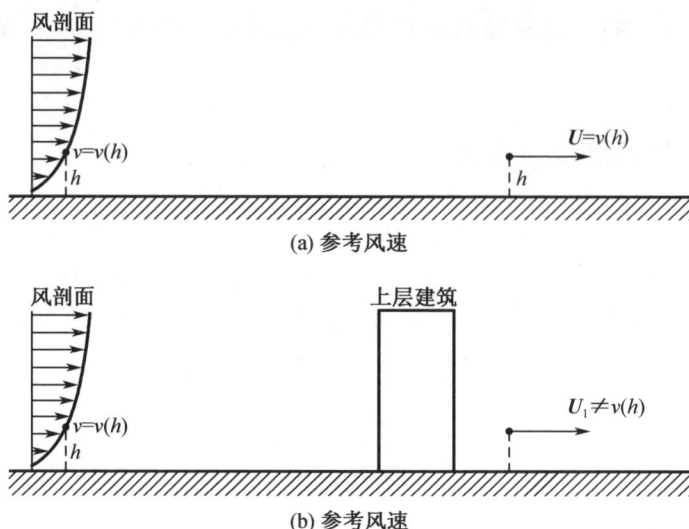

(b) 参考风速

图 3.44 参考风速 U 与局部风速 U_1 示意图

3.11.2 邮轮风舒适性要求

一般来说,游客的风舒适性体验通常由露天甲板区域娱乐的目的所决定。在露天甲板的不同区域,用于游客娱乐的项目也不尽相同,比较常见的有日光浴、餐饮、慢跑和观光等。对于日光浴与餐饮区域而言,对风遮蔽效果(风舒适性指数)的要求显然要比慢跑跑道及观光区域的要求更高。

表3.23 为邮轮常用的不同风舒适性指数评价。由表3.23 可知,对于邮轮上建而言,当露天区域的风舒适性指数低于0.15 或高于0.5 时,均被视为不理想的情况。

表 3.23 邮轮常用的不同风舒适性指数评价

风舒适性指数	评价
<0.15	缺乏空气流通
0.15~0.30	适合日光浴区、餐饮区和泳池周边区域
0.30~0.50	适合休闲区、观光区和运动区域
>0.50	会产生让人不舒适,甚至较危险的气流

162

3.11.3　风舒适性公式变换

邮轮上建的风舒适性指数可通过式(3.10)计算得出。在该式中,所涉及的物理量(包括时均速度和湍流强度)均需取自数值计算的结果。在邮轮风场 CFD 数值计算时,通过求解三维稳态 RANS 方程实现对邮轮周围流场的模拟,其中,Realizable $k - \varepsilon$ 湍流模型被用于封闭 RANS 方程。由于 CFD 软件内置函数库,湍流强度 I 并不能直接从数值计算结果中提取。因此,这里选择对式(3.10)进行变换处理。

流体的各个湍流参数之间存在着密不可分的联系。其中,湍动能 k 与湍流强度 I 有着最直接的关联。湍动能 k 是指单位质量湍流脉动速度 U'_i 所带来的动能,具体按下式计算:

$$k = \frac{U'^2_x + U'^2_y + U'^2_z}{2} = 1.5 U'^2 \tag{3.11}$$

将式(3.11)与式(3.7)联立,可得出湍流强度 I 与湍动能 k 的关系如下:

$$k = 1.5 (I \overline{U})^2 \tag{3.12}$$

在 Realizable $k - \varepsilon$ 湍流模型中,湍动能 k 与湍流强度 I 之间的关系被定义为式(3.12)的函数形式。将式(3.12)代入式(3.10)中,便可得出变换后的风舒适性公式:

$$Comfort_{\text{index}} = \frac{\overline{U_1} + \sqrt{1.5\,k_1}}{\overline{U} + \sqrt{1.5k}} \tag{3.13}$$

从式(3.13)中可看出,为求出邮轮上建的风舒适性指数,涉及的四个物理量分别有参考时均速度 $\overline{U}$、参考湍动能 k、局部时均速度 $\overline{U_1}$ 和局部湍动能 k_1。其中,$\overline{U_1}$ 和 k_1 需从数值计算的结果中提取,而 $\overline{U}$ 和 k 则与数值计算的初始条件有关。在数值计算时,入口速度与湍动能均为剖面形式,不同甲板高度处的速度和湍动能数据并不相同。

3.11.4　风舒适性算例

图 3.45 所示为某大型邮轮的三维模型,拟提取风舒适性指数的露天区域有甲板 11、甲板 12、甲板 14、甲板 15(花园)、泳池 1 和泳池 2。由于邮轮周围风场在三维空间中呈不均匀分布,并且风舒适性的体验对象是游客,因此,在对露天区域上方空间提取风舒适性指数时,所选取的高度应为游客高度[31]。在建筑领域评估风舒适性指数时,默认的行人高度通常为 1.75 m 或 1.8 m。考虑到邮轮

游客结构复杂,游客身高必定参差不齐,因此,在本书中共提取两个行人高度下的风舒适性数据,行人高度分别假定为 1.2 m(对应儿童)和 1.8 m(对应成人)。由于数值计算时,船模缩尺比例为 1:270,因此,两个行人高度也分别缩尺为 4.44 mm 和 6.67 mm。

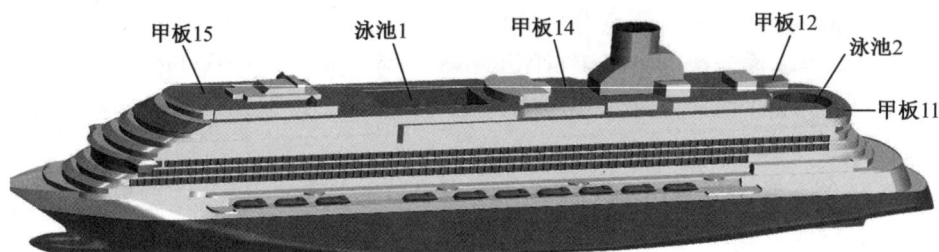

图 3.45   某大型邮轮的三维模型

表 3.24 为目标邮轮露天区域(甲板 11、甲板 12、甲板 14、甲板 15、泳池 1 及泳池 2 上方)行人高度处(分别为 4.44 mm 和 6.67 mm)的参考时均速度 $\overline{U}$ 和参考湍动能 k。

表 3.24   目标邮轮露天区域行人高度处的参考时均速度 $\overline{U}$ 与参考湍动能 k

位 置	行人高度 4.44 mm		行人高度 6.67 mm	
	$\overline{U}/(\text{m/s})$	$k/(\text{J/kg})$	$\overline{U}/(\text{m/s})$	$k/(\text{J/kg})$
甲板 15	14.29	4.41	14.33	4.44
甲板 14	14.16	4.33	14.21	4.36
甲板 12	14.03	4.25	14.08	4.28
甲板 11	13.88	4.16	13.94	4.21
泳池 1	13.86	4.15	13.92	4.19
泳池 2	13.73	4.07	13.79	4.11

图 3.46 所示为风向角的定义,船体右舷定义为迎风侧,左舷定义为背风侧。

图 3.47 列出了 0~180° 风向角、间隔 30° 角下目标邮轮露天区域(甲板 11、甲板 12、甲板 14、甲板 15、泳池 1 及泳池 2 上方)6.67 mm 行人高度处的风舒适性指数分布。由于目标邮轮上层建筑左右对称,左右舷对称风向角的风舒适性情况无须再列出。

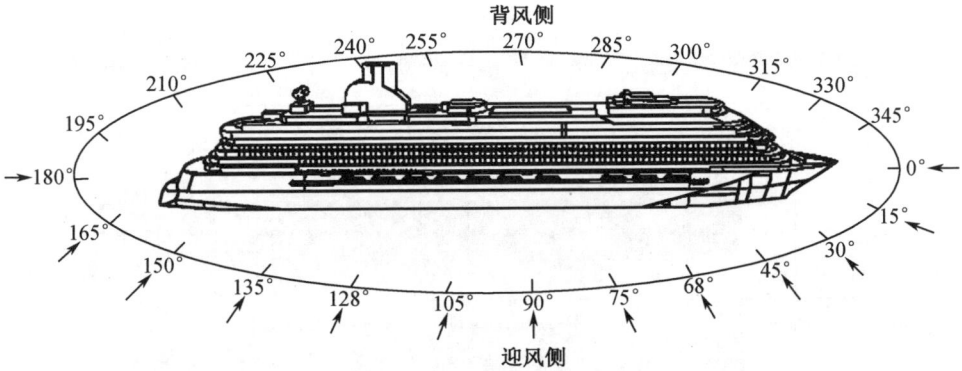

图 3.46　风向角的定义

CFD 计算结果表明,目标邮轮在两个行人高度下的风舒适性指数分布情况非常相似。当风向角为 0°时,甲板 15 大部分区域的风舒适性指数均处于 0.5 ~ 0.78,而其他露天区域的风舒适性指数均低于 0.5,泳池 1 和泳池 2 大部分区域的风舒适性指数甚至低于 0.15。这说明,在 0°风向角下,甲板 15、泳池 1 和泳池 2 的风舒适性情况并不理想。当风向角为 15° ~ 60°时,甲板 15 绝大部分区域的风舒适性指数仍高于 0.5,并且在各层露天甲板迎风侧边缘处的风舒适性指数也均高于 0.5,但泳池 1 和泳池 2 中的风舒适性指数却随着风向角的增加开始变得理想。当风向角为 75° ~ 105°时,所有露天区域的风舒适性指数都较为理想,仅在各层露天甲板迎风侧的边缘附近分布着较高的风舒适性指数,最高的风舒适性指数达 0.8。当风向角为 120° ~ 165°时,在甲板 11、甲板 12 和甲板 14 的后部及各层露天甲板迎风侧的边缘附近风舒适性指数均高于 0.5,此外,在泳池 1 中的风舒适性指数也随着风向角的增加不断变小。当风向角为 180°时,泳池 1 中大部分区域的风舒适性指数低于 0.15,但其他露天区域的风舒适性指数则较为理想,仅在甲板 11、甲板 12 和甲板 14 的后部的较小区域内分布着较高的风舒适性指数,最高的风舒适性指数达 0.72。

为了更直观地表现出目标邮轮每个露天区域的风舒适性情况,在表 3.25 中列出了两个行人高度下各个露天区域的风舒适性指数范围。

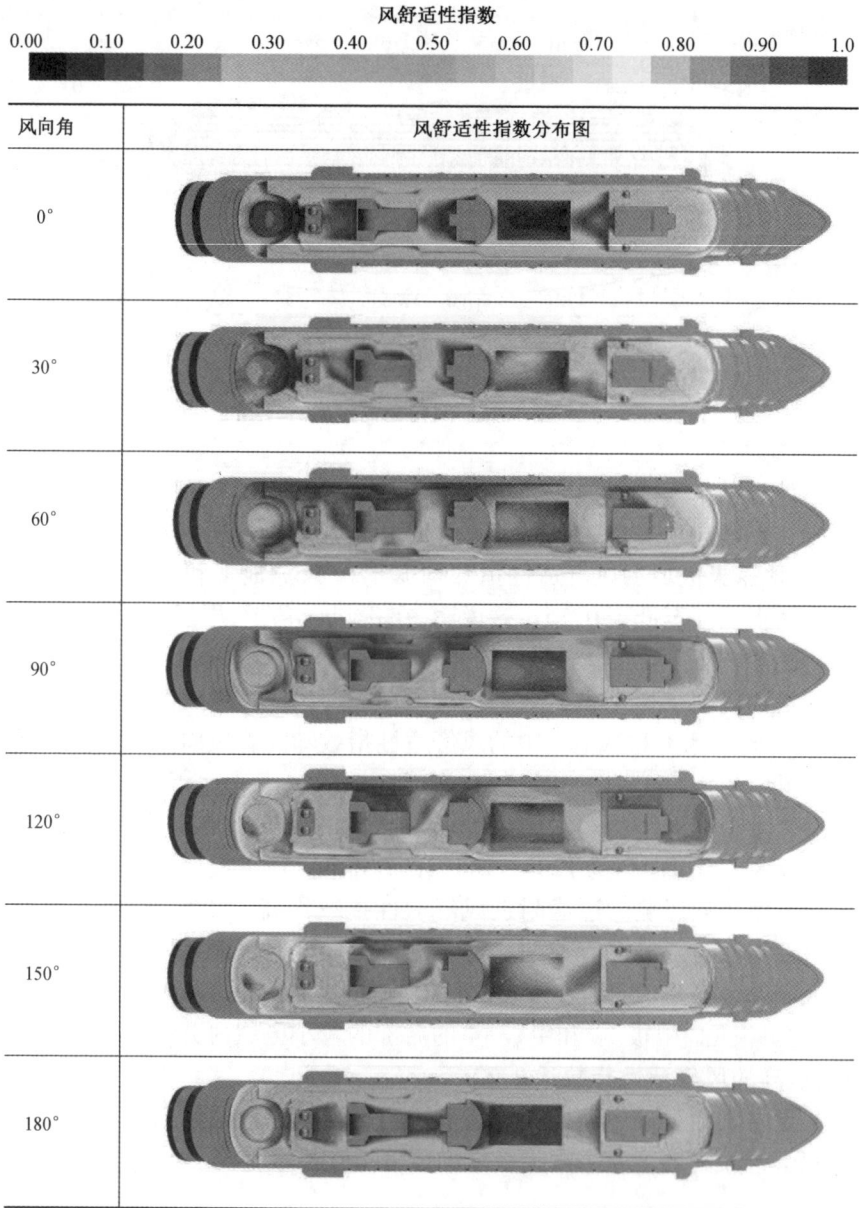

风舒适性指数

0.00   0.10   0.20   0.30   0.40   0.50   0.60   0.70   0.80   0.90   1.0

风向角	风舒适性指数分布图
0°	
30°	
60°	
90°	
120°	
150°	
180°	

图 3.47　0～180°风向角、间隔 30°角下目标邮轮露天区域

6.67 mm 行人高度处的风舒适性指数分布图

表 3.25　两个行人高度下各个露天区域的风舒适性指数范围

风向角	甲板 15	甲板 14	甲板 12	甲板 11	泳池 1	泳池 2
0°	0.07~0.78	0.06~0.48	0.05~0.50	0.09~0.30	0.00~0.16	0.08~0.19
30°	0.38~0.82	0.09~0.81	0.13~0.71	0.10~0.72	0.09~0.31	0.11~0.31
60°	0.12~0.83	0.09~0.83	0.17~0.74	0.09~0.73	0.09~0.30	0.22~0.36
90°	0.15~0.75	0.09~0.75	0.15~0.72	0.12~0.78	0.06~0.30	0.27~0.41
120°	0.14~0.74	0.12~0.76	0.13~0.80	0.32~0.82	0.02~0.30	0.18~0.44
150°	0.12~0.72	0.21~0.76	0.12~0.78	0.24~0.80	0.04~0.32	0.16~0.41
180°	0.29~0.67	0.09~0.68	0.19~0.72	0.16~0.72	0.00~0.17	0.17~0.37

　　基于 CFD 计算结果,对于风舒适性指数较低的区域,可以通过降低围栏、挡风板等的高度,或通过加装排气扇、空调等通风设备,改善这些区域的空气流通效果。对于风舒适性指数较高的区域,可通过增加围栏或挡风板,或通过增加现有围栏或挡风板的高度,以提高这些区域的风遮蔽效果。

3.11.5　烟囱排烟扩散性

　　邮轮的烟囱设计应考虑其排烟对顶部露天游步甲板的影响。常规船舶可以通过增加烟囱和排烟管道的高度来降低排烟对顶部甲板的影响,但邮轮的外观造型整体协调、美观尤为重要,烟囱和烟道不宜过高。当然,烟囱过高也不利于对邮轮的质量及重心高度、建造成本等的控制。邮轮的烟囱高度低、体积大、外形光滑,这些特征更易导致烟雾下沉,即烟囱附近的涡旋运动造成的烟羽在背风面向下混合的现象[31]。烟雾下沉降低了烟雾的源高,如果烟囱设计不当,导致烟气排放不畅,将造成甲板局部区域的烟雾浓度升高,甚至造成甲板落尘。高温烟气聚集还将造成环境温度升高,这些都将影响游客的乘船体验。

　　烟囱排烟的扩散性与排烟的初速密切相关,随着排烟的动量增大,烟雾上升的高度也随之增加,烟雾下边界与甲板之间的距离增大。总之,排烟初速越高,越利于烟囱排烟扩散,越不易发生烟雾下沉。通常当排烟速度与风速之比达到1.5 以上时,烟雾下洗现象不会发生或非常轻微。

　　烟囱排烟的扩散性还与风向角,即风向相对于船舶航向的角度相关。当船舶迎风航行时,风向与烟囱排烟方向一致,烟雾对称扩散,相对不易发生烟雾下沉。而当风向与排烟方向存在一定范围的夹角时,风会扰乱原来的气流组织,导致烟雾下沉现象发生。至于烟雾下沉的程度也与排烟速度与风速之比密切相关。

进行邮轮的烟囱设计时,可通过 CFD 数值模拟或风洞模型试验,分析不同风速、风向角下烟囱周围高温烟尘粒子的运动散布轨迹、浓度及温度场分布,优化烟囱设计。目前关于邮轮烟囱排烟烟迹的数值模拟的文献不多,值得业界关注。

为满足日趋严格的主机废气排放相关环保法规的要求,现在不少邮轮采用湿式废气清洁装置进行废气的脱硫脱硝,这增加了废气排放管路的背压,降低了排烟的动量和速度,更不利于烟囱排烟的扩散。

3.12　电站系统选型

现代邮轮绝大部分采用柴电推进系统,大型邮轮基本配有 4～6 台四冲程中速燃油发电机组,按照安全返港要求分布在 2 个独立机舱内,2 个机舱的机组功率一致或接近。邮轮型线消瘦,尾部型线收缩较快,不利于机舱布置。大中型邮轮基本采用前后机舱布置,机舱大都位于从船尾向前的第 2 和第 3 主竖区内。前后机舱的柴油机均面向,且靠近 2 个机舱公用的那道舱壁,这有利于简化集中式机舱棚的管路布置。

3.12.1　邮轮的主流机型

表 3.26 列举了部分 10 万总吨以上大型邮轮的主机功率、品牌及机型参数。大型邮轮的主机选型有以下几个特点。

(1)主机品牌以瓦锡兰为主,其次是 MAN,也有少量的卡特 MaK 机型;

(2)主机机型相对固定,早期的瓦锡兰主机机型以 46C(单缸功率 1 050 kW)为主,现在都统一为 46F(单缸功率 1 200 kW),MAN 主机则只有 48/60CR(单缸功率 1 200 kW)一种机型;

(3)主机以 2 种机型的组合为主,其次是只采用 1 种机型,采用 3 种机型组合的情况极少。

表 3.26　部分 10 万总吨以上大型邮轮的主机功率、品牌及机型参数

邮轮	总吨位	建造年代	装机功率/kW	主机品牌	主机机型
MSC Bellissima	171 598	2019	62.4	Wartsila	$2 \times 12V46F + 2 \times 14V46F$
Spectrum of the Seas	168 866	2019	67.2	Wartsila	$4 \times 12V46F + 1 \times 16V46F$

表 3.26（续）

邮轮	总吨位	建造年代	装机功率/kW	主机品牌	主机机型
Norwegian Encore	167 800	2019	76.8	MAN	$3 \times 12V48/60CR + 2 \times 14V48/60CR$
Sky Princess	141 000	2019	62.4	Wartsila	$2 \times 12V46F + 2 \times 14V46F$
Costa Venezia	135 225	2019	62.4	MAN	$2 \times 14V48/60CR + 3 \times 8L48/60CR$
Symphony of the Seas	228 081	2018	96.0	Wartsila	$4 \times 12V46F + 2 \times 16V46F$
MSC Seaview	153 516	2018	62.4	Wartsila	$2 \times 12V46F + 2 \times 14V46F$
Celebrity Edge	129 500	2018	57.6	Wartsila	$1 \times 12V32F + 2 \times 12V46F + 2 \times 8L46F$
World Dream	150 695	2017	76.8	MAN	$3 \times 12V48/60CR + 2 \times 14V48/60CR$
Costa Diadema	132 500	2014	67.2	Wartsila	$4 \times 12V46C + 2 \times 8L46C$
Quantum of the Seas	168 666	2014	67.2	Wartsila	$2 \times 12V46F + 2 \times 16V46F$
Norwegian Getaway	145 655	2013	62.4	MAN	$2 \times 12V48/60CR + 2 \times 14V48/60CR$
MSC Divina	139 072	2012	71.4	Wartsila	$3 \times 12V46C + 2 \times 16V46C$
Carnival Breeze	130 000	2012	75.6	Wartsila	$6 \times 12V46C$
Costa Fascinosa	114 500	2012	75.6	Wartsila	$6 \times 12V46C$
Celebrity Silhouette	122 210	2011	67.2	Wartsila	$4 \times 16V46C$
Azura	115 055	2010	67.2	Wartsila	$4 \times 12V46C + 2 \times 8L46C$
Norwegian Epic	155 873	2010	79.8	Caterpillar	$3 \times 12VM43C + 3 \times 16VM43C$
Oasis of the Seas	226 838	2009	97.0	Wartsila	$3 \times 12V46D + 3 \times 16V46D$
Ruby Princess	113 561	2008	67.2	Wartsila	$4 \times 12V46C + 2 \times 8L46C$
Freedom of the Seas	154 407	2008	75.6	Wartsila	$6 \times 12V46C$
Crown Princess	113 561	2006	67.2	Sulzer	$4 \times 12ZAV40S, 1 \times 16ZA40S$
Carnival Liberty	110 239	2005	75.6	Wartsila	$6 \times 12V46C$
Navigator of the Seas	139 570	2002	75.6	Wartsila	$6 \times 12V46C$

3.12.2　电站功率确定

电站功率应根据具体用电需求而定,邮轮典型的电力负荷计算应包括全速航行工况、全速航行极值工况、高速巡航工况、低速巡航工况、操纵工况、港口靠

泊工况、安全返港工况、EEDI 工况等。显然,全速航行极值工况用电负荷最大,是确定邮轮电站总功率的决定工况。电站总功率确定后,需根据各个工况的用电负荷合理配置发电机组的功率组合,使各个工况的电站负载率尽量保持在合理的水平。大型邮轮极值工况下的电站负载率一般为 85% ~ 90%,考虑到船用高压配电技术已比较成熟,这个负载率提高至 90% 以上也可接受。

现代邮轮基本不设停泊发电机组,如不考虑岸电,靠港时常使用 1 台发电机组供电。邮轮的靠港工况在整个作业周期的占比要高于一般的货船,因此靠港工况时的用电负荷最好接近,但不超过主发电机组的额定负载。

除非船东有特殊需求,现代邮轮一般不考虑发电机组冗余配置。

方案设计阶段没有较为详细的用电负荷估算前,也可根据实船经验进行电站功率估算。如图 3.48 所示,针对近 70 艘 10 万 ~ 17 万总吨大型邮轮的统计显示,推进功率与电站功率之比大部集中于 0.56 ~ 0.63。

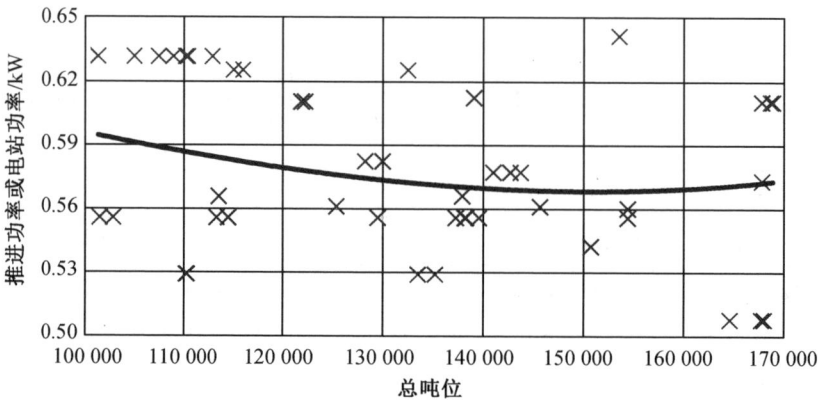

图 3.48　近 70 艘 10 万 ~ 17 万总吨大型邮轮的推进功率与电站功率之比分布

│ 3.13　推进系统选型 │

现代邮轮至少配置两个推进器,所属系统相互独立、互为备份,通常两个推进器舱及控制系统舱之间采用 A - 60 防火和水密分隔。这样即便有一套推进系统因进水、火灾或其他故障而停止运转,另一套推进系统仍能提供推进动力,确保邮轮能安全航行至最近的港口。

邮轮的推进系统主要有吊舱推进和轴系推进两种,其中吊舱推进占据主流地位。

3.13.1　吊舱推进器

1.吊舱推进器类型

目前市场上的吊舱推进器有拖式吊舱、推式吊舱、双桨叶吊舱、襟翼吊舱、导管式吊舱、大面积支柱吊舱、摆线螺旋桨吊舱等几种。其中,拖式吊舱和双桨叶吊舱在邮轮上较为常见。

拖式吊舱推进器(图 3.49(a))是一种桨叶在吊舱前方的推进器,又叫拉式吊舱。拖式吊舱推进器的螺旋桨能够获得较为干净的来流,并将其加速,使其绕过吊舱主体(推进模块)。如果吊舱主体设置为一个可以控制的面,则来流速度越快,产生的转向力越大。与拖式吊舱推进器相反,推式吊舱推进器(图 3.49(b))的桨叶在吊舱后方,被加速的来流不会作用于吊舱主体上。如图3.49 所示,推式吊舱推进器的吊舱主体不具有舵的作用。

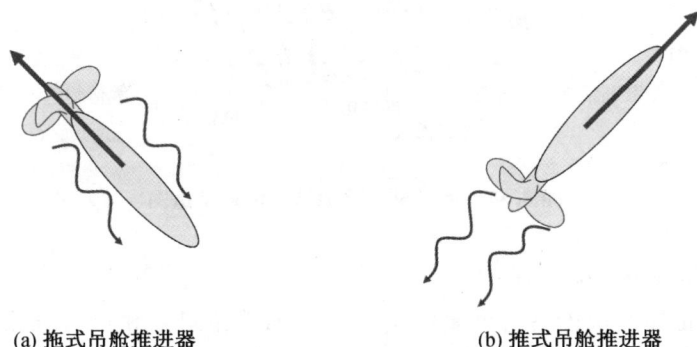

(a) 拖式吊舱推进器　　　　　　　(b) 推式吊舱推进器

图 3.49　拖式吊舱推进器与推式吊舱推进器

双桨叶吊舱推进器是一种在吊舱前后方均有螺旋桨的推进器,桨叶尺寸相对要小些。

2.吊舱推进器的优缺点

相较轴系推进器,吊舱推进器具有以下几个优点[32-34]。

(1)节省船内空间,有利于船体内的布置

如图 3.50 所示,吊舱推进器将推进电机置于一个船外的水密舱室中。推进电机直接驱动螺旋桨旋转,省去了常规推进的轴系,减小了对船体内部空间的占用,更有利于提高船体内舱室和设备布置的灵活性。

(2)操纵性更好

吊舱推进器 360°旋转工作,兼顾起到螺旋桨推进和舵的控制作用,省去了传

统推进器的舵和侧推装置。双吊舱推进器配合能够大大提高邮轮在不同水文条件和紧急情况下完成转向、掉头、横移、停航、后退等操纵的能力,相对轴系推进器能降低约20%的反应时间。吊舱推进器的低速操纵性能较好,能加快邮轮的靠泊速度,增加运营的灵活性。

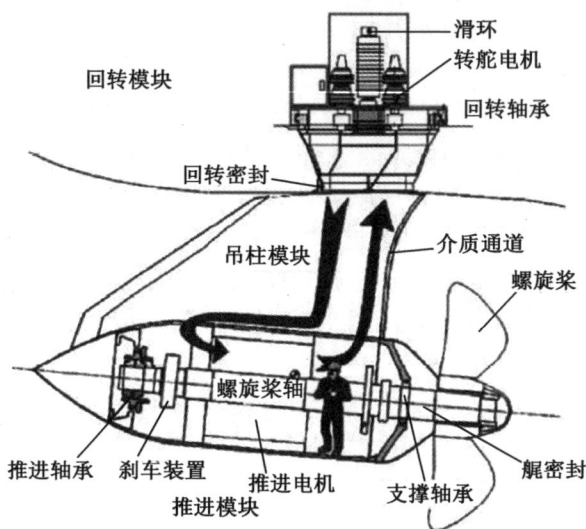

图3.50   吊舱推进器的结构组成示意图

(3)振动噪声性能更好

吊舱推进器的推进电机布置在水下,且与常规推进器相比其进流更均匀,更有利于减小空泡效应,降低振动噪声,提高邮轮的舒适性。

(4)模块化程度高,便于安装与维护

如图3.51所示,吊舱推进器可分为回转、吊柱和推进三个模块。三个模块均可独立加工、组装,然后在船厂完成吊舱推进器的总装。为加快船舶建造进度,可先将回转模块预装于船舱中,当船舶下水后再进行其他部分的水下安装。

吊舱推进器的推进效率要低于常规推进器,但常规推进器的舵、轴系和轴支架也会产生附加阻力。吊舱推进器没有轴系,船体尾部型线的优化空间更大。综合来看两种推进形式的推进效率几乎相当。

相较轴系推进器,吊舱推进器的缺点是初始投资成本高,故障率相对较高,维修保养相对麻烦。另外,单台吊舱推进器的功率一般不超过25 MW,如果推进功率要求特别高,就只能通过增加推进器的数量予以解决。例如,皇家加勒比邮轮公司的"绿洲"级和"航行者"级系列邮轮都安装了3台吊舱推进器,而"玛丽女王"2号、"Celebrity Reflection"号等因为航速要求较高,甚至安装了4台吊舱推进器。

驱动端轴承

非驱动端
混合型轴承

励磁机

同步电机

内置密封装置

(a) 推进电机组件

电力转舵
控制单元

本地备份单元

Azipod
接口单元

滑环单元

空气管（出）

空气管（进）

转舵变频器

空气冷却单元

轴系支持模块

推进模块

转舵模块

(b) 推进电气及控制组件

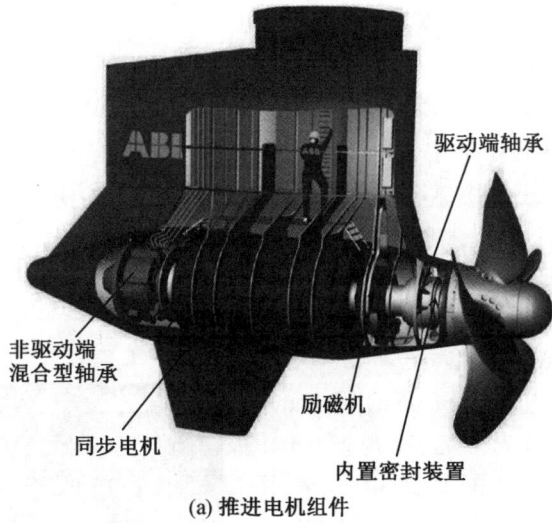

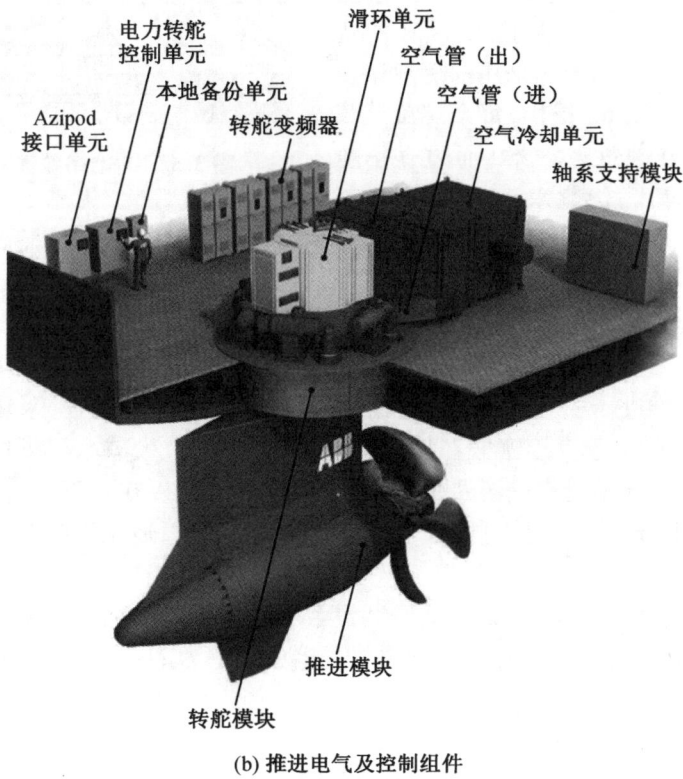

图 3.51　Azipod XO 型推进器及系统构成

3.13.2 典型吊舱推进器品牌简介

目前市场上主流的吊舱推进器品牌有 Azipod、SSP、Mermaid、Dolphin 四家。

1. Azipod 吊舱推进器

Azipod 吊舱推进器由 ABB 研制,目前是在邮轮上应用比例最高的吊舱推进器品牌,基本占据 7 成以上的市场份额。大型邮轮上应用最广泛的是 XO 2100 和 XO 2300 两型敞水拉式桨,其中 XO 2100 功率为 13~18 MW,XO 2300 功率为 16~23 MW。

2. SSP 吊舱推进器

SSP 吊舱推进器(Siemens Schottel Propulsor)由德国 Siemens 公司与 Schottel 公司联合研制。SSP 的推进电机采用 Siemens 提供的 Permasyn 永磁同步电动机,具有结构紧凑、直径小、质量轻的优点。如图 3.52 所示,SSP 采用前后双桨设计,螺旋桨由 Schottel 提供,每个螺旋桨仅承担 50% 的推进负载。SSP 通过在吊舱支架上加装翼片,优化水动力性能。SSP

图 3.52　SSP 吊舱推进器

功率为 5~30 MW,特别适合邮轮这类推进输出功率变化频繁、功耗高及动态需求高的船型[35]。

3. Mermaid 吊舱推进器

Mermaid 吊舱推进器由瑞典 Kamewa 公司和法国 Alstom 公司联合研制。Mermaid 吊舱推进器相对于 Azipod 在推进电机设计上做了改进,采用先进的工艺将推进电机的定子直接镶嵌在推进模块的内壁上,大大减小了推进电机的外形尺寸。Mermaid 吊舱推进器的螺旋桨、轴封等部件可以在水下拆换,更便于安装和维修。Mermaid 吊舱推进器的功率为 0.5~25 MW,适用于邮轮等高速双桨推进船。

如图 3.53 所示,"玛丽女王"2 号装设了 4 台 Mermaid 拉式吊舱推进器,其中 2 台固定,另 2 台可 360°全回转。每台推进器的功率为 21.5 MW,桨径 6.0 m,质量为 260 t。

4. Dolphin 吊舱推进器

Dolphin 吊舱推进器由 Wartsila 公司和德国 Sin Atlas 公司联合研制。Dolphin 推进器的吊舱采用空气冷却定子和转子,电机内部定子和转子的运动方向相反,一个螺旋桨安装在转子轴上,另一个螺旋桨安装在定子上,实现两个螺旋桨对

转。Dolphin 推进器的空泡性能好,噪声低,功率范围为 3 ~ 19 MW。

图 3.53 "玛丽女王"2 号邮轮的 Mermaid 吊舱推进器

3.13.3 轴系推进器

采用轴系电力推进器,虽然布置不如吊舱推进器那样灵活,但也可避免机械推进的冗长轴系和振动噪声等问题。轴系推进器建造成本低,更重要的是相对吊舱推进器来说可靠性更高。精致邮轮和冠达邮轮都曾发生过吊舱桨轴承故障,为给进坞替换轴承腾出时间,很多航程被迫取消,给运营造成极大被动。因此,尽管吊舱推进器占据主流地位,但轴系电力推进器仍受到一些邮轮公司的青睐。为弥补轴系推进器操纵性差的不足,除在邮轮首部设置轴遂式侧向推进器(艏侧推)外,也在尾部设置侧向推进器(艉侧推)。

在吊舱推进器大规模商用之前,很多邮轮采用轴系电力推进方式。歌诗达邮轮公司旗下的"新浪漫"号、"赛琳娜"号、"幸运"号、"皇冠"号等都采用轴系电力推进方式,基本配置都是 2 台定距桨 +2 台舵 +3 台艏侧推 +3 台艉侧推。

地中海邮轮公司对轴系电力推进方式一直比较青睐,新推出的"Seaside"级邮轮(首制船"MSC Seaside"号于 2017 年交付)仍采用了轴系电力推进。该级邮轮总吨 15.35 万,装机功率 62.4 MW,尾部设 2 台 20 MW 轴系桨,设 4 台艏侧推,3 台艉侧推,功率均为 3 100 kW。

3.13.4 推进功率初定

图 3.54 显示了 10 万 ~17 万总吨大型邮轮推进功率的分布情况。总体上,推进功率与总吨位之间关联的离散度很大。这不难理解,即使两艘邮轮的主尺

度一致,但航速的差异也会造成推进功率的更大差异。

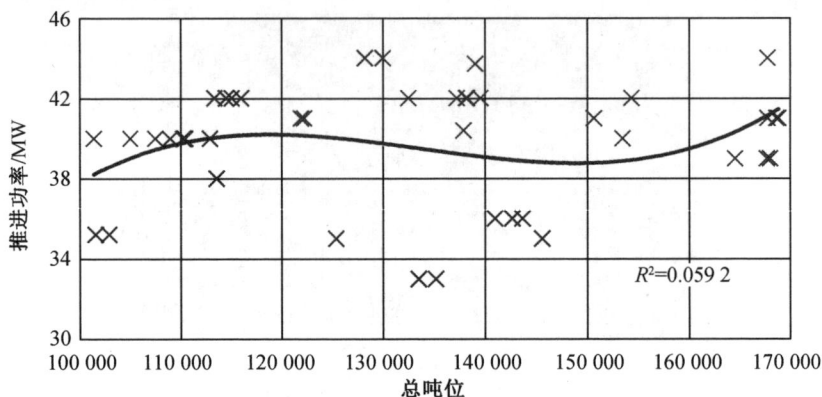

图 3.54　10 万～17 万总吨大型邮轮推进功率的分布情况

　　如果有母型船,可参考母型船的推进功率确定新设计邮轮的推进功率。如果没有母型船,在方案设计阶段,可按图 3.55 初步确定各个航速和排水量所对应的推进功率。其余航速对应的推进功率,可通过线性插值确定。

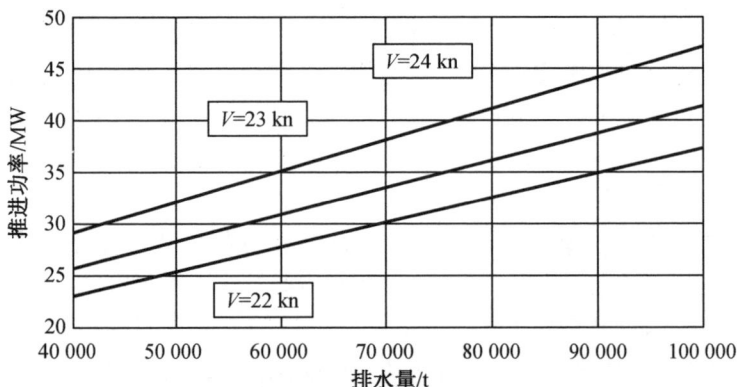

图 3.55　对应不同航速和排水量的邮轮推进功率推荐值

　　客船安全返港要求一个推进器失效后,剩余推进器的推进功率应能使邮轮在一定的海况和风力条件下维持一定的航速,这是推进器最小功率的限制条件之一。

3.14　节 能 环 保

作为船舶,邮轮必须遵守各项国际法规规则、海事主管当局等的环保排放要求。

图 3.56 所示为 AIDA 邮轮的节能减排措施,包括废气清洁系统、废热回收、节能高效推进器、LNG 电力推进、岸电、高级污水处理系统,以及水动力性能优化,包括空气润滑减阻系统、水下低摩擦阻力涂层、直艉等。

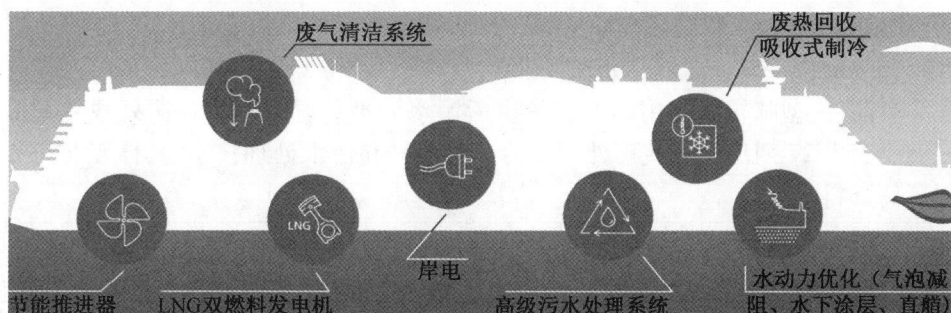

图 3.56　AIDA 邮轮的节能减排措施

(图片来源:www.aida.de/aidacares)

3.14.1　生活污水处理

所有邮轮都配有高级污水处理系统(AWTS),以满足日益严格的生活污水排放标准。邮轮生活污水处理需满足 IMO MEPC、MARPOL 及航行国的法规,如USCG 对阿拉斯加海域的特殊要求。对拟在 MARPOL 附则Ⅳ特殊区域内营运并排放生活污水入海的新客船,如污水处理装置在 2019 年 6 月 1 日及之后安装上船,则需满足 MEPC. 227(64)决议的相关要求[①]。对于现有客船,MEPC. 227(64)的生效时间推迟 2 年[36]。阿拉斯加海域则明确要求客船灰水也要处理后才能排放。

---

① 见 IMO. 2012 Guidelines on Implementation of Effluent Standards and Performance Tests for Sewage Treatment Plants. MEPC. 227(64),London,UK,2012 年 10 月。

1. 邮轮生活污水处理方法

邮轮灰水的成分复杂，往往还包括含氮或含磷的化学物质、食物残渣颗粒等。一般情况下，灰水被视为污水的一部分，或储存在灰水收集舱内，或通过污水处理系统处理后排放。邮轮的污水处理系统需要处理一部分的灰水，有着较高的流量处理需求[21]。

船舶生活污水处理工艺主要有物理方法、化学方法和生化法三种。物理方法采用机械分离生活污水中固体悬浮物、胶体及分散性颗粒，主要包括储存法、絮凝－沉淀法、膜分离法等。化学方法是借助化学反应消除、降解和氧化污染物，主要包括臭氧氧化消毒法、电化学法等。生化法主要通过对微生物诱导及驯化，提供有利于微生物生长繁殖的环境，达到提高微生物代谢处理生活污水的目的，主要有接触式生物氧化法、活性污泥法、序批次活性污泥法、MBR 膜式反应法、MBBR 移动床生物膜式反应法等。目前满足 MEPC.227(64)决议的工艺方法以生化－物化－膜分离耦合处理技术为主。

目前，大型邮轮所使用的大容量生活污水处理装置基本依赖国外成熟配套厂商。表 3.27 列出了这些国外厂商的产品型号和污水处理技术，具体工艺可查阅厂商资料。

表 3.27　国外大容量生活污水处理装置厂商的产品型号和污水处理技术

国别	公司名	产品型号	处理技术
芬兰	EVAC	MBR 和 MBBR	膜生物反应
挪威	SCANSHIP	SCANSHIP AWP	生物法－溶解气浮－微滤深度处理
芬兰	Wärtsilä	MBR 和 MBBR	外置膜生物反应
丹麦	ACO Marine	CLARIMAR MF	微滤膜生物法－混凝除磷
德国	RWO	CLEANSEWAGE BIO	移动床生物膜反应器－沉淀－消毒
瑞典	MARINEFLOC	ASTS&STS	絮凝沉淀法－加氯消毒

2. 邮轮生活污水处理流程

图 3.57 所示为 AIDA 邮轮的生活污水处理系统，该系统名为高级污水净化系统(AWWPS)，采用生化膜式净化法，满足 HELCOM 标准，要求处理后的污水水质接近饮用水标准后才允许排放。

图 3.57 所示的生活污水处理流程主要包括以下几项。

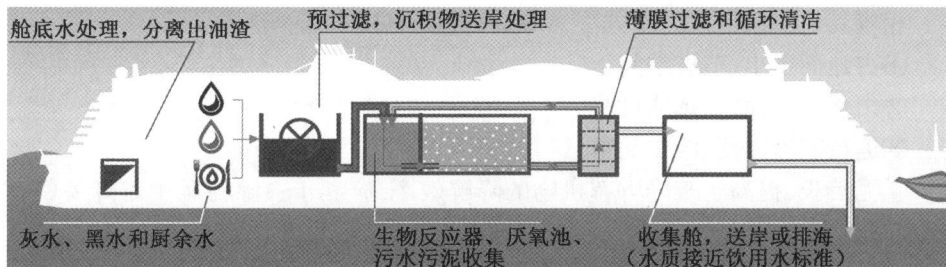

图 3.57　AIDA 邮轮的生活污水处理系统

（图片来源：www. aida. de╱aidacares）

（1）预过滤

污水预过滤包括黑水预过滤和灰水预过滤。黑水预过滤将初步分离黑水中的大颗粒固体及其他大直径杂质，避免堵塞管路。相较于黑水，灰水的成分更复杂，为避免微生物无法降解的成分进入系统，需要根据其来源分别预过滤。洗衣灰水应通过纤维滤器，厨房灰水应通过撇油器，而食物残渣水应先通过残渣水分离器分离掉食物残渣颗粒。过滤得到的 PM 杂质、衣物纤维、油渣、食物残渣等沉积物将打包送岸处理。

（2）污水、灰水混合

将预过滤后的黑水和灰水按适当比例混合，使混合后的污水的有机物浓度满足后续微生物生化反应的处理要求。大型邮轮的污水处理量大，污灰水混合舱的舱容最好能满足 6 h 的平均污水产量总和，应优先采用结构舱，否则会占用很大的船体空间。混合舱需设置混合装置，以保证混合均匀。污灰水混合舱也常称为调节池。

（3）污水生化反应处理

在生化反应降解舱里对混合后的污水进行生化反应降解处理。MBR 是指将超微滤膜分离技术与污水处理中的生物反应器相结合而成的一种新的污水处理装置，综合了膜处理技术和生物处理技术带来的优点。MBR 工艺首先通过活性污泥来去除污水中可生物降解的有机污染物，然后采用膜将净化后的水和活性污泥进行固液分离。MBR 工艺的生化反应降解舱由厌氧池、缺氧池、好氧池、MBR 膜池、清水池构成。如果处理后的污水水质达标则排放至处理后污水收集舱中，或回用；如果处理后的污水水质不达标，肯定要循环重新处理。大型邮轮的生化反应降解舱应采用结构舱室，以节省占用的船体空间。

（4）处理后的污水

邮轮设有大舱容的污水收集舱接受处理后的污水，污水还需接受臭氧等方

式的消毒,水质达标后方可直接排海,或送岸处理。

相较其他生活污水处理方法,MBR 工艺具有以下几个优点。

①占地面积小、节省空间;

②出水水质稳定、透明度高;

③运行管理方便、维护简单;

④泥龄长,提高了难降解有机物的降解效率,有利于去除污水中难降解的有机物质;

⑤动力消耗低,一般不需要污泥回流;

⑥抗冲击性强,当进水水量短时间内有较大变化时,可以考虑短时间加大膜的通过流量以缓解冲击。而当进水水质变化时,由于污泥浓度较高,在一定范围内也可以达到缓解冲击的目的。

3.14.2 废热回收

大型船用柴油发动机约 48% 的燃烧热量转化为电力,其余约 52% 通过废热损失掉,其中约 25% 的热量通过主机废气排出,约 15% 的热量通过缸套水冷却排出,约 11% 的热量通过低温冷却水排出,还有约 1% 的热量通过热辐射排出。

1. 主机废气的废热回收方式

主机排气余热是船舶废热回收的主要热源,通过废热回收系统回收其热能,转换为电能或加热热能,是船舶动力装置节能减排的重要途径之一。如图 3.58 所示,利用主机的高温废排气发电有三种模式[①]。

(1)直接驱动涡轮增压机发电,或直接通过动力透平发电机系统发电,即 PTG 模式;

(2)利用高温废气加热废气锅炉或废气经济器,产生蒸汽驱动蒸汽透平发电,即 STG 模式;

(3)动力透平 – 蒸汽透平联合发电,即 PTG 和 STG 模式的混合。

采用以上三种模式,主机废气热量都可以转化为电能和加热用蒸汽/热水热能,能很好地回收主机废气携带的热量,使燃油的燃烧热能得到充分利用。总体上,PTG 模式对主机功率即废气热量的要求要高于 STG 模式。

---

① 参见 IMO. 2013 Guidance on treatment of innovative energy efficiency technologies for calculation and verification of the attained EEDI. MEPC. 1/Circ. 815,London,UK,2013 年 6 月。

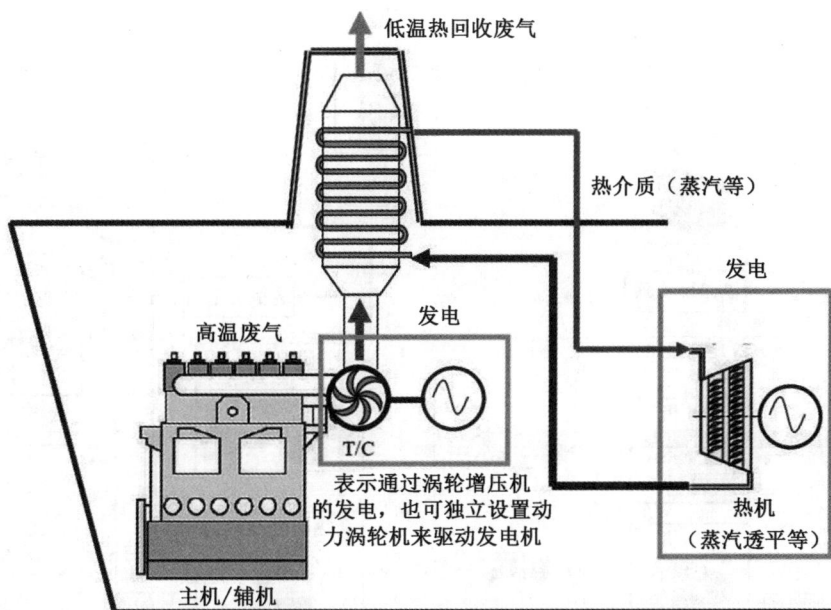

图 3.58　主机废气余热回收发电

2. 大型邮轮的废热回收方式

大型邮轮的总装机功率基本都不低于 50 MW,10 万总吨以上大型邮轮的总装机功率更不低于 60 MW。从节能减排角度来看,大型邮轮的主机废热回收有一定潜力。主机废热是邮轮废热回收的主要热源,其中又以主机废气热量和缸套水冷却热量为主。

如图 3.59 所示,邮轮以柴油机为原动机驱动发电机发电,产生的电力并入全船电力系统,主要用于为推进提供动力,同时满足邮轮日常使用需求。主机排气管上装有废气锅炉,吸收排气余热产生蒸汽,与燃油锅炉产生的蒸汽合并后供给厨房、洗衣机、空调等全船日常使用。过量蒸汽还可提供给蒸汽透平发电机,产生电力并入全船电力系统。冷却主机缸套将产生大量的高温淡水,可为蒸发式造水机提供热源,也可用于余热回收换热器,加热空调水、燃油、技术水或日用淡水等。邮轮的低温淡水分为主机低温淡水冷却系统和辅机低温淡水冷却系统。主机低温淡水冷却系统为闭式系统,除用于和高温淡水冷却系统换热,也可用于冷却柴油机空冷器、滑油冷却器、发电机空冷器、吊舱推进变频器和变压器等。辅机低温淡水冷却系统用于冷却冷库冷凝器、空压机、大气冷凝器、减摇鳍液压单元等。

图 3.59 邮轮典型的能量流示意图

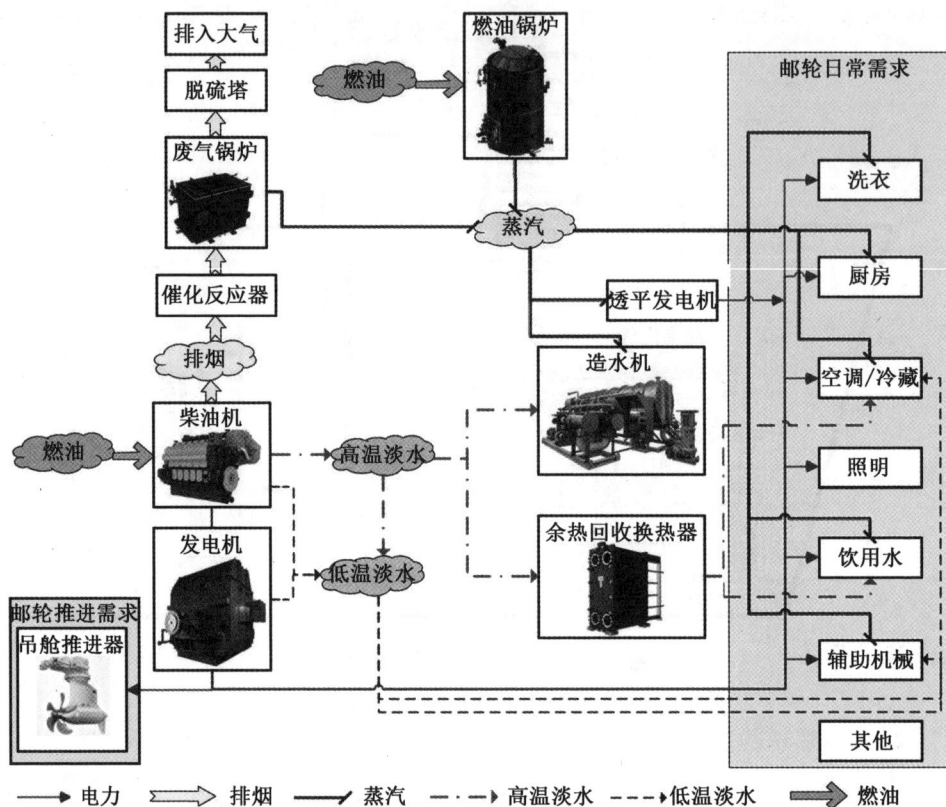

3.14.3 垃圾处理

据统计,邮轮上每人每天会产生 2.6 ~ 3.5 kg 的垃圾。邮轮仅占全球商船数量的 1%,但所产生的垃圾却相当于全球所有商船产生的垃圾总量的 1/4。对邮轮垃圾的安全、有效管理既能避免海洋环境的污染,也直接关系到船上人员和港口市民的健康安全[37]。

1.邮轮垃圾处理的法规要求

邮轮的垃圾管理需符合 MARPOL 附则 V 的要求。MARPOL 附则 V 条款 1 对生活垃圾、塑料垃圾、操作性废弃物等做了定义,明确了船上收集的垃圾应该如何分类。MEPC. 277(70)决议要求将新版垃圾记录簿分为 PART Ⅰ 和 PART Ⅱ 两部分。PART Ⅰ 中垃圾分为 9 类,包括塑料、食品废弃物、生活废弃物、食用油、

焚烧炉灰渣、操作废弃物、动物尸体、渔具,新增了电子垃圾类别;PART Ⅱ不适用于邮轮。对于邮轮而言,船上生活和娱乐区域内的电子设备与元件的数量远不是一般货船所能比拟的,种类从一般家用电器到电脑、手机等数码设备应有尽有,新的分类更有助于邮轮对电子垃圾的管理。

MEPC.295(71)决议通过的《2017 MARPOL 附则 Ⅴ实施导则》也适用于邮轮,为垃圾管理主管机关、船东、船员、港口和装卸码头提供了邮轮垃圾管理指导意见,包括垃圾收集、加工处理、储存、排放等建议性要求[38]。

2. 邮轮的垃圾处理系统

如图3.60所示,邮轮的固体垃圾处理系统主要包括高效粉碎机、垃圾输送管道(带关闭阀)、干垃圾储存柜、焚烧炉、烟气与灰渣处理装置、湿垃圾烘干机、食物垃圾输送机、压缩机等。

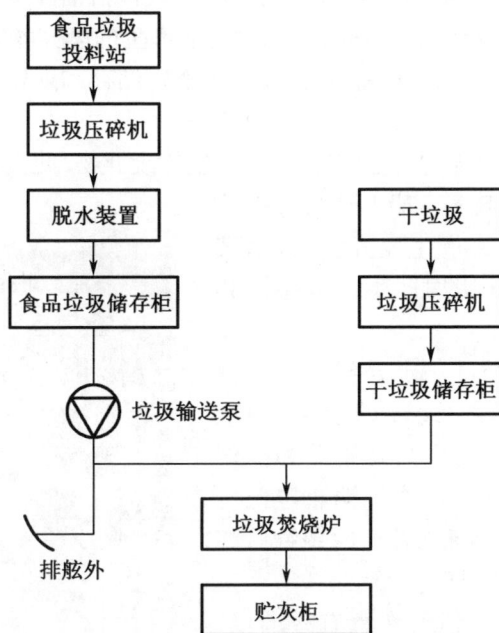

图3.60　邮轮的固体垃圾处理流程

图3.61所示为某邮轮上的垃圾压缩机和垃圾粉碎机。

3. 邮轮的垃圾处理方式

与普通货船和客船相比,邮轮产生的垃圾更体现出生活化的特点,一般包括以下几项。

(a) 垃圾压缩机　　　　　　　　　(b) 垃圾粉碎机

图 3.61　某邮轮上的垃圾压缩机和粉碎机

（1）由船舶维修和保养而产生的废弃物，一般包括油漆废料、破布、各种材质的包装废弃物、索具废弃物、修理机械和设备而产生的废弃物等。

（2）由物资供给而产生的废弃物，以船供物资储存和运输过程中产生的捆系与包装废料为主，如胶合板、纸板、金属、钢条等。

（3）由乘客和船员日常生活和工作而产生的废弃物，此类废弃物的数量远高于普通货船，且种类繁多。船上饮食、娱乐、住宿、医疗等环节均会产生废弃物，包括玻璃、金属、塑料、纸张、厨房产生的食用油和食品废弃物等。

邮轮垃圾应在经过一定处理后予以分类储存，处理情况需在"垃圾记录簿"内准确记载。邮轮上大量的生活类用品和操作性垃圾，如液晶屏等电器、液氧钢瓶等低危险废弃物，都可以经维修或补充内装物后继续使用，应尽量予以回收。一般 75% ~85%的垃圾会经焚烧处理，但要注意有些港口，如吴淞口邮轮港，不允许使用焚烧炉。

图 3.62 所示为 AIDA 邮轮的垃圾分类和处置方案，除部分食物垃圾粉碎后排海外，AIDA 邮轮的垃圾以送岸处理为主。

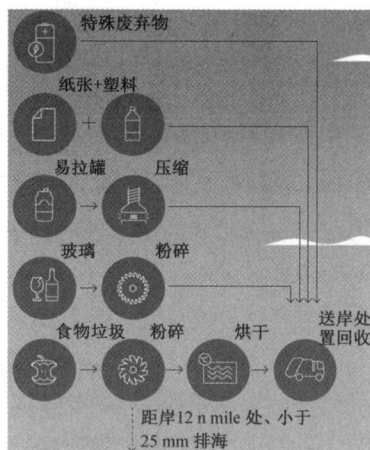

**图 3.62　AIDA 邮轮的垃圾
分类和处置方案**

（图片来源：www.aida.de/aidacares）

3.14.4　空气润滑减阻系统

空气润滑减阻系统(Air Lubricating System,ALS)简称气泡减阻,其原理是通过向船底引入空气,在船舶与水面之间形成气、水混合两相流,利用船舶在空气和水中的摩擦阻力差来减阻,以提高航行速度、减少能源消耗。[39-40]空气润滑减阻系统具体可以分为微气泡减阻、气腔减阻(气幕减阻)和气膜减阻等几种。目前微气泡减阻最为成熟,商业应用的都是微气泡减阻。已有"海洋量子"号、"AIDAnova"号等多艘邮轮应用了空气润滑减阻系统,而且随着 EEDI 第 3 阶段等更严苛的环保法规的实施,越来越多的新建邮轮将使用空气润滑减阻系统。

1. 英国 Silverstream 公司的空气润滑系统

该品牌目前占据的市场份额最高,包括邮轮领域。如图 3.63 所示,这种空气润滑系统由空气释放单元(Air Release Units)、压缩机(Compressors)、系统管路(Piping)、电力电缆(Power cable)、通信电缆(Communication cable)及自动化系统(Automation system)等组成,其原理:首先使用压缩机压缩空气,并把空气通过管道泵送进船底各个空气释放单元,空气将以微气泡(直径 1~3 mm)形态释放到边界层,当邮轮向前移动时附着在船底表面上的空气层则向后滑动,形成的"空气毯"会覆盖船体的整个底部,进而减少摩擦阻力,提高航速。

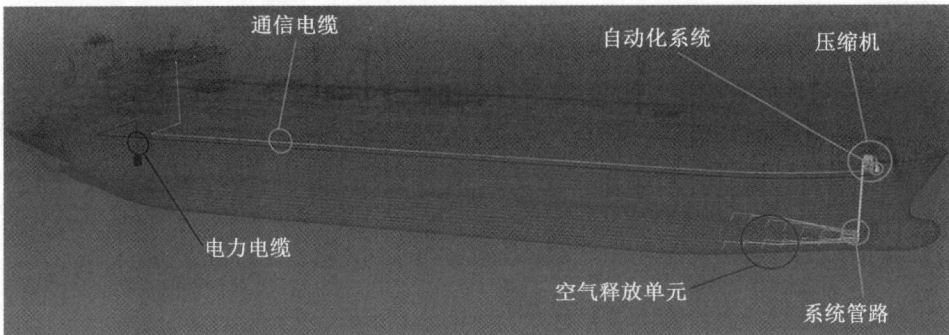

图 3.63　Silverstream 空气润滑系统的构成

2. 日本三菱的空气润滑系统

"AIDAprima"号和"AIDAperla"号两艘大型邮轮均由日本三菱重工企业建造,两艘邮轮上均安装了三菱重工企业自主开发的空气润滑减阻系统 MALS(Mitsubishi Air Lubrication System)。MALS 的工作原理是微气泡减阻。

此外,还有韩国三星重工企业开发的"SAVERAir"等其他品牌的空气润滑系

统,这些系统已在超大型集装箱等船型上得到商业应用。空气润滑系统的工作原理是相通的,这些系统也能够应用于邮轮减阻。表 3.28 列出了典型的邮轮空气润滑减阻效果预估值。

表 3.28　典型的邮轮空气润滑减阻效果预估值

航速/kn	吃水/m	船底平板面积占湿表面积的比例	预期的减阻效果净值
18～20	8～9	20%～30%	4%～7%

3.15　大型邮轮餐厨系统设计研究

在传统货船设计中,餐厨系统设计所占份额相对较少。无论货船尺度如何,船员数量终归有限,往往 1 间厨房、1 个食品库、2 间餐厅就能满足所有的用餐需求。而大型邮轮上的餐厨系统需应对数千名乘客和船员多种多样的饮食需求,大小各类餐厅分布于上层建筑的各个位置,配套各类厨房、配餐间、食品预处理间、冷库等不同的功能性舱室,空间十分复杂,且需要遵守相关食品安全法规。餐厨系统的设计直接影响着邮轮运营中的供餐效率、乘客用餐体验及食品安全,其设计难度远非常规货船可比。

大型邮轮的餐厨系统标准高、系统复杂,一方面,要快速、高效地处理数千人的用餐需求,且保证良好的服务体验;另一方面,整个体系高效运转的同时应确保食品安全。邮轮餐厨系统的各个功能区遍布全船,与乘客公共区域相互交错,如何协调各个区域相互衔接配合,形成流畅无干扰的工作流线,是邮轮餐厨系统布置设计的重点与难点。邮轮上的食品卫生安全关系到上千人的健康,邮轮餐厨系统的布置直接关系到食品的运输、加工与船上流转,与饮食安全息息相关,也应建立基本的布置原则加以规范[41]。

大型邮轮餐厨系统设计应关注两个方面:一方面是餐厨系统布置模式,从系统上解决大型邮轮餐厨系统的空间布置和作业流程问题,更偏宏观层面;另一方面是厨房的具体设计,要解决厨房设计的基本要求、遵守的规则规范等问题,更偏个体层面。

3.15.1　邮轮餐厨系统布置模式

国内对于邮轮餐厨系统研究尚处于初步阶段。以"Carnival Vista"号大型邮

轮为例,分析其餐厨系统的空间布置,并结合酒店建筑设计经验,兼顾功能布局、运营效率、食品安全等,对邮轮的餐厨系统空间布局进行研究,进而总结出邮轮餐厨系统的空间布置方法。"Carnival Vista"号大型邮轮的乘客甲板布置见图3.7。

1. "Carnival Vista"号大型邮轮的餐厨系统概况

邮轮的餐厨系统不属于乘客公共区域,难以通过登船实地考察获取技术资料。"Carnival Vista"号大型邮轮的餐饮系统大致分为餐厅、酒吧、厨房/配餐间、食材加工间、食品库5大类区域。通过收集邮轮公司的网站信息,结合主竖区防火门和各个区域的位置关系等信息,可以推断出"Carnival Vista"号大型邮轮各个餐饮系统的布局情况,见表3.29至表3.31。

表 3.29 "Carnival Vista"号大型邮轮的餐厅布置概况

序号	名称	甲板	主竖区	描述
1	地平线餐厅	3/4	1	主餐厅
2	映像餐厅	3	4	第二主餐厅
3	主厨餐厅	3	3	厨房内的特色餐厅
4	华氏555牛排餐厅	5	4	美式牛排特色餐厅
5	寿司餐厅	5	4	日式寿司特色餐厅
6	船长意餐厅和海鲜排档	10	1	露天简餐
7	丽都花园餐厅	10	2/3	自助餐
8	墨西哥餐吧	10	4	露天墨西哥简餐
9	盖斯汉堡	10	4	露天美式汉堡
10	吉吉亚洲餐厅	11	2	室内特色中餐厅
11	库齐纳意式餐厅	11	2	室内特色意餐厅

表 3.30 "Carnival Vista"号大型邮轮的酒吧布置概况

序号	名称	甲板	主竖区	描述
1	O₂休闲吧	4	3	提供简餐与饮品
2	运动酒吧	4	3	提供简餐与饮品
3	哈瓦那酒吧	5	1	提供饮品为主
5	海洋广场酒吧	5	2	提供简餐与饮品
4	红蛙精酿酒吧	5	3	提供精酿啤酒、调制饮品与简餐

表 3.30（续）

序号	名称	甲板	主竖区	描述
7	魔力酒吧	5	4	提供简餐与饮品
8	图书馆吧	5	4	提供简餐与饮品
9	88 钢琴酒吧	5	4	提供饮品为主
10	潮汐酒吧	10	1	提供饮品为主
11	龙舌兰酒吧	10	4	提供饮品为主
12	红蛙朗姆酒吧	10	4	提供饮品为主

表 3.31 "Carnival Vista"号大型邮轮的厨房、食品库与食品加工间布置概况

序号	名称	甲板	主竖区	描述
1	主厨房	3	2/3	负责向一、二主餐厅提供各类餐饮
2	丽都花园餐厅厨房	10	2/3	负责向丽都餐厅提供各类餐饮
3	牛排厨房	5	3	负责向牛排餐厅提供特色餐饮
4	寿司厨房	5	3	负责向寿司餐厅提供特色餐饮,兼顾向 88 钢琴酒吧提供饮品
5	吉吉和船长意餐厅厨房	11	2	向亚洲餐厅和意式餐厅提供菜品
6	聚光灯大厅配餐间	4	2	为大厅提供简餐和酒水
7	大剧场配餐间	4	6	向剧场区域提供饮料
8	运动酒吧/O$_2$ 休闲吧配餐间	4	2	向两个酒吧提供饮品和简餐
9	博彩区配餐间	4	4	向博彩区提供饮品和简餐
10	红蛙精酿酒吧配餐间	5	3	为红蛙精酿酒吧提供饮品与简餐
11	哈瓦那酒吧配餐间	5	1	为哈瓦那酒吧提供饮品与简餐
12	海洋广场酒吧配餐间	5	2	分别为三个吧台提供简餐与饮品
13	船长比萨配餐间	10	1	提供原料储存与烘焙功能
14	海鲜排档配餐间	10	1	提供原料储存与海鲜小食制备
15	干货库	A/0	1	储存全船食品干货
16	冷藏/冷冻库	0	1/2	储存肉类、蔬菜、水果、奶制品
17	食材加工间	0	1/2	处理解冻肉类与蔬菜初加工

需要说明的是,表 3.31 中所列区域难以找到公开信息,但通过邮轮公司所

公开的客区布置概况,结合一些视频、图片和访谈资料,考虑到法规等约束,基本上可以确认相关区域的大致位置。经统计,"Carnival Vista"号大型邮轮上共设有正式餐厅 11 间、酒吧 12 间、厨房与配餐间 14 处。其中,餐厅与酒吧的纵向位置遍布于主竖区 1～4,但主要厨房集中于主竖区 2,3。由于干粮库、冷库均在乘客甲板以下,目前只能够根据上建布置、上货口位置、文字资料等信息推断其总体布置位置和主要功能。图 3.64 中显示了以上相关区域与垂向电梯之间的空间关系。

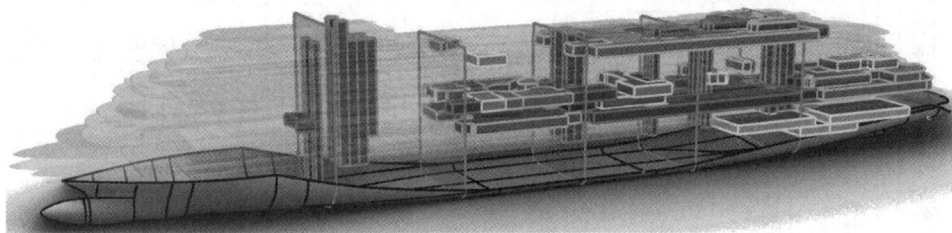

图 3.64　"Carnival Vista"号大型邮轮餐厨系统与垂向电梯空间关系示意图

2. 邮轮餐厨系统设计要求

传统船舶的餐厨系统基本上形成了一套固定搭配,从硬件上能够满足船员的用餐需求即可,最终必然形成一种几乎"千船一面"的布置组合。而作为消费型产品,邮轮需在本身体量庞大、结构复杂的基础上做出各类个性化设计,其餐厨系统设计更趋个性化、特性化。通过对船内固定局部空间进行功能定义,进而安排相关餐厨系统的传统设计方式无疑难度较大。更为可行的邮轮餐厨系统设计方式是要从全船整体空间布局初始入手,对餐厨系统的布置要素进行提前规划。

首先,邮轮上的食物处理顺序和陆地上的大型餐饮系统的设计目的一致,即为顾客提供良好的用餐体验。因此,陆地上建筑的餐饮体系流程对邮轮有着很好的指导作用,也适用于邮轮。已通过对陆地上五星级酒店建筑餐厨系统布置进行总结,得出陆地上建筑对食品处理与运送的一般规律[42],如图 3.65 所示。

图 3.65 所示流程体现了陆地上酒店建筑的餐厨体系流线,总而言之,其原则是流线不回头,生熟不交叉。无论是干货,还是蔬果、肉类、鱼类或者蛋奶制品,均须符合"从仓库到餐桌"这一条单向的工作流的推动。一方面,单向的工作流有助于提高厨房内部的运转效率,避免食材来回流转,能够有效组织后厨人员形成稳定的工作规程,使得整个食品烹饪工作更接近于一种"流水线"式的生产。这一原则某种程度上更加适合邮轮这个空间有限而需求量巨大的餐饮场所,并从流程上将整个食品加工环节与乘客用餐环节的接触界面控制在仅有出菜—用

189

餐一环。如此也可将食品加工动线封闭到某一个区域内,和乘客动线尽最大可能地隔离开,相互不产生影响,从而最大限度地保证出餐效率和乘客的用餐体验。

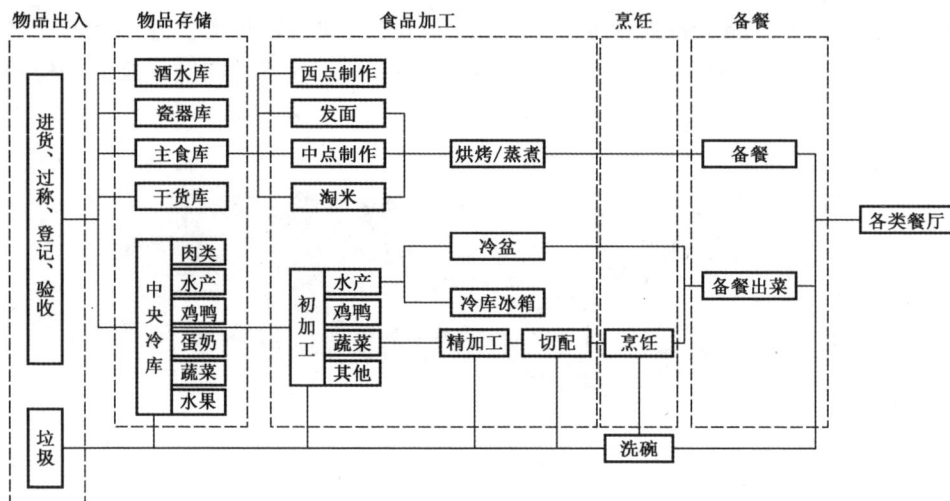

图 3.65　陆地上五星级酒店建筑餐厨系统逻辑流程图

另一方面,生熟不交叉能够最大可能地保障饮食卫生安全性。目前,USPH是邮轮界普遍遵守的行业标准,该标准对船上的饮食卫生进行严格约束,尽可能保障船上饮食的安全。USPH首先在设备配置、运营规范等层面对饮食卫生安全加以保障,其次也确认了合理的布置有助于 USPH 相关要求的达成。其中,肉、鱼类生食原材料不能与其他熟食或已处理过的生蔬果或刺身等可生食肉类产生处理与运送空间的交叉,而整条食品处理动线原则上不能和包括乘客在内的餐饮部之外的船员动线交叉,从而避免食材与非餐饮部人员之间的相互污染的可能。独立的食材路线也能够避免环境污染,通过使用符合 USPH 要求的壁板、天花板与地面材质,保证食品卫生的高度安全。

在具体的设计中,陆地上的酒店各餐厅与后厨区域之间相对独立,往往是一个由仓库、切配间、热灶、冷灶、面点间等区域集合而成的大规模中央后厨,面对一个通过墙壁分隔成各类餐厅、实则在布置逻辑上依然属于一个整体的餐厅空间。常见厨房或配餐间后有较长的传菜动线,大概率与乘客流线共用部分通道。然而,邮轮上空间约束条件多,可用空间面积少,卫生标准高,用户体验要求高,存在一定的差异性。一般而言,邮轮因为单层甲板难以提供足够大的面积,各个功能区块会更加独立,整个空间分布也会更加立体;各个区块之间会根据逻辑关系进行合理的融合,节省空间的同时提高工作效率,例如冷库与初加工融合、食

190

品加工(冷灶)与烹饪(热灶)融合、小型备餐间与厨房或餐厅融合等;通过布置设计,将物品传输的路径缩到最短,例如尽可能缩短甚至取消传菜通道,使厨房或备餐间直面餐厅;同时,通过合理设置各类功能体块的空间位置关系,最大限度地利用有限的通道资源实现满足食品卫生安全的目的。

3. 邮轮餐厨系统布置分析

通过前文对"Carnival Vista"号大型邮轮餐厨系统概况的描述,结合邮轮餐厨系统设计的基本要求,以及对相关信息的对比分析和对邮轮餐厨管理人员的访谈,再结合"Carnival Vista"号大型邮轮的船型布置特点,可梳理出邮轮餐厨系统对于食品处理、运送与供餐,以及乘客用餐的情况。

(1)如图 3.66 所示,全船的垂直电梯系统明确地划分为乘客电梯和服务电梯,根据食品安全要求,客梯不参与任何食材的转运,专用的服务货梯将食材由食品库送至各甲板厨房。

(a) 主视图

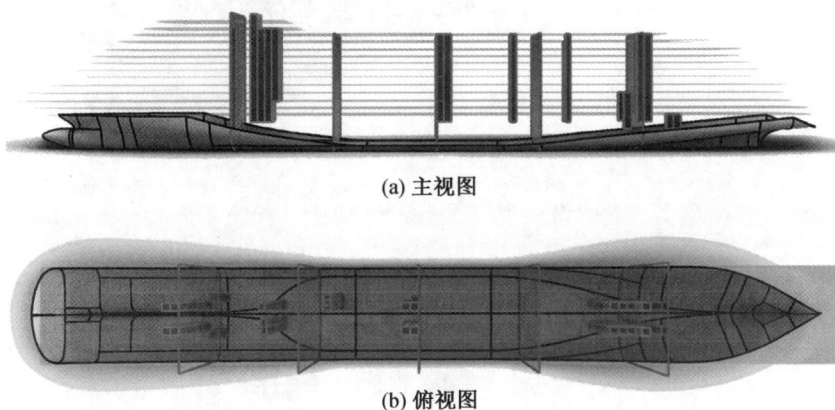

(b) 俯视图

图 3.66　全船垂直电梯系统

(2)如图 3.67 所示,邮轮食品储备从 0 甲板主竖区 1 左右舷门(大致处于食品库纵向的中间位置)上货。上货后,根据干冷库布置和货品需求,将相关货物分配至 0 甲板和 A 甲板的储存区域。取货时,干货库物资直接出货;肉类、鱼类储藏库旁边均会设置紧邻的解冻间与食材加工间,解冻、加工后出货;蔬菜类储藏库会设置相应的蔬菜清洗准备间,将主菜清洗、去皮、切块后出货。这一阶段的出货路径均为主竖区 2 专用的服务货梯,而预处理食材所到达的第一站即为全船主厨房。

(3)预处理食材通过服务货梯系统运至各个厨房,在厨房按顺序进行冷加工、热加工、装盘等步骤。需要注意的是,作为全船最大的厨房空间,主厨房占据甲板 3 主竖区 2~3,同时也是预处理食材向前方主竖区与上层甲板转移的中转

通道。食材在此处可经过烹饪与摆盘后进入地平线餐厅与映像餐厅,也可经主竖区 2、主竖区 3 的服务货梯向上运送食材至甲板 4、甲板 5、甲板 10、甲板 11 的各个厨房,如图 3.68 所示。

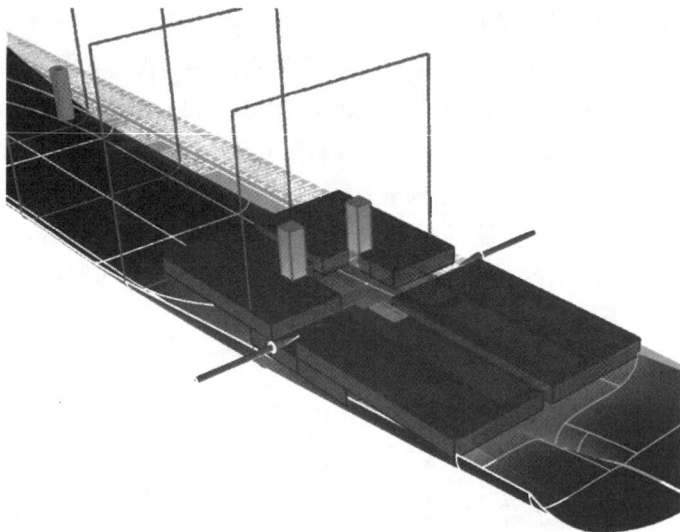

图 3.67　冷库与上货舷门位置示意图

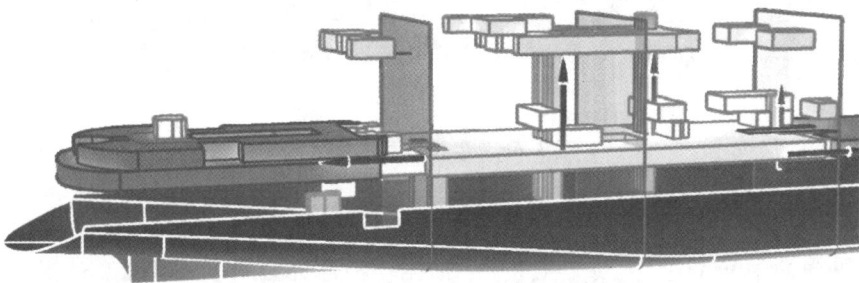

图 3.68　主厨房向外流线方向示意图

值得注意的是,经由主厨房向上的服务电梯并没有穿过所有的厨房与配餐间,但尽可能多地经过了有主食烹饪任务,或是需要服务较大公共区域面积的厨房场所(包括丽都花园餐厅厨房、牛排厨房、吉吉和船长意餐厅厨房、聚光灯大厅配餐间、运动酒吧/O$_2$ 休闲吧配餐间、博彩区配餐间、海洋广场酒吧配餐间、红蛙精酿酒吧配餐间等),占所有面向乘客配餐间和厨房的 1/2 以上。有主菜烹饪任

务的厨房仅有寿司餐厅厨房没有被垂直交通覆盖,实际操作中通过服务于牛排餐厅的货梯在客流量低谷,用符合 USPH 相关规定的专用推车向寿司餐厅厨房供货。考虑到寿司餐厅以寿司、刺身和日式小菜为主,没有复杂的热加工菜式,如此设计也有其合理性。其他配餐间与寿司餐厅厨房等同考虑。

(4)食物通过专用货梯到达各个厨房与配餐间后,直接与餐厅形成共有界面,而非通过公共走廊与餐厅相接。如此可提升服务效率,同时尽可能地避免食物流线末端出现与乘客流线的过多交叉。由于界面范围有限,每层甲板内厨房和货梯只能一对一,但厨房本身扩大了与相邻区域的界面。如图 3.69 所示,通过合理的设计可与用餐区域形成一对多的服务关系,以尽可能提高空间利用率。

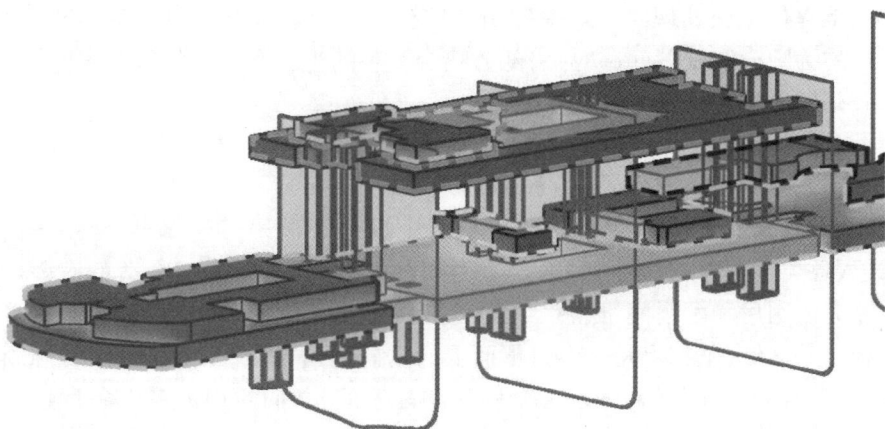

图 3.69　部分餐厅厨房分组示意图

全船餐厅厨房非一对一的餐饮空间组合见表 3.32。

表 3.32　部分餐厅厨房分组表

序号	分组概况	位置	配套货梯
1	地平线餐厅＋映像餐厅＋主厨房	甲板 3＋4；主竖区 1＋2＋3＋4	主竖区 2 为专用仓库电梯,主厨房尾部有到甲板 4 手扶传菜梯
2	丽都花园餐厅(前后)＋丽都花园餐厅厨房	甲板 10；主竖区 2＋3	主竖区 2,3 中部服务电梯
3	牛排餐厅＋寿司餐厅＋88 钢琴酒吧＋牛排厨房＋寿司厨房	甲板 5；主竖区 4	主竖区 3 前部服务电梯,寿司餐厅货品需经过牛排餐厅并与公共区域交叉

表 3.32（续）

序号	分组概况	位置	配套货梯
4	运动酒吧 + O₂ 休闲吧 + 配餐间	甲板 4；主竖区 3	主竖区 3 中部服务电梯
5	海洋广场酒吧配餐间 + 配套吧台	甲板 5；主竖区 2	主竖区 2 中部服务电梯
6	吉吉亚洲餐厅 + 船长意餐厅 + 配套厨房	甲板 11；主竖区 2	主竖区 2 中部服务电梯

余下提供烹饪处理的一对一餐厨空间仅有红蛙精酿酒吧和博彩区两组,其他空间均为吧台和配餐间一对一,部分吧台配餐间为二合一式的紧凑布置。

4. 邮轮餐厨系统逻辑流程

综合上述研究成果,并结合陆地上酒店餐厨系统的逻辑流程图,梳理总结出邮轮餐厨系统的逻辑流程,如图 3.70 所示。

图 3.70 所示的餐厨系统布局可从两个视角来描述:第一个从食品上船开始,进入各类食品库,在使用时进行适当的预处理并取出,通过合适的服务电梯进入相应的厨房和配餐间准备最终的装盘及出菜,整个路径按照从码头到各高层甲板公共区域,基本上是一个自下而上的垂向视角;第二个从各层甲板原料抵达位置,即服务货梯开始,进入各个厨房和配餐间,并向对应的各个餐厅进行流转,并在此与乘客的活动流线交汇,基本上是水平视角。第二个视角关注平面内的各个区域组织,应尽可能服从一般性的餐厨系统组织模式,并尽最大可能地避免影响服务品质和食品安全的情况发生。

结合邮轮空间布置,可将"Carnival Vista"号大型邮轮的餐厨系统抽象为餐厨系统树布置模型。如图 3.71 所示,整船餐厨系统可视为一棵垂向生长的系统树,树根即是全船的食品库与配套食品准备间;食品库到主厨房的电梯可视为系统的树干,从主厨房开始向周围分出树杈,即向其他厨房和配餐间延伸的服务电梯;主厨房外的其他厨房是从属于树杈的树枝,相应的餐厅可视为系统的叶片,2 个大的公共餐厅也是最大的 2 个叶片;脱离整棵系统树的餐厨区域只能进行小份简餐和饮品的制作,没有制作较为正式菜品的能力。同样,可以将电梯看作整个餐厨系统的支柱,厨房为支柱上的第一层挂件,餐厅为第二层挂件,所有功能区块的布置任务相当于在已确定的支柱上外挂新的体块。出于总体功能布置设计的考虑,上货口及冷库的位置基本处于船体下层甲板的后部,作为树干的电梯位置相对比较确定,其他服务电梯也会基于布置便利性和使用效能的角度,分布在主竖区的两端或中部,因此其位置会相对确定。如此一来,该模型意味着在垂

直交通系统基本已知的前提下,按规律设计厨房和餐厅体块,对整个餐厨系统的空间配置有很强的指导作用。

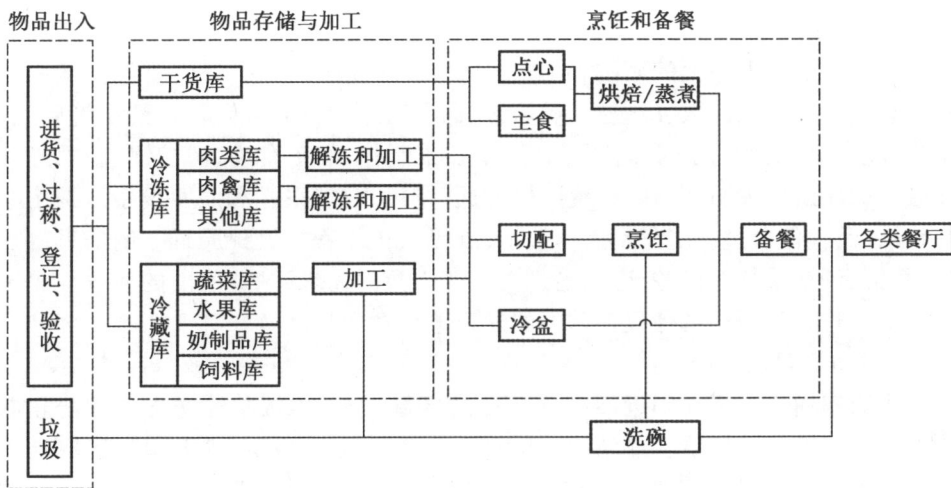

图 3.70　邮轮餐厨系统逻辑流程图

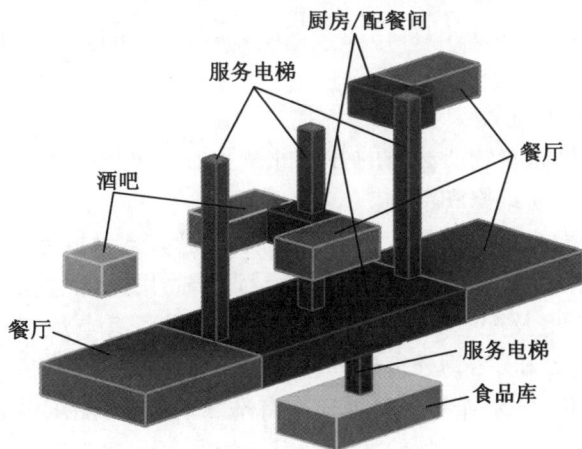

图 3.71　餐厨系统空间布置模型

3.15.2　邮轮厨房设计

厨房是餐饮后方工作的区域,是多功能集成场所,主要功能有食品准备、洗涤、清理和烹饪,是邮轮上最重要和最繁忙的区域之一。按区域和功能性质,邮轮上的厨房主要分为主厨房(闭式厨房)、特色厨房、吧台(开敞式厨房)、配餐间

等。由于邮轮厨房的功能复杂,涉及的专业面广、难度大,通常需要外包给专业的分包商进行设计。

1. 厨房设计基本要求

(1)内容

主厨房是船上最大的厨房,功能和要求最为复杂。主厨房主要包括运用大量加热设备的炒菜热区、冷餐区、烘焙区、甜品区、蔬菜肉类准备区、洗锅洗碗区、走道、配餐间、厨师办公室、卫生间等,是加工制作、准备食物、清洗锅碗、处理食物残渣的场所。主厨房内应设置良好的通、排风,自然采光和照明设备。厨房净高、设备及工作台设计应满足操作要求,满足人机工程学设计原理。厨房里的炉灶、蒸锅、汤锅及其他设备,应满足最大乘客人数的需求,炉灶前面的通道至少宽1.0 m,工作台和厨房其他设备前面的通道至少宽0.8 m。

(2)布局要求

主厨房通常布置在邻近冷库和餐厅的区域,应考虑饭菜输送方便和防止厨房的烟气影响餐厅环境。食品库(冷库和干粮库)的位置应便于主厨房取送食物。考虑到主厨房的特殊环境和工作情况,且日常使用所需的不同压力等级的蒸汽是由机舱里的锅炉提供,主厨房应尽可能地设在低层甲板的后端部,且位于机舱的上方。同时,厨房应和主要餐厅相邻布置,配餐间的布置应方便服务人员或传菜电梯到达,便于厨房的食物送到餐厅,提高乘客的就餐体验和服务人员的工作效率。

(3)设备选型及配置

厨房需配置准备食物所必需的各种机械及加工设备设施。厨房设备应紧固结实,通风良好,容易维修和清洗。

厨房设备的配置要根据船员及乘客人数、用膳方式及服务制度而定。

厨房设备包括生食品准备用具、餐具及调味品用具、熟食品配发用具、污物处理用具、西餐厨房及配餐间用具。具体的厨房设备有电灶、煎锅、汤锅、烤箱、土豆去皮机、切肉片机、污物处理机、电加热板、多用机、洗碗机、冰箱、工作台、碗碟架、洗池、咖啡机、电水壶等。另外还会有洗涤剂设备(船东供品)等。

如图3.72所示,某中型邮轮的主厨房分为蔬菜和肉类准备区、热菜区、冷菜区、烘焙区、锅碗洗涤区及存放区,各区域布局分开,主通道流线宽敞。

除以上设备外,厨房天花板上布置感烟探头、广播、送风口、回风口、水雾喷淋、检修口、照明灯具等,墙壁上布置开关、插座、冷热水管接口等。

(4)设计要点

船东作为买方,向设计方提出厨房的经营规划设计需求。设计方将厨房区域的设计外包给专业的厨房设计单位。设计方作为总体管控方,将根据船东的要求并结合厨房分包单位的设计方案,同时满足邮轮的总布置要求和规范规则

限制条件,协调推进完成厨房区域的设计。邮轮厨房设计的三方主要职责分工如图 3.73 所示。

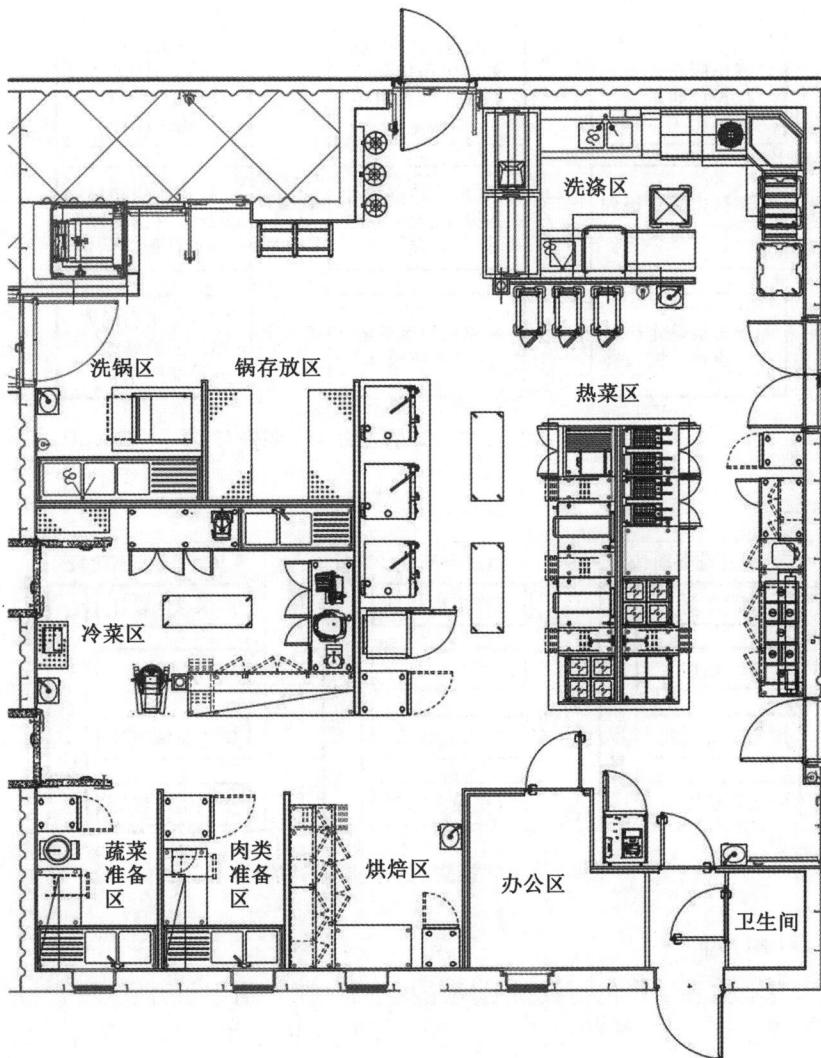

图 3.72　某中型邮轮的主厨房布置图

邮轮厨房的主要设计流程如图 3.74 所示。

2. 厨房设计的专业工作范围及关注点

邮轮厨房设计涉及的各专业及其工作范围和应注意的问题如下。

```
┌──────────────┐      ┌──────────────┐      ┌──────────────┐
│     船东     │ ⇄    │  船舶设计单位  │ ⇄    │  厨房设计单位  │
└──────────────┘      └──────────────┘      └──────────────┘

┌──────────────┐      ┌──────────────┐      ┌──────────────┐
│  提出厨房规划  │ ⇄    │ 完成整体船舶规 │ ⇄    │  汇总厨房设计  │
│   设计要求    │      │ 划、厨房规划, │      │ 要求,与船东协调 │
│              │      │ 并提交船东审核 │      │  完成运筹规划, │
│              │      │     认定      │      │    构思设计    │
└──────────────┘      └──────────────┘      └──────────────┘

┌──────────────┐      ┌──────────────┐      ┌──────────────┐
│ 船东认定厨房规划 │ ⇄   │ 完成厨房边界设计 │ ⇄  │  完成厨房布局  │
│   设计方案    │      │ 并提交船东审核 │      │ 设计,并提交船东 │
│              │      │     认定      │      │  与设计部门认定 │
└──────────────┘      └──────────────┘      └──────────────┘

┌──────────────┐      ┌──────────────┐      ┌──────────────┐
│ 船东协调认定厨房 │ ⇄  │ 完成水电风管等 │ ⇄    │ 完成厨房布局方 │
│   设计方案    │      │  辅助系统设计  │      │ 案,协调修改,   │
│              │      │              │      │  并提交船东认定 │
└──────────────┘      └──────────────┘      └──────────────┘
```

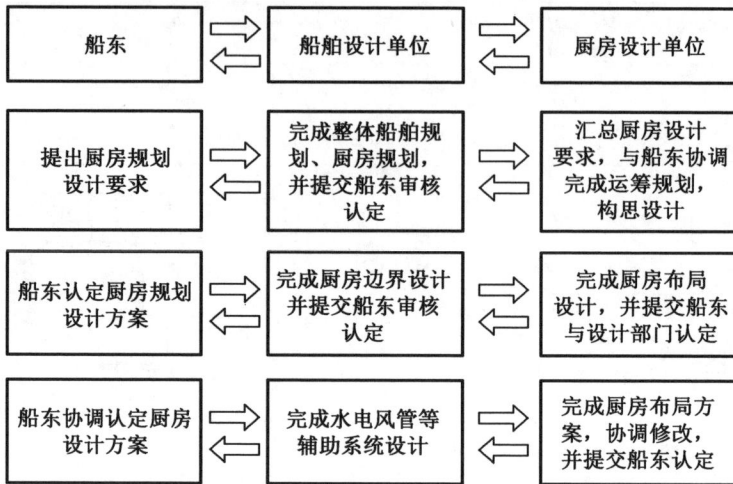

图 3.73　邮轮厨房设计的三方主要职责分工

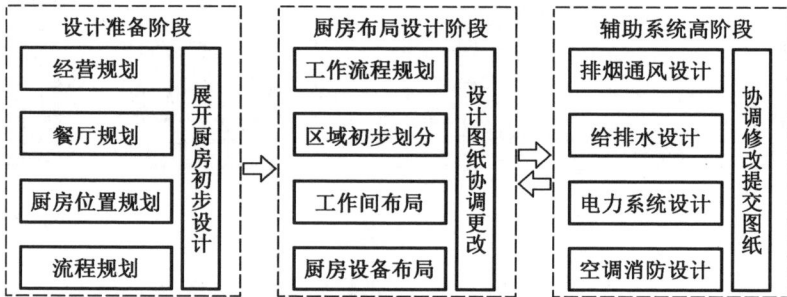

图 3.74　邮轮厨房的主要设计流程

(1)结构专业

结构专业主要工作包括设备基座结构加强、流水槽甲板开孔、窗户、门的开孔及相关强度计算等。结构设计应注意结构干涉类问题,特别是管路、水槽等对加强结构的破坏。

(2)电气专业

电气专业主要工作包括照明设备、厨具、消防报警设备的供电及电力负荷计算等。厨房里用电设备很多,设备的型号及资料的确定将直接影响电气的设计进度,尤其是船东供应品。邮轮建造周期较长,随着船东供应品型号的更新换代,可能导致船东迟迟不愿最终确定供应品,影响电气设计进度。此类问题应提前提醒船东,必要时应提前做好预案。

（3）冷空通专业

冷空通专业主要工作包括集气罩抽风量计算、集气罩和出风口布置、空调设计、通风管路设计等。集气罩布置在烹饪设备的上方，用于厨房油烟的抽风，抽风量的计算直接影响到厨房的风量平衡及内外的压力差。集气罩的抽风量应取厨房设备的总散热量和厨房空间每小时换气次数所对应的换气量中的大者，即为集气罩的抽风量。厨房里的空调送风量应小于抽风量，从而使厨房内的压力是负压，防止油烟传到相邻的舱室（餐厅等），影响乘客的体验感。

（4）轮机专业

轮机专业主要工作包括供水、疏排水点位确定及水管管路布置等。厨房管系的接口和设备的位置紧密相关。总体上，厨房布局固化较晚，管系的确定也相应较晚，这直接影响到甲板和舱壁上的开孔。应尽早进行沟通协调，避免干涉问题的发生。

（5）内装专业

内装专业主要工作包括设备布局设计、门窗设计、防火等。内装专业通常还需承担牵头专业角色，负责协调各方信息，发现并处理各方干涉问题，推进厨房设计。

3. 主厨房防火设计

（1）防火分隔

SOLAS Ⅱ-2/9 条将载客 36 人以上的客船的处所，按其失火危险程度划分为以下 14 类。

①控制站；

②梯道；

③走廊；

④撤离站和外部脱险通道；

⑤开敞甲板处所；

⑥较小失火危险的起居处所；

⑦中等失火危险的起居处所；

⑧较大失火危险的起居处所；

⑨卫生间及类似处所；

⑩极小或无失火危险的液舱、空舱及辅机处所；

⑪中等失火危险的辅机处所；

⑫机器处所和主厨房；

⑬储藏室、工作间、配餐间等；

⑭储藏易燃液体的其他处所。

邮轮主厨房被划归⑫类，它与其他处所之间的舱壁和甲板的防火分隔要求

详见 SOLAS。

SOLAS 将主厨房定义为⑫类处所,而配餐间和吧台则需根据所容纳设备的种类进行归类。MSC.847 的相关规定:配餐间和吧台内有烹饪设备,则定义为厨房,归为⑫类处所;无烹饪设备,有功率小于 2 kW、表面温度低于 150°的加热板,则归为⑨类处所;无烹饪设备,有功率介于 2 ~ 5 kW 的加热板,则归为⑬类处所;无烹饪设备,有功率大于 2 ~ 5 kW 的加热板,则定义为厨房,归为⑫类处所。

(2)被动式探火装置

根据 SOLAS Ⅱ - 2 Part C 火灾抑制的相关要求,邮轮上大部分区域都需要安装被动式探火装置进行保护,厨房作为高危险失火区域,需要布置火灾探测传感器。FSS 要求厨房区域的火灾探测使用感温探头。

图 3.75 根据厨房不同功能分区的特点,提出各分区的传感器选型的具体原则,具体如下。

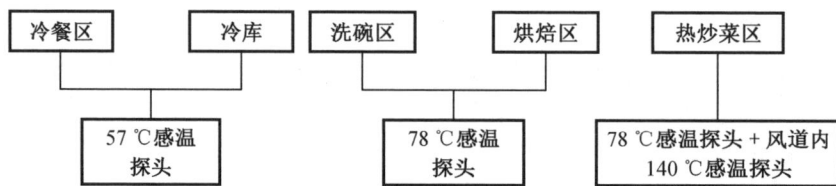

图 3.75 厨房不同分区的被动式探火装置

①冷餐区域:厨师制作冷盘的区域,材料加工过程中不产生大量烟气和热量。

②冷库:温度在 0 ℃上下。

③烘焙区:含有烤箱等烹饪设备,温度较高,需防止温度较高产生的误报警情况,又要保证火警真正触发时的报警。

④热炒菜区:主要用油烹饪的深煎锅等加工食材,与烘焙区类似,温度较高,须设置感温探头进行常规保护。该区域上方的抽风烟道内须安装感温探头进行火警探测,一旦超过报警条件,将启动高压水雾(降温、降低氧气浓度)等方式灭火。

⑤厨师办公室:厨房管理者日常工作区域,作为厨房的一部分,应考虑房间嵌套的设计原则。须设置带蜂鸣器的复合防火探头,当厨房区域内任意火警探测器发出报警信号时,蜂鸣器报警提示人员及时反应,有效的保护人员安全。

⑥洗碗区:清洁厨具的场所,配备的洗碗机会产生大量高温水汽。

⑦配餐间:厨房的补充区域,设备配置比较灵活。根据船东需求,会有电加热板、热水壶等设备,原则上使用烟温复合探头,也应根据实际情况综合考虑,提

高报警效率。

（3）深煎锅报警和保护设计

邮轮主厨房配有用油烹饪的深煎锅设备,运行时会增加失火风险,须重点考虑对深煎锅设备的火灾报警和消防保护设计。

根据 SOLAS Ⅱ-2 Part C,深煎锅设备需要固定式灭火系统,如高压水雾喷淋、深煎锅专用插座、高温报警探测、声光报警设备等。所有保护设备的操作控制和状态指示需要布置在厨房之外的船员区域。深煎锅的报警和保护设计如图 3.76 所示。

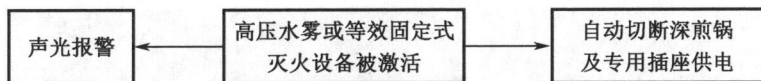

```
┌──────────┐    ┌──────────────────┐    ┌──────────────────┐
│  声光报警  │ ◄──│ 高压水雾或等效固定式 │──► │ 自动切断深煎锅   │
│          │    │   灭火设备被激活    │    │ 及专用插座供电   │
└──────────┘    └──────────────────┘    └──────────────────┘
```

图 3.76　深煎锅的报警和保护设计

（4）通风切断及管道风闸控制设计

厨房发生失火事故后的第一时间就须切断通风,包括抽风机、送风机,以控制火灾故障边界,防止火势蔓延。SOLAS 要求通风切断的手动按钮开关布置于厨房的所有出口处。如果出口有厨房就地切断箱,可将通风切断的按钮开关集成于该切断箱内。

废气管道广泛布置于厨房的上方,废气管道内及集气罩内均须设置防火风闸,废气管道由船上的 CO_2 灭火系统进行保护。

（5）电力切断设计

邮轮厨房的电站容量要比普通商船的大许多,通常配有专用的配电站。厨房设备的电制包括交流 440 V、交流 230 V 及交流 120 V,配电站由对应电制的配电板组成。事故发生时,需要逐个切断所有的厨房设备,并对厨房电力状态进行就地和远程监控。

4. 安全返港对厨房的要求

邮轮在发生不超过事故界限的火灾或进水事故后,要具备安全返港能力,其中重要的一环是按船上人员数量和安全返港作业时间提供基本的食物。食物储存在安全区域内,食物形式不限,可以是饼干、面包、速泡面等。但邮轮的服务对象是普通游客,他们对艰苦生活条件的容忍度不如船员,况且安全返港的航行时间有可能较长,甚至可能超过 10 天。因此,从人性化考虑,大型邮轮应考虑厨房在安全返港期间的运作,适当提供基本的热餐热饮,能起到安抚和稳定乘客情绪的作用。

从安全返港考虑,邮轮厨房布置的基本原则是将主厨房分为两组,两组厨房位于不同的主竖区内。两组厨房的配电站独立,并由两组互相独立的发电机组

供电,电缆分开敷设。厨房的安全管理状态监测和紧急切断工作台也布置在不同的控制站内,如靠近船首的驾驶室(安全中心)及靠近船尾的机舱集控室。上述措施使得邮轮安全返港时,至少有一组厨房能够保持运转。

5. USPH 规范要求

餐厨系统要求满足 USPH 健康卫生规范,具体要求可参见第 7 章。图 3.77 为某中型邮轮厨房设备的两种安装方式。图 3.77(a)中的设备通过支脚垫高,使底部留有满足 USPH 要求的无障碍清洁空间。图 3.77(b)中的设备安装在基座上,基座底部及设备底部露出部分都进行了充分的密封。

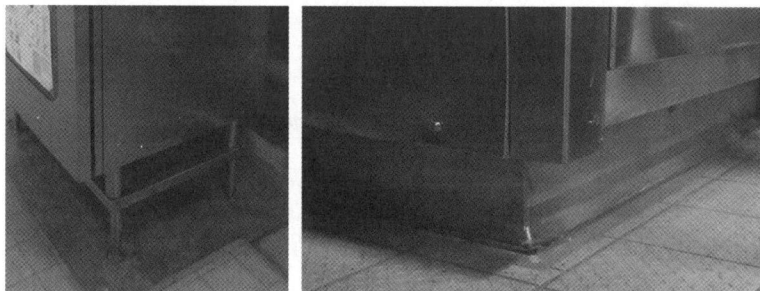

(a) 安装在支脚上   (b) 安装在基座上

图 3.77   某中型邮轮厨房设备的两种安装方式

本节以"Carnival Vista"号大型邮轮为例,研究了大型邮轮餐厨系统的空间布局,从食品安全与服务效率的角度总结了餐厨系统的布置方法,构建了一个以主厨房为核心、纵向食品电梯为主干、各个用餐区域为分支的树形拓扑模型,作为邮轮餐厨系统的空间范式。该模型具有一定的普适性,能够反映大型邮轮餐厨系统的空间布局特性,也可指导大型邮轮餐厨系统的规划与设计。

餐厨系统作为大型邮轮上面向乘客的重要系统,具有专业性强、技术门槛高、涉及专业面广的特点。掌握这一系统的设计模式逻辑,有助于大型邮轮餐厨系统设计自主化及相应配套产业的国产化,有助于开发更加符合中国市场需求的邮轮产品。

│3.16   本 章 结 语│

邮轮是一种典型的以布置为首要设计目标的船型。邮轮上布置的舱室具有各类特殊功能要求,许多舱室区域设计具有相当的创新性。邮轮总体设计技术

是邮轮船型概念设计和基本设计的基础,涉及总布置、功能需求、主尺度、总体性能、关键系统、节能环保等方方面面,是形成邮轮自主研发设计能力的基础,必须切实攻克和掌握。

本章首先分析邮轮总体设计的基本原则、建立总体设计流程,其次介绍邮轮总布置要点,然后分析中国邮轮游客的共性和个性需求,接着介绍邮轮总体设计应关注的法规、规范与标准,再分析邮轮主尺度选择要点、型线设计与优化方法,并依次介绍稳性与装载、耐波性、操纵性、风舒适性这四项总体性能的分析设计,以及电站系统和推进系统的选型方法,又从生活污水处理、废热回收、垃圾处理、气泡减阻几个方面介绍邮轮的节能减排措施,最后选择从餐厨系统布置模式和厨房设计两个方面介绍大型邮轮的餐厨系统设计方法。

当然,邮轮的总体设计技术和关键点远不止这些,如大型邮轮特别关注的大规模人员流线设计、防火、减振降噪、人员救生撤离系统、通道设计等本章就没有涉及,这些关键技术和难点还需要更深入的研究。

参考文献

[1] 中国船舶工业集团公司,中国船舶重工集团公司,中国造船工程学会.船舶设计实用手册:总体分册[M].3版.北京:国防工业出版社,2013.

[2] 孙利,金强.豪华邮轮总体设计分析[J].船海工程,2019,48(3):10-14.

[3] 刘晓琼,黄昊.大型豪华邮船乘客电梯布置分析[J].上海船舶运输科学研究所学报,2020,43(4):20-25.

[4] 高宁.邮轮游客满意度调查分析及提升建议[J].水运管理,2019,41(6):30-33.

[5] 何宁,王高帅,丁炜杰,等.中国邮轮游客共性需求调查与分析[J].船舶工程,2019,41(S2):148-151.

[6] 黄旦妮,邱羚.中国游客邮轮消费行为特点调研分析[J].上海企业,2014(6):78-80.

[7] 叶笛.大型邮轮居住类舱室配置设计[J].船舶工程,2019,41(S2):152-155.

[8] 王冕,王亮,马网扣.邮轮泳池水的循环方式对比分析[J].机电设备,2021,38(5):1-4.

[9] 中国船级社.邮轮规范(2017)[M].北京:人民交通出版社,2017.

[10] 周健,马网扣,等.起重、铺管船工程设计[M].上海:上海交通大学出版社,2018.

[11] 林德辉.巴拿马运河及其N-1-2018对船舶的要求[J].船舶,2018(2):85-94.

[12] 陆元旦.超大型邮轮进出黄浦江安全航行的思考[J].航海技术,2010(2):20－22.

[13] 章新智,王驰明,郭昂.豪华邮轮球艏的新型设计[J].船舶工程,2014,36(A1):12－15.

[14] 谢嫦娥,何静,秦江涛.垂直艏船型阻力性能的数值与试验研究[J].中国水运,2015,15(8):13－14.

[15] 胡可一,柳卫东,陈兵,等.垂直船艏在波浪中快速性综合分析研究[J].船舶与海洋工程,2013(1):1－5.

[16] 纪亨腾,陈加荣,李为.舰船尾部改型的几种措施[J].中国舰船研究,2006,1(3):41－46.

[17] 王艳霞,彭必业,赵强.尾板对中型豪华邮轮阻力影响的试验研究[J].水动力学研究与进展 A 辑,2017,32(6):725－731.

[18] 黄技.高速船舶阻流板降阻机理分析[D].大连:大连海事大学,2013.

[19] 吴安,王忠强,孔明敏.一种新型船舶节能设备:门式艉侧推盖的探索[J].船舶与海洋工程,2017,33(6):36－38,65.

[20] 王亮,潘逸涛,王冕,等.隐形球首在豪华邮轮上的应用研究[J].舰船科学技术,2021,43(19):29－32.

[21] 王闻嘉,高金军,何洪良.大型邮轮生活污水系统设计[J].船舶工程,2021,43(1):8－16.

[22] 马网扣,王露,董良志,等.SOLAS 2020 破舱稳性对大型邮轮主尺度规划的影响[J].中国造船,2019,60(3):46－54.

[23] 熊文海,毛筱菲,李毓江.船舶耐波性衡准及其评价方法浅析[J].船海工程,2007,36(4):42－45.

[24] 章新智,王驰明,郭昂.豪华邮轮耐波性衡准分析[J].船舶标准化工程师,2014(4):13－17.

[25] WOODWARD M D,CLARKE D,ATLAR M. On the manoeuvring prediction of pod driven ships[J]. Newcastle University,2003:25－28.

[26] LANDAMORE M,WOODWARD M. Intuitive operation and pilot training when using marine azimuthing control devices-azipilot[C]//International Conference on Human Factors in Ship Design & Operation,2009.

[27] WILLEMSEN E,WISSE J A. Design for wind comfort in the Netherlands:procedures,criteria and open research issues[J]. Journal of Wind Engineering & Industrial Aerodynamics,2007,95(9－11):1541－1550.

[28] 赵万英,马金花.建筑物周围行人高度风环境的质量评估[J].工业建筑,2006(S1):141－143,147.

[29] BLOCKEN B,ROELS S,CARMELIET J. Modification of pedestrian wind comfort in the Silvertop Tower passages by an automatic control system[J]. Journal of Wind Engineering & Industrial Aerodynamics,2004,92(10)：849 – 873.

[30] PENGHUI W,FEI W,ZUOGANG C. Investigation on aerodynamic performance of luxury cruise ship[J]. Ocean Engineering,2020,213(10)：1 – 18.

[31] 黄少雄,窦培林,温海涛.游步甲板区域烟雾扩散特性数值模拟[J].造船技术,2019(1):25 – 31.

[32] 郑安宾,田忠殿,胡举喜,等.吊舱推进器的发展及应用前景[J].液压气动与密封,2019(6):1 – 3,7.

[33] 高宜朋,曾凡明,张晓锋.吊舱推进器在舰船推进系统中的发展现状及关键技术分析[J].中国舰船研究,2011,6(1):90 – 96.

[34] 甘振海,李新,罗晓园,等.吊舱推进器关键部件研究[J].船舶工程,2012,34(1):40 – 42,64.

[35] 韩旗.吊舱推进器的发展趋势及关键技术分析[J].机电设备,2016,33(3):45 – 50.

[36] 张广磊.MEPC. 227(64)决议下船用生活污水处理系统分析[J].船海工程,2019,48(7):24 – 26.

[37] 钱灵艳,蒋智,郭奕.大型客船(邮轮)垃圾种类及管理要求[J].世界海运,2018,41(11):37 – 41.

[38] 郑国平,李文明.MARPOL 公约附则 V 修正案内容及船舶垃圾管理注意事项[J].珠江水运,2018(4):88 – 90.

[39] 王丽艳,郝思文.气泡减阻技术研究进展[J].船海工程,2011(6):109 – 113.

[40] 胡以怀,李慧晶,何浩.国内外船舶气泡减阻技术的研究与应用[J].船舶与海洋工程,2017,33(6):1 – 6.

[41] 张逸,吕建军,谢飞,等.大型邮轮餐厨系统的布置模式[J].船舶工程,2021,43(1):N23 – N31.

[42] 唐玉恩,张皆正.旅馆建筑设计[M].北京:中国建筑工业出版社,1993.

第4章

新近生效法规、规范对邮轮设计的影响

"提高海上航行安全,防止海洋污染"是 IMO 的基本宗旨。IMO 通过制定一系列公约规则,并在全球范围内积极推行公约规则的统一实施,极大地提高了船舶的安全水平。IMO 公约的制定传统上遵循着一定的规律,即与海难事故直接相关。回顾 IMO 公约制定的历史进程,就是一部血与泪的海难史。

作为 IMO 公约的基石,SOLAS 的制定正是源于"泰坦尼克"号邮轮的灾难事故。"泰坦尼克"号隶属英国白星航运公司,总吨达 4.63 万,长 269 m,宽 28 m,船体内由 15 道水密横舱壁分为 16 个水密舱,就算两个相邻水密舱灌满水,依旧能正常行驶。"泰坦尼克"号是当时世界上最大的邮轮,被称作"永不沉没的客轮"。1912 年 4 月 10 日,"泰坦尼克"号从南安普敦出发前往纽约,开启其处女航。4 月 14 日深夜,该轮撞击冰山后沉没,共导致 1 500 人葬身,造成了迄今为止和平时期死人数最多的一次海难事故。业内总结次灾难的原因主要有以下几个方面。

(1)船体结构存在缺陷,为追求钢材的硬度而加入大量硫元素,导致低温下钢材韧性不足;

(2)没有专人观察和监视冰山动向;

(3)船上的电台没有收听冰情报告而用于拍发私人电报;

(4)救生设备不足;

(5)求救信号没有世界通用标准。

"泰坦尼克"号事故后,英国推动召开了有 13 个国家代表参加的国际会议,制定了第一版 SOLAS。SOLAS 对客船的水密和防火舱壁、救生设备、消防设备等做了严格的规定,并要求载员 50 人以上的商船须配备无线电报设备,24 h 有报务员值班,规定了无线电静默时间;还建立了北大西洋冰区巡逻机制[1]。

此后陆续发生的"自由企业先驱"号客滚船翻沉事故、"斯堪的纳维亚之星"号渡轮火灾事故、"爱沙尼亚"号客滚船沉没事故、"Star Princess"号邮轮火灾事故、"Costa Concordia"号邮轮触礁倾覆事故都造成了重大的生命财产损失,每次事故都促使 IMO 修订 SOLAS,推动提升客船的安全水平[2]。

邮轮设计必须满足国际公约和法规、船旗国和港口国法规、船级社规范等的

要求。本章重点分析新近生效的 SOLAS 2020 破舱稳性、IMO 2020 全球限硫令和 NO_x Tier Ⅲ、MLC 2006、国际船级社协会(IACS)新的系泊及拖带设备选型和设计指南、EEDI 第 3 阶段、SOLAS 2020 客船撤离分析这几个法规规范对邮轮设计的影响,并尽可能通过实例加以展示。对于其他尚未生效的法规规范,如 IMO 第二代完整稳性等暂不涉及。

4.1 SOLAS 2020 破舱稳性

如图 4.1 所示,2012 年 1 月 13 日晚,歌诗达"协和"(Costa Concordia)号大型邮轮(载员 4 229 人,总吨位 132 500)在位于意大利西部的吉廖岛东南部海域触礁搁浅,5 个水密舱破损进水,引起船体急剧倾斜。在后续疏散过程中,船体倾斜加剧,引发人员恐慌,一些乘客跳海求生。事故最后造成 33 人死亡,64 人重伤。事故调查显示,船长未按规定航线行驶,但又盲目自信认为自己对这片水域足够熟悉,关掉了

图 4.1 歌诗达"协和"号
邮轮触礁事故现场
(来源:中国日报网)

船上电脑导航系统的警报,最终导致触礁。事故发生后船长又没有及时组织弃船,耽误了宝贵的疏散和救援时间,是导致这场事故的主因[3-4]。

"泰坦尼克"号船难的重要教训是客船必须足额配置救生设备,歌诗达"协和"号船难则说明现有的客船破舱稳性要求仍然偏低,在发生触礁之类的重大事故后船体稳性和保持正浮的能力不足。这次事故进一步推动了更为严格的客船破舱稳性国际公约的研究和实施[5-6]①。

IMO 在第 98 届海事安全委员会(MSC.421(98))上通过了新的客船破舱稳性要求,适用于客滚船、邮轮和载员 60 人以上的特种用途船②。SOLAS 2020 修订案仍采用概率破舱稳性评估方法,但与 SOLAS 2009 相比,提高了客船要求的

---

① 参见 European Maritime Safety Agency. Risk acceptance criteria and risk based damage stability, final report,part 2:formal safety assessment,2015。

② 参见 IMO. Amendments to the international convention for the safety of life at sea 1974. MSC 98/23/Add. 1,London,UK,2017 年 6 月。

分舱指数,即提高了碰撞或搁浅破损进水情况下客船保持稳性和正浮的能力要求。该修订案适用时间如下。

(1)在 2020 年 1 月 1 日或以后签订建造合同的客船;

(2)虽无建造合同但在 2020 年 7 月 1 日或以后铺龙骨的客船;

(3)在 2024 年 1 月 1 日或以后交付的客船。

4.1.1 客船破舱稳性计算方法

船舶概率破舱稳性是按照经典条件概率论研究船舶遭遇碰撞破损浸水(进水)的概率及浸水后残存的概率。假定"破损后能残存"为 A 事件,"被碰撞而发生破损浸水"为 B 事件,"浸水后没有倾覆"为 C 事件,按照条件概率论,破损后能残存 A 事件为 B、C 事件同时发生的结果,$A = B \cap C$。船舶破损后残存概率为

$$P(A) = P(B \cap C) = P(B) \cdot P(C/B) \tag{4.1}$$

式中 $P(A)$——船舶破损后残存的概率;

$\qquad P(B)$——发生某一破损事件的概率;

$\qquad P(C/B)$——在 B 事件发生的条件下,C 事件发生的概率。

船舶达到的分舱指数对应船舶破损后的残存概率,反映了船舶的实际破舱稳性分舱水平。而船舶的分舱指数须满足一定的衡准,即要求的分舱指数。显然,要求的分舱指数衡准越高,船舶破损后的残存概率就越高,船舶破损进水后保持稳性和正浮的能力就越强。

客船达到的分舱指数 A 按下式计算:

$$A = 0.4 A_s + 0.4 A_p + 0.2 A_1 \tag{4.2}$$

式中 A_s——与最深分舱吃水 d_s 对应的部分分舱指数;

$\qquad A_p$——与部分分舱吃水 d_p 对应的部分分舱指数;

$\qquad A_1$——与最小服务吃水 d_1 对应的部分分舱指数。

每个部分分舱指数均为所考虑的全部破损情况起作用的总和,按下式计算:

$$A = \sum p_i s_i \tag{4.3}$$

式中 i——所考虑的每个舱或舱组;

$\qquad p_i$——所考虑的舱或舱组可能进水的概率,不考虑任何水平分隔的影响;

$\qquad s_i$——所考虑的舱或舱组进水后的生存概率,包括任何水平分隔的影响。

部分分舱吃水 d_p 按下式计算:

$$d_p = 0.6(d_s - d_1) + d_1 \tag{4.4}$$

4.1.2　SOLAS 2020 对客船分舱指数的新要求

在 SOLAS 2020 修订案中,客船要求的分舱指数 R 按下式计算:

$$R = \begin{cases} 0.722 & N < 400 \\ N/7\,580 + 0.669\,23 & 400 \leqslant N \leqslant 1\,350 \\ 0.036\,9Ln(N+89.048)+0.579 & 1\,350 < N \leqslant 6\,000 \\ 1-(852.5+0.038\,75N)/(N+5\,000) & N > 6\,000 \end{cases} \quad (4.5)$$

式中　N——船上的乘客和船员总人数。

而在 SOLAS 2009 中,客船要求的分舱指数 R 则按下式计算:

$$R = 1 - \frac{5\,000}{L_{\mathrm{S}} + 2.5\,N' + 15\,225} \quad (4.6)$$

式中　L_{S}——船体分舱长度,m;

　　　N'——等于 $N_1 + 2N_2$,N_1 为救生艇可搭载的人数,N_2 为除去 N_1 以后允许载运的人数,包括船员。如果主管机关认可,N' 可取较小值,但无论如何不能小于 $N_1 + N_2$,即不能小于船上的总人数。

以下将分别简称 SOLAS 2009 和 SOLAS 2020 修订案中客船要求的分舱指数为 R_{2009} 和 R_{2020}。比较式(4.5)和式(4.6)可知,R_{2009} 同时取决于船体分舱长度、救生艇可搭载的人数及船上的总人数。但是 L_{S} 对 R_{2009} 的影响很小,在实际操作中,在船长确定的前提下,设计者可通过增加救生艇容量来降低 R_{2009},这也正是 SOLAS 2009 的弊端所在。而 SOLAS 2020 则修正了这一弊端,R_{2020} 仅取决于船上的总人数。按照 SOLAS 2020,客船上配置的救生艇数量再多、容量再大,也不能降低破舱稳性要求。

按照 SOLAS,非短程国际航行客船上救生艇可容纳的人数不得少于船上总人数的75%。图4.2进行了 R_{2009} 和 R_{2020} 的对比,在计算 R_{2009} 时考虑了救生艇配置率75%和100%两种情况。可以看到,R_{2020} 相对于 R_{2009} 有了全面提升。当 $N < 400$ 时,两者间的差异随着 N 的增大而减小,当 $N = 400$ 时达到最小;当 $400 < N < 1\,500$ 时,两者间的差异随着 N 的增大而增大,当 $N = 1\,350$ 时达到最大;在 $N > 1\,350$ 后,随着 N 的增大,两者间的差异逐步缩小。

图4.3进一步显示了 R_{2020} 相对于 R_{2009} 的提升百分比。若以救生艇配置率75%时的 R_{2009} 为基准,当 $N = 400$ 时,R_{2020} 相对提升2.9%;当 $N = 1\,350$ 时,R_{2020} 相对提升13.5%;当 $N = 6\,000$ 时,R_{2020} 相对提升5.4%。

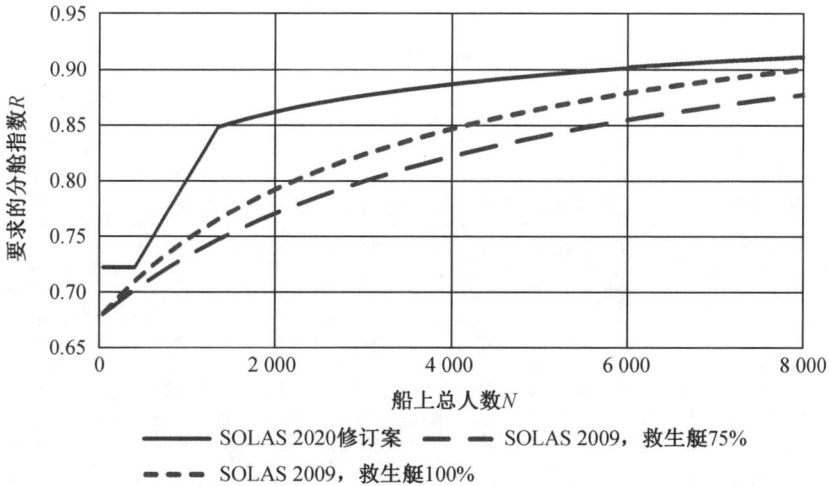

图 4.2 R_{2009} 和 R_{2020} 的比较 ($L_S = 300$ m)

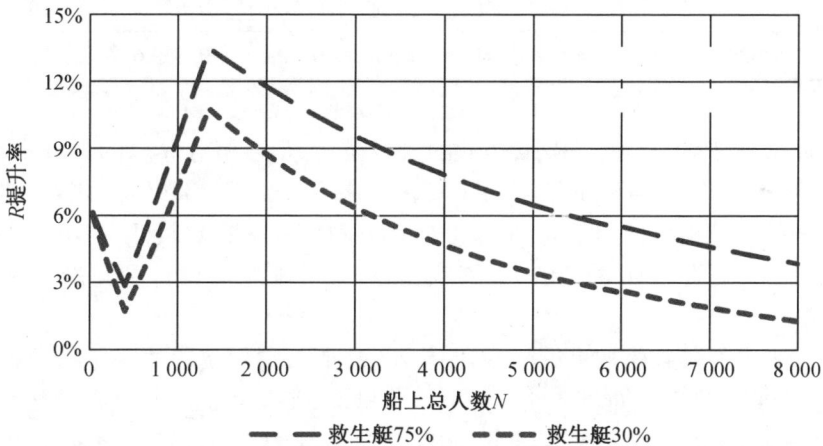

图 4.3 R_{2020} 相对于 R_{2009} 的提升率 ($L_S = 300$ m)

4.1.3 SOLAS 2020 对现役大型邮轮破舱稳性的影响

表 4.1 收集了部分现役大中型邮轮的基本信息,并按各船的实际救生艇容量,分别计算了 R_{2009} 和 R_{2020},再以 R_{2009} 为基准进行了对比。表中部分现役邮轮建造年代较早,并不需要满足 SOLAS 2009 破舱稳性要求,这里引用这些邮轮数据,

只是为了用作比较新的破舱稳性要求的样本。

表 4.1　R_{2020} 对现役大中型邮轮的影响

序号	船名	总吨位	船长/m	船上总人数	R_{2009}	R_{2020}	R 提升率/% （$R_{2020}/R_{2009}-1$）
1	"海洋绿洲"号	225 282	362	8 461	0.878 7	0.912 3	3.8
2	"海洋量子"号	168 666	348	6 405	0.850 8	0.903 5	6.2
3	"喜悦"号	167 725	334	6 781	0.851 9	0.905 3	6.3
4	"辉煌"号	137 936	333	5 270	0.836 9	0.895 8	7.0
5	"协和"号	132 500	293	6 200	0.852 6	0.901 7	5.8
6	"蓝宝石公主"号	115 875	288	4 200	0.823 1	0.887 6	7.8
7	"赛琳娜"号	114 261	290	4 890	0.836 8	0.893 1	6.7
8	"炫目"号	92 600	294	3 876	0.820 1	0.884 7	7.9
9	"大西洋"号	85 619	292	3 557	0.812 4	0.881 8	8.5
10	"精致世纪"号	71 545	246	2 960	0.789 1	0.875 0	10.9
11	"和谐"号	50 142	241	1 485	0.739 2	0.850 6	15.1

总体来说，邮轮总吨位越小，搭载的人数越少，R_{2020} 相对 R_{2009} 的提升率越高。例如，7 万总吨级的"精致世纪"号，R_{2020} 竟要比 R_{2009} 提升 10.9%。此外，超大型邮轮本身的分舱指数已经很高，R_{2020} 相对 R_{2009} 的提升率看似较低，但绝对提升值却相当可观。因此，SOLAS 2020 的实施必然会对邮轮的设计和建造带来重大影响。

表 4.1 中的各邮轮如果满足 SOLAS 2009，那么它们实际的分舱指数肯定大于 R_{2009}，但要满足 R_{2020} 难度不小。以超大型邮轮"海洋绿洲"号为例，该船最多可搭载 6 296 名乘客和 2 165 名船员，实际分舱指数约为 0.905 5，比 R_{2009} 还要高 3%，但离 R_{2020} 仍有不小的差距。如果保持该船的船型设计不变，只有把最大载客人数降到 6 821 人左右才能满足 R_{2020}，这将比现有的最大载客人数要少近 1 640 人，代价极其巨大，几无可行性。

按照现行国际公约，在 SOLAS 2020 生效后，大型邮轮的完整稳性仍沿用《2008 年国际完整稳性规则》(IS 2008)，但破舱稳性要求却有了大幅提升。可以预见，破舱稳性必将成为大型邮轮主尺度规划的主控因素之一。

4.1.4　满足 SOLAS 2020 要求的邮轮主尺度调整案例

下面以一型 8 万总吨级邮轮的方案设计为例,研究探讨应对 SOLAS 2020 破舱稳性要求的主尺度调整方案。目标邮轮主要参数见表 4.2,图 4.4 所示为目标邮轮的水密分舱情况。

表 4.2　目标邮轮的主要参数

参数	数值
总吨位	~83 520
总长/m	270.500 0
分舱长度/m	264.200 0
型宽(舱壁甲板处)/m	32.500 0
舱壁甲板高度/m	10.800 0
最深分舱吃水/m	7.750 0
载重量(最深分舱吃水)/t	7 250
轻载吃水/m	7.500 0
最大搭载总人数(N)	2 750
救生艇可搭载人数(N_1)	2 400
R_{2009}	0.784 8
R_{2020}	0.872 4

图 4.5 显示了目标邮轮满足 R_{2009} 和 R_{2020} 要求的 GM(初稳性高)包络线,以及典型装载工况下的实际 GM。可以看出,R_{2020} 需要的 GM 要比 R_{2009} 需要的 GM 大 1.5 m 左右,目标邮轮的实际 GM 充分满足 R_{2009},尚有平均 0.4 m 左右的余量,但离满足 R_{2020} 尚有平均 1.1 m 左右的不足。

要提高目标邮轮的分舱指数,可以采用增加水密分舱、增加横贯进水装置、增加进水点高度、降低轻载吃水、降低装载重心等方式[7-10]。但鉴于 SOLAS 2020 破舱稳性要求的大幅提升,这些方式的效果有限,或受布置、功能的限制而无法实施。因此,调整目标邮轮的船体主尺度势在必行。

1. 增加船宽和型深的方案

提高船舶破舱稳性最常用的方式是增加船宽,它对 GM 的影响最大。增加船宽能显著提高 GM,还能增大排水体积和降低吃水,这些都对提高破舱稳性有利。增加型深,能提高干舷,对提高破舱稳性有利。但型深增加后,船体质量增大使

吃水增大,重心提高使 *GM* 降低,这些对提高破舱稳性不利。

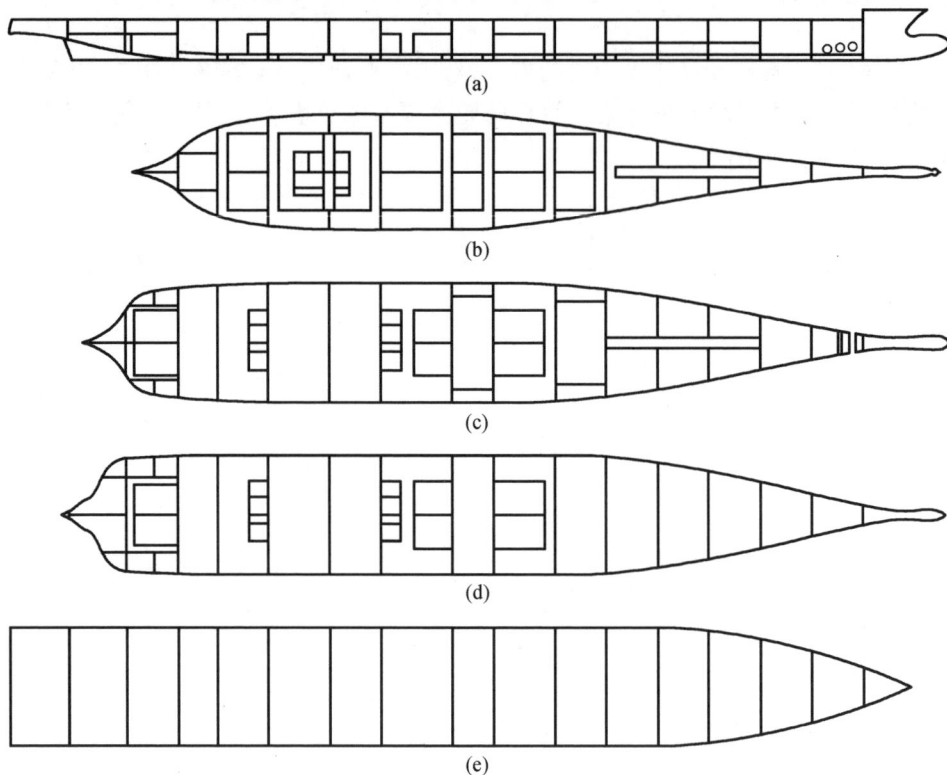

(a)

(b)

(c)

(d)

(e)

图 4.4　目标邮轮的水密分舱情况

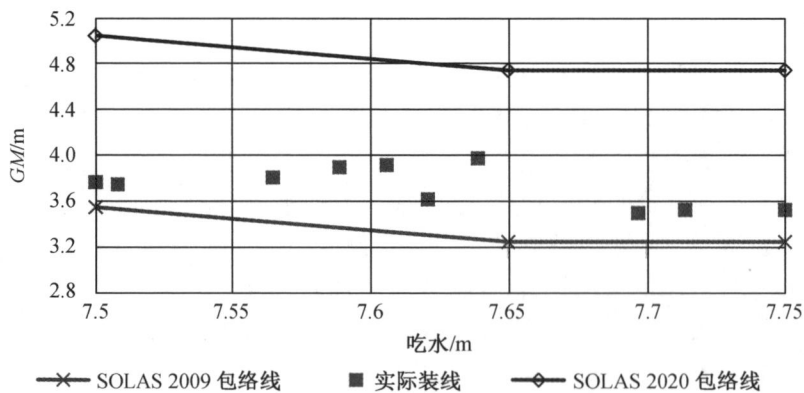

吃水/m

→×— SOLAS 2009 包络线　■ 实际装线　→◇— SOLAS 2020 包络线

图 4.5　目标邮轮适应 R_{2009} 和 R_{2020} 的情况

表 4.3 针对目标邮轮,设定了多组增加船宽 B 和型深 D 的方案。该表中关于空船质量 W 的增加仅估算了船体钢料质量的增加,而未考虑尺度变化对管系、电缆、涂装等质量的影响。船体内部水密舱壁和甲板的位置不变,只有那些以舱壁甲板或外板为边界的舱室的舱容受到影响。此外,在装载计算时,保持可变载荷不变。

表 4.3 中还计算了各组方案的实际分舱指数 A。这里只定性比较增加船宽和型深对破舱稳性的影响,因此在计算时,d_s、d_l 直接取各装载工况的满载吃水和轻载吃水,GM 限值亦是如此。d_p 的 GM 限值与 d_s 的一致。

表 4.3　目标邮轮船宽和型深增加后的空船质量、装载和分舱指数变化

序号	ΔB /m	ΔD /m	ΔW /t	d_s/m	d_p/m	GM_{sp} /m	d_l/m	GM_l /m	A_s	A_p	A_l	A
1	0.0	0.2	204	7.768	7.594	3.19	7.578	3.39	0.793 0	0.817 1	0.839 3	0.811 9
2	0.0	0.4	421	7.799	7.692	3.13	7.609	3.34	0.806 1	0.823 1	0.852 7	0.822 2
3	0.4	0.0	273	7.666	7.723	3.93	7.485	4.21	0.820 0	0.832 4	0.867 6	0.834 5
4	0.4	0.2	491	7.736	7.663	3.61	7.554	3.80	0.821 7	0.836 9	0.860 3	0.835 5
5	0.4	0.4	698	7.767	7.694	3.55	7.585	3.77	0.832 5	0.847 7	0.872 9	0.846 7
6	0.8	0.0	557	7.635	7.635	4.36	7.462	4.65	0.840 9	0.854 4	0.888 9	0.855 9
7	0.8	0.2	769	7.705	7.665	4.01	7.531	4.23	0.846 1	0.859 2	0.878 5	0.857 8
8	0.8	0.4	984	7.735	7.566	3.96	7.561	4.19	0.857 2	0.871 4	0.887 7	0.869 0
9	0.8	0.5	1 088	7.747	7.673	3.93	7.563	4.12	0.867 3	0.880 7	0.900 7	0.879 3
10	0.8	0.6	1 194	7.763	7.689	3.90	7.579	4.09	0.864 7	0.877 4	0.895 7	0.876 0
11	1.1	0.0	773	7.598	7.526	4.68	7.418	4.92	0.859 9	0.873 2	0.902 7	0.873 8

注:GM_{sp} 表示 d_s 和 d_p 对应的 GM 限值,GM_l 表示 d_l 对应的 GM 限值。

比较表 4.3 中的方案 2 和方案 3,前者增加型深 0.4 m,后者增加船宽 0.4 m,前者的空船质量比后者多增加 148 t,但分舱指数要小 0.012 3。比较方案 1 和方案 3,前者增加型深 0.2 m,后者增加船宽 0.4 m,前者的空船质量比后者少增加 69 t,但分舱指数却要小 0.022 6。若比较方案 2 和方案 4、方案 4 和方案 6、方案 5 和方案 7,都可得到类似结论。比较方案 9 和方案 10,前者在船宽增加 0.8 m、型深增加 0.5 m 后的分舱指数已能满足 R_{2020},后者在型深继续增加 0.1 m 后,空船质量又增加 106 t,但分舱指数反而略有降低。对于方案 11,在船宽增加 1.1 m 后,分舱指数能满足 R_{2020},而空船质量仅增加 773 t。通过上述比较可得到以下几个结论。

(1)增加船宽总是有利于提高目标邮轮的分舱指数;

（2）增加型深有利于提高目标邮轮的分舱指数，但型深增加 0.5 m 后若再继续增加，分舱指数反而随之下降；

（3）从提高破舱稳性和控制空船质量增加出发，增加船宽要比增加型深更为有效。

Zaraphonitis 等[11]曾选择一艘 1 500 人/360 m 小型客滚船，通过多种增加船宽和型深的方案来提高该船的分舱指数，研究得到的结论与上述一致。

2. 增加船长的方案

增加船长对 GM 直接的影响很小，但若将船长增加的部分形成水密舱室，能提高实际分舱指数。增加船长还能增大排水体积，降低吃水，这对提高破舱稳性有利。

如图 4.6 所示，可通过将船中横剖面沿纵向拉伸一定长度，以此来增加目标邮轮的船长。在计算破舱稳性时，将增加的船体部分划分为双层底上、下两个空舱。当然，在实际设计时，增加的船体部分完全可按功能的需要进行舱室划分。

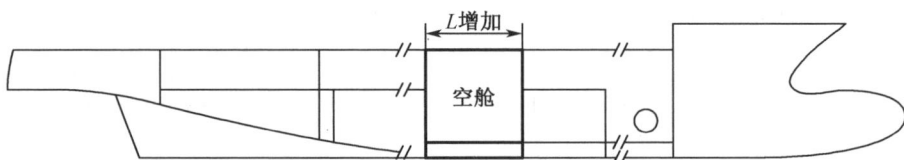

图 4.6　目标邮轮增加船长的方案示意图

针对目标邮轮，设定了几种增加船长 L 的方案，见表 4.4。表中关于空船质量的增加仅估算了船体钢料质量的增加，而未考虑尺度变化对其他质量的影响。在计算总吨位时，计入了主船体和上层建筑容积的变化。船体内部原来的水密舱壁和甲板的位置不变。在装载计算时，同样维持可变载荷不变。

在表 4.4 中还计算了各个方案的实际分舱指数。这里只定性比较增加船长对破舱稳性的影响，因此在计算时，d_s、d_1 直接取各装载工况的满载吃水和轻载吃水，GM 限值亦是如此。d_p 的 GM 限值与 d_s 的一致。

表 4.4　目标邮轮船长增加后的空船质量、吨位、装载和分舱指数变化

	ΔL /m	ΔGT	ΔW /t	d_s/m	d_p /m	GM_{sp} /m	d_1 /m	GM_1 /m	A_s	A_p	A_1	A
1	5	1 853	511	7.587	7.513	3.50	7.402	3.73	0.819 5	0.832 7	0.860 9	0.833 1
2	10	3 709	1 041	7.458	7.375	3.53	7.251	3.70	0.858 4	0.866 3	0.876 8	0.865 2
3	15	5 572	1 562	7.364	7.286	3.43	7.168	3.72	0.870 7	0.875 6	0.892 0	0.876 9

注：GM_{sp} 表示 d_s 和 d_p 对应的 GM 限值，GM_1 表示 d_1 对应的 GM 限值。

表4.4中的方案3在加长15 m后,分舱指数已能满足R_{2020}。同时钢料质量增加1 562 t,总吨位增加5 572。事实上,按方案3,目标邮轮已经接近9万总吨级,而这往往意味着邮轮运营定位的改变。

3.几种尺度变化方案的优劣比较

通过上述各尺度变化方案中的分舱指数计算可知,船宽增加1.1 m、船宽增加0.8 m且型深增加0.5 m、船长增加15 m这3个方案都能使目标邮轮的破舱稳性满足SOLAS 2020。除破舱稳性外,这3个方案在其他方面各有优劣。

(1)总布置

船宽增加方案和型深增加方案对总布置的影响有限,而船长增加方案对总布置最为有利,增加了总布置的灵活性。

显然,随着船长增加,上层建筑的长度也随之增加,总体空间的增大对提高舱室布置的灵活性最为有利。如果需要进一步提高目标邮轮的稳性,甚至可考虑将高层的客房、乘客服务处所等转移至低层,从而降低整体重心高度和受风面积。若稳性有富余,也可将增大的空间设为客房,增加乘客人数。

(2)耐波性

邮轮乘坐的舒适性是特别重要的评价指标,它与耐波性密切相关。

船宽对耐波性的影响最大,主要体现在对横摇的影响上。船宽增加,GM增大,横摇周期变小,而横摇角和横摇加速度变大。显然,增加船宽将加剧横摇的频率和幅度,降低乘坐的舒适性。

为尽可能避免谐摇,通常要求远洋航行船舶的横摇周期最好能在11 s以上,以与主要波浪周期充分避开。在初步设计阶段,目标邮轮的横摇周期T_R可按下式估算[12]:

$$T_R = 2\pi\frac{0.47B}{\sqrt{g\cdot GM}} \tag{4.7}$$

根据表4.3和表4.4的装载计算结果,船宽增加方案的横摇周期介于14.2 ~ 14.5 s,船宽和型深同时增加方案的横摇周期介于15.3 ~ 15.7 s,船长增加方案的横摇周期介于15.7 ~ 16.4 s。显然,船宽增加方案的耐波性最差,而船长增加的耐波性最好。

(3)阻力

就目标邮轮的尺度而言,船宽增加方案对摩擦阻力的影响很小,剩余阻力会有增加,但总体影响有限。型深增加方案使吃水加大,也会引起阻力增加。而船长增加方案使船体长宽比增大,对快速性影响最小。

(4)钢料增加

船宽增加方案产生的钢料增加最少,船宽和型深同时增加方案的次之,船长增加方案产生的钢料增加最多,相应地建造成本也最高。

4. 目标邮轮的主尺度调整方案

与其他船型一致,在选取邮轮主尺度时需要综合考虑性能、成本、总布置等因素,是一个综合优化、平衡的过程。目标邮轮的破舱稳性最初只需满足 SOLAS 2009。在参考原来主尺度的基础上,通过调研,该船主尺度的选取着重考虑了以下几个因素。

(1)东亚和东南亚航线易受强台风、超强台风的影响。"东方之星"号、"挪威逍遥"号等邮轮的事故加剧了船东的担忧,他们认为邮轮的抗风能力还有进一步加强的必要。

(2)邮轮的耐波性非常重要。目标邮轮的横摇周期最好能在 15 s 以上。

(3)目标邮轮的乘客空间比最好在 30 以上,以增强市场竞争力。

(4)邮轮作为一种休闲度假载体,竞速不是其主要目的。目标邮轮只考虑运营日韩、东南亚航线,不考虑跨洋航线,实际运营航速基本不超过 18 kn,而其现有的最大航速为 22 kn,适当降速是可以接受的。

从提高抗风性能上讲,目标邮轮的 GM 要适当大些,船宽要大些,但耐波性要求又限制了船宽的增加。从提高耐波性和乘客空间比来讲,增加船长最为有利。因此,目标邮轮采用了优先增加船长,适当增加船宽和型深的综合调整方案。经过多次试算,最终确定的主尺度调整方案为船长增加 12 m,船宽增加 0.3 m,型深不变。对应的空船质量、吨位、装载和分舱指数见表 4.5,横摇周期介于 15.7 ~ 16.1 s。

表 4.5　目标邮轮主尺度调整后的空船质量、吨位、装载和分舱指数

ΔGT	ΔW /t	d_s /m	d_p /m	GM_{sp} /m	d_1 /m	GM_1 /m	A_s	A_p	A_1	A
4 803	1 404	7.438	7.368	3.64	7.264	3.85	0.868 6	0.872 8	0.883 1	0.873 2

如图 4.7 所示,在船体拉长后增加的空间中,分别增加了 1 层共 4 间船员房、2 层共 8 间海景房和 4 层共 16 间阳台房,其余用作公共区域、机械舱室等。增加的房间按每间 2 人计算,$R_{2020} = 0.873\ 1$,满足 SOLAS 2020 的破舱稳性要求。如该图中的阴影部分所示,今后若还需降低重心高度,可考虑将高层的功能舱室移至船体拉长后增加的空间中。

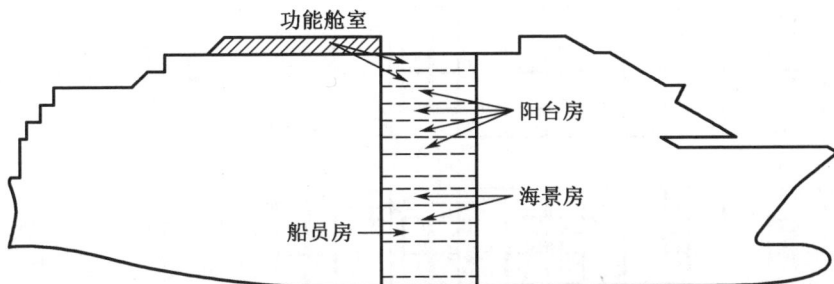

图 4.7 目标邮轮主尺度调整后的舱室示意图

4.1.5 满足 SOLAS 2020 要求的邮轮内部分舱调整案例

增加水密分舱也是一种常用的提高破舱稳性的方法。增加水密分舱数量可以缩小水密分舱区域,减少该区域舱室破损后的进水量,提高破损后的生存概率。增加水密分舱将会增加水密舱壁、相关管系、阀件、穿舱件、通风装置、通道设备,乃至控制系统等的数量,增加空船质量和建造成本。但相对于主尺度调整来说,增加水密分舱引起的修改量总体要小得多。

当然,邮轮增加水密分舱也不是一件容易的事。邮轮功能复杂、设备众多,增加水密分舱很可能会增加功能舱室布置的难度,而增加液舱和空舱分舱的水密分舱的难度相对要小得多。

下面仍以前文目标邮轮为例,探讨增加水密分舱对提高破舱稳性的效果。如图 4.8 所示,设计了 4 种增加水密分舱的方案,其中第①种方案将原先一个水密的辅机舱划分为前后 2 个水密舱,后 3 种方案都是将原先的液舱前后划分为 2 个液舱,所有水密分舱划分都介于双层底与 A 甲板之间。这里暂不考虑增加分舱引起的空船质量增加,以及导致的吃水和 GM 值的变化。

表 4.6 列出了实施多个水密分舱调整方案组合后,目标邮轮的实际分舱指数 A 及变化情况。可以看到,方案①和④增加分舱指数的效果相对明显,而方案②和③的效果相对较差。单个调整方案中,方案④的效果最明显,分舱指数可增加 0.019 0,其效果基本与型深增加 0.2 m 的方案相当。若 4 个调整方案同时实施,即①+②+③+④方案组合,分舱指数可增加 0.027 2,其效果略低于型深增加 0.4 m 的方案。若从尽量减少目标邮轮修改量角度出发,可采用①+④调整方案,分舱指数可增加 0.023 5,其效果基本与型深增加 0.3 m 的方案相当。

(a)

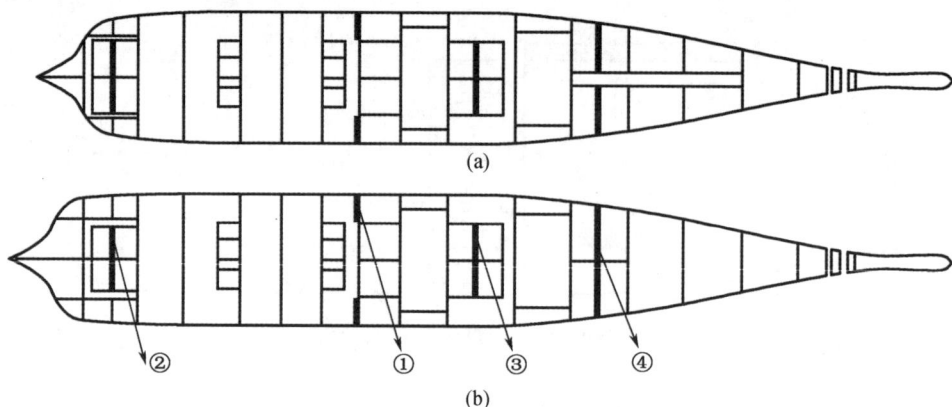

(b)

图 4.8　目标邮轮增加水密分舱方案示意图

表 4.6　增加水密分舱方案的实际分舱指数及变化

方案组合	A_s	A_p	A_1	A	ΔA
①	0.769 0	0.793 2	0.871 2	0.799 1	0.007 3
①＋②	0.771 0	0.796 6	0.875 8	0.802 2	0.010 5
①＋②＋③	0.771 6	0.797 1	0.876 1	0.802 7	0.010 9
①＋②＋③＋④	0.793 0	0.814 4	0.880 1	0.819 0	0.027 2
④	0.784 6	0.807 6	0.869 6	0.810 8	0.019 0
①＋④	0.790 3	0.810 4	0.875 1	0.815 3	0.023 5

4.1.6　满足 SOLAS 2020 的邮轮主尺度选型建议

SOLAS 2020 修订案将全面、大幅地提升客船要求的分舱指数,将进一步促进邮轮船型的大型化。前文以一型 8 万总吨级邮轮的方案设计为例,研究满足 SOLAS 2020 的主尺度变化方案,及其对空船质量、总布置、耐波性、阻力等的影响。研究成果能为大型邮轮新船型的主尺度规划提供参考。

(1)如果不考虑主尺度的综合调整,船宽增加 1.1 m、船宽增加 0.8 m 且型深增加 0.5 m、船长增加 15 m 这 3 个方案都能使目标邮轮的破舱稳性满足 SOLAS 2020 的要求。

(2)增加船宽是提高破舱稳性的最有效方式,钢料增加也最少。但船宽增加太多会减小横摇周期,降低邮轮的耐波性。适当增加型深对提高破舱稳性有利,但型深增加过多反而对提高破舱稳性不利。增加船长对提高破舱稳性、总布置

的灵活性、快速性最有利,对耐波性影响不大,但钢料增加最多。

(3)增加船宽和型深往往被看作一种微调。如果现有船型的分舱指数接近 SOLAS 2020 要求,建议优先考虑增加船宽和型深,这样钢料不至增加太多,总布置也无须大的调整,耐波性和阻力受到的影响也小。可以预计,SOLAS 2020 的实施将进一步造成大型邮轮船型的"肥大化"。

(4)如果现有船型的分舱指数与 SOLAS 2020 的要求相距较远,建议优先考虑增加船长,再适当增加船宽和型深,这对总布置、耐波性和快速性最为有利,成本也不至增加太多。

(5)单纯增加船长,而不改变纵向水密分舱的方案是不可接受的。单纯增加船长,固然能增大分舱指数,使之满足 SOLAS 2020 的要求,但增加船长对 GM 几无影响,无助于提高邮轮在破损事故后保持正浮的能力,这与修订 SOLAS 破舱稳性要求的初衷相违背。简单地讲,如果单纯增加船长,那么需要相应地修改水密分舱,以减小破损进水引起的横倾力矩。

(6)结合主尺度调整,适当增加水密分舱,也是提高邮轮破舱稳性的优选方案之一。

4.2 IMO 2020 全球限硫令和 NO$_x$ Tier Ⅲ

邮轮的大气污染物排放主要包括 SO$_x$、NO$_x$ 和 PM。随着 IMO 2020 全球限硫令和 NO$_x$ Tier Ⅲ 的陆续实施,邮轮的污染气体排放控制更趋严格,也对邮轮的设计带来一定的挑战。

4.2.1 IMO 2020 全球限硫令

IMO 的"0.5% 全球限硫令"已正式生效。如图 4.9 所示,IMO 2020 全球限硫令规定自 2020 年 1 月 1 日起,全球范围内的船舶都需要使用含硫量不高于 0.5% m/m[①]的燃油,排放控制区(Emission Control Area,ECA)内仍然执行不高于 0.1% m/m 的燃油硫含量标准。IMO MEPC 73 次会议规定,自 2020 年 3 月 1 日起,禁止船舶携带硫含量超过 0.5% m/m 的自用燃油,除非船上配有废气清洁系统(Exhaust Gas Cleaning System,EGC)。

---

① m/m 表示质量百分含量,0.5% m/m 表示每 100 g 的物质中含有 0.5 g 的硫,0.1% m/m 表示每 100 g 的物质中含有 0.1 g 的硫。

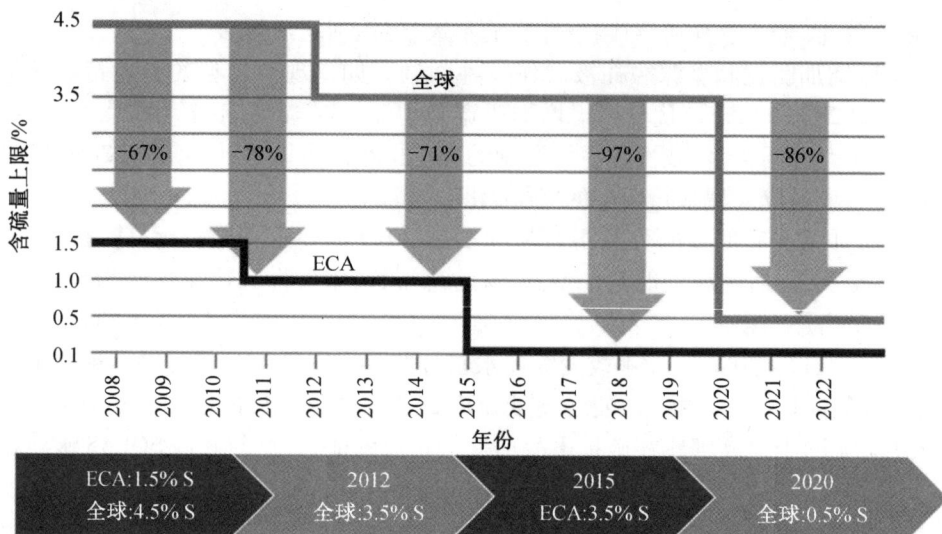

图 4.9　国际船舶 SO_x 排放控制进程

4.2.2　NO_x Tier Ⅲ

目前，NO_x Tier Ⅲ仅适用于 2016 年 1 月 1 日及之后铺设龙骨的、主机输出功率为 130 kW 或以上的、在国际排放控制区内航行的船舶。

如图 4.10 所示，相对 Tier Ⅱ来说，Tier Ⅲ的 NO_x 排放指标约有 60% 的提高。

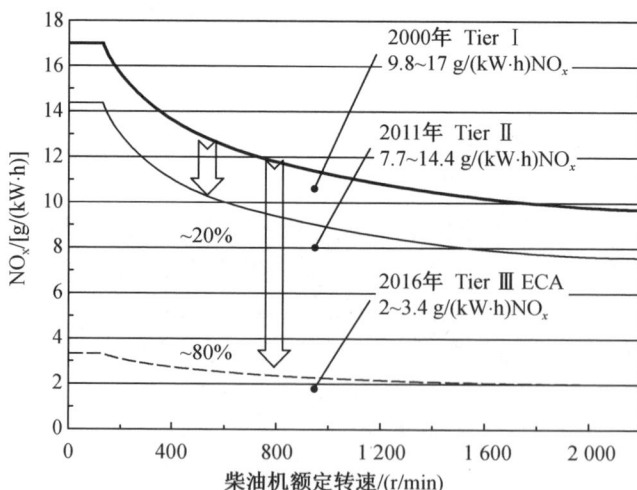

图 4.10　国际船舶 NO_x 排放三阶段控制进程

4.2.3　国际 SO_x 和 NO_x 排放控制区

国际排放控制区分为 SO_x 排放控制区（SECA）和 NO_x 排放控制区（NECA）。目前的 SECA 和 NECA 是重叠的,共包括以下四大区域。

（1）北美沿海,包括加拿大、美国及法属圣皮埃尔和密克隆群岛岸线海域;

（2）美国加勒比海海域,包括波多黎各海岸线及美属维尔京群岛海域;

（3）波罗的海海域,包括波罗的海,连同波斯尼亚湾、芬兰湾及位于北纬 $57°44.8'$、斯卡格里克湾之波罗的海入口处;

（4）北海海域及英吉利海峡。

上述四个区域中的后两个是自 2021 年 1 月 1 日起成为 NECA 的。除以上四个区域外,潜在的排放控制区还有挪威沿海、地中海、墨西哥沿海和日本沿海等,整个欧洲沿海加入国际排放控制区的呼声也很高。

4.2.4　应对 IMO 2020 限硫令和 NO_x Tier Ⅲ 的方法

目前船舶应对 IMO 2020 全球限硫令的方法主要有以下三种。

（1）使用满足硫含量控制要求的低硫燃油(LSFO);

（2）使用高硫燃油,但配置 EGCS,即俗称的脱硫塔(Scrubber);

（3）使用 LNG 做燃料。

应对 NO_x Tier Ⅲ 的方法主要有为柴油机安装选择性催化还原系统(SCR)或废气再循环装置(EGR)和使用 LNG 燃料三种。目前,四冲程中速柴油机多采用 SCR 进行脱硝,EGR 的使用较少。LNG 的优点是可以同时解决 SO_x 和 NO_x 排放,EEDI 也更容易满足,但存在加注设施不完善、设计建造成本高、运营维护压力大等缺点,而且我国尚无柴电推进大型邮轮的自主设计能力,贸然推动 LNG 动力邮轮的风险极大[13]。

目前,邮轮选择高硫油(重油) + 脱硫塔 + SCR 组合方案的比例相对高些。关于脱硫塔和 SCR 的原理、形式和布置等,可参见相关厂商设备资料,这里不再赘述。图 4.11 所示为某大型邮轮加装脱硫塔和 SCR 前后的机舱棚放样模型对比,可见安装脱硫塔和 SCR 将大大增加机舱与机舱棚的布置难度。

使用脱硫塔还要面临洗涤水排放问题[14]。按洗涤水排放形式,脱硫塔分为开式脱硫塔、闭式脱硫塔和混合式脱硫塔三种。

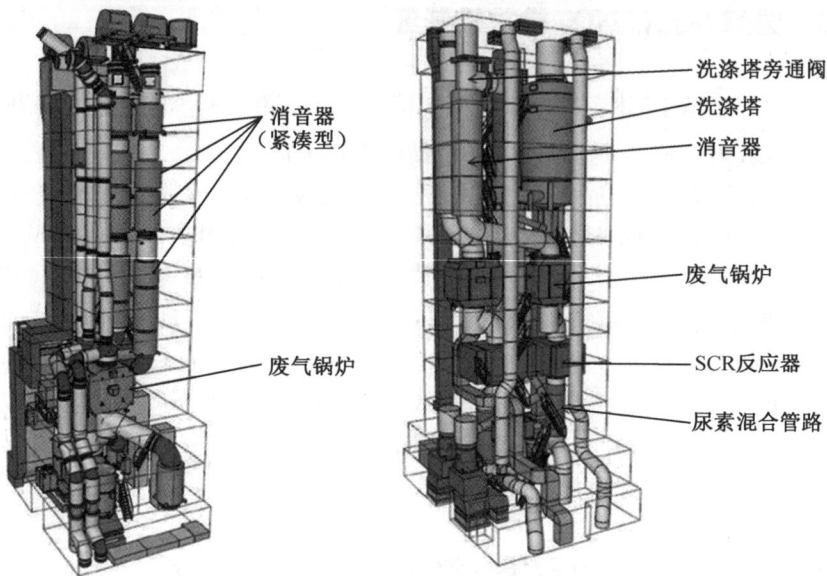

图 4.11　某大型邮轮加装脱硫塔和 SCR 前后的机舱棚放样模型对比

（1）开式脱硫塔

开式脱硫塔适合用于海水区域,利用弱碱性的海水对含有 SO_x 的尾气进行中和、吸收,洗涤尾气中的烟尘。洗涤后的水经过 pH 值检测符合标准后向舷外排放。其优点是成本低,结构简单;缺点是耗能大,洗涤水直接排放入海存有争议,不少国家和港口限制使用。若安装开式脱硫塔,船舶进入排放控制区域前应预先执行高硫油到低硫油的转换操作程序。

（2）闭式脱硫塔

闭式脱硫塔适用于淡水和港内水域,将碱性化学物质混合入洗涤水,对尾气进行洗涤,将脱硫塔中的洗涤水排入船上收集柜,等待岸上或者第三方接收。其优点是不受海水碱度的影响,且不污染海洋;缺点是安装和营运成本高。

（3）混合式脱硫塔

混合式脱硫塔集合了开式脱硫塔和闭式脱硫塔的优点,可以直接利用海水洗涤并检测合格后直排,也可以在淡水和港内水域利用碱性化学物质混合洗涤后船上收集。其优点是可灵活切换,优势互补;缺点是成本高,系统复杂。

总之,上述各种脱硫脱硝方法各有利弊,至少现阶段很难说哪种方法绝对好,哪种方法绝对差。关于各种方法的比较,业界已有很多研究可供参考[15-16],这里不再赘述。

4.2.5　各国(地)自行规定的 SECA

除国际水域和 IMO 认可的 SECA 外,不少国家和地区也自行规定了 SECA:欧盟规定在其成员国港口(不包括亚速尔群岛、马德拉群岛、加那利群岛)停泊(靠泊或锚泊)超过 2 h 的船舶,需在抵港后 1 h 起到离港前 1 h 这段时间使用硫含量不超过 0.1% 的低硫油;美国加利福尼亚州规定船舶进入其海岸外 24 n mile 内水域,应使用硫含量不超过 0.1% 的船用轻柴油(MGO)或船用柴油(MDO),不允许使用低硫油和脱硫装置代替 MGO 或 MDO;澳大利亚悉尼港规定停靠的客船需在抵港后 1 h 起到离港前 1 h 这段时间使用硫含量不超过 0.1% 的低硫油。

作为我国邮轮旅游曾经的、潜在的主要目的地国之一,韩国也在其国内划定了 0.1% 的硫排放控制区,包括釜山港、仁川港、蔚山港、丽水 – 光阳港和平泽 – 唐津港。韩国的硫排放控制区政策分以下两步走。

(1)自 2020 年 9 月 1 日起,从锚泊或系泊完成后 1 h 起,至起锚或离泊完成前 1 h 这段时间,须使用硫含量不超过 0.1% 的燃油;

(2)自 2022 年 1 月 1 日起,从进入硫排放控制区至离开期间,要求使用硫含量不超过 0.1% 的燃油,或使用 LNG、废气清洗等替代方法。

目前已有包括中国、新加坡、马来西亚、印度、沙特阿拉伯、阿拉伯联合酋长国、阿曼苏丹国、土耳其、比利时、德国等在内的 20 多个国家的领海或港口禁止使用开式脱硫塔,巴拿马运河、苏伊士运河也禁止使用开式脱硫塔。

4.2.6　中国的沿海排放控制区

我国的排放控制区(DECA)分为沿海排放控制区和内河排放控制区。沿海排放控制区大致范围为中国领海基线外延 12 n mile 内的所有海域及港口(不含香港、澳门、台湾管辖水域),以及特别划定的海南水域及港口[①]。主要规定如下。

(1)自 2020 年 1 月 1 日起,国际航行船舶进入我国管辖水域应当使用硫含量不超过 0.50% m/m 的燃油;

(2)自 2022 年 1 月 1 日起,国际航行船舶进入我国船舶大气污染物排放控制区海南水域的,应当使用硫含量不超过 0.10% m/m 的燃油;

(3)自 2020 年 3 月 1 日起,国际航行船舶进入我国管辖水域,不得装载硫含

---

① 参见中华人民共和国交通运输部于 2018 年发布的《船舶大气污染物排放控制区实施方案》;中华人民共和国交通运输部海事局于 2018 年发布的《交通运输部海事局关于规范实施船舶大气污染物排放控制区监督管理工作的通知》。

量超过 0.50% m/m 的自用燃油,安装了 SO_x 和 PM 污染控制装置等替代措施的船舶除外;

（4）自 2020 年 1 月 1 日起,船舶不得在我国船舶大气污染物排放控制区内排放开式废气清洗系统的洗涤水,即不可使用开式脱硫塔;

（5）自 2022 年 1 月 1 日起,新建或进行船用柴油发动机重大改装的、进入沿海排放控制区海南水域的中国籍国内航行船舶,所使用的单缸排量不小于 30 L 的船用柴油发动机应满足 NO_x Tier Ⅲ要求;

（6）自 2021 年 1 月 1 日起,邮轮在排放控制区内具备岸电供应能力的泊位停泊超过 3 h,且不适用其他等效替代措施的,应使用岸电;

（7）2020 年 1 月 1 日及以后建造（安放龙骨）的中国籍邮轮,应具备船舶岸电系统船载装置;

（8）适时评估确定是否自 2025 年 1 月 1 日起,船舶进入我国管辖水域应当使用硫含量不超过 0.10% m/m 的燃油;

（9）适时评估确定是否自 2025 年 1 月 1 日起,新建或进行船用柴油发动机重大改装的、进入沿海排放控制区的中国籍国内航行船舶,所使用的单缸排量不小于 30 L 的船用柴油发动机应满足 NO_x Tier Ⅲ要求。

4.3　MLC 2006

MLC 2006 整合并修订了自 20 世纪 20 年代以来 ILO 通过的 60 多个公约及议定书,旨在为海员提供体面的工作和休息环境、保护海员健康和社会福利待遇,确保将漫长的海上生活对船员生理及心理方面的影响降至最低[1]。MLC 2006 已于 2013 年 8 月 20 日正式生效,我国则于 2016 年 11 月 12 日正式生效。对于此公约生效之前建造的船舶,ILO 92《海员舱室公约（修正）》和 ILO 133《海员舱室公约（补充规定）》中规定的对于船舶建造和设备的要求,应根据有关成员国的法律或规程,在其适用的范围内继续适用。

MLC 2006 所适用的"海员"一词系指在公约所适用的船舶上担任任何职务工作的所有人员,既包括从事航行或船舶操纵的船员,也包括在船上从事相关服务工作的人员,还包括船上的实习生。一般情况下,如不做特殊说明,船员和海员既包括操船的船员,也包括船上的服务从业人员。

---

① 　参见 ILO. Maritime Labour Convention 2006, as amended（including the Amendments of 2014 and 2016）Geneva,2019 年 2 月。

4.3.1　MLC 2006 对海员舱室布置的变化

ILO 92 是对海员舱室的基本要求,ILO 133 是以补充规定的形式对 ILO 92 中部分条款做修正。显然,ILO 133 比 ILO 92 的要求要更高,而 MLC 2006 的要求最高,这对船舶的设计和建造提出了更高的要求。表 4.7 简单对比了这三版的一些变化。

表 4.7　ILO 92、ILD 133、MLC 2006 对海员舱室布置要求的变化对比

ILO 92	ILO 133	MLC 2006
卧室最小净高 1.9 m	卧室最小净高 1.98 m	卧室最小净高 2.03 m
应有足够数量的卧室,为每一部门提供一间或多间单独的卧室;对小船,主管机关可放宽这一要求	初级海员卧室每间不超过 1 ~ 2 人。 在除客船以外的船舶上,应为成年海员提供单独的卧室,但要视船的大小、从事的业务和实际布局的合理与可行而定	在除客船以外的船舶上,应为每一海员提供单独的卧室,对小于 3 000 总吨的船舶或特殊用途船舶,主管机关在与有关船东和海员组织协商后可准予免除此项要求
床的最小内部尺寸: 1.9 m × 0.68 m	床的最小内部尺寸: 1.98 m × 0.8 m	床的最小内部尺寸: 1.98 m × 0.8 m
一般海员卧室的人均居住面积应不小于: 800 总吨以下,1.85 m^2; 800 总吨以上,3 000 总吨以下,2.35 m^2; 3 000 总吨以上,2.78 m^2	一般海员卧室的人均居住面积应不小于: 1 000 总吨以上,3 000 总吨以下,3.75 m^2; 3 000 总吨以上,10 000 总吨以下,4.25 m^2; 10 000 总吨以上,4.75 m^2	对单人间的海员卧室,地板面积应不小于: 3 000 总吨以下,4.5 m^2; 3 000 总吨以上,10 000 总吨以下,5.5 m^2; 10 000 总吨或以上,7 m^2
每一餐厅的大小和设备应满足在任何时间同时使用的人员数	高级海员和一般海员的餐厅占地面积,按计划座位数每人应不小于 1 m^2	在客船以外的船舶上,海员餐厅的地板面积应不少于按计划容纳人数人均 1.5 m^2(非强制性)

4.3.2 MLC 2006 对客船的主要要求

MLC 2006 的结构分为"条款"(Articles)与"规则和守则"(Regulations and Code)两部分,并在其中插入了"MLC 的规则和守则的解释性说明"。规则和标准 A 为强制性要求,导则 B 为非强制性要求。除非公约另有明文规定,不能按规则 A 部分规定的方式履行权利和原则的成员国,可通过"实质上等效"于 A 部分的法律法规或其他措施来替代实施,从而使规则 A 部分强制性要求的实施具有一定的灵活性[17-18]①。

在 MLC 2006 中,"规则和守则"的第 3 篇"起居舱室、娱乐设施、食品和膳食服务"与船舶设计及建造的关系最为密切,下面就其要点进行介绍。

1. 舱室布置

(1)海员起居舱室允许的净高不小于 203 cm,主管当局可准许起居舱室高度适当降低(标准 A3.1/6(a));

(2)在客船上,如对照明和通风做出了满意的安排,主管机关可准许将卧室置于载重线以下,但无论如何不能置于防撞舱壁之前,也不得直接置于工作通道之下(标准 A3.1/6(d));

(3)卧室不得与货物处所、机器处所、厨房、仓库、烘干房或公共卫生间直接相通(标准 A3.1/6(e));

(4)客船的海员卧室配置及面积最低要求见表 4.8(标准 A3.1/9);

表 4.8 客船的海员卧室配置及面积最低要求

总吨	< 3 000	3 000 ~ 10 000	≥10 000
1 人间/m²	4.5*	5.5*	7.0*
2 人间/m²	7.5	7.5	7.5
3 人间/m²	11.5	11.5	11.5
4 人间/m²	14.5	14.5	14.5
操作级高级船员卧室(无休息室)/m²	7.5	7.5	7.5
管理级高级船员卧室(无休息室)/m²	8.5	8.5	8.5
船长、大副、轮机长舱室	除卧室外,还应有相连的起居室、休息室或等效的其他空间,小于 3 000 总吨的船舶可按船旗国规定免除此要求		

注:* 按照船旗国规定,海员卧室面积可适当减小;单人间内的卫生间,可计入卧室面积。

---

① 参见 CCS 于 2020 年发布的《海事劳工条件检查实施指南》。

（5）随船携带质量、营养价值和数量均合适的食品和饮用水（标准 A3.2/1）；

（6）航程时间超 3 天，海员 15 人及以上时应设有独立的医务室（标准 A3.1/12）；

（7）应设置分开的或共用的办公室，供甲板部和轮机部使用（标准 A3.1/15）；

（8）餐厅的位置应与卧室分开，并应尽可能靠近厨房（标准 A3.1/10（a））；

（9）考虑到任一时间可能同时用餐的海员人数，海员餐厅应足够大并且舒适（标准 A3.1/10（b））。

2. 舱室构造与隔热

（1）卧室与货物和机器处所、厨房、仓库、烘干房或公共卫生区域等处所之间的舱壁及外部舱壁应使用钢材或其他经认可的材料建造，并具备水密和气密性（标准 A3.1/6（e））；

（2）用于建造内部舱壁、天花板和衬板、地板和接合的材料应适合于其用途，且有益于健康的环境（标准 A3.1/6（f））；

（3）起居舱室应予充分隔热（标准 A3.1/6（b））；

（4）卧室、餐厅外部舱壁应适当地隔热（导则 B3.1.1/1）；

（5）机舱舱壁、厨房舱壁、其他有热源处所同相邻起居舱室和过道之间的隔热（导则 B3.1.1/1）；

（6）卧室、餐厅、娱乐室和起居舱室内通道之间适当隔热（导则 B3.1.1/2）；

（7）舱壁表面和舱室天花板的材料应为表面易于保持清洁的材料，不得使用容易隐藏害虫的构造方式（导则 B3.1.1/3）；

（8）海员卧室和餐厅的舱壁与天花板应能够易于保持清洁并应使用耐久、无毒的浅色涂料装饰（导则 B3.1.1/4）；

（9）所有海员起居舱室的甲板应为认可的材料和构造，其表面应能防滑、防潮并易于保持清洁（导则 B3.1.1/5）；

（10）如果地板用复合材料制成，其与侧面的搭接应该严密，避免留下缝隙（导则 B3.1.1/6）。

3. 供排水及卫生设施

（1）所有盥洗处所均应有流动冷热淡水（标准 A3.1/11（f））；

（2）起居舱室应提供适当的排水系统（标准 A3.1.6（g））；

（3）在所有船舶上，应在方便的位置为没有个人设施的每 6 名海员至少提供一个抽水马桶、一个洗脸池与一个浴盆和/或淋浴器（标准 A3.1/11（c））。

4. 通风和供暖

（1）卧室和餐厅应通风良好（标准 A3.1/7（a））；

（2）所有盥洗处所通风应直接通向露天，并与起居舱室其他部分的通风相独立（标准 A3.1/7（c））；

（3）除常年在温带地区航行的船舶以外，应为船舶的海员起居舱室、任何独

立的无线电报务室和任何机器集中控制室配备空调设备(标准 A3.1/7(b))。

5. 家具和设施

(1)应为每个海员提供单独的床铺,每个床铺的内部面积至少为 198 cm × 80 cm(标准 A3.1/9);

(2)对于每个居住者,家具应包括一个宽敞的衣柜(至少为 475 L)和空间不小于 56 L 的抽屉等;如果抽屉设在衣柜里面,则衣柜的合计容积至少应为 500 L;柜内应设搁板,并能够由居住者上锁以确保隐私(标准 A3.1/9(n));

(3)每间卧室应备有一张桌子或书桌,可以为固定式的、折叠式的或可滑动式的,并按需要配备舒适的座椅(标准 A3.1/9(o));

(4)考虑到任一时间可能用餐的海员人数,配备适当的家具(标准 A3.1/10 (b))。

6. 振动、噪声及事故预防

对起居舱室、娱乐设施及膳食服务处所充分考虑到防止海员被暴露于达到有害水平的噪声、振动和其他因素及船上化学品等(标准 A3.1/6(h))。

7. 娱乐设施

(1)根据船舶大小和船上海员的人数,在露天甲板上安排一块或数块具有适当面积的场地,供不当班的海员休息之用(标准 A3.1.14);

(2)为了使所有海员受益,应在船上提供适当的海员娱乐设施、便利设施和服务,以满足必须在船上生活和工作的海员的特殊需求(标准 A3.1.17)。

4.3.3 MLC 2006 对大型邮轮船员舱室布置的影响案例

大型邮轮的船员和服务人员总数基本在 1 000 ~ 2 000 人,除少部分高级船员和高级管理人员外,绝大部分船员住舱都集中在主甲板所在层和主甲板下的主船体内,乃至载重线以下。一般的船员住舱都是双人间,房间面积小,没有自然采光,且没有独立的卫生设施。

相对常规货船而言,大型邮轮上船员的住宿条件要差些。这是由邮轮的特点决定的,毕竟邮轮的服务对象是乘客,而且大型邮轮需要的船员住舱数量远超常规货船,如果刻意提高船员的居住条件,势必挤占乘客的居住和活动空间,从而影响运营收益,不利于邮轮产业的顺利发展。

也正是考虑到客船的特殊性,MLC 2006 对客船的船员住舱和餐厅自然采光、餐厅人均面积、单人间等都不做强制性要求。综合多个船型的研究来看,如果仅从满足公约角度出发,大型邮轮最为棘手的还是船员房间的面积问题。

以某 8 万总吨级大型邮轮为例,全船共 510 间船员舱室中,位于高层甲板的有 15 间,占比仅有 2.9%;位于主甲板上的有 152 间,占比 29.8%;位于主船体内

230

的有 343 间,占比高达 67.3%;有窗户能自然采光的住舱仅有 42 间,占比仅有 8.2%;单人间有 98 间,占比 19.2%,其余均为双人间;有 298 间住舱没有独立的卫生间,需与相邻的一个住舱公用卫生间,占比 58.5%。

图 4.12 所示为目标邮轮在第一层平台甲板、中间主竖区内的船员住舱布置情况。可以看到,整个船员住舱的布局相当紧凑,除必要的走道、梯道、管缆通道、风道和少量的储藏室外,整个甲板都用来布置船员住舱。

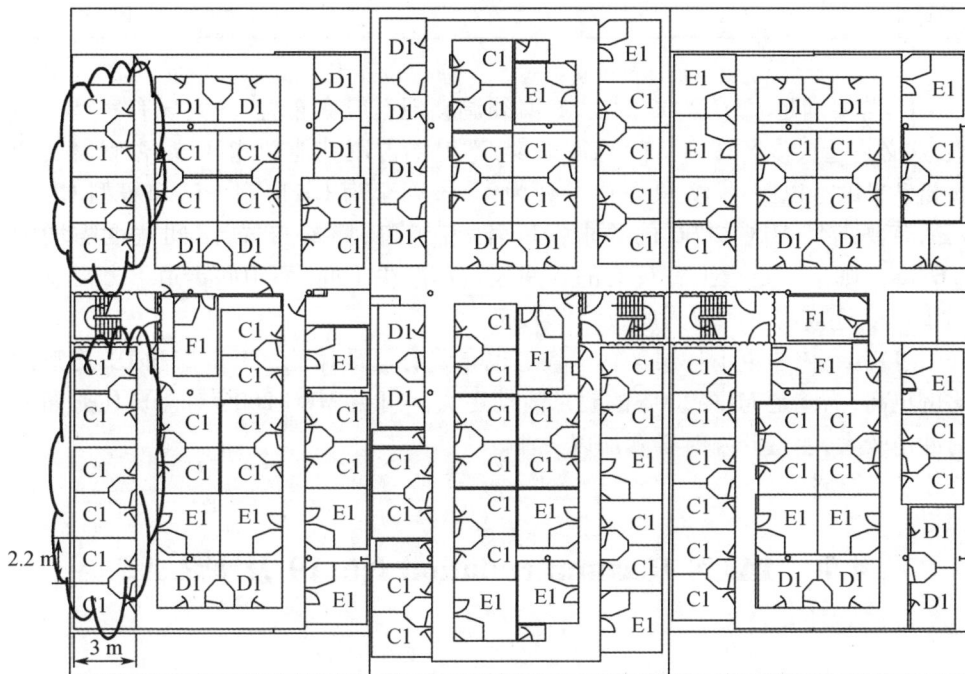

图 4.12 目标邮轮在第一层平台甲板、中间主竖区内的船员住舱布置情况

图 4.12 中共有船员住舱 115 间,包括 4 种房型,表 4.9 列出了这些船员舱面积与 MLC 2006 指标间的差异情况。其中主力房型 C1 和 D1 为普通船员双人间,均与相邻房间共用卫生单元,房间面积与 MLC 2006 的要求尚有不小的差距。如房型 C1 长 3 m,宽 2.2 m,即使不考虑公用卫生单元、内装板所占面积的折减,房间毛面积也只有 6.6 m^2,不满足 MLC 2006 双人间最小面积 7.5 m^2 的要求。E1 为高级船员双人间,房间面积略小于 MLC 2006 的要求。只有少量的房型 F1,为高级船员单人间,房间面积满足 MLC 2006 的要求。整个房间总面积差额达到 193 m^2,占到整个主竖区总面积的 13.3%。

表 4.9　目标邮轮船员舱面积与 MLC 2006 指标间的差异情况

房型	住舱人数	数量	地板面积/m²	是否满足要求	面积差额/m²	总面积差额/m²
C1	2	70	5.5	否	2.0	140.0
D1	2	24	5.7	否	1.8	43.2
E1	2	17	6.9	否	0.6	10.2
F1	1	4	10.0	是	—	—
共计	—	115	—	—	—	193.4

H]若要满足 MLC 2006 的要求,必须调整现有舱室布置,增大现有房型的面积,这必将造成该区域内房间总数减少,不得不占用其他功能区域,否则需要增大船型尺度。以图 4.12 最左边一列为例,该列全为 C1 房型。已知房型 C1 长 3 m,若要满足 MLC 2006 的要求,且不改变走道、楼梯布置,房间宽度需增加 0.67 m。则中间走道上方现有的 4 间住舱需减少 1 间;而中间走道下方需减少 1 间住舱,还需将 1 间双人间改为单人间。

事实上,该船更下一层平台甲板上也布置有船员住舱,C1 房型和 D1 房型的比例更高,为满足 MLC 2006 的要求改动更大。可见 MLC 2006 对船员住舱布置的冲击较大,船型开发时必须加以关注。

4.4　IACS Recommendation No.10 及 UR A2

船舶系泊及拖带设备的选型和设计需满足的法规、规范和标准主要有 IACS 相关要求、IMO MSC/Circ. 1175、石油公司国际海事论坛(Oil Companies International Marine Forum,OCIMF) MEG4 2018 版和巴拿马运河规则等。

邮轮的系泊及拖带主要参考 IACS 确定,其中 Recommendation No.10 给出了拖带及系泊设备的选型要求,UR A2 则规定了拖带及系泊相关船体附件和船体结构加强的相关要求[①]。2018 年 7 月 1 日及以后签订建造合同的船舶须满足

---

① 参见 IACS. Recommendation No.10. Anchoring, mooring and towing Equipment,2005;IACS. UR-A Requirements concerning mooring, anchoring and towing,2006;IACS. Recommendation No.10. anchoring,mooring and towing equipment,2016;IACS. UR-A Requirements concerning mooring,anchoring and towing,2017。

IACS UR A2 Rev. 4① 及 IACS Recommendation No. 10 Rev. 3② 的要求,两者对船舶的系泊及拖带配置要求,尤其是舾装数(Equipment Number, EN)大于 2 000 的船舶的系泊设备配置做了较多修改,需要特别关注。

4.4.1　IACS Recommendation No. 10 的新要求

IACS Recommendation No. 10 Rev. 3(以下简称"新版 Rec. 10")规定,EN 不大于 2 000 时,仍对缆绳的数量、长度、最小破断负荷(Minimum Breaking Load, MBL)等提供数据表格以选取参数;EN 大于 2 000 时,不再提供数据表格选取,而是通过公式计算来确定系泊缆相关参数,这相对于旧版本的要求发生了原则性的变化。

船舶的 EN 按下式计算:

$$EN = \Delta^{2/3} + 2.0hB + \frac{A}{10} \tag{4.8}$$

式中　Δ——对应夏季载重线的型排水量,t;

　　　B——型宽,m;

　　　h——从夏季载重线到最上层舱室顶部的有效高度,m。

h 按下式计算:

$$h = a + \sum h_i \tag{4.9}$$

式中　a——从船中夏季载重线至上甲板的距离,m;

　　　h_i——各层宽度大于 $B/4$ 的舱室,在其中心线处量计的高度,m;

　　　A——船长 L 范围内夏季载重线以上的船体部分和上层建筑及各层宽度大于 $B/4$ 的甲板室的侧投影面积的总和,m²。

如图 4.13 所示,对最下层的层高 h_i 从上甲板中心线量起。当具有不连续上甲板时,h_i 从上甲板最低线及其平行于升高部分甲板的延伸线量起。

EN 计算时应注意以下几点。

第一,计算 h 和 A 时,不必计及舷弧和纵倾;

第二,宽度大于 $B/4$ 的甲板室如在宽度为 $B/4$ 或以下的甲板室之上,应计入上面的甲板室而忽略下面的甲板室。

---

① IACS UR A2 Rev. 4 由 IACS 于 2016 年 10 月通过,后分别于 2016 年 12 月和 2017 年 3 月经过两次修订,现最新版为 Rev. 4 2016/Corr. 2 2017。上一版,即 Rev. 3 于 2007 年 7 月通过。

② IACS Recommendation No. 10 Rev. 3 版于 2016 年 10 月通过,后于 2016 年 12 月修订,现最新版为 Rev. 3 2016/Corr. 1 2016。上一版,即 Rev. 2 版于 2005 年 6 月通过。

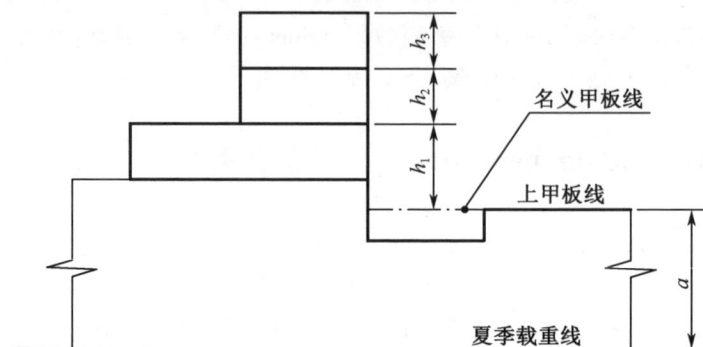

图 4.13 *EN* 计算的有效高度

第三,凡是超过 1.5 m 高度的挡风板和舷墙,均应视为上层建筑或甲板室的一部分,如图 4.14 中所示的面积 A_2 应计入 A。

第四,《装载手册》中给出的甲板货物在确定 A 时应计入。

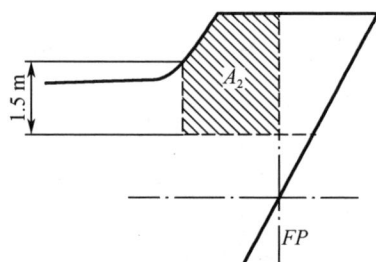

图 4.14 *EN* 计算的舷墙有效侧面积

1. *EN* 不超过 2 000 时

新版 Rec. 10 规定 *EN* 不超过 2 000 时,船舶的系泊缆参数按表 4.10 选取,除 *MBL* 较旧版本有所增加外,系泊缆数量、系泊缆最小长度均保持不变。由表 4.10 可以看出,系泊缆的 *MBL* 基本有 8% 左右的提高。

表 4.10 *EN* 不超过 2 000 时船舶的系泊缆参数

EN		系泊缆数量	单根系泊缆最小长度/m	*MBL*/kN		
超过	不超过			新要求	原要求	变化量
50	70	3	80	37	34	8.8%

表 4.10（续 1）

EN		系泊缆数量	单根系泊缆最小长度/m	MBL/kN		
超过	不超过			新要求	原要求	变化量
70	90	3	100	40	37	8.1%
90	110	3	110	42	39	7.7%
110	130	3	110	48	44	9.1%
130	150	3	120	53	49	8.2%
150	175	3	120	59	54	9.3%
175	205	3	120	64	59	8.5%
205	240	4	120	69	64	7.8%
240	280	4	120	75	69	8.7%
280	320	4	140	80	74	8.1%
320	360	4	140	85	78	9.0%
360	400	4	140	96	88	9.1%
400	450	4	140	107	98	9.2%
450	500	4	140	117	108	8.3%
500	550	4	160	134	123	8.9%
550	600	4	160	143	132	8.3%
600	660	4	160	160	147	8.8%
660	720	4	160	171	157	8.9%
720	780	4	170	187	172	8.7%
780	840	4	170	202	186	8.6%
840	910	4	170	218	201	8.5%
910	980	4	170	235	216	8.8%
980	1 060	4	180	250	230	8.7%
1 060	1140	4	180	272	250	8.8%
1 140	1 220	4	180	293	270	8.5%
1 220	1 300	4	180	309	284	8.8%
1 300	1 390	4	180	336	309	8.7%

表 4.10(续 2)

EN		系泊缆	单根系泊缆最小长度/m	MBL/kN		
超过	不超过	数量		新要求	原要求	变化量
1 390	1 480	4	180	352	324	8.6%
1 480	1 570	5	190	352	324	8.6%
1 570	1 670	5	190	362	333	8.7%
1 670	1 790	5	190	384	353	8.8%
1 790	1 930	5	190	411	378	8.7%
1 930	2 000	5	190	437	402	8.7%

如果侧投影面积 A 与 EN 的比值超过 0.9,则按照以下原则增加缆绳数量。

(1)若 $0.9 < A/EN \leqslant 1.1$,增加 1 根;

(2)若 $1.1 < A/EN \leqslant 1.2$,增加 2 根;

(3)若 $1.2 < A/EN$,增加 3 根。

2. EN 大于 2 000 时

如图 4.15 所示,船舶的系泊缆包括横缆、倒缆、艏缆和艉缆。横缆是垂直于船体的缆绳,限制船舶离岸方向的运动。倒缆几乎平行于船体,限制船舶前后方向的运动。艏/艉缆是介于纵向和横向布置的缆绳,限制船舶离岸和前后方向的运动,前后或离岸方向限制分配取决于缆绳方向。

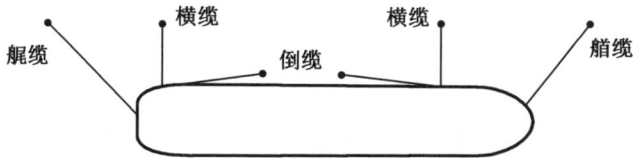

图 4.15　船舶的系泊缆类型及位置示意

新版 Rec.10 规定 EN 大于 2 000 时,船舶的系泊缆强度和数量以船舶侧投影面积 A_1 为基础进行确定。A_1 的计算与 EN 计算公式中的 A 类似,但应考虑以下情况。

第一,对于油船、化学品船、散货船和矿砂船,计算 A_1 时应考虑最轻压载吃水。对于其他船舶,如最轻载吃水和满载吃水状态下的干舷比大于等于 2,则计算 A_1 时应考虑普通装载状态中的最轻载吃水,否则应考虑满载吃水。普通装载状态是指《装载手册》中的常用装载状态,但不包括轻载状态和螺旋桨检查状

态等。

第二,计算 A_1 时应考虑码头的挡风作用。可假定码头高于水线 3 m,即高于水面 3 m 范围内的船体部分在计算 A_1 时不再考虑。

第三,在计算 A_1 时应考虑《装载手册》中的甲板货物。但对于甲板无货物时普通轻载吃水状态下的侧投影面积比甲板载货时满载状态下的侧投影面积大的情况,可以不考虑甲板货物,即选取两种状态下侧投影面积中的大者。

系泊缆的选取基于 1 m/s 的最大流速和表 4.11 中的最大风速。

表 4.11　选取系泊缆的基准最大风速

船型	侧面积 A_1/m^2	最大风速 $V_w/(\text{m/s})$
客船、渡船和汽车运输船	$2\,000 < A_1 < 4\,000$	$25 - 0.02(A_1 - 2\,000)$
	$A_1 > 4\,000$	21
其他船型	不区分	25

此处风速是指在离地 10 m 高度处任意方向的 30 s 平均速度。30 s 平均风速的选择是基于系泊系统中的力对风速变化的响应时间。水流速度是指作用于船首或船尾($\pm 10°$)的最大水流速度,作用深度为平均吃水的一半。此外,认为船舶系泊在码头,可以屏蔽横流的作用。

(1)系泊缆 MBL

新版 Rec.10 规定 EN 大于 2 000 的船舶,系泊缆的 MBL 根据侧投影面积 A_1 按下式计算:

$$MBL = 0.1\,A_1 + 350 \tag{4.10}$$

MBL 可控制在 1 275 kN(130 t)以内。若系泊系统无法承受上述环境条件时,可接受环境风速适当减小为

$$V_w^* = V_w\sqrt{\frac{MBL^*}{MBL}} \tag{4.11}$$

式中　V_w——环境条件要求的最大风速,m/s;

MBL^*——选取系泊缆的最小破断负荷,kN。

但是,系泊缆的 MBL 应不小于 21 m/s 风速下相应的要求:

$$MBL^* \geqslant \left(\frac{21}{v_w}\right)^2 MBL \tag{4.12}$$

如果需要系泊缆适用于高于 V_w 的风速 V_w^* ,系泊缆的 MBL 为

$$MBL^* = \left(\frac{V_w^*}{V_w}\right)^2 MBL \tag{4.13}$$

此外,新版 Rec. 10 要求纤维缆绳的直径不得小于 20 mm。对于尼龙缆绳,MBL 应提高 20%;对于其他合成缆绳,MBL 应提高 10%,以弥补由于老化和磨损等原因造成的强度损失。

(2)系泊缆数量

新版 Rec. 10 规定,EN 大于 2 000 的船舶的系泊缆的总数为

$$n = 8.3 \times 10^{-4} A_1 + 6 \qquad (4.14)$$

对于油船、化学品船、散货船和矿砂船,艏缆、尾缆和横缆的总数为

$$n = 8.3 \times 10^{-4} A_1 + 4 \qquad (4.15)$$

实际确定缆绳总数时,计算所得数值需要取整。

根据船舶系泊系统实际的布置情况,系泊缆的数量可以相应增加或减少,此时系泊缆的 MBL 需要相应调整。

①增加系泊缆数量时,

$$MBL^* = 1.2 MBL \frac{n}{n^*} \leqslant MBL \qquad (4.16)$$

②减少系泊缆数量时,

$$MBL^* = MBL \frac{n}{n^*} \qquad (4.17)$$

式中 n^*——增加或减少后的艏缆、艉缆和横缆的总数量,根;

n——根据式(4.16)、式(4.17)计算得到的系泊缆总数量,根,不考虑取整。

此外,当 EN 小于 5 000 时,倒缆不少于 2 根;当 EN 大于或等于 5 000 时,倒缆不少于 4 根。

倒缆的强度应与艏缆、艉缆和横缆的强度相同。如果艏缆、艉缆和横缆的数量根据 MBL 调整而增加,那么倒缆的数量也应同样增加,但需向上取最接近的偶数。

(3)系泊缆长度

新版 Rec. 10 规定 EN 大于 2 000 的船舶,单根系泊缆的长度可取 200 m。单根系泊缆的长度最多可减少 7%,但是所有系泊缆的总长度应不小于要求的系泊缆的总长度。

3. 系泊及拖带布置

新版 Rec. 10 增加了系泊及拖带相关设备及附件的布置原则,为系统设计提供指导。

(1)相同用途系泊缆的强度和弹性参数应相同。

(2)应尽可能布置足够数量的系泊绞车,以使所有系泊缆都系在绞车上。这可以有效分配相同用途的所有系泊缆上的载荷,并使系泊缆在断裂前卸载。如

果系泊布置设计为将部分系泊缆系于带缆桩上,应认为这些系泊缆不与系在绞车上的系泊缆同样有效。

(3)系泊缆应尽可能直接从系泊卷筒连接到导缆器。

(4)在系泊件上的系泊缆转向处应有足够大的半径,以尽可能小地磨损缆绳,并采用缆绳厂家推荐使用的缆绳类型。

(5)拖缆应从闭式导缆孔出绳,避免将开式或闭式滚轮导缆器用于拖缆。

(6)建议在靠近船舶首尾中心线处至少提供一个导缆孔用于拖带,并在船首和艉板左右舷配置额外的导缆孔。

(7)拖缆应直接从拖带缆桩或带缆桩连接到导缆孔。

(8)如图 4.16 所示,用于拖带的缆桩应相对导缆孔稍微偏移,并离开导缆孔至少 2 m。

(9)副卷筒离开导缆孔的距离沿缆绳走向测量,建议不大于 20 m。

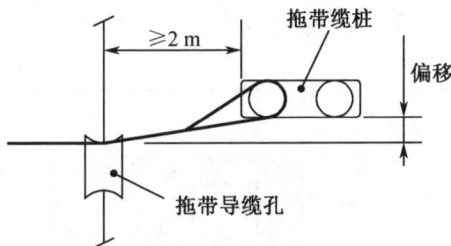

图 4.16 拖带布置

(10)对于拖带及系泊设备的布置应注意系泊和拖带缆绳尽可能不要互混,建议提供区别于系泊设备的专用拖带设备。

(11)对于油船的应急拖带布置需参照 SOLAS Ⅱ - 1/3 ~ 4 条。对于除油船外的其他船舶,推荐采用 UR A2 中定义的"其他拖带"进行艉艏拖带布置。

另外,对于拖缆的配置及系泊绞车设计,新版本 Rec. 10 的要求与旧版本要求一致,这里不再展开。

4.4.2 IACS UR A2 的新要求

IACS UR A2 Rev. 4(以下简称"新版 UR A2")相较于原版本在系泊及拖带设备的船体结构加强和附件选型等方面有较多更新。

1. UR A2 关于拖带的新要求

(1)拖带要求的适用范围

UR A2 中适用其要求的拖带类型包括一般拖带和其他拖带。新旧版 UR A2

关于一般拖带的定义基本相同,是指在港口和遮蔽水域与船舶正常操作相关的必须的拖带操作。而关于其他拖带,新版 UR A2 指出对于不需要执行 SOLAS Ⅱ-1/3~4 条第 1 节相关要求的船舶,但希望配备由其他船舶或拖船拖带的设备,如为了在 SOLAS Ⅱ-1/3~4 条第 2 节所述的应急情况下协助该船舶拖带,其船体附件和结构加强应满足其他拖带的要求。

新版 UR A2 不适用于伴航拖带、运河通行拖带和液货船应急拖带等特殊拖带作业,而原版本中对于其他拖带仅提及伴航拖带。

(2)拖带附件船体结构加强

拖带附件船体结构加强的设计载荷如下。

①对于一般拖带,新旧版 UR A2 中都是最大拖带力的 1.25 倍;

②对于其他拖带,新旧版 UR A2 中都是根据新版 Rec.10 得到的拖缆破断负荷。但新版 UR A2 中指出,在考虑船体附件和船体结构加强设计载荷时,对于根据新版 Rec.10 得到的合成缆绳的 MBL 的增加量不予考虑。

图 4.17 为新版 UR A2 给出的船体结构加强布置示意图。

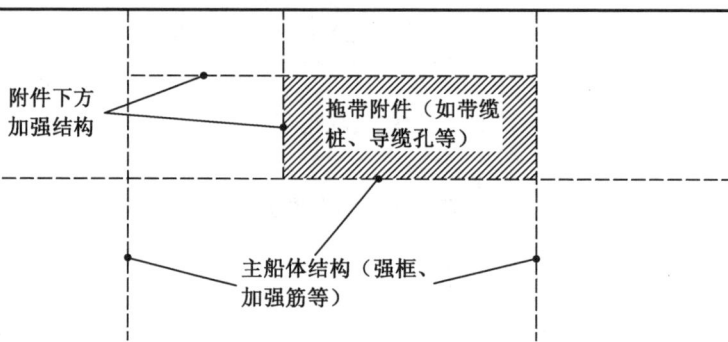

图 4.17　新版 UR A2 给出的船体结构加强示意图

作用在拖带附件上的拖带力作用点为拖缆接触点或者拖缆方向变化点。带缆桩和拖桩的拖缆接触点不低于底座以上桩体圆柱高度 H 的 4/5,如图 4.18 所示。

设计载荷下船体结构加强的许用应力需满足如下衡准。

①对基于梁理论、板格分析的强度评估,正应力为材料最小屈服应力的 100%,剪应力为材料最小屈服应力的 60%。正应力为弯曲应力和轴向应力的总和,相应的剪应力垂直于正应力。不考虑应力集中的影响。

②新版 UR A2 中增加了基于有限元分析的强度评估,等效应力为材料最小屈服应力的 100%。有限元模型应尽可能与实际结构相符:单元网格长宽比应不

超过3;桁材采用壳单元或者平面应力单元模拟;对称桁材面板可采用梁单元或桁架单元模拟;梁腹板单元高度应不超过腹板高度的1/3;腹板上小型开孔处的单元厚度应减小为整个腹板高度上的平均厚度;大型开孔应建模体现;加强筋可用壳单元、平面应力单元或者梁单元模拟。读取有限元计算结果时,应采用单元中心应力,壳单元应采用单元中面应力。

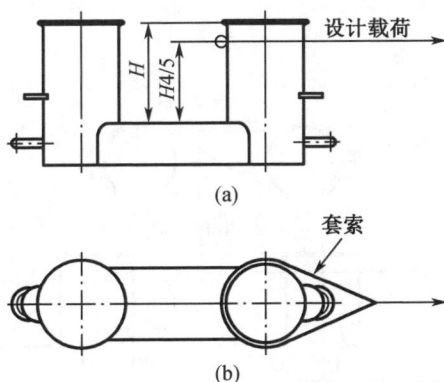

图4.18　拖缆接触点

（3）拖带附件的设计载荷和选型

新旧版 UR A2 中确定拖带附件的设计载荷的方法及确定拖带附件船体结构加强的设计载荷的方法相同。新版 UR A2 中指出拖带附件可以从船级社接受的工业标准中选型,此时要基于以下载荷:对于一般拖带,为最大拖带力;对于其他拖带,根据新版 Rec. 10 得到的拖缆破断强度。对于双柱带缆桩,如果工业标准中有不同的带缆方式,应选择眼环结的带缆方式。如果不从船级社接受的工业标准中选型,拖带附件及其船体连接的强度就根据新版 UR A2 中拖带附件船体结构加强的设计载荷、许用应力及拖带附件上的拖带力作用点等要求确定。

（4）安全拖带负荷

对于一般拖带,新旧版 UR A2 都要求安全拖带负荷（Safe Working Load,SWL）不超过第2节中规定的设计载荷的80%。

对于其他拖带,旧版 UR A2 要求 SWL 不超过设计载荷,新版 UR A2 则要求 SWL 不超过设计载荷的80%,从而更偏于安全。

新版 UR A2 增加了将 SWL 以 t 为单位标示在拖带附件上的要求。

2. UR A2 关于系泊的新要求

（1）系泊附件的船体结构加强

关于系泊附件船体结构加强的设计载荷,旧版 UR A2 要求采用系泊缆 *MBL*

的 1.25 倍,而新版 UR A2 要求为系泊缆 *MBL* 的 1.15 倍。新版 UR A2 指出,在考虑船体附件和船体结构加强设计载荷时,合成缆 *MBL* 的增加量不予考虑。

系泊附件的船体加强布置建议与拖带附件的相同,如图 4.19 所示。作用在系泊附件上的系泊力作用点为系泊缆接触点或者缆绳方向变化点。对于带缆桩,缆绳接触点不低于底座以上桩体圆柱高度 *H* 的 4/5,如图 4.19(b)所示。当带缆桩带有挡板以使系泊缆尽可能低时,系泊缆的接触点可以在挡板位置,如图 4.19(c)所示。

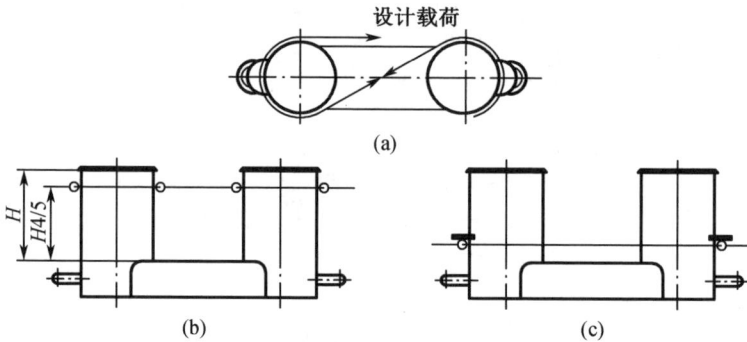

图 4.19　系泊缆接触点

系泊附件船体支撑结构的许用应力与拖带附件船体支撑结构的许用应力要求一致,详见上节。

(2)系泊附件的设计载荷和选型

新旧版 UR A2 中确定系泊附件的设计载荷的方法,及确定系泊附件船体结构加强的设计载荷的方法相同。新版 UR A2 指出系泊附件可从船级社接受的工业标准中选型,但至少要基于系泊缆的 *MBL* 进行选型。对于双柱带缆桩,如果工业标准中有不同的带缆方式,要选择“8”字缆的带缆方式。如果不从船级社接受的工业标准中选型,系泊附件及其船体支撑结构的强度就需根据新版 UR A2 中的要求确定。

(3)安全工作负荷

新旧版 UR A2 规定的系泊附件安全工作负荷均为系泊缆绳 *MBL*。

新版 UR A2 增加了将安全工作负荷以 t 为单位标示在系泊附件上的要求。

3.腐蚀余量

对于系泊和拖带附件及其船体结构加强,在设计时应考虑腐蚀影响,增加腐蚀余量。腐蚀余量选取见表 4.12。

表 4.12 腐蚀余量选取

类型		腐蚀余量/mm
满足 CSR 的散货船和油船		按照 CSR 要求
其他船舶	船体支撑结构	根据船级社规范的要求
	甲板上的基座	2
	非行业标准的船体附件	2

4.磨损余量

对于非行业标准的船体附件,除考虑腐蚀余量外,对于经常与缆绳接触的附件表面要加上不小于 1 mm 的磨损余量。

4.4.3 IACS 系泊及拖带新要求对大型邮轮设计的影响案例

以某 8 万总吨级邮轮和 13 万总吨级邮轮为例,对比分析 IACS 新要求对大型邮轮系泊和拖带配置的影响。

1.某 8 万总吨级邮轮

某 8 万总吨级邮轮的主尺度参数详见 4.1.4 节。

某 8 万总吨级邮轮 EN 计算相关数据见表 4.13。

表 4.13 某 8 万总吨级邮轮 MBL 计算相关数据

参数	数值
型排水量Δ/t	41 977
型宽 B/m	32.50
有效高度 h/m	35.40
侧投影面积 $\sum A/m^2$	7 758
舾装数 EN	4 285
A/m^2	1.81

从表 4.13 可知:$EN = 4\ 285 > 2\ 000$。

根据 IACS 新要求计算得到侧投影面积 $A_1 = 7\ 035$ m^2。

根据新版 Rec.10 对系泊及拖带设备选型要求的变化对比分析见表 4.14。

表 4.14　根据新版 Rec. 10 对系泊及拖带设备选型要求的变化对比分析

对比内容		原要求(推荐)	新要求(推荐)
系泊缆	数量	10	16
	单根长度/m	200	200
	MBL/kN	657	1 054
拖缆	数量	1	1
	单根长度/m	300	300
	MBL/kN	1 471	1 471

根据 UR A2 对系泊及拖带结构加强要求的变化进行对比见表 4.15。

表 4.15　根据 UR A2 对系泊及拖带结构加强要求的变化对比

对比内容		原要求	新要求
拖带	拖带附件船体结构加强的设计载荷/kN	一般拖带:最大拖带力的1.25倍; 其他拖带:1 471	一般拖带:最大拖带力的1.25倍; 其他拖带:1 471
	SWL/kN	一般拖带:最大拖带力; 其他拖带:1 471	一般拖带:最大拖带力; 其他拖带:1 177
系泊	安全工作负荷/kN	657	1 054
	系泊绞车的设置刹车力/kN	526	843
	系泊绞车牵引拉力/kN	146~219	234~351
	系泊附件船体结构加强的设计载荷/kN	821	1 212
	系泊绞车船体结构加强的设计载荷/kN	657	1 054

2. 某 13 万总吨级邮轮

某 13 万总吨级邮轮的主尺度参数及 EN 计算相关数据见表 4.16。

表 4.16　某 13 万总吨级邮轮的主尺度参数及 *EN* 计算相关数据

参数	数值
设计水线长 L_{WL}/m	297.10
型宽 B/m	37.00
型深 D/m	11.20
夏季载重线吃水 T/m	8.55
夏季载重线吃水时排水量 Δ/t	70 021
有效高度 h/m	49.40
侧投影面 $\sum A$ /m^2	11 149
舾装数 *EN*	6 490
A/m^2	1.72

从表 4.16 可知：$EN = 6\,490 > 2\,000$。

根据 IACS 新要求计算侧投影面积 $A_1 = 10\,290\ m^2$。

根据新版 Rec.10 对系泊及拖带设备选型要求的变化对比分析见表 4.17。

表 4.17　根据新版 **Rec.10** 对系泊及拖带设备选型要求的变化对比分析

对比内容		原要求（推荐）	新要求（推荐）
系泊缆	数量	12	19
	每根长度/m	200	200
	MBL/kN	716	1 379
拖缆	数量	1	1
	每根长度/m	300	300
	MBL/kN	1 471	1 471

根据 UR A2 对系泊及拖带结构加强要求的变化对比见表 4.18。

表 4.18　根据 UR A2 对系泊及拖带结构加强要求的变化对比

	对比内容	原要求	新要求
拖带	拖带附件船体结构加强的设计载荷/kN	一般拖带:最大拖带力的 1.25 倍; 其他拖带:1 471	一般拖带:最大拖带力的 1.25 倍; 其他拖带:1 471
	SWL/kN	一般拖带:最大拖带力; 其他拖带:1 471	一般拖带:最大拖带力; 其他拖带:1 177
系泊	安全工作负荷/kN	716	1 379
	系泊绞车的设置刹车力/kN	573	1 103
	系泊绞车牵引拉力/kN	159~239	306~460
	系泊附件船体结构加强的设计载荷/kN	895	1 586
	系泊绞车船体结构加强的设计载荷/kN	716	1 379

通过对以上两艘大型邮轮系泊及拖带配置在 IACS 新要求和原要求下的对比,可知如下内容。

(1)大型邮轮的 EN 通常大于 2000。对于大型邮轮,IACS 新要求对系泊缆数量和 MBL 的要求显著增加。

对比表 4.14 和表 4.17 中的系泊缆配置数据可知,对于某 8 万总吨级邮轮,在系泊缆数量增加 60% 的同时,系泊缆 MBL 也增加了约 60%。对于某 13 万总吨级邮轮,在系泊缆数量增加约 58% 的同时,系泊缆 MBL 增加了约 93%。造成系泊缆规格明显增加的原因是 IACS 原要求中的 EN 主要反映了锚泊时的受力状态,对于系泊状态下船舶侧面受力考虑不足。

(2)IACS 新要求提高了系泊缆 MBL 要求,进而提高了系泊系统的安全工作负荷、系泊绞车参数和相关船体结构加强的设计载荷。

从表 4.15 可知,对于某 8 万总吨级邮轮,系泊系统安全工作负荷、系泊绞车的设置刹车力、系泊绞车牵引拉力、系泊绞车船体结构加强的设计载荷增加了约 60%,系泊附件船体结构加强的设计载荷增加了约 48%。

从表 4.18 可知,对于某 13 万总吨级邮轮,系泊系统安全工作负荷、系泊绞车的设置刹车力、系泊绞车牵引拉力、系泊绞车船体结构加强的设计载荷增加了约

93%,系泊附件船体结构加强的设计载荷增加了约77%。

（3）IACS 新要求对拖缆配置、拖带附件船体结构加强的设计载荷的要求与原要求差别不大。关于拖带系统的安全工作负荷,对一般拖带的新要求和原要求相同,对其他拖带的新要求则为原要求的80%。

4.4.4 满足 IACS 新要求的某 13 万总吨级邮轮设备配置调整方案

下面以某 13 万总吨级邮轮的系泊拖带配置方案为例,研究满足 IACS 系泊与拖带新要求的系泊拖带配置调整方案。该邮轮系泊拖带原配置方案见表 4.19。

表 4.19 某 13 万总吨级邮轮系泊拖带原配置方案

对比内容		原要求	新要求	实船原配置
系泊缆	数量	12	19	22
	每根长度/m	200	200	220
	MBL/kN	716	1 379	841
	倒缆数/根	—	4	4
拖缆	数量	1	1	—
	每根长度/m	300	300	—
	MBL/kN	1 471	1 471	—
系泊系统安全工作负荷/kN		716	1 379	841
拖带系统 SWL/kN		一般拖带:最大拖带力; 其他拖带:1 471	一般拖带:最大拖带力; 其他拖带:1 177	应急拖带:841
系泊绞车牵引拉力/kN		159～239	306～460	245

根据新版 Rec.10 对艏缆、艉缆和横缆的数量进行调整,可以得到满足新要求的不同系泊模式下某 13 万总吨级邮轮的系泊拖带配置新方案。由于该邮轮首尾系泊甲板上的系泊布置空间十分有限,需要综合考虑系泊缆数量增加引起的绞车卷筒数量增加,以及系泊缆 MBL 增加引起的系泊绞车和系泊附件尺寸增

加对系泊布置造成的影响。表4.20为按该邮轮系泊系统的实际布置情况得到的最终配置结果。

表4.20　按某13万总吨级邮轮系泊系统的实际布置情况得到的最终配置结果

对比内容		新要求			实船新配置
		系泊模式1	系泊模式2	系泊模式3	
系泊缆	数量	22	28	34	28
	每根长度/m	200	200	200	220
	MBL/kN	1 337	1 094	926	1 128
	倒缆数/根	4	6	8	6
拖缆	数量	1	1	1	—
	每根长度/m	300	300	300	—
	MBL/kN	1 471	1 471	1 471	—
系泊系统 SWL/kN		1 337	1 094	926	1 128
拖带系统 SWL/kN		一般拖带:最大拖带力;其他拖带:1 177	一般拖带:最大拖带力;其他拖带:1 177	一般拖带:最大拖带力;其他拖带:1 177	应急拖带:1 177
系泊绞车牵引拉力/kN		297~446	243~365	206~309	255

对比表4.19和表4.20可以看到,原配置和满足新要求的新配置相比,系泊缆数量增加了27%,系泊缆 *MBL* 增加了34%,应急拖带安全工作负荷增加了39%。系泊缆数量增加将引起绞车卷筒、系泊附件的数量增加,系泊缆 *MBL* 和应急拖带安全工作负荷的增加将引起系泊绞车和系泊附件主要参数的增加,这无疑增加了系泊及拖带设备的布置难度。

4.4.5　满足 IACS 系泊与拖带新要求的邮轮设备配置建议

新版 Rec.10 及 UR A2 对于 *EN* 计算、系泊和拖带配置要求做了大量修订,全面深化了对系泊缆数量、*MBL* 的要求,使得其对系泊系统配置的指导作用显著

增加[19-20]。上述某 13 万总吨级邮轮的系泊拖带配置方案中,对比了为满足 IACS 系泊与拖带新要求,实船系泊缆数量、*MBL* 变化前后的方案,以及新要求对系泊系统和拖带系统的安全工作负荷、系泊绞车牵引拉力等的影响,可以得出以下结论作为对大型邮轮系泊拖带设备配置的建议。

（1）如果不考虑系泊设备布置空间的限制、系泊设备及附件的设计载荷对选型的影响,系泊缆数量的选取理论上存在多种方案。上述 13 万总吨级邮轮的系泊缆数量选取 19 根、22 根、28 根或者 34 根等都能使该邮轮的系泊配置满足新规范的要求。

（2）13 万总吨级邮轮的实船原来配置的系泊缆数量为 22 根,从设计布置方便的角度出发,增加系泊缆 *MBL* 到 1 337 kN 是满足新规范要求最直接有效的方式,布置方案变动最小。但是只增加系泊缆 *MBL* 会使得与之配套使用的系泊设备和系泊附件的相关参数（包括外形尺寸和质量）都显著增大,同时相关设备和附件的购置费用会明显增加,这并不是理想的配置方案。

（3）新规范要求造成了拖带系统中应急拖带安全工作负荷的增加,只需在拖带附件选型时满足要求即可。

（4）适当增加系泊缆数量可以有效控制所需的系泊缆 *MBL*,从而将系泊系统的安全工作负荷、系泊绞车牵引拉力等参数与船级社接受的工业标准中系泊附件的选型及系泊设备供应商的设备设计结合起来。在上述 13 万总吨级邮轮实船的新配置方案中,系泊附件的选型只需增加一档,系泊绞车的外形尺寸不需要加大,可见该方案是一个相对较优的方案。

（5）不增加系泊绞车主卷筒数量,只增加带缆桩和导缆器的数量可以当作一种微调。尽管新规范中提到"如果系泊布置设计为将部分系泊缆系于带缆桩上,应认为这些系泊缆不与系在绞车上的系泊缆同样有效",但如果只需少量增加带缆桩和导缆器就能满足新规范要求,这样就可以有效解决系泊布置空间不足的问题。增加的系泊缆将通过绞车副卷筒进行带缆。

（6）如果母型船上的系泊缆数量及 *MBL* 和新规范要求有较大差别,建议先计算出满足新规范要求的几种系泊模式下的系泊缆数量,然后根据实船的系泊布置,考虑可以增加的主卷筒数量和带缆桩数量,得到实际可以增加的系泊缆数量,据此得出对应的系泊模式下的系泊缆最小破断强度、系泊设备参数及尺寸、系泊附件的型号等,根据以上确定的信息完成系泊布置初版,以此为基础调整上述各项数据和对应的布置,从而得到设备配置和布置的较优组合。

4.5 EEDI 第 3 阶段

EEDI 是 IMO 从技术角度针对新造船提出的一个船舶设计和建造上的能效指标。EEDI 是船舶消耗的能量换算成 CO_2 排量和船舶有效能量换算成 CO_2 排量的比例指数，是衡量船舶能效水平（以 g/t·n mile 计）的一种方法。EEDI 指数越高，能源效率越低。

IMO 于 2011 年 7 月在 MEPC 62 次会议上正式通过了 MARPOL 附则 Ⅵ 修正案，正式将 EEDI 纳入 MARPOL，使之成为对新造船的强制要求。2020 年 11 月，MEPC 75 次会议决定将具有非传统推进系统的邮轮的 EEDI 第 3 阶段实施时间提前至 2022 年 4 月 1 日。目前大部分邮轮都采用柴电推进的非传统方式，EEDI 第 3 阶段进一步提高了 EEDI 的控制值要求，加大了邮轮的设计难度。

这里仅对柴电推进邮轮的 EEDI 进行研究，对 LNG 动力、机械推进邮轮等暂不涉及。

4.5.1 邮轮的 EEDI 第 3 阶段法规要求

1. 法规要求[①]

船舶的 Attained EEDI 值，即实际 EEDI 值应小于等于 Required EEDI 值，即按照 MARPOL 要求应满足的 EEDI 值：

$$\text{Attained EEDI} \leqslant \text{Required EEDI} = (1 - X/100)RLV \tag{4.18}$$

式中 RLV——（Reference Line value）EEDI 基线值；

X——应满足的 EEDI 值的折减系数。

RLV 因船型不同而异。柴电推进邮轮的 RLV 值按下式计算：

$$RLV = 170.84 GT^{-0.214} \tag{4.19}$$

EEDI 值的折减系数 X 也因船型不同而异。柴电推进邮轮的 EEDI 值的折减系数 X 取值见表 4.21。

---

① 参见 CCS 于 2020 年颁布的《绿色生态船舶规范》。

表 4.21　柴电推进邮轮的 EEDI 值的折减系数

总吨	阶段 1 2015.1.1—2019.12.31	阶段 2 2020.1.1—2022.3.31	阶段 3 2022.4.1 及以后
≥85 000	5	20	30
≥25 000，<85 000[①]	0～5	0～20	0～30

注:①EEDI 值的折减系数按照总吨位在两值之间线性插值。

由表 4.21 可知,EEDI 第 3 阶段的折减系数相对前两个阶段继续保持不同程度的提高,其中 85 000 总吨以上柴电推进邮轮的 EEDI 第 3 阶段要求值相对第二阶段就提高了 12.5%,进一步加大了邮轮设计满足 EEDI 的难度。

2. 计算方法

柴电推进邮轮不采用轴带发电机,Attained EEDI 按下式计算:

$$I_{EEDI} = \Big[\big(\prod_{j=1}^{n} f_j \big) \big(\sum_{i=1}^{n_{ME}} P_{ME(i)} C_{FME(i)} SFC_{ME(i)} \big) + (P_{AE} C_{FAE} SFC_{AE}) +$$
$$\big(\big(\prod_{j=1}^{n} f_j \sum_{i=1}^{n_{PTI}} P_{PTI(i)} - \sum_{i=1}^{n_{eff}} f_{eff(i)} P_{AEeff(i)} \big) C_{FAE} SFC_{AE} \big) -$$
$$\big(\sum_{i=1}^{n_{eff}} f_{eff(i)} P_{eff(i)} C_{FME} SFC_{ME}{}^* \big) \Big] / (f_i f_c GT f_w V_{ref} f_m) \tag{4.20}$$

* 若 $P_{PTI(i)} > 0$,则 $(C_{FME} SFC_{ME})$ 和 $(C_{FAE} SFC_{AE})$ 的加权平均值用于 P_{eff} 的计算。

式中　$P_{ME(i)}$——每台主机的额定安装功率(MCR)的 75%,kW;

$C_{FME(i)}$、$C_{FAE(i)}$——主机和辅机的碳转换系数,t·CO_2/t·Fuel;

$SFC_{ME(i)}$、SFC_{AE}——各台主机和辅机 75% 功率下的单位燃油消耗量,g/(kW·h);

V_{ref}——无风无浪、75% 推进功率条件下、夏季载重吃水对应的航速,kn;

P_{AE}——以 V_{ref} 航速航行时提供正常最大海上负荷所需要的辅机功率,kW;

$P_{PTI(i)}$——每台轴马达额定功率的 75% 所需要的辅机功率,kW;

$P_{AEeff(i)}$——在 75% 主机功率下采用创新型电力能效技术而减少的辅机功率,kW;

$P_{eff(i)}$——在 75% 主机功率下创新型能效技术用于推进的输出功率,kW;

$f_{eff(i)}$——反映各种创新型能效技术的适用系数,废热回收系统取 1.0;

f_j——用于补偿船舶特殊设计因素的修正系数,邮轮取 1.0;

f_i——对 GT 的修正系数,邮轮取 1.0;

f_c——舱容修正系数,邮轮无须考虑该系数,取 1.0;

f_w——船舶失速修正系数,如无特殊需求取 1.0;

f_m——IA Super 级和 IA 级冰区加强船舶修正系数,如有对应冰区加强取 1.05。

碳转换系数C_F是一个无量纲系数,是将燃油消耗量基于其含碳量转换为 CO_2 排放量,用 $t \cdot CO_2/t \cdot Fuel$ 表示,是在确定"NO_x 技术案卷包括的试验报告"中 SFC 时所对应燃料的碳转换系数。柴油、汽油和重油的 G_F 见表 4.22。

表 4.22　柴油、汽油和重油的C_F

燃料类型	参照等级	低热/(kJ/kg)	碳当量	C_F/(t·CO_2/t·Fuel)
柴油/汽油	ISO 8217 DMX 级 ~ DMC 级	42 700	0.874 4	3.206
重油	ISO 8217 RME 级 ~ RMK 级	40 200	0.849 3	3.114

P_{AE}包括推进机械/系统和船上生活(如主机泵、导航系统和设备及船上起居)所需的功率,但不包括不用于推进机械/系统(如侧推、货泵、起货设备、压载泵、货物维护用的冷藏设备和货舱风机等)的功率。邮轮的P_{AE}应以其在V_{ref}航速时在电力负荷表中给出的所消耗电功率(不包括推进功率)除以功率加权的发电机平均效率予以估算。

3.算例

某 11 万总吨级邮轮采用柴电推进,艉部配 2 台 16 MW 吊舱推进器,配 1 台 1 200 kW 的废热回收蒸汽透平。表 4.23 为该邮轮的 EEDI 计算过程。

表 4.23　某 11 万总吨级邮轮的 EEDI 计算过程

序号	参数	参数定义及计算	值
(1)	GT	总吨	117 650
(2)	P_{SM}/kW	推进马达额定功率	32 000
(3)	V_{ref}/kn	见 4.5.1.2 节	21.100
(4)	η_P	推进传递效率	0.935
(5)	$\eta_{\bar{E}}$	发电机的加权平均效率	0.980
(6)	P_{PTI}/kW	见上文,=0.75×(2)/[(4)×(5)]	26 192
(7)	P_{AE}/kW	见 4.5.1.2 节[①]	15 530
(8)	f_{eff}	见 4.5.1.2 节	1.000
(9)	P_{WHT}/kW	废热蒸汽透平额定功率	1 200

表 4.23(续)

序号	参数	参数定义及计算	值
(10)	η_{E-WHT}/kW	废热蒸汽透平发电效率	0.930
(11)	P_{E-WHT}/kW	废热蒸汽透平发电功率,=(9)×(10)	1 116
(12)	P_{AEeff}/kW	见4.5.1.2节,=(11)/(5)	1 139
(13)	SFC_{AE}/[g/(kW·h)]	见4.5.1.2节	195.500
(14)	C_{FAE}	MDO的碳转换系数	3.206
(15)	Attained EEDI	=[(7)+(6)−(12)]×(13)×(14)/[(1)×(3)]	10.247
(16)	RLV	见4.5.1.2节	14.044
(17)	Required EEDI 第2阶段	=0.8×(16)	11.235
(18)	Required EEDI 第3阶段	=0.7×(16)	9.831

注:①空调压缩机组的功率按100%计入。

由表 4.23 可知,某 11 万总吨级邮轮的 Attained EEDI 能够满足第 2 阶段要求,但离满足第 3 阶段要求还有不小的差距。

4.5.2 邮轮满足 EEDI 第3阶段的方法

EEDI 第3阶段降低了 Required EEDI,必须设法降低邮轮的 Attained EEDI 才能满足要求。下面对几种常用的降低邮轮 Attained EEDI 的方法进行分析。

1.优化型线和推进效率,提高航速

由式(4.20)可以直观看出,提高V_{ref}能降低 Attained EEDI。传统的提高船舶航速的方法有以下三种。

(1)优化型线和附体设计,降低船舶阻力;

(2)优化螺旋桨设计,包括桨叶数、桨直径、盘面比等,提高推进效率;

(3)优化控制空船质量,降低吃水,提高航速。对于成熟的船型来说,这些传统方法提升航速的空间有限。

以上述 11 万总吨级邮轮为例,至少需将V_{ref}提高至 22 kn,才能满足 EEDI 第3 阶段要求。但若维持推进器功率不变,要通过优化型线、附体、螺旋桨等传统手段,将该邮轮的V_{ref}提高近 0.9 kn,换算至最大航速需提高近 1 kn,这几无可能。

2.降低航速,减小燃油消耗

这是目前商船比较常用的应对 EEDI 的方法。降低邮轮的运行航速,推进器功率就能降低,P_{PTI}就能减小,P_{AE}中与推进相关的用电负荷也会有一些减小。推

进相关用电负荷的减少,能降低发电机组的燃油消耗和 CO_2 排放。

11 万总吨级邮轮要满足 EEDI 第 3 阶段要求,就要将推进器功率降低到 28 MW 左右,但最大航速相应也要降低 1 kn 左右,方案是否可行需要结合运营做出决策。

3. 增大总吨

由式(4.19)和式(4.20)可知,增大总吨既能使 Required EEDI 增大,又能使 Attained EEDI 减小,两者均有利于邮轮满足 EEDI 第 3 阶段的要求。但增大总吨,必然要增加邮轮的封闭空间规模,进而引起空船质量增加、吃水增加、航速降低,还会引起生活用电负荷的增加,这些又都不利于降低 Attained EEDI。

即使不考虑总吨增大引起的航速、用电负荷等的影响,11 万总吨级邮轮也需要增大近 6 500 总吨,才能满足 EEDI 第 3 阶段的要求。这相当于要将该邮轮的甲板增加一层,对其船型规格、总布置和技术参数的改变不可谓不大。事实上,邮轮不可能单纯为了满足 EEDI 要求而刻意大幅增加总吨,船体尺寸的大幅增大也不可能不引起空船质量、用电负荷等的连锁变化。

4. 降低辅机用电负荷

以 11 万总吨级邮轮为例,若不考虑废热回收,辅机用电约占全船用电的 40%。而辅机用电负荷中,空调系统用电约占 43%,机舱服务用电约占 27%,照明用电约占 10%,厨房用电约占 8%,酒店服务用电约占 7%,其余安全系统、船体和甲板服务等用电共占 5%。邮轮降低辅机用电负荷可从以下方面着手:采用新型高效制冷剂,提高冷水机组的能效比(COP)值;采用吸收式制冷冷水机组,利用主机余热制冷;加强能源综合管理,提高各种泵、辅机的效率;采用 LED 照明灯具等。

目标邮轮的辅机用电负荷至少需降低约 1 600 kW,才能满足 EEDI 第 3 阶段要求,仅仅依靠上述节能措施,也有不小的难度。

5. 创新能效技术

MEPC. 1/Circ. 815 根据创新能效技术的特点及对 EEDI 计算公式的作用,将其分为 A、B、C 三类,B 类和 C 类还分别进一步细分出两个子类(B – 1 类和 B – 2 类及 C – 1 类和 C – 2 类)[1]。

(1)A 类

改变功率曲线的技术,导致 P_{PTI} 和 V_{ref} 的组合的变化:当 V_{ref} 保持不变时,P_{PTI} 减小;而当 P_{PTI} 保持不变时,V_{ref} 增大。

---

[1] 参见 IMO. 2013 Guidance on treatment of innovative energy efficiency technologies for calculation and verification of the attained EEDI. MEPC. 1/Circ. 815,London,UK,2013 年 6 月。

254

（2）B 类

减小推进功率 V_{ref} 时的 P_{PTI}，但不产生电力的技术，节约的能量计为 P_{eff}。

①B-1 类——操作期间可在任何时候使用的技术，可用系数（f_{eff}）应视为 1.0；

②B-2 类——仅在受限条件下全输出时才可使用的技术，可用系数（f_{eff}）应小于 1.0。

（3）C 类

产生电力的技术，节约的能量计为 P_{AEeff}。

①C-1 类——操作期间可在任何时候使用的技术，可用系数（f_{eff}）应视为 1.0；

②C-2 类——仅在受限条件下全输出时才可使用的技术，可用系数（f_{eff}）应小于 1.0。

柴电推进邮轮的创新能效技术见表 4.24。

表 4.24　柴电推进邮轮的创新能效技术

推进功率的降低			辅助功率的降低	
A 类	B-1 类	B-2 类	C-1 类	C-2 类
不能与总体性能分开	不能与总体性能分开处理		随时有效	根据周边环境
	$f_{eff} = 1.0$	$f_{eff} < 1.0$	$f_{eff} = 1.0$	$f_{eff} < 1.0$
低摩擦涂层；裸层优化；舵阻力；螺旋桨设计	船体空气润滑减阻系统（可关闭）	风力助推（翼帆、旋筒、筝帆）	主机废热回收系统（废气热量回收并转换为电力）	光伏电池

A 类创新能效技术方面，CLIA 成员里 77% 的邮轮都已采用了生态、无毒、低摩擦油漆，预估能将燃油效率提高 5%[①]；节能导管、扭曲舵、螺旋桨尾流回收助推装置等也开始在邮轮上得到应用。

B-1 类创新能效技术方面，空气润滑减阻系统在邮轮上得到越来越多的应用。理论上讲，11 万总吨级邮轮如果配置空气润滑减阻系统，且减阻效率达到 13% 左右，即可满足 EEDI 第 3 阶段的要求。但从现有资料来看，这个减阻效率偏高，实现有一定难度。

---

① 参见 CLIA. Environmental commitment, innovation, and results of the cruise industry. London, 2020 年 9 月。

C-1 类创新能效技术方面,主机废热回收系统在邮轮上的应用已较为普遍。

至于风力助推和光伏电池技术方面,一个共性问题是两者的贡献不稳定,取决于邮轮所处的环境和天气条件,需要经过较长时间的运营,才能做出综合评估。尤其是太阳能光伏电池,由于光伏转换效率低,目前对改善邮轮 EEDI 指标的贡献有限。

上述创新能效技术的 EEDI 评估方法可参见相关指南及文献[21-23]①,这里不展开。

4.6   SOLAS 2020 客船简化撤离分析

2016 年 5 月,IMO 第 96 届海事安全委员会(MSC.404(96))通过了 MSC.1/Circ.1533"经修订的新客船和现有客船撤离分析指南"通函,决议对 SOLAS 第 Ⅱ-2/13 条 13.3.2.7 进行了修订,明确要求对 1999 年 7 月 1 日及之后建造的客滚船和 2020 年 1 月 1 日及之后建造的载运超过 36 名乘客的其他客船进行撤离分析。MSC.1/Circ.1533 修订并取代通函 MSC.1/Circ.1238"新造和现有客船撤离分析指南",增加了开敞甲板和集合站至登乘站之间的撤离分析场景,明确高级撤离分析每个场景至少模拟计算 500 次,但可以确定一个判断是否收敛的依据,根据计算收敛情况有效降低模拟次数,并在附件中提供了一个收敛衡准示例。

2020 年 1 月 1 日及之后的新造邮轮需在早期设计阶段参考 MSC.1/Circ.1533 进行撤离分析,评估人员撤离时间,及早发现撤离路线上的拥挤点和/或紧要区域,进而优化撤离路线、通道数量、通道宽度、集合站位置等来改进船舶设计[24]。

MSC.1/Circ.1533 提供了两种截然不同的方法:简化撤离分析和高级撤离分析。简化方法的内在假定在本质上有局限性。邮轮船型复杂,乘客类型、居住处所、甲板和梯道的组合多,简化方法的假定很难代表实际情况,其撤离分析最好采用高级方法。然而,在邮轮的方案设计阶段,需要进行多次迭代,简化方法具有优势,因为它相对简便,也能提供一定精度的撤离分析结果。本节重点介绍客船的简化撤离分析方法。

---

① 参见 IMO. 2013 Guidance on treatment of innovative energy efficiency technologies for calculation and verification of the attained EEDI. MEPC. 1/Circ. 815, London, UK, 2013 年 6 月。

4.6.1　客船撤离分析要点

1. 普遍假定

基于一些理想化的基准场景,针对估算撤离时间的方法做出如下假定。

(1)乘客和船员通过主脱险通道向其指定的集合站转移,参见 SOLAS 第 Ⅱ−2/13 条;

(2)乘客载荷和初始分布的依据为 FSS 第 13 章;

(3)除非另有说明,脱险布置计为完全有效;

(4)协助的船员立刻在撤离值班位置准备帮助乘客;

(5)不考虑烟、热和有毒物对乘客/船员表现的影响;

(6)不考虑家庭群体行为;

(7)不考虑船舶运动、横倾和纵倾。

2. 计算场景

计算时必须考虑以下四种场景工况。

(1)夜间,基本撤离工况;

(2)日间,基本撤离工况。

(3)夜间,次级撤离工况;

(4)日间,次级撤离工况。

两种基本撤离工况的具体分布需满足 FSS 第 13 章的规定。两种次级撤离工况只需要进一步考虑人员撤离时间最长的那个主竖区,并采用与基本撤离工况相同的人员分布。

3. 性能标准

邮轮的撤离分析应遵循图 4.20 所示的性能标准。计算前需先完成乘客、船员集合站及脱险通道的确认。

(1)总撤离时间计算公式:

$$1.25(R+T)+\frac{2}{3}(E+L)\leqslant n \qquad (4.21)$$

$$E+L\leqslant 30 \qquad (4.22)$$

式中　R——人员响应时间,夜间工况为 10 min,日间工况为 5 min;

　　　T——人员移动时间,min;

　　　E——登乘时间,min;

　　　L——下水时间,min;对于邮轮,如果主竖区不超过 3 个,$n=60$,如果主竖区超过 3 个,$n=80$。

根据 SOLAS 第Ⅲ/21.1.3 条的规定,$(E+L)$ 不应超过 30 min。

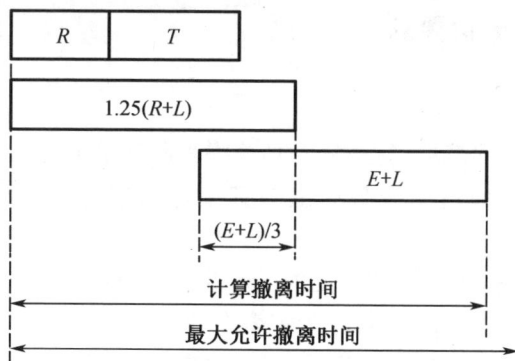

图 4.20　邮轮撤离分析应遵循的性能标准

（2）登乘及下水时间（$E+L$）应单独计算，并从以下几种情况中做出判断。

①类似船舶和撤离系统的实船试验结果；

②基于模拟的登乘分析结果；

③制造商提供的数据。

如果不能使用以上 3 种方法的任 1 种，（$E+L$）应假定等于 30 min。

4.6.2　简化撤离分析要点

1.考虑的参数

（1）净宽（W_C）

走廊和楼梯的 W_C 是指扣除栏杆、扶手后的宽度，门的 W_C 是指门全开状态下的实际通过宽度。

（2）初始密度（D）

D 指人员数量与人员在原来位置可用的脱险通道面积的比值，用 p/m^2 表示。

（3）人员流速（S）

S 由脱险通道的类型和人员的特定流量确定，具体取值可根据表 4.25（初始速度）和表 4.27（转换点后的速度作为特定流量的函数）确定。

（4）人员的特定流量（F_S）

单位时间及单位 W_C 通过脱险通道中的一点的逃生人员的数量，用人/（m/s）表示，具体取值可根据表 4.25（初始 F_S 作为初始密度函数）和表 4.26（最大值）确定。

表 4.25　作为密度函数的初始 F_S 和初始 S

设施类型	D/（人/m²）	初始 F_S/[人/(m·s)]	初始 S/(m/s)
走廊	0	0	1.20
	0.50	0.65	1.20
	1.90	1.30	0.67
	3.20	0.65	0.20
	≥3.50	0.32	0.10

表 4.26　最大 F_S

脱险通道类型	最大 F_S/[人/(m·s)]
楼梯（下）	1.10
楼梯（上）	0.88
走廊	1.30
门道	1.30

表 4.27　F_S 和 S

设施类型	F_S/[人/(m·s)]	S/(m/s)
楼梯（下）	0	1.00
	0.54	1.00
	1.10	0.55
楼梯（上）	0	0.80
	0.43	0.80
	0.88	0.44
走廊	0	1.20
	0.65	1.20
	1.30	0.67

（5）计算的人流（F_C）

F_C 指单位时间通过脱险通道的特定点的预计人数,按下式计算:

$$F_C = F_S W \tag{4.23}$$

(6)流动时间(t_F)

t_F指 N 个人通过出口系统的一点所需的总时间,按下式计算:

$$t_F = N/F_C \tag{4.24}$$

(7)转换处

转换处指在出口系统中,通道的类型或尺寸发生变化,如在通道合并或分开的地方。在转换中,所有出口计算流量的总和等于所有入口计算流量的总和:

$$\sum F_C(进)_i = \sum F_C(出)_j \tag{4.25}$$

式中 $\sum F_C(进)_i$——到达转换点的通道(i)的计算流量;

$\sum F_C(出)_j$——离开转换点的通道(j)的计算流量。

2.计算移动时间 T 的方法

移动时间 T,单位 s,按下式计算:

$$T = (\gamma + \delta)t_I \tag{4.26}$$

式中 γ——修正系数,基本撤离工况时等于2,次级撤离工况时等于1.3;

δ——逆流修正系数,取值为0.3;

t_I——理想条件下沿脱险通道至指定集合站的最长移动时间,按下节的步骤计算。

3.计算理想条件下移动时间 T 的步骤

(1)把脱险通道概括为水力网络,其中管道为走廊和楼梯,阀为门和一般限制,液舱为公共处所。

(2)每个甲板主脱险通道 D 的计算。对于居住舱室,假定舱室中的乘客同时进入走廊开始撤离,在计算 D 时为走廊单位面积内的乘客数量。对于公共处所,假定乘客同时在出口处进行撤离(初始 F_S 为门的最大 F_S),使用每扇门的乘客数量与门的宽度相对应。

(3)根据表4.25,用线性内插法计算初始 F_S。

(4)根据式(4.23)得到通向指定的脱险楼梯的走廊和门的计算流量 F_C,一旦达到转换点采用式(4.25)得到出口计算流量。若有2条以上通道离开转换点,可假定每条通道的流量与其 W_C 相匹配。出口 F_S 等于出口计算流量与 W_C 的比值。有以下两种可能。

①如果 F_S 不超过表4.26中的最大值,对应的 S 根据表4.27利用线性内插法求得,作为密度函数;

②如果 F_S 大于表4.26中的最大值,在转换点会形成排队,此时的 F_S 为表4.26中的最大值,对应的 S 根据表4.27确定。

(5)针对每层甲板都重复上述步骤,最终得到进入指定脱险通道的计算流量 F_C 和 S。

（6）通过进入楼梯或者走廊的总人数 N 和对应的每个脱险通道的 t_F 计算每个楼梯和走廊的流动时间，每个脱险通道的 t_F 在相应于脱险通道每一部分的流动时间中是最长的。

（7）从每个脱险通道的最远点至楼梯的移动时间的计算定义为长度/速度。如果脱险通道包含不同的类型且这些脱险通道连续，则最终移动时间应进行累加，否则应采用其最大值。对于公共处所，无须计算。

（8）对于每段楼梯，移动时间为倾斜的梯段长度和速度之比。对于每个甲板，总的楼梯移动时间为连接甲板与集合站的所有梯段的移动时间之和。

（9）计算位于集合站甲板的楼梯末端至集合站入口的时间 t_{Ms}。

（10）沿脱险通道至集合站的移动时间 t_I

$$t_I = t_F + t_D \tag{4.27}$$

式中　t_F——流动时间，是指人员开始从甲板撤离至集合站的整个脱险通道上的最大流动时间，s；

　　　t_D——甲板或梯道时间，是指人员沿所有楼梯从开始撤离的甲板至集合站所在的甲板所需的总的时间，s。

（11）日间和夜间工况下应该采用以上步骤分别进行计算。

（12）拥挤点的识别，如下。

①D 不小于 3.5 m^2 的处所；

②入口与出口 F_C 之差大于 1.5 p/s 的处所。

（13）对于所有脱险通道的 t_I 值，应选取最大值并按式（4.26）计算移动时间 T。

4.6.3　大型邮轮的简化撤离分析案例

某大型邮轮最大载员 6 418 人，其中乘客 5 170 人，船员 1 248 人。从船尾至船首划分为 6 个主竖区，编号分别为 MVZ1 ~ MVZ6。

1. 集合站的识别

某 11 万总吨级邮轮共有 9 个集合站（MSA5、MSA4、MSB5、MSB4、MSB3、MSC5、MSC4、MSD4、MSD3），分别位于甲板 3 ~ 5，其中甲板 4 为登乘甲板。该邮轮的集合站布置如图 4.21 所示，各集合站容量见表 4.28。

(a)甲板5

(b)甲板4

(b)甲板3

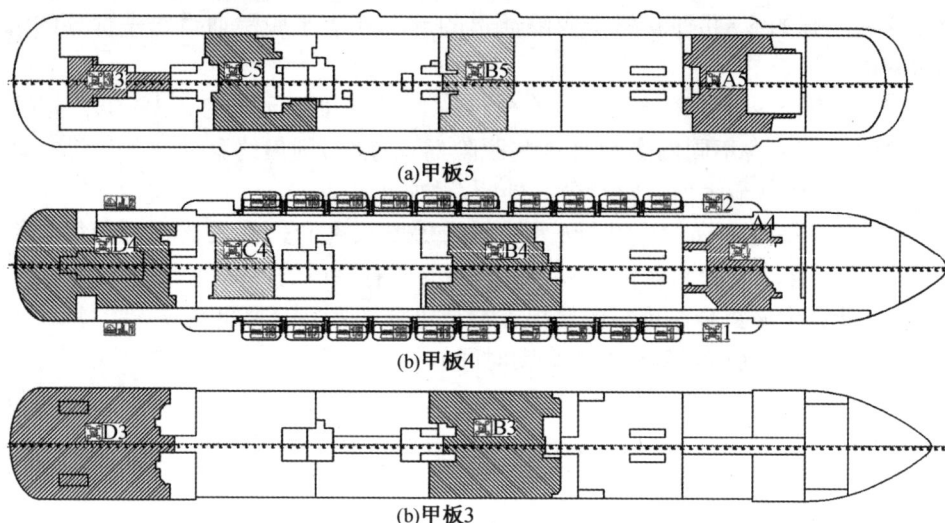

图4.21　某11万总吨级邮轮的集合站布置

表4.28　某11万总吨级各集合站容量

集合站	乘客/人	船员/人	总数/人	座位数/个	站立人员数/人	需要的站立人员区域/m²	可得站立人员区域/m²	最大可得容量	
								最大站立人员数/人	最大容量/人
A5	574	12	586	449	137	48	90	257	706
A4	574	12	586	466	120	42	117	334	800
B4	961	26	987	377	610	214	495	1 414	1 791
B3	574	12	586	734	0	0	169	482	1 216
B5	287	6	293	145	148	52	190	542	687
C4	465	13	478	370	108	38	85	242	612
C5	287	6	293	209	84	30	279	797	1 006
D4	574	12	586	568	18	7	225	642	1 210
D3	874	5	879	869	10	4	58	165	1 034
合计	5 170	104	5 274	4 187	1 235	435	1 708	4 875	9 062

2. 脱险通道的识别

限于篇幅,这里仅选择某11万总吨级邮轮甲板8、甲板7的主竖区1为例进

行分析。甲板 8 的脱险通道布置图如图 4.22 所示,其中实线箭头为主撤离路线,虚线箭头为辅撤离路线,数字为脱险通道的编号。

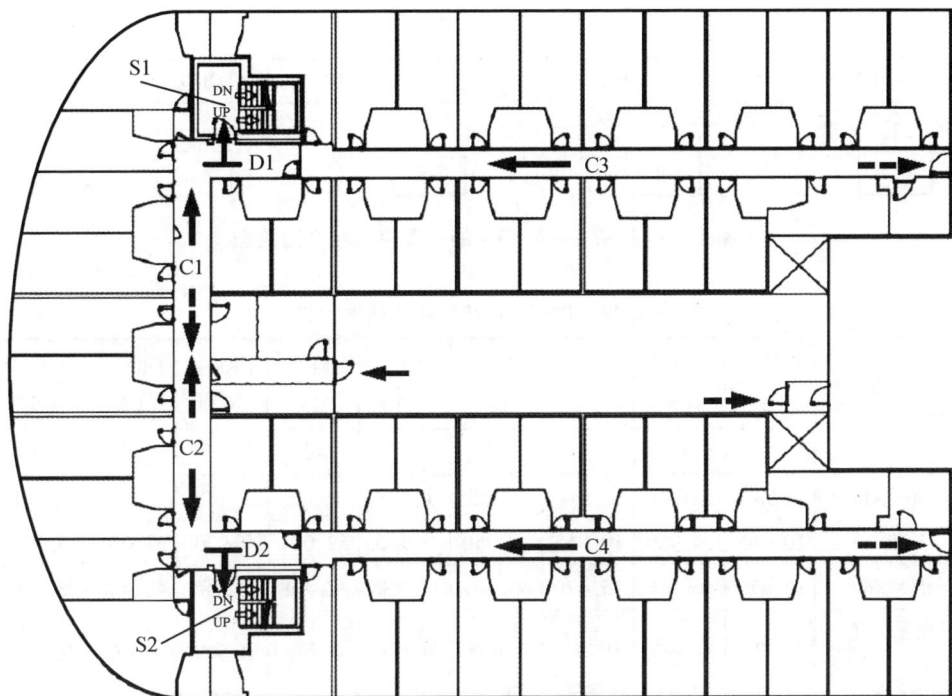

图 4.22 甲板 8 的脱险通道布置图

甲板 7(DK7)的主竖区 1(MVZ1)的乘客通过左舷和右舷的 2 个楼梯(S1、S2)与甲板 6(DK6)连接,4 个走廊(C1、C2、C3、C4)和 2 扇门(D1、D2)连接该层的舱室和楼梯。左舷共有 52 人经楼梯 S1 最终进入集合站 D3,右舷共有 52 人经楼梯 S2 最终进入集合站 D3。

甲板 8(DK8)的主竖区 1(MVZ1)的乘客通过左舷和右舷的 2 个楼梯(S1、S2)与甲板 7(DK7)连接,5 个走廊(C1、C2、C3、C4、C5)和 2 扇门(D1、D2)连接该层的舱室和楼梯。左舷共有 48 人经楼梯 S1 进入集合站 D3,右舷共有 56 人经楼梯 S2 最终进入集合站 D3。

图 4.23 所示为 DK7 MVZ1 和 DK8 MVZ1 的撤离路线水力网络图。

3. 简化撤离计算

对于 MVZ1 考虑夜间基本撤离工况,根据 FSS 第 13 章,该工况下乘客占据所有舱室铺位。具体分布如下:48 人位于 DK8 MVZ1 左舷,56 人位于 DK8 MVZ1 右舷;52 人位于 DK7 MVZ1 左舷,52 人位于 DK7 MVZ1 右舷。假定舱内的所有人

员同时进入走廊,相应脱险通道的初始条件和过渡条件计算见表4.29、表4.30。

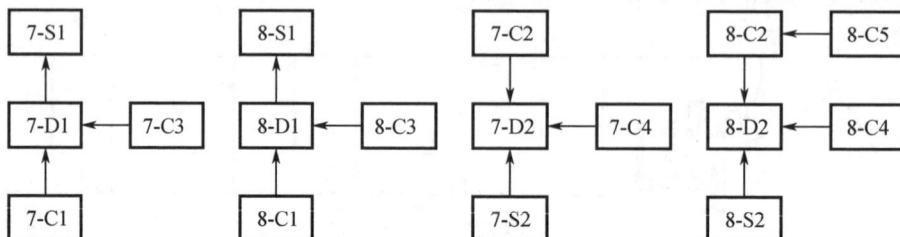

图4.23 DK7~8 MVZ1 的撤离路线水力网络图

表4.29 DK7 和 DK8 初始条件计算

走廊	DK7 – C1	DK7 – C3	DK7 – C2	DK7 – C4	DK8 – C1	DK8 – C3	DK8 – C2	DK8 – C4	DK8 – C5
人数	6	46	6	46	6	42	6	40	10
净宽/m	1.537	1.325	1.537	1.325	1.188	1.325	1.188	1.325	1.240
长度/m	10.065	34.950	10.065	34.950	9.920	32.051	9.920	32.051	23.350
面积/m²	15.470	46.310	15.470	46.309	11.785	42.468	11.785	42.468	28.950
初始密度/(人/m²)	0.388	0.993	0.388	0.993	0.509	0.989	0.509	1.177	0.345
初始特定流量/[人/(m/s)]	0.504	0.879	0.504	0.879	0.654	0.877	0.654	0.964	0.449

表4.30 DK7 和 DK8 过渡条件计算

楼梯和门	DK7 – C1	DK7 – C3	DK7 – C2	DK7 – C4	DK8 – C1	DK8 – C3	DK8 – C2	DK8 – C4	DK8 – C5
计算流量/(人/s)	0.775	1.165	0.775	1.165	0.777	1.162	0.777	1.278	0.557
初始人员速度/(m/s)	1.200	1.013	1.200	1.013	1.197	1.015	1.197	0.944	1.200
净宽/m	0.920	1.000	0.920	1.000	0.920	1.000	1.188	0.920	1.000

表 4.30(续)

楼梯和门		DK7 - C1	DK7 - C3	DK7 - C2	DK7 - C4	DK8 - C1	DK8 - C3	DK8 - C2	DK8 - C4	DK8 - C5
人员	从本层通道/人	52	52	52	52	48	48	56	56	56
	其他层通道①/人	0	93	0	100	0	45	0	0	44
	总人数	52	145	52	152	48	93	56	56	100
特定流量② /[人/(m/s)]		2.108	1.196	2.108	1.196	2.108	1.196	1.123	2.234	1.196
最大特定流量 /[人/(m/s)]		1.300	1.100	1.300	1.100	1.300	1.100	1.300	1.300	1.100
特定流量 /[人/(m/s)]		1.300	1.100	1.300	1.100	1.300	1.100	1.123	1.300	1.100
计算流量 /(人/s)		1.196	1.100	1.196	1.100	1.196	1.100	1.334	1.196	1.100
人员流速 /(m/s)		—	0.550	—	0.550	—	0.550	0.814	—	0.550
是否排队		是	是	是	是	是	是	否	是	是

注:①来自上层甲板和本层甲板的人共用楼梯 S1、S2。在 DK8 MVZ1 左舷有 48 人首先从舱室移至走廊 DK8 - C1、DK8 - C3,再通过 DK8 - D1 进入楼梯 DK8 - S1。此时有来自上层甲板的 45 人进入楼梯 DK8 - S1,因此楼梯 DK8 - S1 总人数为 93 人。同理可得剩余楼梯的总人数。

②特定流量指进入脱险通道的特定流量;最大特定流量指表 4.26 给出的最大允许流量。特定流量指适用于计算的值,即特定流量与最大允许值之间的最小值;如果特定流量大于最大允许值,就会形成队伍。

由表 4.31 可以得出沿脱险通道至集合站的移动时间 t_I = 341.880 s,最长时间撤离路线为 DK8 - C3→DK8 - D1→DK8 - S1→DK7 - S1→DK6 - S1→DK5 - S1→ DK4 - S1→D3。计算过程中有以下几点需要关注。

(1)DK4 为登乘甲板,开始没有分布乘客,因此到达该层甲板的人数仍为上层甲板的总人数;

(2)沿脱险通道至指定集合站的总移动时间 T 为最大流动时间 $t_{F_{max}}$ 与甲板或梯道时间 t_D 之和;

（3）由图4.21可知，MSAD3位于DK3楼梯出口处，可近似认为人员到达楼梯出口处即到达集合站，因此不考虑t_{Ms}。

表4.31 t_F、t_D和t_I的计算

项目	总人数	长度/m	计算流量/(人/s)	人员速度/(m/s)	流动时间/s	甲板或梯道时间/s	进入
DK8 - C3	42	32.051	1.162	1.015	36.143	31.581	DK8 - D1
DK8 - D1	48	/	1.196	/	40.134	0	DK8 - S1
DK8 - S1	93	9	1.100	0.550	84.545	16.364	DK7 - S1
DK7 - S1	145	9	1.100	0.550	131.818	16.364	DK6 - S1
DK6 - S1	208	9	1.100	0.550	189.091	16.364	DK5 - S1
DK5 - S1	256	9.400	1.100	0.681	232.727	13.800	DK4 - S1
DK4 - S1	256	10	1.100	0.681	232.727	14.681	D3
					$t_{F_{max}}$ = 232.730	总计 109.154	t_I = 341.880

根据式（4.26）可以得出移动时间 $T = 786.33$ s，根据式（4.21）可以得出总撤离时间为48.88 min，小于80 min，满足指南要求。

4.7 本章结语

本章重点分析了 SOLAS 2020 破舱稳性、IMO 2020 全球限硫令和 NO_x Tier Ⅲ、MLC 2006、IACS 新的系泊及拖带设备选型和设计指南、EEDI 第 3 阶段、SOLAS 2020 客船简化撤离分析这几个法规规范对邮轮设计的影响，并尽可能通过实例加以展示。

相较 SOLAS 2009，SOLAS 2020 大幅提高了客船的破舱稳性分舱指数要求，对大型邮轮的主尺度选择和水密分舱设计影响很大，将进一步促进邮轮船型的大型化。为满足 SOLAS 2020，应综合考虑快速性、耐波性、质量、总布置等因素，调整优化确定大型邮轮的主尺度及水密分舱。如果现有船型的分舱指数与 SOLAS 2020 的要求相距较远，建议优先考虑增加船长，再适当增加船宽和型深。如果现有船型的分舱指数与 SOLAS 2020 的要求接近，建议优先考虑增加船宽。

但无论如何,不建议单纯增加船长的方案。与 SOLAS 2009 不同,SOLAS 2020 破舱稳性不再与救生艇数量和容量直接挂钩,因此可适当减少救生艇配置,当然前提是满足法规和功能要求。另须注意,SOLAS 2020 不再允许水密门在航行中一直保持开启。

如果邮轮的运营区域考虑包括美国在内的国际排放控制区,那么设计时就要考虑同时满足 IMO 2020 全球限硫令和 NO_x Tier Ⅲ,也要关注当地海域是否有更高的污染物排放控制要求。如果只考虑在亚太地区运营,那么至少在短期内不需考虑 NO_x Tier Ⅲ,或者进行空间预留,当然这种决策更多取决于运营策略,而非技术。本书认为,至少在目前阶段以重油 + 脱硫塔为主,以低硫油(MGO 或 MDO)为辅的方案更适合国情,更具经济性和可行性。

IACS 新要求对系泊缆数量和 *MBL* 的要求显著增加,提高了系泊缆 *MBL* 要求,进而提高了系泊系统的安全工作负荷、系泊绞车参数和相关船体结构加强的设计载荷,增大了大型邮轮的系泊系统设计难度。

MLC 2006 对邮轮的影响主要体现在普通船员和工作人员的住舱面积上,现有邮轮大都不能满足公约要求。MLC 2006 势必增大船员住舱的整体空间规模,从而增加总体设计的难度。此外,船员舱室大都位于主甲板下,要特别注意工作区、工作通道的影响。

EEDI 第 3 阶段即将实施,柴电推进大型邮轮要从减阻增效、减速降耗、适当调整船体规模、节能降耗及创新能效技术应用等方面着手,提高能效水平。单纯依靠某一种方法,EEDI 第 3 阶段的实现难度较大,需要业界进一步开展高能效/新燃料技术和应用方案研究,对各种创新能效技术的收益和有效性开展验证。2019 年,IMO 在 MEPC 74 次会议后成立了专门的通信工作组,开始对 EEDI 第 4 阶段方案进行讨论和制定,相关中期报告和最终报告计划在 MEPC 77 次会议上提交讨论。

MSC 96 届会议通过了 SOLAS Ⅱ - 2/13 条修正案,将人员撤离分析要求从客滚船扩大到所有载客 36 人以上的客船。邮轮船型复杂,高级撤离分析能更加直观地体现众多人员的撤离过程,但这是在基于简化撤离确定了撤离路线、通道布置合理性的基础上。可以说,简化撤离分析是高级撤离计算的关键基础。

本章没有分析其他新近生效或尚未生效的法规规范对邮轮设计的影响,但绝不意味着这些法规不重要。第二代完整稳性预定于 2021 年初完成全部衡准文本的正式起草,并报送 IMO 批准发布,而邮轮的船型特点对参数横摇、纯稳性丧失、过度加速度几种稳性失效模式较为敏感。这些新法规都将对邮轮的研发设计产生重要影响,需要重点关注。

参 考 文 献

[1] 刘正江.百年 SOLAS 公约[J].中国海事,2014(3):6-10.

[2] 王艳华,韩佳霖,鲍君忠.客船安全保障措施的回顾与发展趋势[J].世界海运,2013(11):10-15.

[3] 王海潮.意大利邮轮搁浅 重演"泰坦尼克"号悲剧[J].中国海事,2012(2):13-15.

[4] 史婧力."歌诗达协和"号惨剧疑云[J].中国船检,2012(2):22-24.

[5] RAINER H, ODD O, HENNING L, et al. Damage stability requirements for passenger ships-collision risk based cost benefit assessment[C]//Proceedings of the 12th International Conference on the Stability of Ships and Ocean Vehicles (STAB 2015),Glasgow,Scotland,June 2015:1-9.

[6] 胡威,张高峰.对 SOLAS 客船与货船概率破损稳性新规则的修改建议[J].上海造船,2005(2):39,68-70.

[7] 孙丽萍,孙少华,姚彦龙.起重铺管船概率破舱稳性研究[C]//第十六届中国海洋(岸)工程学术讨论会,大连,2013:1455-1460.

[8] 陈晓娜.客滚船概率破舱稳性计算分析[J].船舶设计通讯,2017(2):24-29.

[9] 初绍伟.科考船破舱稳性计算特点及优化研究[J].船舶,2017(S1):55-60.

[10] 王西召,顾学康,聂শ明.综合安全评估在客船破损稳性衡准修订中的应用[J].船海工程,2017,46(2):1-5.

[11] GEOGE Z, APOSTOLOS P, CHRISTINA R, et al. Comparative study of damage stability regulations and their impact on the design and safety of modern ROPAX ships[C]//Proceedings of the 13th International Ship Stability Workshop, Brest,France,September 2013:1-8.

[12] GEORGE Z, EVANGELOS B, APOSTOLOS P. Multi-objective optimization of cruise ships considering the SOLAS 2009 and GOALDS damage stability formulations[C]//Proceedings of the 5th International Maritime Conference on Design for Safety (IDFS 2013),Shanghai,China,November 2013:89-97.

[13] 马网扣,黄雪忠,杨陆峰.LNG 动力邮轮研发动向[J].中国船检,2021(9):66-70.

[14] 李伟,鄢和诚.EGCS 的洗涤水该何去何从?[J].中国船检,2021(9):71-73.

[15] 彭传圣.满足 IMO 2020 年限硫要求方法的选择[J].中国远洋海运,2019

(12):69-71.

[16] 张荻萩,王利宁,吴春芳,等.船运业应对燃料限硫新规三种方案经济性比较[J].国际石油经济,2019,27(5):48-53.

[17] 林德辉.国际劳工组织及经修正的 MLC 2006 简介[J].船舶,2019,30(3):83-92.

[18] 吴敏.国际劳工组织(ILO)2006 年海事劳工公约简介[J].船舶,2009,20(6):55-60.

[19] 刘鹏,桑巍.IACS 船舶系泊与拖带新要求解析[J].船舶工程,2019,41(2):34-39.

[20] 黄昊,刘鹏,王静炜.IACS UR A2 和 OCIMF MEG4 对系泊配置要求的对比分析[J].船海工程,2020,49(3):59-63,68.

[21] 顾雅娟,童晓旺.风帆辅助推进技术对 EEDI 的贡献度计算方法研究[J].中国造船,2019,60(2):107-116.

[22] 张丽波,张义明.废热回收系统改善 VLCC 船型 EEDI 指数的研究[C]//2014 中国大连国际海事论坛论文集,大连,2014:229-235.

[23] 陈少峰,高丽瑾,恽秋琴,等.基于 EEDI 的气层减阻技术评价方法研究[J].中国造船,2018,59(2):1-8.

[24] 王中华.某型客船简化撤离分析应用[J].船舶与海洋工程,2019,35(2):11-17,39.

第5章

邮轮安全返港和替代设计初探

　　大型邮轮乘客加船员动辄数千人，发生火灾或破损进水事故后，如此大的人员规模要安全、有序、及时撤离到救生装置上并不是件容易的事。安全返港的理念是将船舶本身看作一个巨型的救生艇，如果事故可控，那么船舶自身将作为救生艇将人员安全运送至附近的港口码头，最大限度地保障人员的生命安全。安全返港的设计和评估技术复杂，涉及 10 多个重要系统，以及安全区设置、大规模人员有序撤离等技术，是大型邮轮研发设计的关键技术和难点之一。

　　如果按照常规船的规范规则指令设计模式，邮轮的布置必将受到各种条条框框的束缚，不利于各种功能设计理念的实现，甚至影响乘客的休闲娱乐体验，进而降低邮轮的市场竞争力。此外，大型邮轮的船型特点也决定了某些替代设计也不可避免。以歌诗达"威尼斯"号邮轮为例，该船最大载员 6 538 人，如果不突破 LSA 的最大救生艇人数限制，那么每舷至少需要配置 17 艘 150 人救生艇，再加上必要的救生筏及垂直逃生撤离装置，救生系统的布置难度极大。因此，替代设计对邮轮，尤其是大型邮轮的设计极为重要，也是邮轮研发设计的关键技术和难点之一。

　　本章对邮轮的安全返港和替代设计进行一些探索性研究，并力图通过实船案例加以深化。安全返港方面，首先对客船安全返港的相关规范要求，包括事故界限、安全返港重要系统、安全区、有序撤离及安全返港系统能力评估这几个方面进行介绍，然后提出一种客船轮机系统安全返港设计方法，最后建立一套覆盖单元评估、单系统评估、多系统评估的安全返港评估方法和评估流程，并以某大型邮轮的推进系统及其辅助系统安全返港评估为例加以展示。替代设计方面，首先对替代设计流程进行介绍，再分析大型邮轮的替代设计现状，最后针对某大型邮轮的超大型救生艇进行替代设计和布置的定性案例分析。

5.1 安全返港概述

SOLAS 要求 2010 年 7 月 1 日及以后建造的载重线船长为 120 m 及以上,或具有 3 个主竖区及以上的客船需满足安全返港要求[①]。安全返港包含以下两个层面。

第一,在发生事故界限以内的火灾或进水的事故后,客船可以依靠自身动力,返回最近的港口,且船上安全区能够满足乘客和船员的基本生活;

第二,如果超过火灾事故界限,但不超过 1 个主竖区时,则要求事故主竖区以外的相关系统需保持运行 3 h 以上以用于有序撤离。

因此,客船的安全返港实际上包含安全返港、安全区、有序撤离三个核心内容,分别对应 SOLAS Ⅱ-2/21 条和 Ⅱ-2/22 条的相关要求。但无论如何,返港或是弃船撤离指令均要由船长决策后做出。

5.1.1 涉及的法规、通函

邮轮安全返港设计涉及的法规和通函包括以下几项。

(1)经 MSC.216(82)决议修订的 SOLAS 修正案,涉及第 Ⅱ-1/8-1 条、第 Ⅱ-2/21 和 22 条;

(2)MSC.1/Circ.1369"客船发生火灾或进水事故后系统能力评估的暂行解释性说明"和 MSC.1/Circ.1369/Add.1;

(3)MSC.1/Circ.1437"对 SOLAS 第 Ⅱ-2/21.4 条的统一解释(对 MSC.1/Circ.1369 通函的修正)";

(4)MSC.1/Circ.1400"提供给依靠自身动力安全返港客船船长的操作信息指南";

(5)MSC.1/Circ.1532"经修订的向客船船长提供关于安全返港的操作资料指南";

(6)经 MSC.325(90)决议修订的 SOLAS 修正案,涉及第 Ⅱ-1/8-1 条;

(7)经 MSC.421(98)决议修订的 SOLAS 修正案,涉及第 Ⅱ-1、Ⅱ-2 和 Ⅲ章;

---

① 参见 IMO 于 2010 年发布的《客船发生火灾或进水事故后系统能力评估的暂行解释性说明》;CCS 于 2019 年发布的《实施 IMO 安全返港及有序撤离要求指南》。

（8）MSC.1/Circ.1533"经修订的新客船和现有客船撤离分析指南"。

5.1.2　事故界限

不同事故类型及范围的客船安全返港设计衡准如图5.1所示。

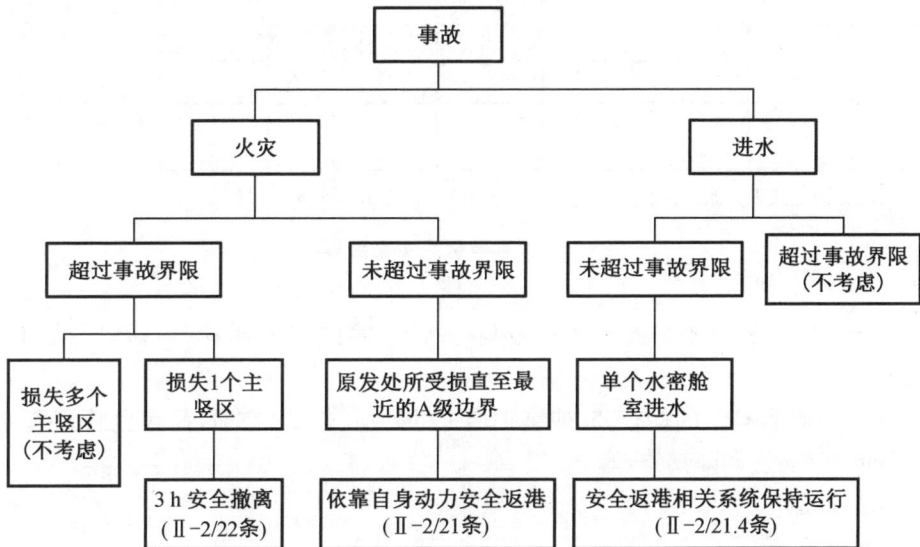

图5.1　不同事故类型及范围的客船安全返港设计衡准

分别考虑火灾和进水两种事故情况，但不要求考虑两者同时发生。进行事故假定时，不需考虑事故发生的原因，只需考虑事故引起的后果。

1.火灾事故界限

如图5.2(a)所示，如果火源处所设有固定式灭火系统保护，事故界限为起火源到最近A级边界的区域，该A级边界可以是火灾原发处所的一部分。如图5.2(b)所示，如果火源处所没有固定式灭火系统保护，事故界限为起火源到最近A级边界的区域，该A级边界不是起火源区域的一部分。如果图中的 h 不超过450 mm，应将对应处所作为火源相邻处所来考虑火灾延伸。

垂向甲板的火灾事故界限定义与水平甲板一致，但只需考虑火灾向上延伸。

这里的A级边界指舱壁和甲板，而不关注其等级。但是，在按A－60标准建造的包含管道、电缆和/或管路的围壁通道，若在所有限界处封闭，则其穿过一个火源处所时视作可使用。当火灾事故小于上述范围，则应满足安全返港要求。当火灾事故超出上述界限，且损失范围小于1个主竖区时，则应满足有序撤离的

273

相关要求。当损失范围超过 1 个主竖区时,SOLAS 没有相关要求。

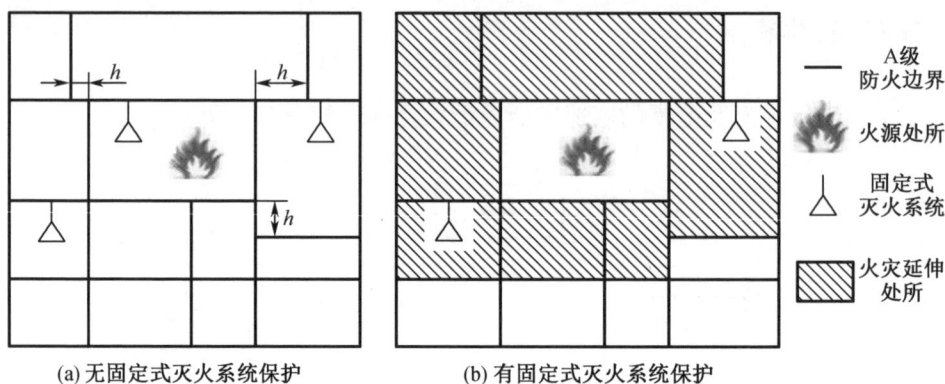

(a) 无固定式灭火系统保护   (b) 有固定式灭火系统保护

图 5.2　水平甲板火灾事故界限

MSC. 1/Circ. 1369 指出低失火危险处所不必视作火源处所,包括但不限于以下处所。

(1)只具有有限的检查和/或维护通道的处所,例如,空舱、只包含管道和/或电缆的围壁通道和隔离空舱。

(2)液舱。

(3)锚链舱。

(4)通风管道,但具有失火危险的通风管道,如厨房的排气管、洗衣房排气管、A 类机器处所通风管、特种和滚装处所通风管等除外。

(5)连接空舱的横贯进水导管。

(6)自机器处所、服务处所、控制站和其他船员起居处所通出的垂直脱险通道。

(7)装设固定式气体灭火系统的储藏室。

(8)封闭于 A 级分隔内的汇流排。

(9)A 级环围,其只包含构成保护起居处所、服务处所和控制站的固定式灭火系统的一部分的隔离阀或分区阀。

(10)轴隧,但不能用于存放物资。安全返港评估时,应提前将失火危险忽略不计的处所清单提交海事主管当局和船级社进行认可。

2.进水事故界限

对应 SOLAS Ⅱ-1/8-1 条的要求,进水事故系指任何舱壁甲板以下的单个水密舱室进水,不与海水直接接触的水密舱室也需考虑进水事故。

当一个水密舱室进水时,应满足安全返港要求;当一个以上水密舱室进水

时,无安全返港相关要求。

5.1.3　安全返港重要系统

当客船发生的火灾事故未超过事故界限时,支持依靠自身动力安全返回港口所需的重要系统应满足 SOLAS Ⅱ-2/21 条的要求。当客船发生的进水事故未超过事故界限时,相关的重要系统应满足 SOLAS Ⅱ-2/21.4 条的要求。

安全返港时,下列系统在船上未受失火影响的其余部分仍能保持运转。

(1)推进系统

应至少设有 2 套推进系统,其推进机械应分舱布置。如布置在相邻处所,则相邻舱壁应为 A 级分隔的水密舱壁。当其中 1 套推进系统因事故界限内的火灾事故无法运行后,另 1 套推进系统应考虑到预期营运区域的海况和风力条件并能够安全返港,建议客船在蒲氏风 8 级的天气条件和相应的海况下以不小于 6 kn 的航速返回港口。

(2)操舵系统、操舵-控制系统。

(3)航行系统。

(4)燃油注入、传输、服务系统。

(5)内部通信系统,包括驾驶室、机舱、安全中心、灭火和控损队之间的内部通信,以及乘客和船员通知及集合所要求的内部通信。

(6)外部通信系统。

(7)消防总管系统。

(8)固定式灭火系统。

(9)火、烟探测系统。

(10)舱底水和压载系统。

(11)动力操作的水密和半水密门。

(12)支持安全区的系统。

(13)进水探测系统。

(14)主管机关确定的对控制损害有至关重要影响的其他系统,包括但不限于滑油系统、冷却水系统、蒸汽加热系统、压缩空气系统、通风系统、排气系统、液舱防冻系统、液压系统。

MSC.1/Circ.1369 要求推进和操舵系统保持运行且不能认定为"关键系统"。邮轮大都采用吊舱推进,推进系统和操舵系统是一体的。事实上,邮轮的推进系统采用完全独立冗余的两个子推进系统,包括附属的电力供应、电气控制、燃油、滑油、冷却水、通风等系统,以及电力电缆、控制电缆敷设等。而对于主舱底水和压载系统这样的全船性系统,则很难按两个独立子系统来设计。

5.1.4　安全区

安全区应为所有船上人员提供 SOLAS Ⅱ-2/21.5 条要求的基本服务,以确保在安全返港期间船上人员可以保持健康。对于火灾事故,要求安全区位于火灾所在的主竖区之外。因此,客船至少需要设置 2 个安全区。

MSC.1/Circ.1369 的解释 41 指出在考虑某个主竖区中的火灾事故时,只有在事故临界内的处所应视作不可使用,用于向安全区维持基本服务,且储存在未直接受到火灾事故影响,并属于同一主竖区的处所内的食物、水和设备可视为仍然可用。

1.位置

安全区一般应设置在起居处所内,但不包括卫生间、盥洗室,尽可能不设置在服务处所和机器处所内;安全区应选择具有风雨遮蔽的内部处所,一般不选择开敞甲板等外部处所,除非船舶营运区域和环境条件能够达到与内部处所同等保护人员的程度;应为安全区提供通往救生设备的通道设施。

2.面积

安全区的面积应基于安全返港的时间考虑,若超过 12 h,应为每人提供至少 2 m² 的处所(按所考虑处所的甲板总表面积计算),若小于 12 h,应为每人提供至少 1 m² 的处所;卫生间、盥洗室、家具等不适合安置人员的位置不应计入安全区面积。

如图 5.3(a)所示,若返港时间超过 12 h,在客舱区的走廊和电梯厅中,按照 1 个 1 m×2 m 矩形空间对应 1 个人进行安全区的人员处所布置。如图 5.3(b)所示,在餐厅等公共区域,需统计空余甲板面积,按每人 2 m² 的居住面积进行人员分配。

3.卫生设施

安全区所必需的卫生设施,应确保至少每 50 人或不足 50 人有 1 个大便器可用;火灾或进水事故后,安全区内的生活污水系统应能保持运行,此时 MARPOL 允许来自安全区的黑水和灰水直接排放至海中。

4.水

安全区应至少提供每人每天 3 L 饮用水;如采用饮用水供应系统,火灾或进水事故后,剩余的饮用水供应系统应至少能为安全区提供每人每天 3 L 饮用水;火灾或进水事故后,安全区内的卫生用水(如便池冲洗)应能正常供应,食物烹饪所需的用水应能正常供应。

(a) 客舱区

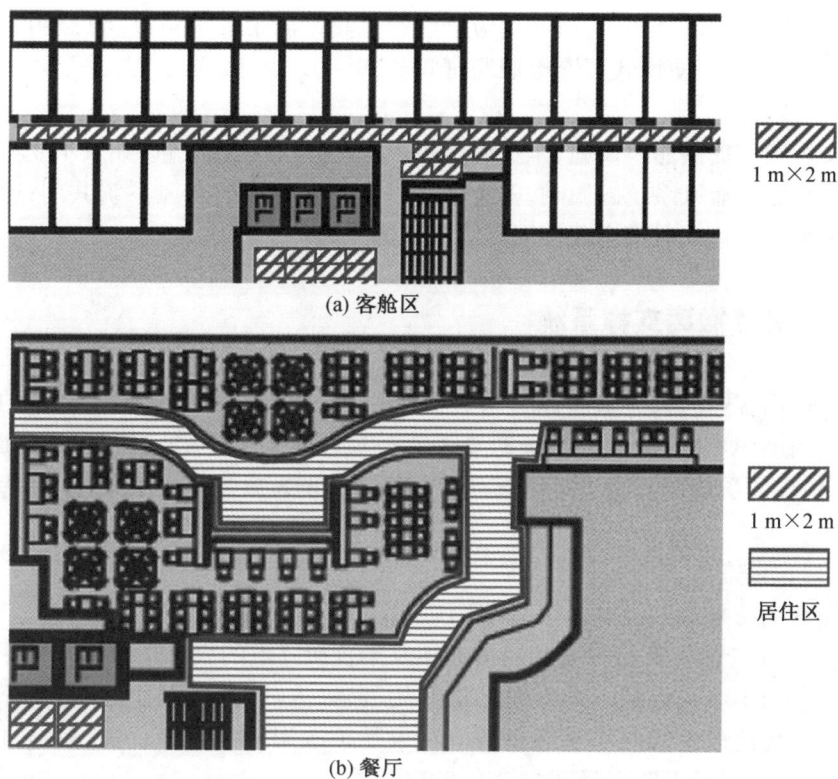

(b) 餐厅

图 5.3　安全区的人员处所布置

5. 食物

安全区至少应按人员数量和安全返港时间提供必要的食物,每个人的食物供给数量可参照 LSA 中对救生艇乘员的食物供给标准配备,食物的形式不限,包括干粮;食物也可由安全区内的厨房提供;用于安全区的食物应尽可能分散储存,且安全区应有通往食物储存位置的通道。

6. 医疗替代处所

医疗替代处所应设置在不同于医院或主要医疗中心的防火区,且应易于到达;安全区内的药品柜所在的处所可以作为医疗替代处所;医疗替代处所内应设有主电源和应急电源供电的照明设施。

7. 防暑降温措施

安全区内的温度应能保持在 10～30 ℃;空调系统的布置,应考虑发生火灾或进水事故后,剩余的空调系统能维持安全区所需的温度。

8. 照明

安全区内应设有照明,可使用应急照明灯具来满足要求;在应急照明未覆盖的处所,允许使用便携式可充电照明灯具。

9. 通风

安全区应提供通风设施,至少确保每人 4.5 m^3/h 的换气量;如果不受失火和进水事故处所通风系统的影响,安全区可以与其他处所的通风系统共用;通风设计应减少烟和热气对安全区使用可能带来的风险。

5.1.5　有序撤离支撑系统

当适用客船的火灾事故超过事故界限后,支持有序撤离和弃船所需的重要系统应满足 SOLAS II-2/22 条的要求。一旦任何 1 个主竖区因失火而无法使用,下列 6 个系统的布置与分隔应确保其能在非失火主竖区内至少维持运行 3 h。

(1)消防总管

所有消防泵及其供电系统,一般不应布置在同一主竖区内。

(2)内部通信(支持乘客和船员通知及集合所要求的灭火工作)

当任何 1 个主竖区因失火而无法使用,向灭火、破损控制小组、负责撤离和弃船人员传达命令的内部通信设备应在未受事故影响的处所仍能使用;如采用便携式设备,应在不同主竖区内设有充电装置。

(3)外部通信

当主 GMDSS 损失后,在有序撤离时应能使用 GMDSS 或 VHF 船用和空中波段遇险频率进行外部通信;上述外部通信设备可采用固定式或便携式设备,且不能与主 GMDSS 布置在同一主竖区内。

(4)可转移消防水的舱底水系统

所有舱底泵及其供电系统,一般不应布置在同一主竖区内。

(5)脱险通道、集合站和救生设备登乘站的照明

脱险通道、集合站和救生设备登乘站的照明能正常使用。

(6)撤离引导系统

如设有使用电力的低位照明系统,则该低位照明系统也应在未受事故影响的主竖区内能至少运行 3 h。

穿过无法使用的主竖区时,按 A-60 标准建造的围壁通道内的电缆和管路应视为保持完整并可使用。

5.1.6 系统能力评估

客船安全返港系统的能力评估可按照 MSC. 1/Circ. 1369 通函的要求进行。评估以火灾或进水事故是否超出事故界限为前提条件,评估过程应分开单独进行。系统评估可采用基于系统的方法,也可采用基于舱室或处所的方法。

1. 基于系统的方法

首先列出所有的安全返港重要系统和具有失火与进水危险的处所,然后逐一以单个重要系统及其相关辅助设备和支持系统为主线,分析其受到的火灾或进水事故的影响。

2. 基于舱室或处所的方法

列出所有具有失火和进水危险的舱室或处所,然后逐一分析这些舱室或处所事故对安全返港重要系统的影响。

安全返港系统评估推荐使用基于系统的方法,通函推荐的评估流程如图 5.4 所示。当然,具体到每一系统的评估,需要对该系统涉及的事故舱室或处所逐一分析。

(1)准备工作

系统评估前,应准备好客船描述的相关资料,包括但不限于以下内容。

①重要系统的设计衡准(如分隔、双套、冗余、保护,或几者的集合);

②包括事故界限的船舶基本布置(水密或 A 级限界),包括但不限于总布置图、舱容图、水密分隔图、防火分隔图、固定式灭火系统布置图;

③安全区的选择衡准及预定位置;

④拟提交评估的所有系统的清单;

⑤描述重要系统的位置、布置和连接的图/文件;

⑥重要系统电源的描述;

⑦最小航速对应的天气条件和海况的数据;

⑧确保或支撑重要系统的任何其他设计细节资料;

⑨拟运营区域和运营模式(可用来确定航速和最大安全返港距离)。

(2)重要系统的总体评估

应对所有重要系统进行结构化评估,系统评估可采用定性分析。如需进行更为详细的系统评估,可能需要采用定量分析。

①关键系统识别

如果某个重要系统对所有事故界限内的火灾和进水事故完全冗余,如电缆、管路和设备重复设置且充分远离,则该重要系统不是关键系统,不需要进一步分析。否则,需作为关键系统,对其设备、构件或连接展开进一步分析。

船舶描述
（包括关于船舶系统能力的文件）

重新设计

重要系统的总体评估

任何重要系统是否
确定为关键系统

设计可接受

否

是

关键系统设计
原则是否可接受

否

是

关键系统的评估

否

完整重新
设计是否
必要

是

所有需要系统
的性能是否可接受

否

是

最终设计
（重要系统，包括关键系统）

文件资料和认可

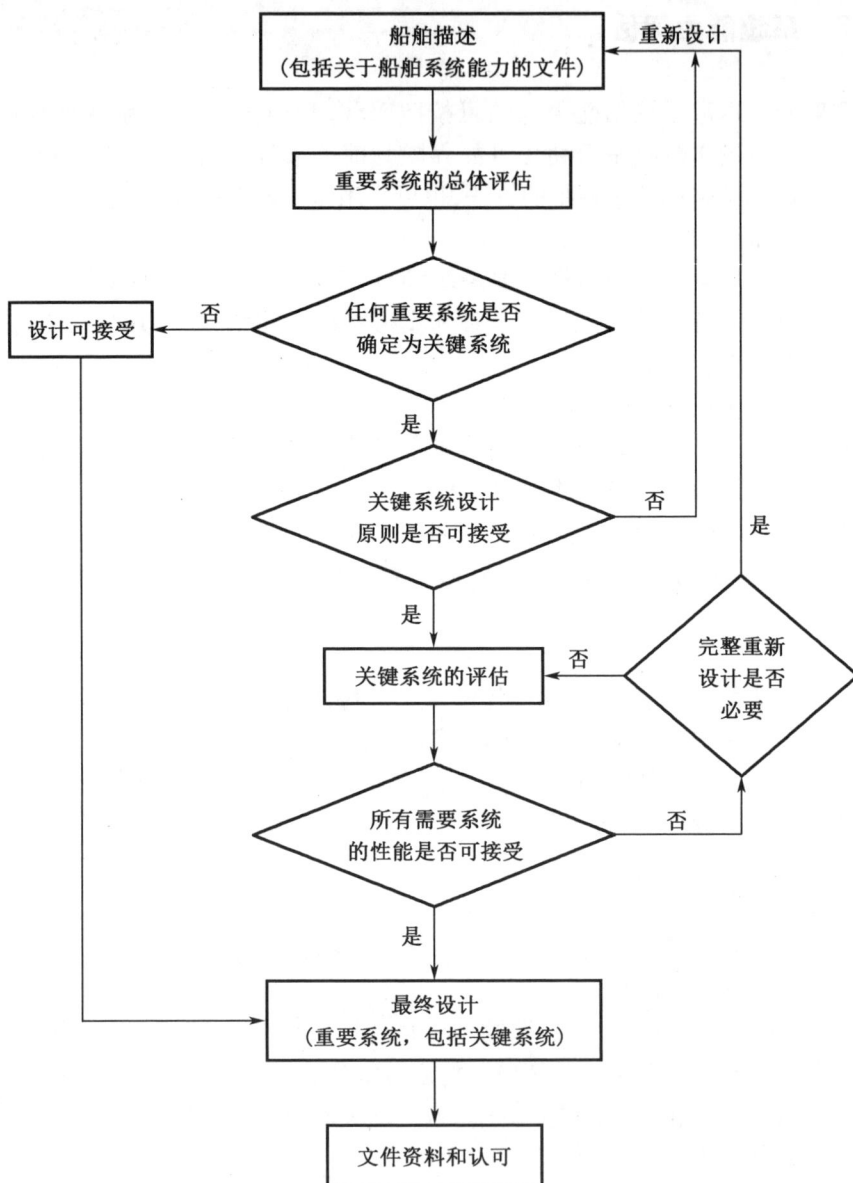

图 5.4　安全返港系统评估流程

可接受船员手动操作提供系统能力的做法,但应做详细评估。

a.手动操作应限于主管当局认可的、指定的火灾和进水事故,并记录于评估报告;

b. 手动操作应有预先计划和预设,船上提供指导文件和必要的材料;

c. 全部手动操作需在操作开始后 1 h 内完成;

d. 手动操作区域应提供应急照明和通信设施;

e. 原则上,手动操作的可行性应通过实测和演练加以验证。

②重要系统评估结果

如果所有重要系统都不存在关键系统,那么无须进行关键系统评估。

(3)关键系统的详细评估

①进行关键系统的详细评估时,可能需要额外的信息。除前文准备工作里的资料外,还需补充每个待评估关键系统的描述(如适用)。

a. 连接关键系统各个构件的管路、电缆或设备的细节,或连接受影响区域内不同关键系统间的管路、电缆或设备的细节;

b. 任一手动操作的细节;

c. 构成设计衡准一部分的任何操作手段的细节。

②如果主管机关接受,可进行定量分析,作为对所有关键系统详细评估的一部分。可以执行以下操作。

a. 空间内火灾风险的定量分析,必要时补充消防工程分析和/或火灾测试(例如,评估火灾对系统或系统组件的影响后果);

b. 根据 IEC 60812 进行系统或系统组件的失效模式影响分析(FMEA);

c. 给定水密舱室位置和内部管系,详细分析进水的可能性和进水对系统构件的影响。

关键系统详细评估的目的是做出各种措施,包括船员手动操作实施方案,最终消除关键系统的风险。

(4)文件资料

文件资料主要包括安全返港评估报告、试验大纲,以及安全返港操作手册、检查维护保养计划、操作限制清单和船舶安全管理手册等随船文件。

以燃油系统为例,安全返港评估报告除包含准备工作里的客船描述相关资料外,还需提供如下图纸、计算书资料。

①燃油系统描述;

②燃油输送、净化、日用、泄放管系原理图;

③燃油舱柜测深、透气管系原理图;

④燃油系统火灾事故界限划分图(包含燃油舱柜的布置、系统相关设备布置、系统管系走向布置、相关舱室的 A 级火灾事故界限、非失火源处所等信息);

⑤燃油系统水密事故界限划分图(包含燃油舱柜的布置、系统相关设备布置、系统管系走向布置、相关舱室水密界限、横贯进水装置布置等信息);

⑥系统总体评估;

⑦安全返港工况燃油耗量计算书；

⑧火灾事故下的系统详细评估(以燃油管系及设备相关处所为单位,逐一分析每一失火源处所内受事故影响的设备、受影响的系统功能、采取的手动行为、事故后设备可用性、事故后系统性能影响及评估结论)；

⑨进水事故下的系统详细评估(以燃油管系及设备相关处所为单位,逐一分析每一水密处所内受事故影响的设备、受影响的系统功能、采取的手动行为、事故后设备可用性、事故后系统性能影响及评估结论)；

⑩如认定为关键系统,需对关键部件或连接件进行详细评估,提供火灾或进水试验报告,或者提供 FMEA 分析报告。

5.2 安全返港设计方法探讨
——以轮机系统为例

随着邮轮大型化和高集成度的发展,邮轮轮机系统的复杂性日益彰显。SOLAS 只给出了安全返港设计要求,但未给出设计方法。因此,对大型邮轮的轮机系统的拓扑结构和容量进行研究十分必要。

5.2.1 系统分类

由于满足安全返港的轮机系统较多,所以采用归类法将这些系统分类。具体分为安全返港中提及的轮机系统、有序撤离中提及的轮机系统。其中,安全返港中提及的轮机系统又分为推进器、发电机及其辅助系统,消防、舱底及压载系统,支持安全区的系统(表5.1)。

表5.1　满足安全返港要求的轮机系统的分类

系统名称	安全返港中提及的轮机系统			有序撤离中提及的轮机系统
	推进器、发电机及其辅助系统	消防、舱底及压载系统	支持安全区的系统	
推进器	×			
发电机	×			
排气系统	×			
海水冷却系统	×			

表 5.1（续）

系统名称	安全返港中提及的轮机系统			有序撤离中提及的轮机系统
	推进器、发电机及其辅助系统	消防、舱底及压载系统	支持安全区的系统	
高温淡水冷却系统	×			
主发电机低温淡水冷却系统	×			
辅机低温淡水冷却系统	×		×①	
锅炉给水系统	×		×②	
蒸馏水系统	×			
蒸汽和冷凝水系统	×		×②	
燃油锅炉系统	×			
启动空气系统	×			
日用空气系统	×			
控制空气系统	×			
燃油输送系统	×			
燃油净化系统	×			
燃油日用系统	×			
滑油输送系统	×			
滑油净化系统	×			
滑油日用系统	×			
燃油和滑油油渣收集系统	×			
快关阀系统	×			
水消防系统		×		×
水雾灭火系统		×		
CO_2 固定式灭火系统		×③		
舱底系统		×		×
压载系统		×		
灰水收集系统			×	
黑水收集系统			×	
饮用水系统			×④	

注：×属于该类型；

①为空调系统提供冷媒水；

②为厨房、空调系统提供加热蒸汽；

③重要电气设备间仅设有 CO_2 固定式灭火系统,这些房间的 CO_2 固定式灭火系统需满足安全返港的要求；

④包括造水机、饮用水处理系统及饮用水分配系统。

由表 5.1 可以看出,涉及的系统共有 30 项,推进器、发电机及其辅助系统有 22 项、消防、舱底及压载系统有 5 项、支持安全区的系统有 6 项、有序撤离中提及的轮机系统有 2 项。其中,部分系统同时属于 2 个分类,如辅机低温淡水冷却系统、锅炉给水系统、蒸汽和冷凝水系统同属于推进器、发电机及其辅助系统和支持安全区的系统；水消防系统、舱底系统同属于消防、舱底及压载系统和有序撤离中提及的轮机系统。

5.2.2 系统搭建

搭建满足安全返港要求的轮机系统,是实现安全返港设计要求和技术指标的重要方法之一。上述四类系统需要满足不同的安全返港设计要求和技术指标,每类系统根据相应的要求和指标,采用不同的拓扑结构进行搭建。

1. 推进器、发电机及其辅助系统

推进器、发电机及其辅助系统的服务对象为推进器和发电机,辅助系统用于维持相应的推进器和发电机的持续运行。为满足安全返港的要求,该类系统采用双套结构进行搭建,即辅助系统布置于所服务的推进器和发电机组的所在区域,拓扑结构如图 5.5 所示。

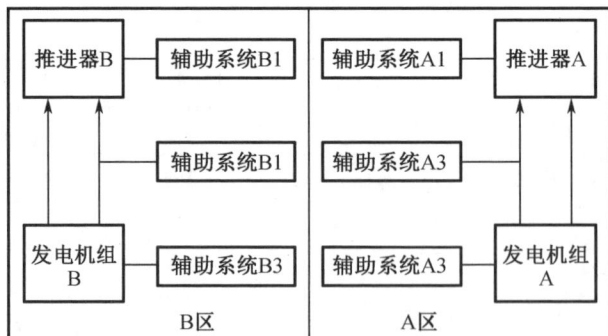

图 5.5 推进器、发电机及其辅助系统的拓扑结构

由图 5.5 可以看出,服务于推进器 A 和发电机组 A 的辅助系统均布置于 A 区内,服务于推进器 B 和发电机组 B 的辅助系统均布置于 B 区内。该结构中,各辅助系统的容量仅按一套推进器或发电机组的需求量进行配置。

该方案的优点:A 区发生的事故只会影响 A 区的系统,B 区的系统仍保持运行;B 区发生的事故只会影响 B 区的系统,A 区的系统仍保持运行。

该方案的缺点:A 区的任一辅助系统失效后,都可能造成推进器 A 或发电机组 A 的宕机;B 区的任一辅助系统失效后,都可能造成推进器 B 或发电机组 B 的宕机。

为解决这一问题,启动空气系统、日用空气系统、控制空气系统、燃油输送系统、燃油净化系统、滑油输送系统、滑油净化系统,在图 5.5 所示结构的基础上,增加了具有隔离功能的连通管,拓扑结构如图 5.6 所示。

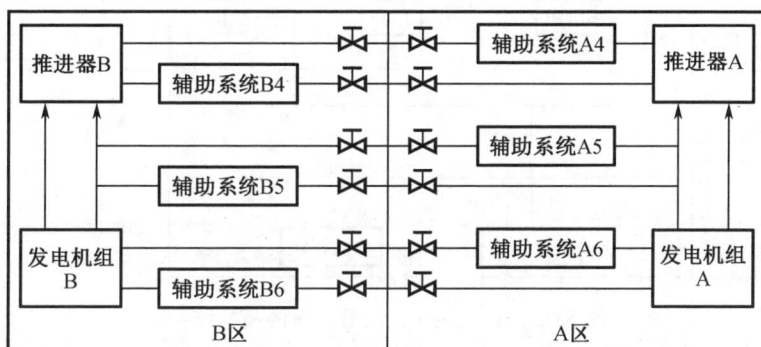

图 5.6　推进器、发电机及其辅助系统具有隔离功能的拓扑结构

由图 5.6 可以看出,辅助系统 A 在服务推进器 A 或发电机组 A 的基础上,也可服务于推进器 B 或发电机组 B,辅助系统 B 在服务推进器 B 或发电机组 B 的基础上,也可服务于推进器 A 或发电机组 A。该结构中,各辅助系统的容量按两套推进器或发电机组的需求量进行配置,约为图 5.5 所示的拓扑结构的两倍。

当任意辅助系统 B 失效时,相应的辅助系统 A 也可以服务推进器 B 或发电机组 B;当任意辅助系统 A 失效时,相应的辅助系统 B 也可以服务推进器 A 或发电机组 A。由于该结构具有隔离功能,所以当 A 区发生事故时,B 区的隔离阀可以阻止事故通过连通管传递到 B 区;当 B 区发生事故时,A 区的隔离阀可以阻止事故通过连通管传递到 A 区[1]。

2. 消防、舱底及压载系统

消防、舱底及压载系统要在事故未突破界限的前提下,保证系统剩余部分的运行。这一类系统需结合事故界限的分析,进行分层搭建。

SOLAS 指出,不被固定式灭火系统保护的处所发生火灾后,事故界限拓展至相邻的 A 级边界,甚至向上拓展一层甲板,而被固定式灭火系统保护的处所发生火灾后,事故局限于所在的 A 级边界内。由此可以看出,提高固定式灭火系统的覆盖面积可以简化事故界限的分析,并在一定程度上简化了相关系统的分析。

消防、舱底及压载系统分三层搭建,具体为功能层、总网层、支网层,拓扑结构如图 5.7 所示。功能层主要包括功能模块,用于驱动系统介质。总网层主要包括总管网,用于为用户层载运系统介质,并根据事故界限的分析,设置隔离阀。用户层主要包括用户,以及总管网和各用户之间的支管网,用于为各用户输入、输出系统介质,并根据事故界限的分析,设置隔离阀。

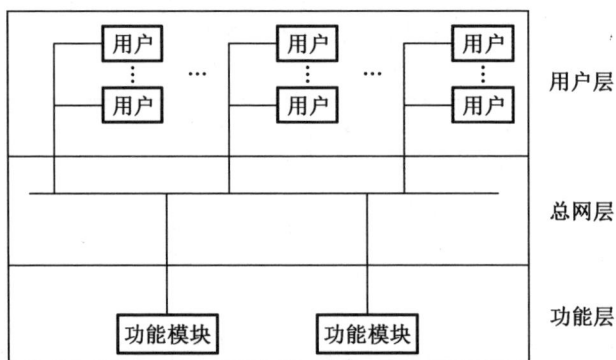

图 5.7　消防、舱底及压载系统的拓扑结构

由图 5.7 可以看出,消防、舱底及压载系统以功能层为基础,依次搭建总网层和用户层。各层与总网层之间的交点具有隔离功能,任一功能模块或支管网的失效,都不会影响总管网的完整性。功能层的功能模块的数量和容量一般按 2 套 100% 容量或 3 套 50% 容量进行配置,各功能模块不会布置于同一事故界限内。总网层的总管网的结构形式主要有单总管和环形总管,环形总管的布置形式只有水平环形总管和竖直环形总管,总管网与每一个事故界限的交点(除非失火源处所外)两侧均设有隔离阀。用户层的用户与支管网之间也设有隔离阀,隔离阀布置在用户所在的事故界限以外易于到达的处所。

3. 支持安全区的系统

支持安全区的系统要在隔离事故安全区的同时,支持剩余安全区的运行,拓扑结构如图 5.8 所示。

由图 5.8 可以看出,支持安全区的系统也采用图 5.7 所示的层级结构进行搭建,但仅在总管网与 A、B 区界限的交点两侧设有隔离阀。当 B 区发生事故后,A 区的隔离阀可以阻止事故通过总管网传递到 A 区,保证 A 区系统的完整性,支持

安全区 2 的运行;当 A 区发生事故后,B 区的隔离阀可以阻止事故通过总管网传递到 B 区,保证 B 区系统的完整性,支持安全区 1 的运行。每一个区的功能模块的总容量按所在区的需求量进行配置。

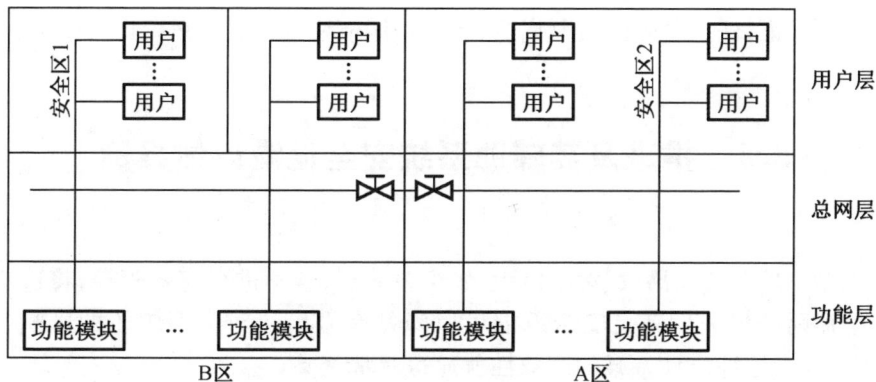

图 5.8　支持安全区的系统的拓扑结构

4.有序撤离中提及的轮机系统

有序撤离中提及的轮机系统要在隔离事故主竖区的同时,保证系统剩余部分能继续运行至少 3 h,拓扑结构如图 5.9 所示。

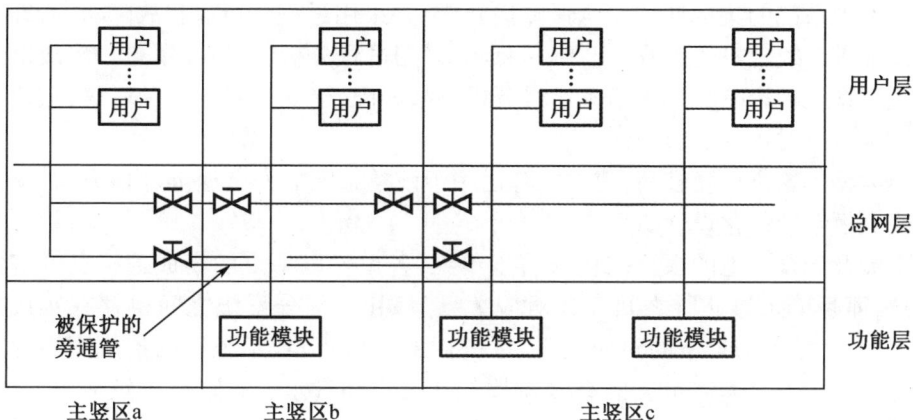

图 5.9　有序撤离中提及的轮机系统的拓扑结构

由图 5.9 可以看出,有序撤离中提及的轮机系统也采用图 5.7 所示的层级结构进行搭建。这类系统要求在总管网与主竖区舱壁的交点两侧设置隔离阀。同时,由于主竖区 a 的总管网的介质必须流经主竖区 b,所以当隔离主竖区 b 时,主

竖区 a 的总管网也会被隔离。鉴于此问题,总网层采用被保护的旁通管将主竖区 c 的功能模块与主竖区 a 的总管网连通。当隔离主竖区 b 时,主竖区 c 的功能模块可以为主竖区 a 的总管网驳运系统介质。由于主竖区舱壁一般与事故界限重合,所以图 5.9 所示结构可由图 5.7 所示结构增加旁通管演变而来。功能层的容量必须保证,任一主竖区被隔离后,剩余功能模块可以支持系统运行 3 h 以上。

5.3 推进及其辅助系统安全返港评估案例

大型邮轮造价高昂、载客量巨大,发生事故后,若不进行有效管控,将造成重大的生命财产损失。满足安全返港可以降低有限事故对大型邮轮的影响。因此,评估安全返港设计方案的有效性就显得非常重要。

5.3.1 评估方法

国外先进的大型客船已经广泛采用安全返港设计理念,我国在安全返港设计方面尚处于起步阶段[2]。Dario Cangelosi 对高集成度系统进行了故障分析,完成了优化设计,并研究了人为因素对安全返港的影响[3]。Victor Bolbot 研究了网络化物理系统的集成性和安全保障措施[4],并采用过程分析法和故障树,研究了造成推进系统宕机的事故[5]。B. Rokseth 采用过程分析法,研究了单一事故对高集成度系统的影响[6]。王旭辉通过分析事故界限,建立临界区域关联表,量化分析有限事故对系统的影响[7]。

大型邮轮集成度较高,建立一套适用于该类系统的安全返港评估方法,有利于安全返港的优化设计。

涉及安全返港的系统均包含若干单元,各单元以一定的集成逻辑在系统内集成,而且单元与处所之间存在对应关系。同时,部分系统之间也存在集成关系。因此,单元与处所的对应关系、系统内的集成逻辑、系统间的集成逻辑存在耦合关系。安全返港定义的有限事故包括火灾和进水。有限事故发端于处所,失效状态经单元向单系统演变,并在系统间传播。该方法根据有限事故的演变过程,结合集成系统的布置和原理,以单元、单系统为解耦点,解耦上述的耦合关系,进行单元评估、单系统评估、多系统评估,评估流程如图 5.10 所示。

评估前要分析事故界限,事故界限内的处所均为失事处所。MSC. 1/Circ. 1369 不考虑火灾和进水事故同时发生。SOLAS Ⅱ-1/8-1 条定义的有限进水事故的界限为水密舱壁。SOLAS Ⅱ-2/21 条认为如果火灾起源区域由固定式灭

火系统保护,则自起源到最近的 A 级边界为失事区域,若无固定式灭火系统保护,则失事区域自起源延伸至下一级 A 级边界。事故界限分析的输出文件为处所状态,该文件也是单元评估的输入文件。

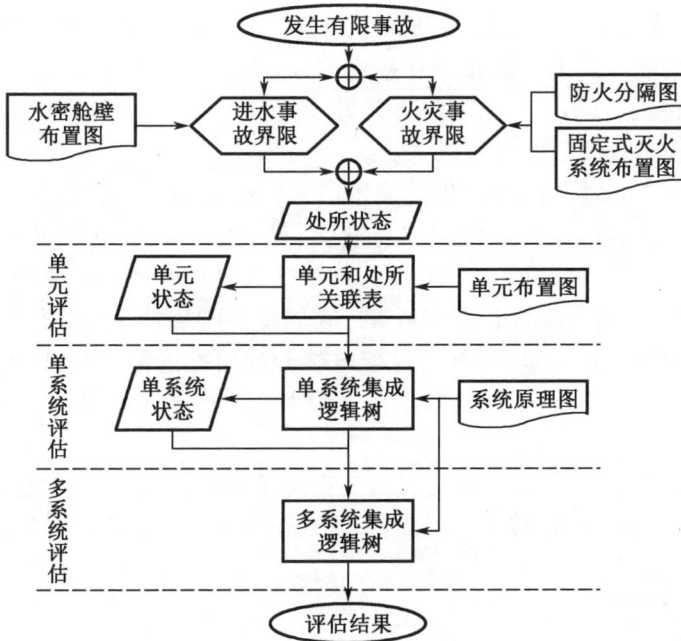

图 5.10　安全返港系统评估流程

　　单元评估根据单元布置,建立单元和处所关联表,分析单元与处所之间的对应关系,评估所列处所失事后单元的失效情况。该方法认为失事处所内的单元均为失效状态。单元评估的输出文件为单元状态,该文件也是单系统评估的输入文件。

　　单系统评估根据系统原理,建立单系统集成逻辑树,分析单元在系统内的集成逻辑,评估单元的失效状态对所在系统的影响。单系统评估的输出文件为单系统状态,该文件也是多系统评估的输入文件。

　　多系统评估根据系统原理,建立多系统集成逻辑树,分析系统间的集成逻辑,评估系统的失效状态在系统间的传递情况,并输出评估结果。

5.3.2　目标邮轮系统概述

　　某大型邮轮的推进系统及其辅助系统就属于典型的集成系统,而且属于有

限事故后仍需运行的 14 类系统之一。该型邮轮为满足安全返港,全船分为 A、B、E 3 个区域。推进系统包括 2 台 17 MW 的吊舱式推进器,发电系统包括 2 台 17 MW 的 V 型机、3 台 10 MW 的直列机、1 台 1 900 kW 的应急发电机,辅助系统包括燃油系统、滑油系统、压缩空气系统等 20 项。该型邮轮机舱的定义较为广泛,不仅包括传统意义上的前、后机舱,还包括舱壁甲板以下的所有机器处所。推进系统及其辅助系统分散布置在推进器间(左、右)、机舱(前、后)、配电板间(前、后)、辅助设备间(前、后)、分油机间(前、后)、空压机间(前、后)等。因此,这些系统存在布置离散的特点。

推进系统及其辅助系统的集成采用层次化结构,分为辅助层、供电层、推进层。辅助层包括各种支持发电机组持续运行的辅助系统,如燃油系统、滑油系统、冷却水系统等。该层的主要用途是向发电机组和推进器提供所需的油、气、水等。供电层包括发电机组、配电板等。在辅助层的支持下,该层通过发电机组将燃油的化学能转化为电能,并通过配电板分配给推进器及其他用户。各层之间及各层的系统之间都存在功能上的关联性,因此这些系统存在集成度高的特点。

为满足安全返港,推进系统及其辅助系统采用双套结构搭建,部分辅助系统形成冗余配置、系统间可以相互隔离,因此这些系统存在集成逻辑复杂的特点。

5.3.3 系统评估

推进系统及其辅助系统的评估以单元为媒介,通过单元和处所关联表,建立处所与单系统间的耦合关系,并将单系统集成逻辑树的根导入到多系统集成逻辑树的节点,实现了由处所经单元、单系统向多系统递进的评估。下文以有限火灾为例,论述评估流程。

1. 单元评估

以该型邮轮的日用和控制空气系统、燃油净化系统、供电系统、推进系统为例,论述单元和处所关联表的建立及单元评估流程。图 5.11 所示为上述系统的单元布置示意图。

由图 5.11 可以看出,空压机 1、空压机 2、空气瓶 1 布置于空压机间(前),空压机 3、空压机 4、空气瓶 2 布置于空压机间(后),空气瓶 1 的加厚总管 3 穿过分油机间(前)、辅助设备间(前),空气瓶 2 的加厚总管 6 穿过分油机间(后)、辅助设备间(后),分油机 1、分油机 2 布置于分油机间(前),分油机 3、分油机 4 布置于分油机间(后),2 台 V 形机布置于机舱(前)、3 台直列机布置于机舱(后),2 台推进器分别布置于推进器间(左)、推进器间(右)。单元和处所关联表以处所名为标题行,系统名为标题列,单元名为单元格,见表 5.2。

推进器间(左)	空压机间(后)	分油机间(后)	辅助设备间(后)	机舱(后)	机舱(前)	辅助设备间(前)	分油机间(前)	空压机间(前)
推进器(左) ⓐ	空压机3	分油机3	总管4	发电机组(后) ⓐ	发电机组(前) ⓑ	总管1	分油机1	空压机1
推进器(右) ⓑ	空压机4　空气瓶2	分油机4	总管6			总管2	分油机2	空气瓶1　空压机2
		总管6(加厚)				总管3(加厚)		

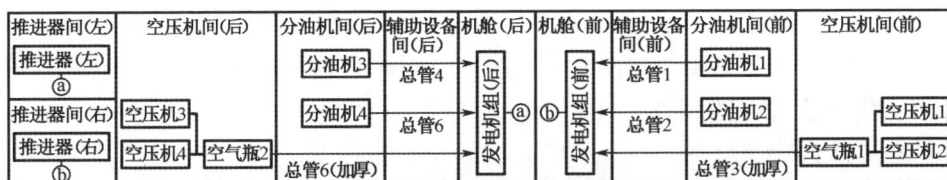

图 5.11　目标邮轮的日用和控制系统、燃油净化系统、
供电系统、推进系统的单元布置示意图

表 5.2　单元和处所关联表

系统类型	左推进器间	右推进器间	后空压机间	后分油机间	后辅助设备间	后机舱	前机舱	前辅助设备间	前分油机间	前空压机间
日用和控制空气系统	—	—	空压机3	—	—			—		空压机1
	—	—	空压机4	—	—			—		空压机2
	—	—	空气瓶2	—	—			—		空气瓶1
	—	—	总管6	—	—	总管6	总管3	—		总管3
燃油净化系统	—	—	—	分油机3					分油机1	
	—	—	—	分油机4					分油机2	
	—	—	—	总管4	总管4	总管4	总管1	总管1	总管1	
	—	—	—	总管5	总管5	总管5	总管2	总管2	总管2	
供电系统	—	—	—	—	—	后发电机组	前发电机组	—	—	—
推进系统	左推进器	右推进器	—	—	—	—	—	—	—	—

表 5.2 中所列处所的初始状态均为正常,所列单元的初始状态均为有效,均以 1 表示。当某处所发生火灾后,处所由正常状态变为事故状态,事故处所内单元的状态也由有效状态变为失效状态,均由 1 变为 0。根据 MSC.1/Circ.1369 的第 12 条解释,分油机间(前)、辅助设备间(前)的有限火灾不会导致加厚的总管 3 失效,分油机间(后)、辅助设备间(后)的有限火灾不会导致加厚的总管 6 失效。因此,分油机间(前)、辅助设备间(前)所在列不列入总管 3,分油机间(后)、辅助设备间(后)所在列不列入总管 6。

假设分油机间(后)发生有限火灾。因为分油机间(后)的舱壁为 A 级防火分隔,且分油机间(后)内设有固定式灭火系统,所以该事故仅影响分油机间(后)。根据表5.2可得,分油机3、分油机4、总管4、总管5均失效,状态为0。但总管6仍有效,状态仍为1。

2. 单系统评估

根据单元评估给出的单元状态,进行单系统评估。由于事故只影响分油机状态,所以以燃油净化系统为例,论述单系统集成逻辑树的建立及单系统评估流程。单系统集成逻辑树以单元为末端,以单系统为节点。根据燃油净化系统的原理,建立该系统的集成逻辑树,如图5.12所示。

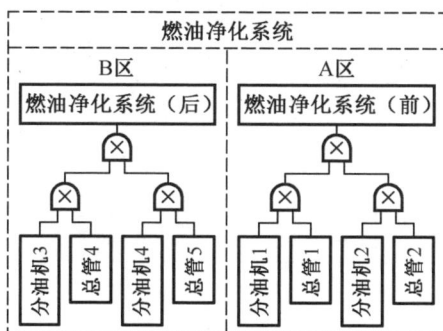

图 5.12　单系统集成逻辑树

图5.12所列单元和单系统的有效状态为1,失效状态为0。可以看出,燃油净化系统分为 A 区的燃油净化系统(前)和 B 区的燃油净化系统(后)。分油机1和总管1形成与门、分油机2和总管2形成与门,两个与门的结果形成第二级与门,该与运算的结果决定了燃油净化系统(前)的状态。分油机3和总管4形成与门、分油机4和总管5形成与门,两个与门的结果形成第二级与门,该与运算的结果决定了燃油净化系统(后)的状态。

分油机3、分油机4、总管4、总管5的状态为0。根据图5.12可得,燃油净化系统(后)的状态也为0,即燃油净化系统(后)失效。由于分油机1、分油机2、总管1、总管2的状态为1,所以燃油净化系统(前)的状态仍为1。

3. 多系统评估

根据单系统评估给出的单系统状态,进行多系统评估。多系统集成逻辑树以区域为标题行,以结构层为标题列。根据推进系统及其辅助系统燃用燃油(HFO)时的原理,建立多系统集成逻辑树,如图5.13所示。图5.13所列单系统的有效状态为1,失效状态为0。可以看出,该型邮轮在 A、B 区分别搭载一套推进系统,形成双套结构,并在 E 区搭载应急发电系统。因此,A、B 区分别建立一棵推进系统的多系统集成逻辑树,E 区建立应急发电系统的多系统集成逻辑树。

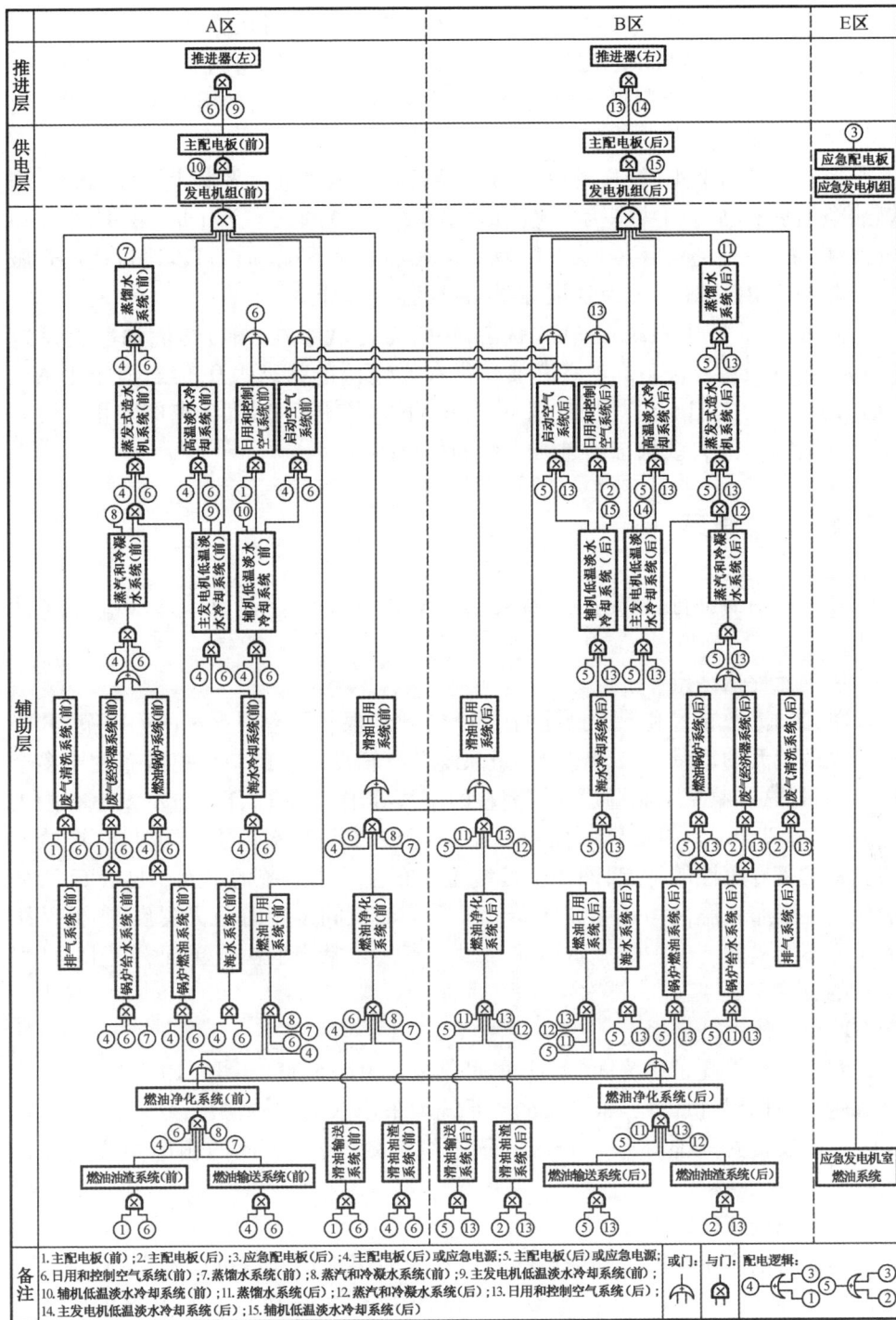

图 5.13　多系统集成逻辑树

A、B区的多系统集成逻辑树按辅助层、供电层、推进层搭建,E区的多系统集成逻辑树按辅助层、供电层搭建。每棵多系统集成逻辑树的节点都为单系统。A、B区的多系统集成逻辑树的根分别为左右推进器,E区的多系统集成逻辑树的根为应急配电板。

多系统评估采用或门,模拟A、B区系统之间的连通管及其上的隔离阀。当燃油净化系统(后)的状态为0,燃油净化系统(前)的状态为1时,根据图5.13可得,燃油日用系统(后)的状态仍为1,即燃油净化系统(前)可以通过连通管服务于燃油日用系统(后),保证推进器(后)的持续运行。

同时,燃油日用系统(前)的状态,由燃油净化系统(前)与燃油净化系统(后)之间的或运算决定。虽然燃油净化系统(后)的状态为0,但燃油净化系统(前)的状态为1。因此,燃油日用系统(前)的状态仍为1,即隔离阀阻止了燃油净化系统(后)的失效状态传递到A区的集成网络。

5.3.4　评估结果

随着评估的进行,单元评估、单系统评估和多系统评估均会输出相应的评估结果。

1.单元评估结果

单元的离散布置和保护措施的应用,有效地限制了有限火灾的影响范围,降低了失效单元的数量。该型邮轮推进系统及其辅助系统的单元离散布置于多个舱室,而且这些舱室的舱壁形成了完整的事故界限。因此,任一舱室发生有限火灾后,事故只会影响事故舱室内的单元,不会向相邻舱室拓展。同时,这些舱室的设置具备专用性的特点,即一个舱室主要布置一个系统的单元。见表5.2,分油机间主要布置燃油净化系统的单元。当分油机间发生有限火灾后,其他系统的单元不会失效。保护措施进一步减少了事故舱室中的失效单元,如图5.11中所示的总管3、总管6。

2.单系统评估结果

双套结构提高了系统面向事故的可靠性。由图5.11和图5.13可以看出,该型邮轮的辅助层、供电层、推进层的单系统均采用双套结构搭建,分别布置于A、B区。有限火灾只能导致一个区的子系统失效,另一个区的相应系统还保持运行。

3.多系统评估结果

连通管的应用降低了辅助层的有限火灾对供电层和推进层的影响;隔离措施的应用,阻断了失效状态在A、B区之间的传播;完全独立于A、B区的应急发电系统提供了应急供电保障。由图5.13可以看出,该型邮轮的日用和控制空气系统、启动空气系统、滑油净化系统、燃油净化系统的子系统均采用连通管连接。任一个子系统失效后,相应的另一个子系统可以替代失效的子系统提供服务。例如,燃油净化系统(前)可以替代燃油净化系统(后),服务于 B 区的关联系统。每根连通管在 A、B 区分隔线两侧均设有隔离阀,当任一区发生有限火灾后,都可以关闭另一区的隔离阀,阻止失效状态通过连通管传递。例如,燃油净化系统(后)失效后,通过关闭 A 区的隔离阀,保证了燃油净化系统(前)的有效性。应急供电系统使该型邮轮具备瘫船启动能力。

综上所述,该型邮轮的推进系统及其辅助系统采用了离散布置、双套结构、保护措施、隔离措施,满足了安全返港的要求。

由图 5.13 可以看出,A、B 区的供电层之间相互独立,即 A 区的供电层只服务于 A 区的推进层,B 区的供电层只服务于 B 区的推进层。任一个配电板失效后,将导致所服务的推进器无法工作。因此,在图 5.11 所示结构的基础上对供电层进行迭代设计,如图 5.14 所示。

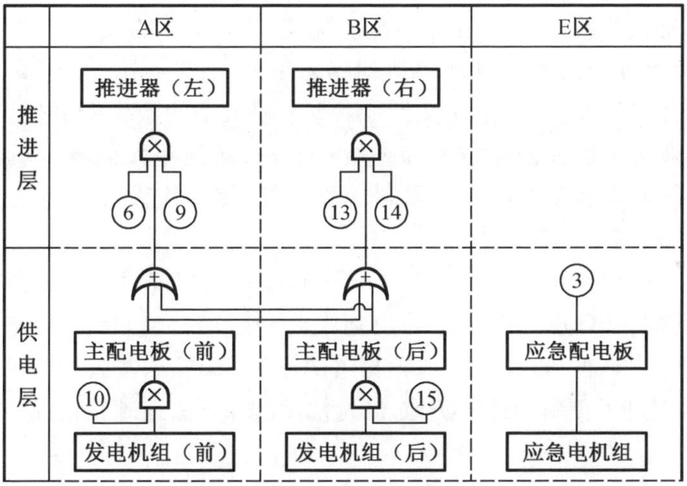

图 5.14　供电层集成逻辑

图 5.14 中的供电层采用连接开关,连通主配电板(前)和主配电板(后)。任一个主配电板失效后,另一个主配电板可以同时服务于两台推进器,降低了供电层的有限火灾对推进层的影响。同时,事故区域的辅助层仍可服务于另一区域的供电层。迭代后的结构在辅助层和供电层均采用了连通措施和隔离措施,进一步提高了推进层面向事故的可靠性。因此,评估结果为安全返港优化设计提供了重要依据。

5.4 替代设计概述

　　替代设计是一种基于目标的船舶设计方法,通过风险分析,设计者可提出符合目标和功能要求并能有效控制风险的新颖设计,从而在与规定性要求具有同等安全水平下得到最优化的设计方案和最合理(费效比)的安全保护。替代设计涉及的措施范围较广,既包括新颖或特殊的设计,也包括应用于替代布置或构造中的传统的船舶结构和系统。替代设计的应用一般限制在国际公约、法规及规范明确允许采用替代设计的条款范围内。

　　IMO 的公约法规正在从传统的描述性规定向"基于目标的标准(Goal-Based Standards)"转变。研究 IMO 和主管机关对船舶替代设计方法的具体要求,有利于提高大型邮轮总布置设计的灵活性,适当摆脱公约法规的条条框框约束,而越来越"自由"地去实现邮轮的目标功能。随着造船技术的发展和设计理念的创新,替代设计和布置在邮轮设计中得到越来越广泛的应用。如图 5.15 所示,某邮轮右舷原有 4 个救生艇,经过改造后用 2 个超大型的救生艇替代,节省下来的船体空间用来布置乘客公共空间和客舱。当然,新的超大型救生艇容量超过了 LSA 允许的救生艇最大 150 人的限制,就需要采用替代设计来评估和证明新方案仍具有同等安全性。

　　2000 年,IMO 首次将替代设计引入 SOLAS Ⅱ-2/17 条"消防安全替代设计和布置"。目前,IMO 已在多个公约规则中允许采用替代设计,并先后发布了多份关于替代设计的通函,其中与邮轮相关的见表 5.3。这些公约条款及技术通函的颁布,有效促进了创新设计的实施,也为替代设计方法在邮轮设计中的应用提供了法规依据。

(a)

图 5.15　某邮轮的救生艇替代设计

(b)

图 5.15（续）

表 5.3　邮轮替代设计相关的 IMO 公约和通函

公约条款	通函号	适用范围	时间	通函名称
SOLAS Ⅱ－2/17	MSC/Circ. 1002	消防安全的替代设计和布置	2001	消防安全的替代设计和布置指南
	MSC. 1/Circ. 1552		2016	消防安全的替代设计和布置指南（MSC/Circ. 1002 通函）修正案
SOLAS Ⅱ－1/55、Ⅲ/38	MSC/Circ. 1002	机电设备、救生设备与装置的替代设计和布置	2006	SOLAS Ⅱ－1 与 Ⅲ 章的替代设计和布置指南
	MSC. 1/Circ. 1212 /Rev. 1		2019	经修订的 SOLAS Ⅱ－1 与 Ⅲ 章的替代设计和布置指南
MARPOL Ⅰ/19(5)	MEPC. 110(49)	燃油舱碰撞溢油安全等效布置	2003	经修订的批准油船设计和建造替代方法的临时指南
	MSC. 1/Circ. 1455	—	2013	对各种 IMO 文件规定的替代和等效的批准导则

替代设计原则上实行一船一办,即一个申请只能针对一艘船舶提出。续造船在满足一定条件的前提下,可采用经批准的首制船的替代设计。

5.4.1 替代设计流程

替代设计是一种基于目标的船舶设计方法。通过风险分析,设计者可提出符合目标和功能要求,并能有效控制风险的新颖设计,从而在与规定性要求具有同等安全水平下得到最优化的设计方案和最合理(费效比)的安全保护①。CCS指出与传统的基于规则的设计流程不同,替代设计流程一般可以分为以下几个阶段。

1. 替代设计的准备(概念设计阶段)

设计方提出替代设计的需求,并随之展开替代设计的前期准备,包括以下内容。

(1)确定替代设计的分析范围;

(2)分析替代设计与规定性要求之间的关系;

(3)分析替代设计的新颖程度;

(4)适用的评估准则(如有时);

(5)组建替代设计团队方案;

(6)替代设计工作计划,包括风险评估计划。

设计方完成前期准备后向 CCS 提交替代设计申请,CCS 初步审查替代设计申请的必要性和可行性,以及申请资料的完整性,并召开技术专家评审会决定是否需要展开风险评估,是否接受替代设计申请。

2. 定性的初步分析(初步设计阶段)

在定性的初步分析中,设计团队需进一步分析确定受替代设计影响的相关布置和系统,以及主要的操作场景。在此基础上开展危险识别,即对各种危险及其事故场景进行识别,并按其相对于所考虑问题的风险水平进行排序,以便对主要危险和事故场景进行更详细的定量分析。对于风险等级高的事故场景,可初步提出相应的风险控制措施,并据此制定一个或多个替代设计方案。

3. 定量分析(最终设计阶段)

在初步设计批准之后,设计团队需要对替代设计进行更新和深化,并着重开展定量分析。对识别出的事故场景进行详细调查,识别影响风险水平的因素,并为每一个事故进行量化,对不满足性能衡准的,通过前期拟定的风险控制措施进行设计更新,并对更新后的设计再次进行定量分析,直至满足性能衡准的要求,即将与风险相关的措施或活动控制在可接受的风险范围内。

---

① 参见 CCS 于 2019 年发布的《船舶替代设计和布置应用指南》。

4.试验和工程分析

CCS 在审定最终设计的同时,基于定量风险分析结果,与送审方共同制定替代设计实施要求,诸如试验和工程分析、制造和营运等。设计团队根据试验和工程分析要求开展有关工作,并将试验和分析结果提交 CCS 审查。CCS 在完成对试验和分析结果的审查后,将最终设计及其分析报告和试验报告,报主管机关进行最终批准后签发"替代设计批准文件"。

5.4.2　邮轮替代设计现状

根据对报送至 IMO 的替代设计审批报告的统计,邮轮的替代设计主要集中在以下三个方面。

第一,消防安全,主要包括主竖区超长或超面积、电梯的升降机无独立处所、结构防火分隔不满足规范;

第二,超过 150 人的超大型救生艇;

第三,磁罗经安装环境。

1.超大型主竖区

SOLAS Ⅱ-2/3 条对主竖区的定义如下。

主竖区是指由 A 级分隔分成的船体、上层建筑和甲板室区段,其在任何一层甲板上的平均长度和宽度一般不超过 40 m。

SOLAS Ⅱ-2/9 条 2.2.1 对客船主竖区的规定如下。

(1)载客 36 人以上的客船,其船体、上层建筑和甲板室应以 A-60 级分隔分为若干主竖区。阶层和壁龛应保持在最低限度,但如有必要,其也应以 A-60 级分隔。

(2)只要实际可行,舱壁甲板以上形成主竖区限界面的舱壁,应与直接在舱壁甲板以下的水密分舱舱壁位于同一直线上。为使主竖区的端部与水密分舱舱壁垂向一致,或为提供一个长度覆盖主竖区全长的大型公共处所,主竖区的长度和宽度最大可延伸至 48 m,但在任一层甲板上主竖区的总面积不应大于 1 600 m²。主竖区的长度或宽度范围为其限界面舱壁最远点之间的最大距离。

从现有实船总布置来看,一般 9 万总吨级以上的邮轮就会出现长度超过 48 m 的主竖区,特别是首尾两个主竖区的长度基本都会超过 48 m。如图 5.16 所示,某大型邮轮共设 6 个主竖区,首尾两个主竖区的最大长度都超过 48 m,而中间 4 个主竖区的长度均小于 48 m。

根据 SOLAS Ⅱ-2/17 条,消防安全设计和布置可以偏离规定要求,只要这些替代设计和布置符合该章的消防安全目标和功能要求。

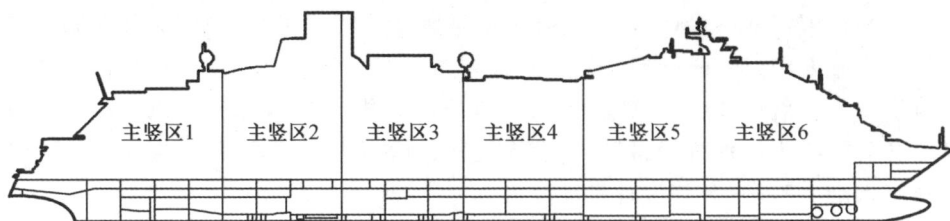

图5.16　某大型邮轮的主竖区划分

2. 防火分隔(结构)

SOLAS Ⅱ-2/9条4.1.1.2对客船舱壁和甲板上的A级分隔上开口的规定如下。

A级分隔上所有门和门框的结构及其在关闭时的锁紧装置,以及其耐火和阻止烟气和火焰通过的性能应与其所在舱壁的此种性能等效,根据《耐火试验程序规则》确定。这些门和门框应由钢或其他等效材料建造。经认可的无门槛(作为门框一部分)的门如在2010年7月1日或以后安装,门底部的空隙不得超过12 mm。应在门底下安装一个不燃材质的门槛,使地板覆盖物不延伸至关闭的门下方。

根据这条规定,邮轮主竖区舱壁上是可以设置开口的,只要开口的移动式防火门达到等效安全水平即可。图5.17为某大型邮轮的A-60级防火卷帘门。

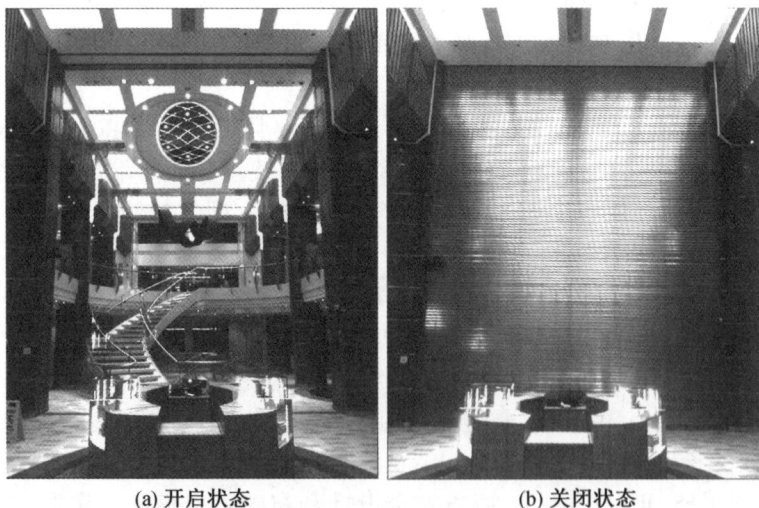

(a) 开启状态　　　　　　　　(b) 关闭状态

图5.17　某大型邮轮的A-60级防火卷帘门

3. 超大型救生设备

SOLAS Ⅲ/13 条对救生艇筏存放的规定如下。

（1）每艘救生艇筏的存放应在安全和可行的情况下尽可能靠近水面,并且对除需抛出船外降落的救生艇筏外的救生艇筏,在船舶满载时纵倾至 10°和任何一舷横倾至 20°或横倾至船舶露天甲板的边缘浸入水中的角度（取较小者）的不利情况下,其存放处应使其登乘位置在水线以上不少于 2 m。

（2）每艘救生艇筏的存放应尽可能位于安全且有遮蔽的地方,并加以保护,以免火灾和爆炸造成损坏。

SOLAS Ⅲ/24 条对救生艇筏存放的规定如下。

对吊架降落的救生艇筏,其在登乘位置的吊架顶部至最轻载航行水线之间的高度应尽可能不超过 15 m。

按照 LSA 的要求,容纳人数超过 150 人的救生艇,一概不予以认可。但对载客 3 000 人以上的大型邮轮来说,即使全部采用 150 人的救生艇,由于船长有限,也不可能布置下满足 SOLAS 要求的全部救生艇筏。受空间所限,这些大型邮轮不得不采用超过 150 人的超大型救生艇筏。现代大型邮轮上 300 人以上的超大型救生艇筏已比较常见。"海洋量子"号采用了 313 人的超大型救生艇筏（图 5.18）,而"海洋绿洲"号的双体救生艇筏最大容纳人数甚至已达 370 人。现代大型邮轮所配救生艇筏的吊架顶部至最轻载航行水线之间的高度基本都要超过 15 m,超出了 SOLAS 的要求。

(a)　　　　　　　　　　　　(b)

图 5.18　"海洋量子"号的 313 人超大型救生艇筏

根据 SOLAS Ⅲ/38 条,救生设备与装置的设计和布置可以偏离规定要求,只要这些替代设计和布置满足相关要求的意图并提供等效的安全水平。

4. 无机房电梯

现在不少邮轮开始采用无机房电梯。无机房电梯是相对有机房电梯而言的。顾名思义,有机房电梯有单独的机房,机房一般设在电梯的最上方,是一个

用于放置主机、控制柜、曳引机、限速器等设备的单独的房间。无机房电梯则是将原机房内的相关设备小型化,移到电梯井道的顶部或井道侧部(图5.19),从而取消了传统的机房。无机房电梯相对有机房电梯的振动噪声大,故障维修和检修困难,发生故障后人员救援麻烦,在邮轮上几乎不使用。但是无机房电梯的最大优点是能节省高度空间,可以只在主机的下方做一个检修平台,这无疑增加了电梯和船体总布置的灵活性。

图5.19 无机房电梯井道内的主机

SOLAS Ⅱ-2/9条2.2.5.2对起居处所内升降机保护的规定如下。

(1)升降机围阱的设置,应能防止烟和火焰从一个甲板间通至另一个甲板间,并应设置关闭装置,以能控制气流和烟气的流通;

(2)位于梯道环围内的升降机械应布置在一个独立的舱室内,由钢质限界面环围,但允许设有升降机电缆使用的小通道;

(3)通往除走廊、公共处所、特种处所、梯道和外部区域之外的处所的升降机,不得通往脱险通道内的梯道。

从上述条款可以看出,位于梯道环围内的升降机械应布置在一个独立的舱室内,舱室由钢质限界面环围,但允许设有供升降机电缆使用的小通道。按照SOLAS规定,船舶的电梯必须要设独立机房,不允许采用无机房电梯。若采用无机房电梯,就须进行替代设计,证明其消防安全水平不低于有机房电梯。

5.5　超大型救生艇替代设计定性分析案例

本节依据 SOLAS Ⅲ/38 条"替代设计和布置"、MSC. 1/Circ. 1212《SOLAS 第 Ⅱ-1 章与第Ⅲ章替代设计和布置指南》[①]、MSC. 1/Circ. 1455《对各种 IMO 文件规定的替代和等效的批准导则》[②],对某大型邮轮(以下简称"目标邮轮")救生艇的替代设计和布置进行定性分析[8]。

5.5.1　范围界定

为证明目标邮轮采用的救生艇替代设计和布置具有与 SOLAS 要求等效的安全水平,确定需要通过定量分析进一步研究的方案,本节将设定救生艇替代设计定义分析的边界条件。

1. 设计团队组成

设计团队由来自船东、设计方、监造方、造船厂、救生艇供应商、救生艇降放设备供应商、应急撤离系统供应商、安全和风险评估咨询公司、船级社的专家组成。

2. 分析的目标——SOLAS 安全目标和功能要求

目标邮轮初步设计考虑安装 20 艘容量 308 人的救生艇,设计团队根据当前的设计开发和 IMO 的具体要求,确定增容救生艇替代设计和布置工程分析的方法,以确保目标邮轮满足 SOLAS Ⅲ/38 条中定义的功能要求,尽管在某些情况下这可能不符合规定性要求。

遵守 SOLAS 的安全目标和功能要求保证了与遵循 SOLAS 第Ⅲ章规定性要求达到的安全水平等效。该方法符合 SOLAS Ⅲ/38 条和 MSC. 1/Circ. 1212 的要求。

应注意的是,根据 MSC 95 次会议确定的研究方向和工作计划,IMO 将对 SOLAS 第Ⅲ章"救生设备与装置"开展功能性要求的研究。经过对 SOLAS 第Ⅲ章相关条款的梳理,IMO 在第 101 届会议上,批准了船舶系统和设备分委会在其

---

① 参见 MSC. 1/Circ. 1212. Guidelines on Alternative Design and Arrangements for SOLAS Chapters Ⅱ-1 and Ⅲ,2006。

② 参见 MSC. 1/Circ. 1455. Guidelines for the Approval of Alternatives and Equivalents as Provided for in Various IMO Instruments,2013。

第 6 次会议上制定了《SOLAS 公约第Ⅱ-1 章与第Ⅲ章替代设计和布置指南》
（MSC.1/Circ.1212 通函）的修正案,确定了 SOLAS 第Ⅲ章目标、功能要求和预期
性能衡准。

（1）安全目标

救生系统的安全目标是在紧急情况发生过程中及发生后拯救和维持人员的
生命。

（2）功能要求

上述安全目标可转化为以下设计要求。

①在弃船的情况下,尽量减少伤害,防止不适当的生命损失;

②专用逃生路线和救生艇筏满足弃船撤离过程中的可用和可操作要求。

为验证该替代设计达到 SOLAS 要求的等效安全的功能要求,安全分析（如
风险评估）将集中于以下内容。

①从集合站到救生艇的撤离和登乘;

②救生艇降放系统和救生艇下降过程。

（3）影响该替代设计和布置的法规

替代设计调查的法规对象涉及 LSA 第Ⅳ章 4.4.2——救生艇的乘员定额:
"容纳人数超过 150 人的救生艇,概不予以认可。"

此外,分析还扩展到救生艇布置的以下方面。

①SOLAS Ⅲ/13.1.5 条关于救生艇存放位置的要求:"……每艘救生艇筏的
存放应,在可行范围内,位于安全并有遮蔽的地方……"

②SOLAS Ⅲ/24 条关于救生艇架顶部高度的要求:"对吊架降落的救生艇筏,其
在登乘位置的吊架顶部至最轻载航行水线之间的高度应尽可能不超过 15 m。"

③SOLAS Ⅴ/22.1.6 条——"船舷应从桥楼翼台上可见"。

5.5.2　设计说明

1.船舶概况和总布置

目标邮轮最大载员 6 418 人,其中乘客 5 170 人,船员 1 248 人。

替代设计涉及的甲板是 3,4,5（用于乘客集合和撤离）。甲板 4 是登乘甲板,
集合站分布在这 3 层甲板上,如图 5.20 所示。

救生艇布置在甲板 4,悬挂于甲板 5 下。它们由安装在甲板 5 下表面的降放
装置下放,如图 5.21 所示。

假定所有人员都按照 SOLAS 规定在集合地点集合。为此,只分析乘客和船
员离开集合点、登上指定救生艇和降落入水的时间,并在这方面验证安全性能符
合要求。

(a) 甲板 5

(b) 甲板 4

(c) 甲板 3

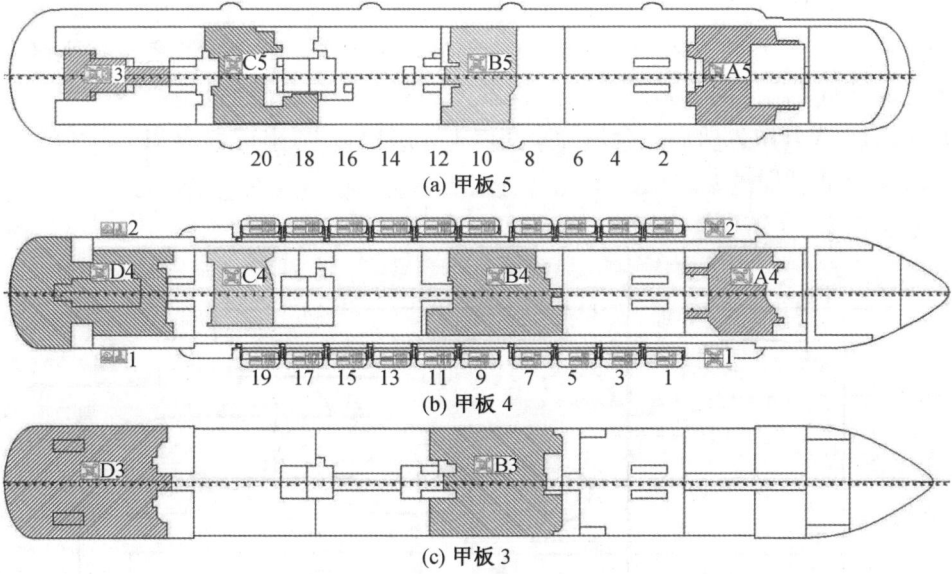

图 5.20　替代设计涉及的甲板(集合站和登乘区域)

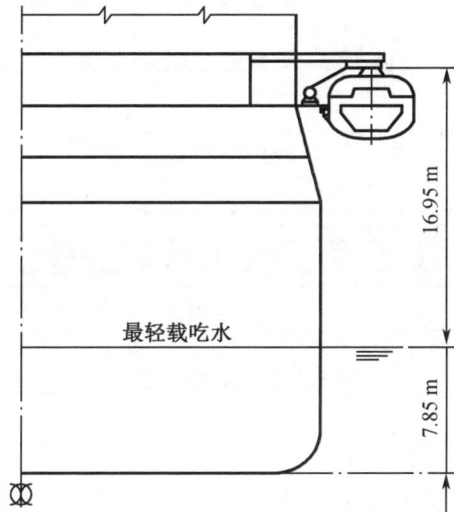

图 5.21　救生艇横剖面示意图

305

2. 登乘区

如图 5.22 所示,救生艇正前方的登乘区只作为登乘用途,不用作乘客散步的场所。此外,由于该区域空间较大,也将被船东用来定期运输物资。登乘区受所有现行相关法规的保护。登乘过程发生在同一个甲板上,救生艇存放于该甲板,紧邻 4 类开敞处所。集合站分布在以下 3 层甲板上:甲板 3(乘客)、甲板 4 和甲板 5(乘客和船员)。

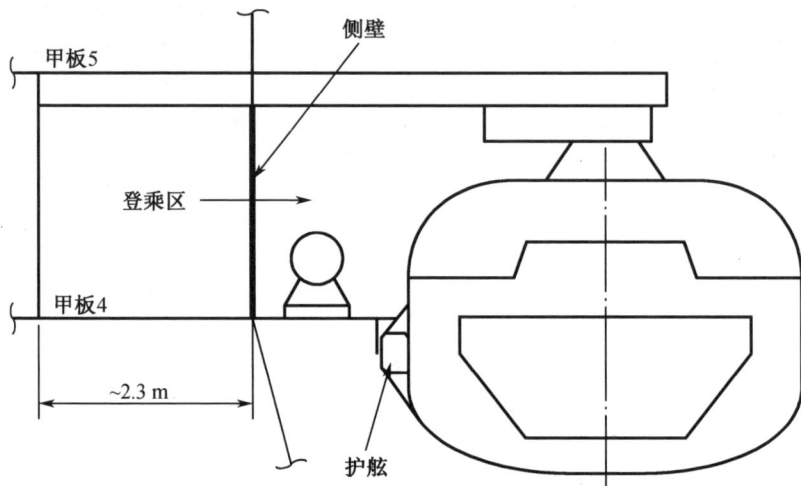

图 5.22　登乘区横剖面示意图

登乘区的布局如图 5.23 所示,登乘通道长度约 152.5 m。

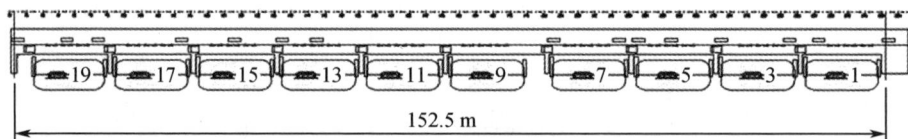

图 5.23　登乘区的布局

(1)登乘通道净宽度

考虑到侧壁结构加强和登乘区域内有额外救生衣箱,在设计中要保证 1.55 m 的最小通道宽度,如图 5.24 所示。

(2)护舷

在登乘过程中,应注意进入救生艇内的人员可以在护舷上行走。在风险评估分析中要包含该主题。

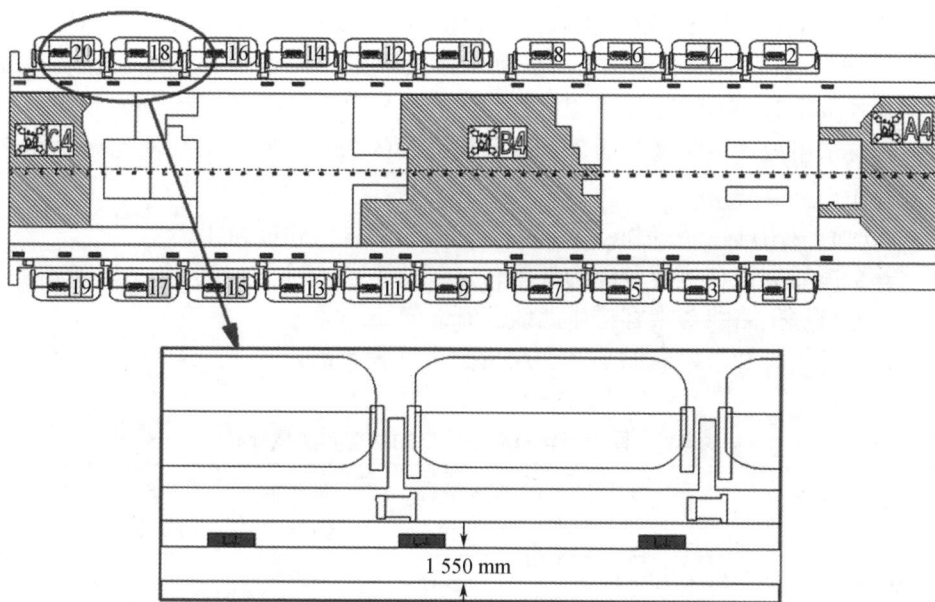

图 5.24　登乘甲板上额外救生衣保存箱的位置和通道宽度

（3）救生设备

目标邮轮的救生设备配备见表 5.4，救生设备布置如图 5.21 和图 5.24 所示。

表 5.4　目标邮轮的救生设备配备

类型	特征	数量
救生艇	部分封闭，308 人/每艘	20
海上撤离系统	容量：150 人 ×2/每套	2
海上撤离系统配套救生筏	容量：150 人 ×5 + 100 左舷 150 人 ×5 + 100 右舷	12
救助艇	6 人（或 5 人 +1 个担架）	2

（4）乘客和船员分布说明

作为所有定性调查基础的参考场景是根据甲板 3、甲板 4 和甲板 5 的撤离与弃船方案进行的，将做如下考虑。

①已在集合站集合的所有 5 170 名乘客和 104 名船员必须登上指定的救生

艇(3~20号救生艇)(表5.5);

②300名技术人员全部登上指定的救生艇(1~20号救生艇);

③1号集合站293名船员被分配到1号救生艇,2号集合站293名船员被分配到2号救生艇(表5.5);

④位于甲板5主竖区1的3号船员集合站的258名船员必须使用海上撤离系统弃船;

⑤所有专用逃生路线和救生艇均被视为完全可用和可操作;

⑥全体船员正在执行分配的任务;

⑦船员逃生路线与乘客逃生路线分开。

目标邮轮每艘救生艇的乘客和船员分布见表5.5。

表5.5 目标邮轮每艘救生艇的乘客和船员分布

救生艇	乘客/人	集合站	技术人员/人	乘客集合站的船员/人	MS1的船员/人	MS2的船员/人	总数/人
1号	—	MS1	15	—	293	—	308
2号	—	MS2	15	—	—	293	308
3号	287	A4	15	6	—	—	308
4号	287	A5	15	6	—	—	308
5号	287	A4	15	6	—	—	308
6号	287	A5	15	6	—	—	308
7号	287	B4	15	6	—	—	308
8号	287	B3	15	6	—	—	308
9号	287	B4	15	6	—	—	308
10号	287	B3	15	6	—	—	308
11号	287	B4	15	6	—	—	308
12号	287	B5	15	6	—	—	308
13号	100	B4	15	8			308
	178	C4		7			
14号	287	C5	15	6	—	—	308
15号	287	C4	15	6	—	—	308
16号	292	D3	15	1			308

表 5.5（续）

救生艇	乘客/人	集合站	技术人员/人	乘客集合站的船员/人	MS1 的船员/人	MS2 的船员/人	总数/人
17 号	287	D4	15	6	—	—	308
18 号	291	D3	15	2	—	—	308
19 号	287	D4	15	6	—	—	308
20 号	291	D3	15	2	—	—	308
总计	5 170		300	104	293	293	6 160

目标邮轮乘客和船员集合站容量见表 5.6。

表 5.6　目标邮轮乘客和船员集合站容量

集合站	乘客/人	船员/人	总数/人	座位数/个	站立人员数/个	需要的站立人员区域/m²	可得站立人员区域/m²	最大可得容量	
								最大站立人员数/人	最大容量/人
A5	574	12	586	449	137	48	90	257	706
A4	574	12	586	466	120	42	117	334	800
B4	961	26	987	377	610	214	495	1 414	1 791
B3	574	12	586	734	0	0	169	482	1 216
B5	287	6	293	145	148	52	190	542	687
C4	465	13	478	370	108	38	85	242	612
C5	287	6	293	209	84	30	279	797	1 006
D4	574	12	586	568	18	7	225	642	1 210
D3	874	5	879	869	10	4	58	165	1 034
总计	5 170	104	5 274	4 187	1 235	—	—	4 875	9 062

目标邮轮船员集合站容量见表 5.7。

表5.7　目标邮轮船员集合站容量

集合站	船员/人	座位数/个	站立人员数/人	需要的站立人员区域/m²	可得站立人员区域/m²	最大可得容量	
						最大站立人员数/人	最大容量/人
MS 1	293	0	293	103	155	442	442
MS 2	293	0	293	103	149	425	425
MS 3	258	108	150	53	68	194	302
总计	844	108	736	—	—	1 061	1 169

　　目标邮轮救生艇/海上撤离系统总人数汇总见表5.8。

表5.8　救生艇/海上撤离系统总人数汇总

	救生艇	海上撤离系统
船员/人	990[①]	258
乘客/人	5 170	0
总数/人	6 160	258
总计	6 418	

注:①300名技术人员、104名船员分配到乘客集合站,586名船员分配到1号船员集合站和2号船员集合站。

5.5.3　救生设备系统说明

　　1.降放系统的布置说明

　　降放系统的类型、工作原理、机械装置、结构部件和总体设计在国外船厂建造的其他船上已经应用过。由于目标邮轮采用增容的救生艇,该降放系统和已经应用于其他船上的降放系统的主要区别是结构部件的尺寸、构成部件的布置和绞车的功率。

　　降放系统和救生艇布置在离轻载水线16.95 m高度处的悬挂位置带来以下正面效果。

　　(1)救生艇的存放高度(图5.21)进一步降低了波浪冲击的概率。

　　(2)与其他降放系统相比,此系统的设计和相关布置包含的部件及子系统较少,例如,这种布置不需要任何液压系统来完成吊臂的伸展和收回。因此,它不

310

太可能发生故障,维护十分简单。

（3）与其他布置相比,准备和下降过程更加容易与迅速,因为救生艇可以在准备就绪后,从其存放位置直接登乘。

综上所述,从安全角度考虑,目标邮轮所采用的降放系统布置可以被视为一种积极的设计解决方案。

2.降放系统

对系统及其功能需求的描述（包括系统元素之间的功能关系）是风险分析的第一步。整个系统包括固定式降放系统结构、起降绳系统/绕绳系统和绑扎系统、下放系统、控制设备。

（1）固定式降放系统结构

固定式舷外降放系统是结合一种特殊的船舶布置而设计的,该设计允许将救生艇安装在甲板5突出部分下方的舷外固定位置。降放系统是固定式的,救生艇从存放位置直接下放和收回,没有任何横向移动。

如果船的横倾角度不超过2°,救生艇下放入水的过程中,滑架不会碰到船侧。

每个固定式降放系统设计用于至少308人的半封闭救生艇。

每个固定式降放系统的设计应能在规则规定的船舶弃船的所有工况下,将满载救生艇从存放位置下放入水。在所有船舶操作工况下,该系统也可以收回载足装备和10名船员的救生艇（艇处于轻载状态）。

（2）起降绳系统/绕绳系统和绑扎系统

每个固定臂有3个滑轮,包括下滑轮。要使钢丝绳到绞车,每个固定臂另需一个外部滑轮。因此,每套固定式降放系统共有8个滑轮。

绑扎系统与防横摇和纵倾防护系统一起工作,目的是将救生艇保持在存储位置。

当下滑轮到达凹槽且锁定装置关闭时,艇的端头自动固定在防横摇系统的前后导轨内,艇不能横摇或纵向移动。

（3）下放系统

下放系统由以下部件组成:液压绞车、绞车卷筒、艇索同步系统、多盘液压固定式制动器、液压速度制动（下放速度控制）和分布液压油调节阀等。

（4）控制设备

救生艇降放作业的控制设备包括绞车操纵杆、远程控制系统、从控制位置操作的遥控装置、从艇内操作的遥控装置、远程控制支持设备、信号和警报装置等。

3.救生艇描述

目标邮轮上的救生艇主要参数见表5.9。

表 5.9　目标邮轮救生艇的主要参数

参数	数值
总长/m	13.3
船体长度/m	12.6
船宽(含舷侧护舷)/m	5.56
船宽/m	5.1
存放位置总高度(最大)/m	~4.2
吊钩距离/m	11.5
载足装备的质量/kg	12 600
载足装备和人员的质量/kg	36 150
定员/人	308
服务速度/kn	>6

　　容量为 308 人的救生艇(替代设计)和容量为 150 人的救生艇(参考设计)之间的主要区别在于以下三个方面。

　　(1)尺寸

　　替代设计救生艇的尺寸比参考设计大 30%,质量和容量都是参考设计的两倍以上。与参考设计相比,替代设计较大的艇体尺寸提高了耐波性。

　　(2)救生艇通道

　　进入替代设计救生艇的通道包括 2 个双开门。参考设计配有一个单侧舱口,其门宽小于替代设计的每个门。

　　(3)推进和转向

　　替代设计的救生艇配有双推进系统(双引擎、双螺旋桨轴和双舵)。参考设计配备单引擎、单轴系和单舵。由于发动机和舵的冗余,双推进系统的推进性能和操纵性能比单推进系统有所提升。

　　值得注意的是,替代设计的救生艇和参考设计的相比,噪声和振动是相似的。

5.5.4　危险识别

　　救生艇、救生艇降放装置和弃船过程的危险识别与风险分析的范围是为了确保救生艇的替代设计及布置按照 SOLAS 第Ⅲ章要求提供同等的安全水平。这需要确定研究对象、待评估的安全目标和进行工程分析的方法,以证明新设计方

案所保证的安全水平。同时,还应侧重于危险识别和随后的风险评估。

1. 危险识别过程

(1)采用更大容量的救生艇及其相关的降放装置所带来或增加的风险;

(2)为降低在风险评估阶段被认为过高的风险水平而采取的缓解措施或保障措施(如需要)。

在就安全方面对整个船舶进行分析后,设计团队确认只对与撤离、登乘、下放和救生艇漂浮过程确切相关的船舶部分进行调查。这些过程可能会受到救生艇容量增加的直接影响。分析中特别注意从集合站到救生艇的撤离路线。

危险识别旨在定义设计不当的潜在后果、某些设备布置不当等。

2. 危险识别技术

为了验证 SOLAS 安全目标(见第 5.5.1 节)的实现情况,使用以下适当且已确立的危险识别技术:

(1)过程危害和风险分析(PHA)和 FMEA 方法,用于识别和排序与增容救生艇降放过程中涉及的系统失效或故障相关的风险;

(2)假设分析方法(WHAT – IF),用于识别与弃船救援过程相关的可能危险。

然后根据设计团队判断/专家意见对危险场景进行评估,出具完整的风险分析报告。

此外,值得注意的是,风险评估是在检查是否符合 LSA 和船级社规范(如适用)要求的基础上进行的。

3. 降放系统和救生艇风险评估方法(PHA 和 FMEA 分析)

降放过程需要简单的手动操作和使用上述系统及设备,主要是机械设备。

考虑到在 MSC.1/Circ.1212 中,PHA 和 FMEA 技术被确定为适当的危险评估程序,可以在替代设计和布置的危险评估中使用这两种方法。特别是需要进行整个救生艇降放系统的 PHA 及更详细的救生艇降放系统和救生艇系统的 FMEA。

(1)PHA 分析

PHA 已用于识别关键安全设备、部件和程序,评估危险,并在必要时识别将采用的新的或不同的安全设计标准。这种技术特别适用于新设计开发的风险分析,因为它可以防止任何新的危险遗漏。

考虑到救生艇降放系统的设计原理与已在一些设计结构中采用的其他重力降放系统的设计原理相似,可以为每一项定义一个风险指数,根据标准化的 PHA 表提供完整的危险评估。针对降放系统结构、升降绳系统/绕绳系统、下放系统和控件进行 PHA 分析。

（2）FMEA 分析

FMEA 是一种标准技术，用于评估被检设备或子系统的潜在故障模式，识别原因并对系统运行进行分析，以量化发生概率，最终确定纠正措施。

FMEA 关注事故的原因和后果，通常为潜在的不安全情况及其纠正方法提供公正的见解。同时，FMEA 提供对被检查设备或子系统潜在故障模式的系统检查，识别其原因，分析其对系统运行的影响，量化发生概率，最后确定纠正措施，即设计修改。

FMEA 应用于以下系统。

①由绞车控制和驱动的整个下放系统；

②增容的救生艇系统。尤其是对以下每种救生艇系统：推进系统、燃油系统、排气系统、转向系统、提升系统、配电系统、舱底系统、通信系统和舾装设备，需要开发相应的 FMEA 表。

值得注意的是，通过 PHA 和 FMEA 技术进行的所有危险识别分析均基于供应商提供的技术文件。

4. 撤离过程风险评估方法（WHAT – IF 分析）

WHAT – IF 分析技术是一种对过程或操作的、创造性的、头脑风暴式的检查。危险评估专家提出有关的假设问题或具体问题，审查小组审查与潜在安全问题相关的主题流程或活动。

审查小组需要能够有效地识别与过程或系统相关的重大问题。小组的每个成员根据他们过去的经验和对类似情况的了解来参与评估可能出现的错误，并判断这些情况发生的可能性和严重性。为了进行假设分析，设计团队需要参加专门的头脑风暴会议，集中讨论与撤离过程相关的所有潜在安全问题。船东需将相关程序和维护计划提交给设计团队成员，以创建所有相关方的共同讨论背景，并在进行替代设计时考虑这些文件。具体文件包括船东关于弃船过程和救生艇管理的程序，程序应符合 SOLAS 第Ⅲ章 B 部分；在计划维护系统和计划维护清单中批准与定义的维护计划；相关 ISM 文件、规定的练习/培训/演习。

WHAT – IF 分析基于以下应急组织活动。

（1）救生艇准备；

（2）"救生艇筏登乘"命令；

（3）"弃船"命令；

（4）救生艇下放过程，吊钩释放。

设计团队的工作是确定在弃船过程中出现问题时可能出现的场景。WHAT – IF 头脑风暴将形成"弃船救援过程危险识别 – 假设分析"报告。

5. 救生艇风险评估方法

由于目前没有关于替代设计中采用的救生艇（救生艇上 308 人）的统计数

据,因此,采用风险比较分析流程。

MSC.1/Circ.1212 和 MSC.1/Circ.1455 预见了比较方法的选择,该选择按照这两个规范进行。该流程分析了新设计(救生艇上 308 人,以下称"替代设计")和符合规则的设计(救生艇上 150 人,以下称"参考设计")之间的风险差异。

为了确定风险差异(如有),采用表 5.10 中的风险比较分析指标。

表 5.10　风险比较分析指标

风险差异	分析指标
风险高于参考	与参考设计相比,替代设计的风险更高
风险等同于参考	与参考设计相比,替代设计具有相同的风险
风险低于参考	与参考设计相比,替代设计的风险更低

为识别危险和随之而来的风险,设计团队需审查所提议的替代设计和参考设计救生艇的设计细节。比较分析的结果体现在相应的 PHA 表、FMEA 表和假设分析中,此处不做展开。

根据分析的主要范围,即验证采用与 SOLAS 安全目标相关的增容救生艇的可接受性,需要进一步调查被确定为"风险高于参考"的风险。根据 SOLAS 的要求,对于上述风险场景,需要进行更详细的定量分析,以便根据设计团队制定的适当性能标准量化相关危险的风险水平。在任何情况下,这些性能标准应代表 SOLAS 安全目标的量化表达,以证明所提议的替代设计和布置的安全等效性。对于这种场景,如果没有保障措施,将采取额外的缓解措施以降低风险水平。

5.5.5　风险评估

风险比较分析已用于降放系统(替代设计和参考设计)和救生艇(替代设计和 SOLAS 要求)。

1.降放系统风险评估

(1)结构评估

表 5.11 列出了目标邮轮的降放系统分析的主要特点和设计要求。

(2)根据 SOLAS Ⅲ/24 条进行布局评估

吊艇架顶部离水面高度影响救生艇降放时间和波浪冲击救生艇底部的概率。

SOLAS 中的最大吊架高度与目标邮轮吊架高度之间的时间差约 2.5 s。

表 5.11　目标邮轮的降放系统分析的主要特点和设计要求

名称	参考设计	替代设计	注释
吊艇架结构	SWL 86/83 kN	SWL 190/190 kN	相同类型的吊艇架结构,尺寸适应新的 SWL
绞车类型	SWL 80/65 kN	SWL 200/104 kN	同类型液压绞车,尺寸适应新 SWL
绑扎	聚酯环、滑钩和同步绳	聚酯环、滑钩和同步绳	配置相同,尺寸适应新 SWL
滑轮	每个固定降放系统共有 8 个滑轮	每个固定降放系统共有 8 个滑轮	配置相同,尺寸适应新 SWL

2. 救生艇风险评估

(1)设计评估

替代设计与参考设计救生艇之间的差异见表 5.12。

表 5.12　替代设计与参考设计救生艇之间的差异

LSA 第Ⅳ章	名称	替代设计(308 人救生艇)相对参考设计(150 人救生艇)的差异
4.4.1	救生艇的构造	替代设计的救生艇尺寸增大了 30%,成员定额和质量均增加了一倍多
4.4.3	进入救生艇的通道	替代设计的救生艇开口尺寸增大了一倍
4.4.6	救生艇推进装置	替代设计的救生艇配两组独立电池、双发动机、双推进系统,参考设计的救生艇配两组独立电池、单发动机、单推进系统
4.4.7	救生艇舾装件	替代设计的救生艇配 2 个舵,参考设计的救生艇配 1 个舵
4.4.8	救生艇属具	替代设计的救生艇不另配船桨,参考设计的救生艇配有足够数量的船桨;替代设计的救生艇的饮用水、口粮等随成员定额相应增加

(2)根据 SOLAS Ⅲ/13.1.5 条的布局评估

为了评估 SOLAS Ⅲ/13.1.5 条的要求(见第 5.5.1 节),需要进行耐波性试验,以调查舷侧的悬挂式救生艇发生上浪冲击的可能性。测试目的特别包括以下内容。

①确定风速、海况、航速和航向的哪一种或哪几种组合可能导致部分悬挂式

救生艇发生不良的海浪砰击;

②如果在模型试验期间记录了海浪砰击,应确定采取的纠正措施(例如通过改变船舶航向),以避免可能的伤亡或降低此类事件的发生概率;

③确定将纳入船东船舶程序的纠正措施,如操作指南(旨在支持船长的指挥),以避免可能产生危险载荷的船舶航向和海况的不利组合。

(3)根据 SOLAS V/22.6 条的布局评估

为了评估 SOLAS V/22.6 条的要求(见第 5.5.1 节),吊架系统和悬挂位置的救生艇布置可能会降低从翼桥到船舷的能见度。设计考虑在船舶两舷安装一个闭路电视系统(CCTV),在驾驶室提供监视器。

3. 弃船救援过程评估

为了调查弃船救援过程,对目标邮轮进行假设分析。

在假设分析过程中,一些危险事件被判定为"高于参考的风险",需要进一步的定量分析,以评估是否需要缓解措施,见表 5.13。表 5.13 表明了以下内容。

(1)确定为"风险高于参考"的 2 个事件,即事件 1 和 2,已被选定在定量阶段进行进一步调查;

(2)设计团队认为,事件 3 被确定为"风险高于参考",通过安装 CCTV 来减轻风险。

表 5.13　确定为"风险高于参考"的事件

序号	风险点	缓解措施
1	救生艇部署必需的系统组件的不可用会导致救生艇永久不可用,由于吊艇架组件和系统的设计能够保证高水平的冗余和可操作性,因此不会有这些系统组件永久不可用的预期。 由于救生艇是悬挂的,可能会出现上浪砰击,系统组件或艇本身受损而导致救生艇不可用的场景	定期检查救生设备和系统(根据船东要求),船员遵循邮轮公司的培训和演习计划(根据船东要求),以减少人为错误,快速履行职责,并做好准备,以防出现问题。 设计团队同意用定量的方法进一步探讨这种场景。船舶耐波性能分析,特别是上浪砰击,被认为是适当的研究工程方法。必须考虑这一分析的结果,并在必要时采取相关的缓解措施,以减少已确定的风险

表 5.13（续）

序号	风险点	缓解措施
2	为了从集合站到达救生艇,乘客和船员必须遵循设计的撤离程序确定的路径。偏离这些程序(例如,由于救生艇或集合站的不可用)意味着人员将沿着替代撤离路线移动。而且在登乘期间,要进入救生艇的人员可以在护舷上行走	设计团队同意用定量的方法进一步探讨这个场景。高级撤离分析被认为是合适的工程分析方法,其特别关注登艇通道内的人员流动,并考虑救生衣箱的位置。关于护舷强度,由救生艇制造商测试
3	在下放过程中,降放系统和尺寸增加(和参考设计救生艇尺寸相比)的救生艇的布置可能会降低从桥翼到船舷的能见度	在船舶两舷安装有带摄像头的CCTV,并在驾驶室安装监视器,在整个下放过程中提供船舶舷侧图像。CCTV 也可在船舶的其他操作中使用

通过现有的保障措施或增加适当的行动,可能会减轻明显的风险。这些措施主要涉及系统冗余、船员培训、采用专门针对安全的设计解决方案、系统的定期维护等。

4.危险的选择

对整个降放系统进行的 PHA 研究和对降放系统及救生艇本身进行的 FMEA 研究没有确定任何需要进一步研究的事件,因为评估的风险等于或小于那些采用符合规范的系统时已经存在的风险。

从"风险高于参考"的角度,对弃船救援过程进行假设分析,确定了一些需要监控的危险。然而,这些危险可以通过一些措施来降低,特别是通过定期和有计划的检查、系统维护和持续的船员培训。在这方面,船东已有相关程序,或已采取了保障措施。

根据全风险评估的结果,设计团队同意表 5.14 中确定的危险。

表 5.14　已识别的危险总结

风险对比(替代设计和参考设计)	危险数量
风险高于参考	3
风险等同于参考	55
风险低于参考	70

表 5.13 中的事件 1 和 2 影响撤离时间（$E + L$）。根据设计团队讨论和同意的内容,事件 1 和 2 被认为是最关键的(就生存能力而言),因此它们被选为已识别危险中最具代表性的事件而需进一步定量分析。对于事件 3,设计团队同意考虑通过安装 CCTV 进行缓解。

5.5.6　评估结论

1. 进一步分析的场景

根据风险评估结果,设计团队确定了与船舶撤离相关的场景为最坏的合理场景,即一艘救生艇不可用的场景,以便进行定量调查。

这种场景与救生艇的损失有关,例如,由于下放系统组件的一般故障/失灵,或由于与上浪撞击救生艇底部有关的极端载荷造成的损坏。在这种情况下,设计团队关注的是,一艘救生艇的损失意味着将为人员重新分配其他逃生方式(308 人需要重新安排其他撤离方式)。

由于所有救生艇被认定为已满员(根据所申报的船舶最大救生设备容量),唯一可用的容量可由 MES 站提供。考虑到 MES 是损坏救生艇对应人员的替代救生设备,商定的最坏设计场景是上述人员必须通过从不可用的救生艇到 MES 站的最长路径。

根据以上分析,考虑这样一种场景:一次只损失 1 艘救生艇时,最坏的情况是损失 2 艘救生艇(1 号和 2 号)中的一艘,即:

(1)离 MES 站最远。人员必须通过登乘通道,该通道是一个狭窄的外部走廊,净宽为 1 550 mm(考虑到救生衣箱在登乘通道上的位置);

(2)艇底部大部分暴露在上浪冲击中。

最终考虑:损失 2 号救生艇,因为:

(1)它距离 MES 站最远(和 1 号救生艇沿船中对称),重新分配到 MES 站的船员必须步行;

(2)沿左舷登乘通道,此处重新分配的船员可能干扰从集合站 D3(位于甲板 3,负荷最大的集合站之一)到达并登上 20 号、18 号和 16 号救生艇的人员(图 5.20);

(3)沿右舷登乘走廊,这样增加了到 MES 站的路径长度。

2. 性能衡准

关于上述确定的设计场景,设计团队确定以下性能衡准,见表 5.15。

表5.15 性能衡准

场景	采用的性能衡准	评估方法
设计场景 (例如,所有救生艇、逃生路线和集合站都可供逃生计划使用)	撤离时间应为$(E+L) \leqslant 30$ min 参见 SOLAS Ⅲ/21.1.3 和 MSC.1/Circ.1533	高级撤离分析: E 是从集合站到救生艇的撤离时间; L 是救生艇下放的时间
一艘救生艇不可用	最多有一艘救生艇由于上浪影响或救生设备系统的一般故障/失灵而不可用	耐波性分析
	当一艘救生艇不可用时,撤离时间应为:$(E+L) \leqslant 30$ min	撤离分析

3. 耐波性分析结果——建议的航行条件

为了降低海浪对救生艇的冲击概率,完成极端海况下的建议航行条件分析。

(1)对 10 级海况,建议采用首浪、横浪和尾浪,应避免首斜浪和尾斜浪;

(2)对 11 级及以上海况,建议采用首浪和尾浪,避免横浪、首斜浪和尾斜浪。

4. 撤离时间$(E+L)$

撤离模拟将通过高级撤离分析进行,高级撤离分析基于计算机模拟,将每个乘员都表示为一个个体,并详细建立船舶的布局来模拟乘员与布局之间的相互作用和影响。相对简化撤离分析而言,高级撤离分析更适合模拟邮轮复杂的船型特点。高级撤离分析应使用专用分析软件进行。

模拟中考虑的时间为撤离时间$(E+L)$,该时间可解释为本书确定和采用的安全目标(见第5.5.1节)的定量表达式。模拟设置和假设将尽可能直接基于 SOLAS,特别是采用 MSC.1/Circ.1533 性能标准。由于考虑的撤离阶段与登乘和降放过程有关($E+L$,登乘+降放时间),性能标准应为$(E+L) \leqslant 30$ min。

5.6 本章结语

本章对邮轮的安全返港和替代设计两大核心技术与设计难点进行了初步研究。安全返港方面,首先对客船安全返港的相关规范要求进行了介绍,然后以轮机系统为对象研究其安全返港设计方法,最后提出了一套覆盖单元评估、单系统评估、多系统评估的安全返港评估方法和评估流程。替代设计方面,首先对替代

设计流程进行介绍,再分析大型邮轮的替代设计和布置现状,最后针对某大型邮轮的超大型救生艇,进行了替代设计和布置的定性分析。

安全返港包含安全返港、安全区、有序撤离三个核心内容,其设计和系统能力评估的关键点都是确保相关系统能在一定的时间内维持运行。安全返港评估应采用基于系统的方法,即以船舶重要系统为分析出发点,列出所有重要系统,描述船舶各重要系统的设计原则及性能衡准,分析各系统的分布和所贯穿的事故界限环围处所,在此基础上分析火灾或进水对该系统的影响,分析其潜在的弱点,识别出关键系统,提出改进措施(例如分隔、双套、冗余、加强保护或上述各项的组合)。

包括邮轮在内的船舶越来越多地使用替代设计和布置,其目的是为了能设计建造出符合船东和乘客意愿的船,而非仅仅是规范所允许建造的船。可以预见,邮轮上超法规规范的替代设计和布置会越来越多。邮轮船型的特殊性决定了替代设计要比其他船型更重要、更必要。但也需意识到,尽管替代设计能在一定程度上突破法规规范的限制,增加邮轮空间区域布置的灵活性,但其评估技术复杂,工作量远超一般设计工作,评估过程极可能经历多次反复。如无明显的必要性,替代设计应尽可能少用。

我国尚无大型邮轮自主研发设计经验,这需要联合设计方、建造方、运营方、船级社、海事主管机构等多方力量进行联合技术攻关,才能形成较为成熟的设计和评估技术体系。例如,邮轮的消防安全替代设计需要大量的内装材料燃烧特性数据作为输入,这些数据无论是从设备厂商获取,还是通过燃料试验测试获取,工作量和代价都不小,肯定需要多方联动。本章所做的研究工作还很初步,案例分析深度还不够,思路和观点未必考虑周全,但希望这些工作能对安全返港和替代设计技术的进一步攻关有所帮助。

参 考 文 献

[1] KIM H,HAUGEN S,UTNE I B. Reliability analysis of the IMO regulation-safe return to port[J]. Ships & Offshore Structures,2016,11(5 - 6):461 - 470.

[2] 李艇,付云鹏,范永鹏,等. 安全返港理念下的船舶设计方法分析[J]. 中国造船,2020,61(1):187 - 193.

[3] CANGELOSI D. The Evolution of the SRtP[J]. Technology and science for the ships of the future,2018(10):665 - 672.

[4] BOLBOT,THEOTOKATOS G,BUJORIANU L M,et al. Vulnerabilities and safety

assurance methods in Cyber-Physical System: A comprehensive review [J]. Reliability Engineering & System Safetf,2019,182(FEB): 179 – 193.

[5] BOLBOT V,THEOTOKATOS G,VASSALOS D. Using System-Theoretic Process Analysis and Event Tree Analysis for creation of a Fault Tree of blackout in the Diesel-Electric Propulsion system of a cruise ship [C]//13th International Maritime Design Conference 2018. 2018:691 – 699.

[6] ROKSETH B, Utne I B, Vinnem J E. Deriving Verification Objectives and Scenarios for Maritime Systems Using the Systems-Theoretic Process Analysis [J]. Reliability Engineering & System Safety,2018,169(jan.):18 – 31.

[7] 王旭辉,郭佳. 基于事故界限的客船安全返港能力评估分析方法[J]. 船舶, 2019,30(2):65 – 69.

[8] 黄昊,刘晓琼. 大型邮轮救生艇替代设计定性分析[J]. 船舶工程,2021,43 (1):1 – 7.

第6章

邮轮无障碍设计简介

无障碍设计(accessible design、barrier-free design)是一个专门考虑残疾人士和行动不便人士需求的设计过程。残疾人是指在心理上、生理上、人体结构上某种组织、功能全部或者部分丧失,无法以正常方式从事某种活动的人。残疾人包括视力残疾、听力和言语残疾、肢体残疾、智力残疾、精神残疾的人。一般无障碍设计标准主要针对肢体、视力和听力残疾者。

邮轮的服务对象除大部分普通游客外,还包括老年人、儿童、孕妇及各类残障人士。尤其老年人更是邮轮乘客的重要来源,中国邮轮乘客里的老年乘客占比更高。2021年5月WHO发布的《2021世界卫生统计报告》显示,全球人均预期寿命从2000年的66.8岁增加到2019年的73.3岁,人均健康预期寿命从2000年的58.3岁增加到2019年的63.7岁。[①] 2020年6月中华人民共和国国家卫生健康委员会发布的《2019年我国卫生健康事业发展统计公报》显示,2019年我国居民人均预期寿命已达77.3岁,而人均健康预期寿命仅为68.7岁。[②] 2019年底,我国60岁以上老年人口达到2.54亿,占全部人口的18.1%,预计"十四五"末老年人口将超过3亿人。一方面是世界范围内人均寿命的提高,老龄化加剧;另一方面是老年人处于不健康状态时段的拉长。这些特殊乘客或由于年龄原因,或由于生理原因,或由于身体残疾而行动不便、机能退化,通常需要携带辅助设施登船。如果邮轮不能提供完善的无障碍设施,将无法满足这些行动不便乘客的登船旅行需要,甚至可能导致人身伤害,影响邮轮业的全面健康发展。良好的无障碍设计不仅可以让邮轮更加人性化,减少行动不便人士出游的困扰,提升乘客的度假体验,还可以提升我国的邮轮设计和服务水平,使我国的邮轮产品更快走向国际化。图6.1所示为"大西洋"号邮轮上的轮椅通道及轮椅存放处。

邮轮无障碍设计的侧重点是针对行动障碍乘客(乘坐轮椅者),兼顾视力障碍乘客和听力障碍乘客。本章重点介绍美国PVAG的基本要求,以及无障碍通

---

① 参见 World Health Organization. World health statistics 2021: monitoring health for the SDGs, sustainable development goals. Geneva, 2021 年 5 月。

② 参见中华人民共和国国家卫生健康委员会于 2019 年发布的《2019 年我国卫生健康事业发展统计公报》。

道、无障碍卫生间、无障碍洗浴设施、无障碍信息标志、无障碍泳池升降机、无障碍客舱、轮椅席位等无障碍设施的设计要求,为我国邮轮无障碍设计及相关指南和标准的制定提供参考。

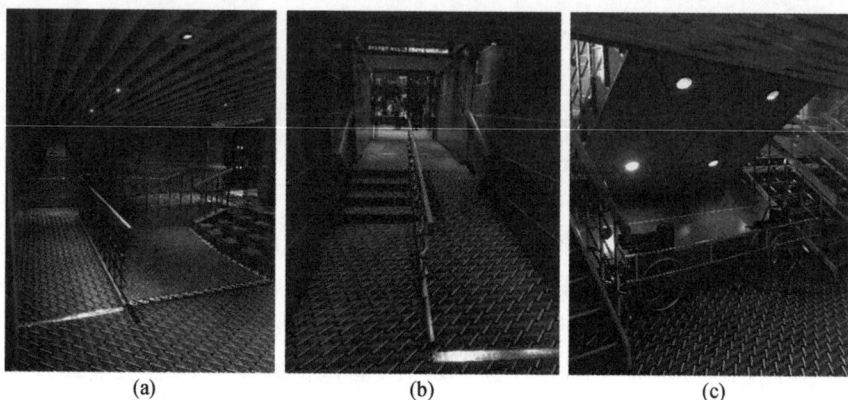

(a)　　　　　　　　　(b)　　　　　　　　　(c)

图6.1　"大西洋"号的轮椅通道及轮椅存放处
(图片来源:作者自拍)

6.1　我国客船无障碍设计规范和指南现状

目前,国内外的陆地设施无障碍设计已比较成熟,已有不少规范和设计指南可供参考[1]。

2012年,我国住房和城乡建设部发布了新版《无障碍设计规范》(GB 50763—2012)。该国家标准修订补充了众多详细规定,增加了无障碍楼梯、无障碍电梯、母婴室等术语和设计要求,增加了标志信息无障碍设计规定,并根据实际情况修订了一些技术数据。我国的公共建筑、城市道路、居住建筑、城市绿地等公共场所的无障碍设施一般按照该规范进行设计。

2017年,我国出版了《城市公用交通设施无障碍设计指南》(GB/T 33660—2017),规定了城市公用交通设施无障碍设计原则和工效学参数使用原则,同时给出了主要公用交通设施无障碍设计原则。另外,我国还陆续制定了几十部针对老年住宅、特殊教育学院、铁路车站、机场、标志等特定行业和特定需求的无障碍设计法规。

目前,我国还没有系统制定关于客船无障碍设计的规范、标准或指南,陆地

设施无障碍设计规范指南有一定借鉴作用,但客船这个载体与陆地建筑设施、城市公共交通有很大区别。我国要发展邮轮产业肯定要制定自己的、适合国情的无障碍设计相关规范、标准或指南,但现阶段仍不得不借鉴国外邮轮行业的先进技术标准。

6.2 PVAG 简介

美国的邮轮旅游市场发达,是世界最主要的邮轮旅游目的地和游客来源地之一,对邮轮运营有着相对成熟和完善的法律监管。邮轮公司和邮轮运营商往往要求参照美国对邮轮的相关法规要求进行邮轮设计。美国的 PVAG 在客船无障碍设计方面具有较高的参考价值,CLIA 就建议组织内的邮轮参照 PVAG 进行无障碍设计。

6.2.1 PVAG 的由来

《美国残疾人法案》(Americans with Disabilities Act,ADA)于 1990 年颁布,是目前世界上最全面的关于残疾人保障的法案之一。ADA 规定了残疾人所应享有的权利,为残疾人在使用社会服务设施、出入公共场所和就业等方面提供了更大的便利,标志着美国残疾人事业真正进入了"无障碍时代"。

《2010 ADA 无障碍设计指南》(2010 ADA Standards for Accessible Design)为公共建筑、商业、地方和州政府设施的建造和维修制定了设计标准,由美国司法部直接负责制定。《2010 ADA 无障碍设计指南》在陆地上的应用非常广泛,如万豪洲际酒店就参照其进行的无障碍设计:在酒店入口处提供一条残疾人通道,方便他们进入酒店,享有客人使用的所有区域;为残疾客人提供与其他客人同样的服务;所有公共区域内的洗手间应配备残疾人专用厕位和洗脸台;在美国以外的国家/地区,无障碍客房数量应至少达到总客房数量的 1%。通过公共设施的无障碍设计,坐轮椅的人可以搭乘市内公共汽车,可以自由进入特殊设计的卫生间,真正享有和普通人一样的公共生活便利。

PVAG 最新版发布于 2013 年 6 月,由美国建筑和运输障碍合规委员会在ADA 的基础上提出,适用于新建和改建客船的无障碍设计,旨在确保残疾人士和行动不便人士在客船上可以无障碍生活。PVAG 适用于邮轮、餐饮船、短途观光船、载客不低于 100 人的渡船、载客不低于 60 人的交通艇,以及其他载客不低于 150 人或过夜乘客不低于 50 人的船型。根据美国交通部和司法部的要求,所有

美国本土邮轮和在美国海域运营的邮轮,其无障碍设计必须满足 ADA 和 PVAG。当两者冲突时,以 PVAG 的要求为准。

6.2.2 基本要求

1. 甲板面

邮轮的无障碍通道所在的甲板面应平整、抗滑,且不易发生变形。

为减少轮椅行进阻力,地毯应牢固铺设。如有衬垫,衬垫应牢固固定于甲板面。如图 6.2 所示,地毯绒毛高度不得超过 13 mm(如有衬垫,从衬垫顶部量起)。绒毛高度越小,轮椅越易操纵。地毯的裸露边缘应固定于甲板面,并沿裸露边缘的整个长度进行修剪。最好不使用地毯垫,因为软垫会增加轮椅的行进阻力。

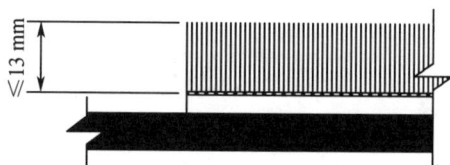

图 6.2　地毯绒毛高度

如图 6.3 所示,甲板面开孔宽度不得超过 13 mm,开孔的长边垂直于轮椅的主要行进方向。

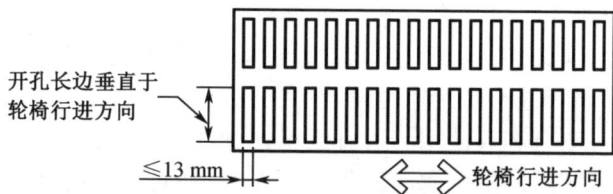

图 6.3　甲板面开孔尺寸及方向

2. 甲板面高度变化

如图 6.4 所示,若甲板面的垂向高度变化不超过 6.5 mm,可不做处理。

如图 6.5 所示,若甲板面的垂向高度变化超过 6.5 mm,但不超过 13 mm 时,边缘应做削斜处理,坡度不得大于 1:2。

若甲板面的垂向高度变化超过 13 mm,应设计成坡道,详见 6.2.3 节。

图 6.4　甲板面垂向高度变化

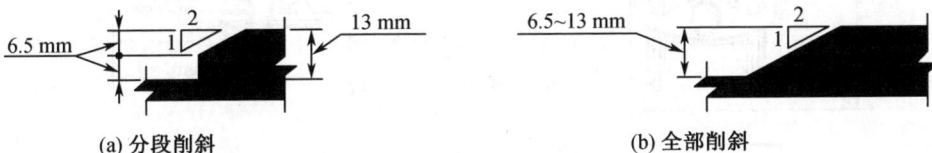

(a) 分段削斜　　　　　　　　　　(b) 全部削斜

图 6.5　削斜处理的甲板面高度变化

3. 轮椅回转空间

轮椅回转空间是为方便轮椅乘坐者旋转以改变方向而设置的空间。用作轮椅回转空间的甲板面应平整,若有高度变化,坡度比不得大于 1∶48。轮椅回转空间分为圆形和 T 形两种。

(1)圆形回转空间的直径不小于 1 525 mm,允许包括 6.2.2 节规定的膝盖和脚趾净空。

(2)如图 6.6 所示,T 形回转空间位于边长不小于 1 525 mm 的矩形内,T 形的肩部和脚部的宽度不小于 915 mm。

4. 净甲板空间

轮椅净甲板空间所在的甲板面应平整,若有高度变化,坡度比不得大于1∶48。

如图 6.7 所示,轮椅净甲板空间至少长1 220 mm,宽 760 mm。

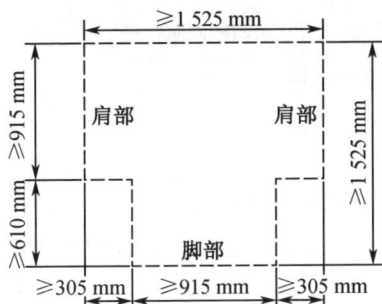

图 6.6　T 形轮椅回转空间尺寸

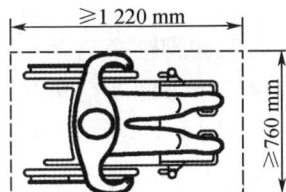

图 6.7　轮椅净甲板空间尺寸

如图6.8所示,净甲板空间应能使轮椅正对障碍物行进,或沿着障碍物行进。

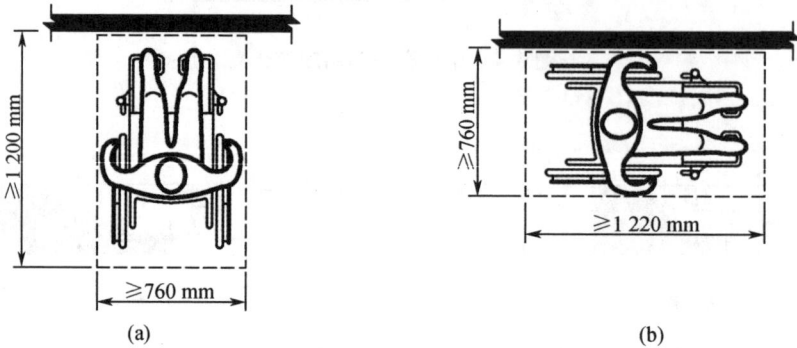

图6.8　净甲板空间的位置

净甲板空间位于壁凹结构内时,应为轮椅提供额外的操作空间。如图6.9(a)所示,当轮椅在壁凹内正向行进时,若壁凹侧向进深大于610 mm,则轮椅操作空间的宽度不小于915 mm。如图6.9(b)所示,当轮椅在壁凹内侧向行进时,若壁凹侧向进深大于380 mm,则轮椅操作空间的长度不小于1 525 mm。

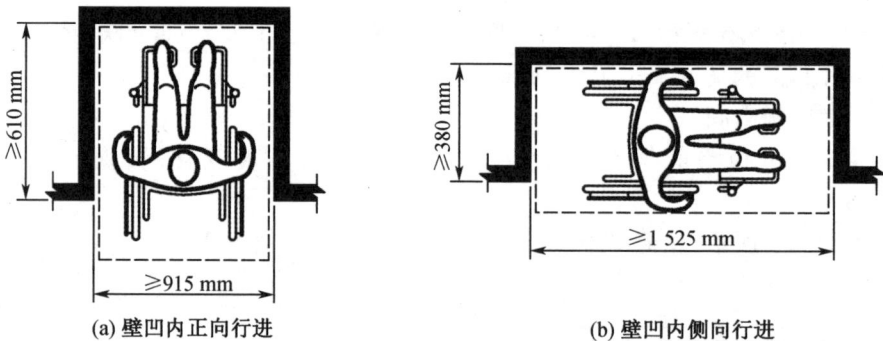

(a) 壁凹内正向行进　　　　　　　　　　(b) 壁凹内侧向行进

图6.9　壁凹内轮椅的操作空间

5.膝盖和脚趾净空

障碍物下方的净空间可作为净甲板空间或回转空间的一部分。

(1)如图6.10所示,障碍物下方的净空高度至少230 mm,最大进深635 mm,最小进深430 mm,宽度至少760 mm。230 mm净空高度、150 mm进深以外的空间,不能视作脚趾净空。

(2)如图6.11所示,障碍物下方的净空高度至少685 mm,最大进深635 mm;

230 mm 高度处的进深至少 280 mm，685 mm 高度处的进深至少 205 mm；230 mm 和 685 mm 高度之间的进深可按 6∶1 的坡度比进行折减，即高度每增加 150 mm，则进深减小 25 mm；膝盖净空的宽度至少 760 mm。

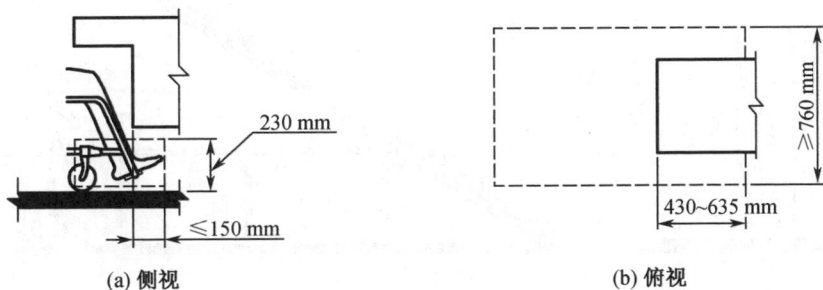

图 6.10　脚趾净空

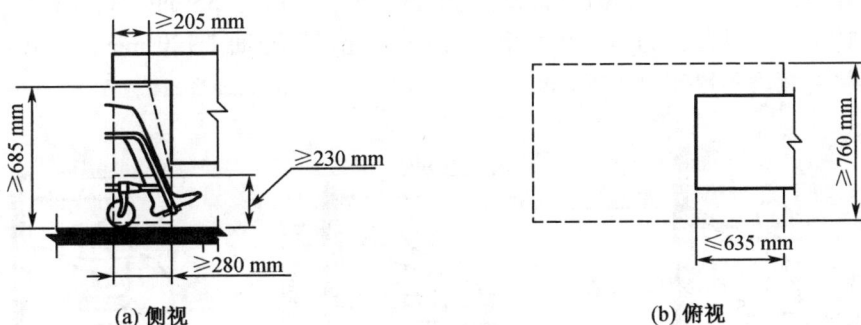

图 6.11　膝盖净空

6. 突出物

如图 6.12 所示，当突出物的下边缘高于甲板面 685 mm，上边缘低于甲板面 2 030 mm 时，突出物可侵入走道的最大水平距离为 100 mm。栏杆可侵入走道的最大水平距离为 115 mm。突出物不能影响无障碍通道的净宽。

如图 6.13 所示，突出物的垂向净空不小于 2 030 mm，否则需设置护栏或其他保护屏障，护栏或屏障的高度不大于 685 mm。

7. 手臂可及范围

（1）正向可及范围

如图 6.14（a）所示，当前方无障碍物时，轮椅乘坐者的手臂正向接触范围为距甲板面 380 ~ 1 220 mm 高度。

如图 6.14（b）所示，当前方障碍物的深度不超过 510 mm 时，轮椅乘坐者的手臂正向接触范围为障碍物之上，最高不超过甲板面 1 220 mm。

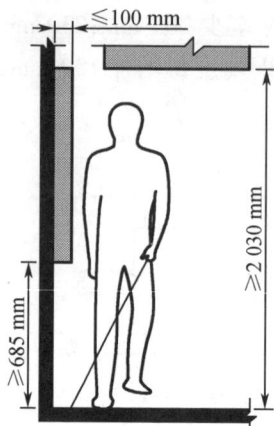

图 6.12　突出物尺寸限制

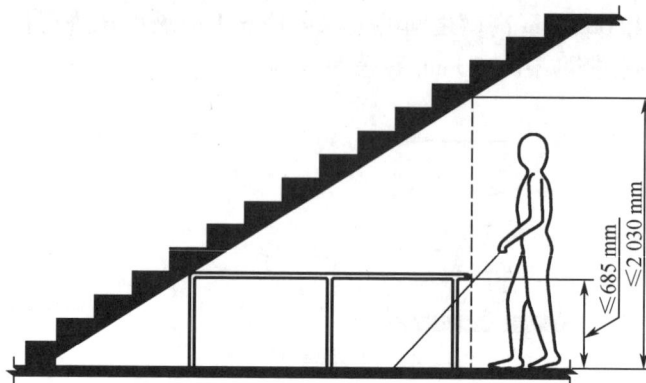

图 6.13　垂向净空

如图 6.14(c)所示,当前方障碍物的深度介于 510～635 mm 时,轮椅乘坐者的手臂正向接触范围为障碍物之上,但最高不超过甲板面 1 120 mm。无论如何,障碍物的宽度不得超过 635 mm。

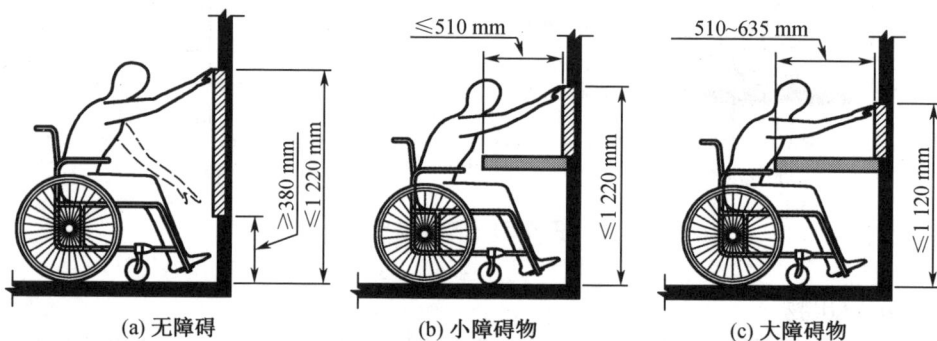

(a) 无障碍　　　　　　(b) 小障碍物　　　　　　(c) 大障碍物

图 6.14　轮椅乘坐者手臂正向可及范围

(2)侧向可及范围

如图 6.15(a)所示,当侧方无障碍物或是深度不超过 255 mm 的低矮障碍物时,轮椅乘坐者的手臂侧向接触范围为距甲板面 380～1 220 mm 高度。

如图 6.15(b)所示,当侧方障碍物的深度不超过 255 mm、高度不超过 865 mm时,轮椅乘坐者的手臂侧向接触范围为障碍物之上,最高不超过甲板面 1 220 mm。

如图 6.15(c)所示,当前方障碍物的深度介于 255～610 mm 时,轮椅乘坐者的手臂侧向接触范围为障碍物之上,但最高不超过甲板面 1 170 mm。无论如何,障碍物的深度不得超过 610 mm。

(a) 无障碍　　　　　(b) 小障碍物　　　　　(c) 大障碍物

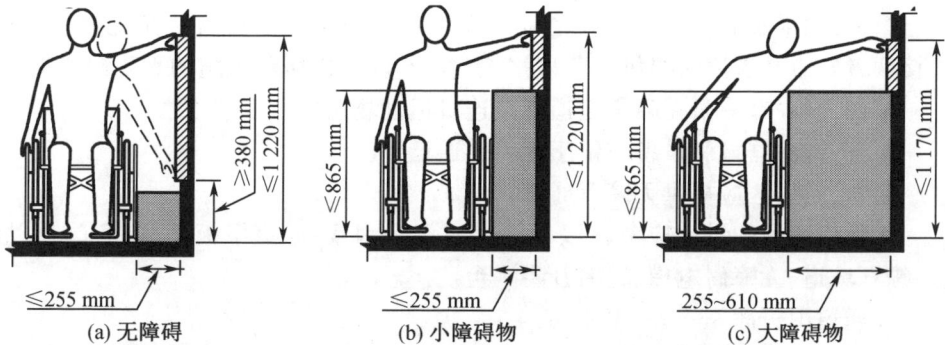

图 6.15　轮椅乘坐者手臂侧向可及范围

8. 可操作部件

可操作部件通常包括供乘客使用的控制装置,如电灯开关、电源插座、空调开关调节器、售货机、垃圾桶等。可操作部件应能用一只手操作,不需要紧紧抓住、捏住或扭动手腕。激活可操作部件所需的力最大不超过 22.2 N。

可操作部件应在 6.2.7 所述的手臂可触及范围内。

可操作部件位置应提供符合 6.2.4 所述的净甲板空间。

仅供船员使用的可操作部件、专用插座、空调通风口和健身器材等无须满足本节要求。

6.2.3　无障碍通道

无障碍通道是指在坡度、宽度、高度、地面材质、扶手形式等方面方便行动障碍者通行的通道。邮轮上至少应有一条无障碍通道连接各乘客甲板和平台。如果邮轮有多个入口,至少应有一条无障碍通道连接各个入口。舱壁甲板以下的各甲板无须设置无障碍通道。每层乘客甲板上都至少应有一条无障碍通道连接各个乘客房间、处所和设施。无障碍通道应与乘客通道重合或位于同一区域,如果两个处所通过内部乘客通道相连,那么这两个处所间的无障碍通道也应为内部通道。防护挡桩、安检点等安全屏障不能阻碍无障碍通道和无障碍撤离通道。邮轮各处所的无障碍通道设置应满足如下要求。

第一,每个乘客登船点和离船点都应在无障碍通道上。

第二,在餐厅和自助餐厅,应至少为所有餐饮区域提供一条无障碍通道,包括升高或下沉就餐区和室外就餐区。如果升高或下沉区的面积少于餐厅总面积的 25%,并且在无障碍区域提供有相同的装饰和服务,那么这些升高和下沉区域

不需提供无障碍通道。

第三,如果表演区与座位区之间有通道相连,那么至少应有一条无障碍通道连接两者。应为表演者提供一条连接表演区与辅助区域和设施的无障碍通道。

第四,至少有一条无障碍通道直接连接运动场两侧。

第五,健身器械和设备应位于无障碍通道上。

第六,游乐区应提供无障碍通道。

无障碍通道的设计应考虑以下一个或多个因素:通道甲板面、门和门道、坡道、缘石坡道、无障碍电梯、轮椅升降平台。

1.通道甲板面

无障碍通道所在甲板面的坡度不得超过1:20,甲板面的要求及高度变化的要求参见6.2.2节。通道两侧的扶手应满足6.2.4节的相关要求。通道甲板面应满足如下的直行、转弯和交会的净宽要求。

(1)直行

如图6.16所示,通道净宽不小于915 mm。下列情况下通道净宽允许减小。

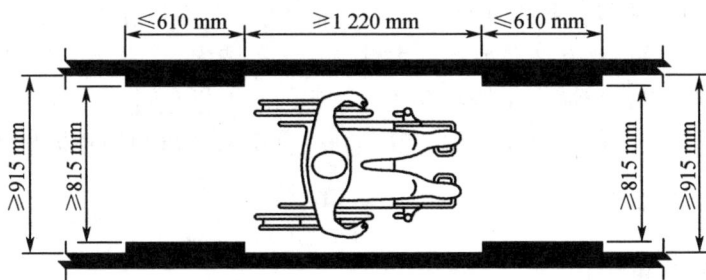

图6.16 通道净宽度

①如果有长度不小于1 220 mm、宽度不小于915 mm的通道与之相连,通道净宽可减小至最低815 mm,但长度不超过610 mm;

②如果甲板面积小于279 m²,通道净宽可减小至最低815 mm。

(2)转弯

如图6.17(a)所示,轮椅绕宽度1 220 mm以下的物体做180°转弯(掉头),转弯处净宽不得小于1 220 mm,进入和离开弯道的通道净宽不得小于1 065 mm。如图6.17(b)所示,若转弯处净宽不小于1 525 mm,轮椅进入和离开弯道的通道净宽不小于915 mm即可。

如果沿净宽915 mm以下的通道进行90°转弯,则必须提供L形空间。L形的一端长度不小于2 285 mm,净宽不小于815 mm,另一端长度不小于1 420 mm,净宽不小于1 065 mm。

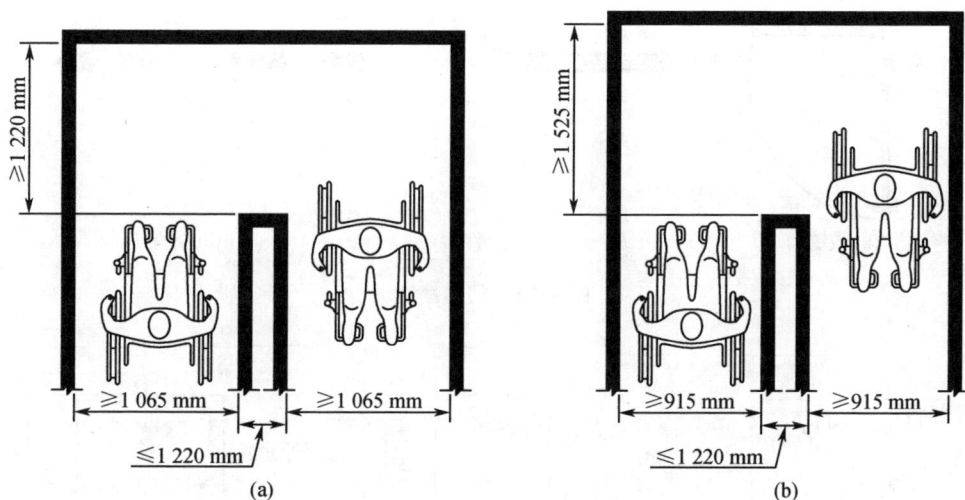

图 6.17　通道 180°转弯处净宽

（3）交会

通道净宽不超过 1 525 mm 时,应至多每隔 61 m 设置一个轮椅交会空间。交会空间的长度和宽度至少 1 525 mm。或者,由两条通道交叉形成如图 6.6 所示的 T 形空间,但手臂和腿部的宽度不低于 1 220 mm。

2. 门和门道

每个乘客登船点和离船点、每个乘客公共处所和房间都应至少有一道门和门道以满足本节的要求。无障碍通道上不允许使用旋转门。若使用双叶门,至少其中一扇门应满足如下净宽和操作空间要求。

（1）如图 6.18 所示,门道的净宽不得小于 815 mm;当门框/门洞深度超过 610 mm 时,门道的净宽不得小于 915 mm;甲板以上 865 mm 高度范围内,不能有任何突出物影响最小净宽;甲板以上 865 ~ 2 030 mm 高度,突出物侵入门道的最大水平距离不得超过 100 mm。

（2）手动推拉门的操作空间应覆盖门洞的全宽,满足门锁侧和铰链侧的空间要求。

（3）凹式手动推拉门的操作空间如图 6.19 所示。

（4）闭门器的关门速度应调整为从 90°关闭至 12°所用时间不小于 5 s。弹簧铰链门的关门速度应调整为从 70°至完全关闭所用时间不小于 1.5 s。

（5）防火门和水密门的开启力由主管当局根据法规公约确定,其余滑动门、折叠门和铰链门的开启力不得超过 22.2 N。

（6）自动门和电动门的门洞净宽不小于 815 mm,其余可参照手动门的相关要求。

(a) 铰链门　　　　　　　　　(b) 滑门　　　　　　　　(c) 折叠门

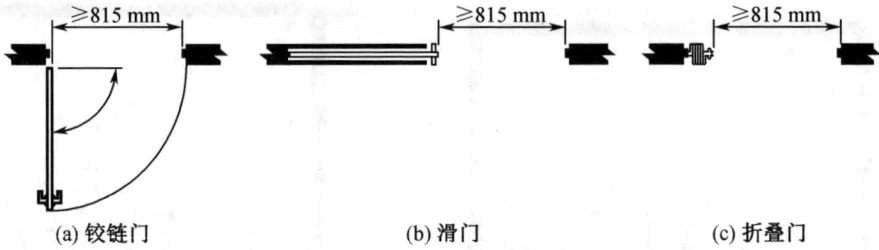

图 6.18　门道净宽

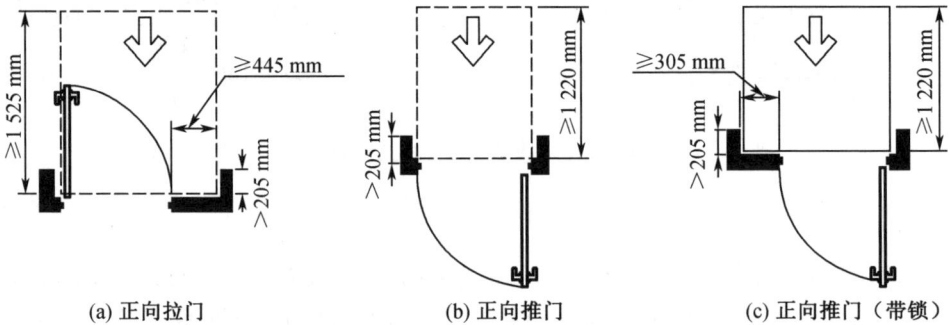

(a) 正向拉门　　　　　　　　(b) 正向推门　　　　　(c) 正向推门（带锁）

图 6.19　凹式手动推拉门的操作空间

3. 坡道

（1）坡道的坡度不得大于 1∶12。如果空间受限,坡道的坡度及对应的升高也可按表 6.1 取值。但无论如何,坡度不得大于 1∶8。

表 6.1　坡道的坡度替代方案

坡度	最大升高/mm
大于 1∶10,但不大于 1∶8	75
大于 1∶12,但不大于 1∶10	150

（2）坡道的净宽不得小于 915 mm。如果坡道两侧安装了扶手,净宽指扶手的间距。坡道的升高不得超过 760 mm。如果甲板面积小于 279 m²,坡道的净宽不得小于 815 mm。

（3）坡道的上下端均应设置过渡平台。如图 6.20 所示,过渡平台的坡度不得大于 1∶48,平台的净宽不得小于连接的坡道的最大净宽,净长不得小于 1 525 mm。

若坡道改变方向,过渡平台的长和宽均不得小于 1 525 mm。如果甲板面积小于 279 m²,坡道的净宽不得小于 1 220 mm。

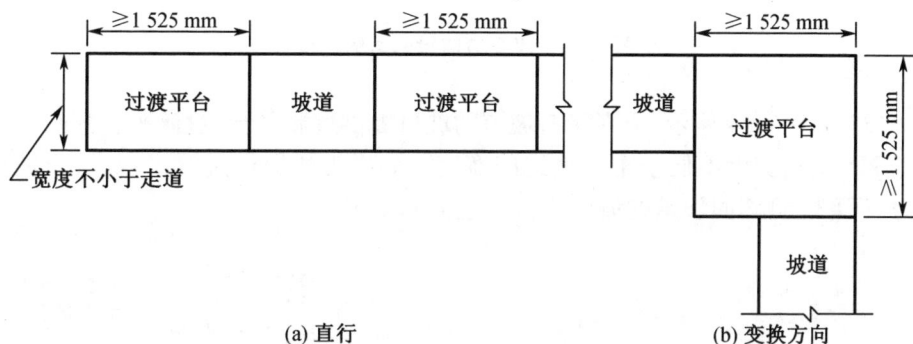

(a) 直行　　　　　　　　　　　(b) 变换方向

图 6.20　坡道过渡平台

(4) 如果坡道升高超过 150 mm,应设置满足 6.2.4 节要求的扶手。坡道和过渡平台的两侧须做边缘保护,以控制轮椅的小轮和拐杖不会侧向滑出坡道及平台的边界。如图 6.21 所示,边缘保护方式有如下两种。

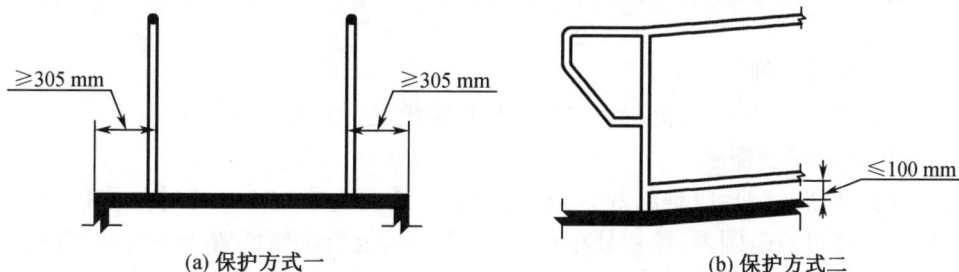

(a) 保护方式一　　　　　　　　(b) 保护方式二

图 6.21　坡道边缘保护方式

①将坡道和过渡平台从扶手内侧向外延伸至少 305 mm;
②在坡道和过渡平台边缘处设置栏杆,栏杆与地面空隙不大于 100 mm。
(5) 过渡平台应确保潮湿条件下不会发生积水。

4. 缘石坡道

缘石坡道是位于道口或人行通道两端,使乘轮椅者避免缘石带来的通行障碍,方便乘轮椅者进入通道行驶的一种坡道。

(1) 如图 6.22 所示,与缘石坡道毗邻的甲板面的坡度不超过1∶20。
(2) 如图 6.23 所示,三面缘石坡道的侧面坡度不得超过 1∶10。

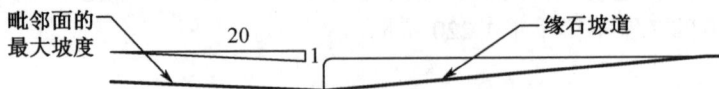

图 6.22　缘石坡道毗邻面的坡度

（3）如图 6.24 所示,应在缘石坡道的坡口提供过渡平台,过渡平台的长度不小于 915 mm,宽度不低于正面坡道的宽度。如果无法提供过渡平台,缘石坡道应为三面式,且侧面坡道的坡度不得超过 1∶12。

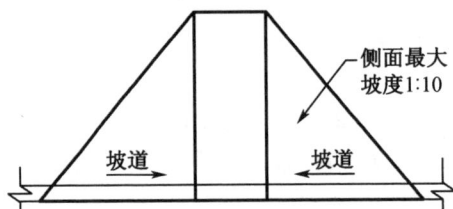

图 6.23　缘石坡道侧面的坡度　　　　图 6.24　缘石坡道坡口的过渡平台

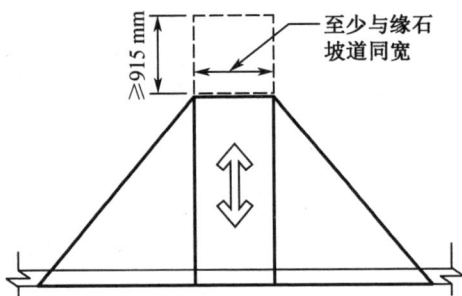

5. 无障碍电梯

除特殊情况外,邮轮上所有乘客电梯均需满足无障碍设计要求。

（1）电梯平台需求

呼梯按钮或键盘应是凸起式或平置式,安装高度应在 6.2.2 节规定的轮椅乘坐者手臂可及范围内,按钮最小尺寸为 19 mm,上行按钮应置于下行按钮的上方。当按钮被按下和应答后,应以可视信号显示。如采用键盘,键盘应用标准的电话键盘布置方式。

电梯厅应配置可视和听觉信号,指示电梯的应答情况及运行方向。如图 6.25 所示,可视信号设施距甲板的高度不小于 1 830 mm,信号按钮的最大垂向高度不小于 64 mm。

听觉信号应在上行方向时发出 1 次声音,在下行方向时发出 2 次声音,或通过语音播报器播报电梯的运行方向。听觉信号的最大频率不得超过 1 500 Hz。语音播报器的频率最小为 300 Hz,最大为 3 000 Hz。听觉信号和语音播报器的音量应至少高于环境声音 10 dB,但最大不得超过 80 dB(在呼叫按钮处测量)。

如图 6.26 所示,楼层标志应设置在各层井道入口的两个侧柱上。楼层标志应以触觉字符和盲点形式提供。触觉字符的高度至少为 51 mm。如果入口点仅

设置在某一层甲板上,则应在甲板入口的两个侧柱上提供可触摸的"★"号标志。

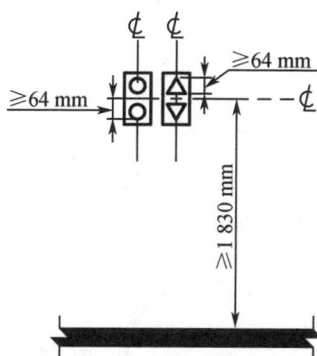

图 6.25 电梯厅视觉信号

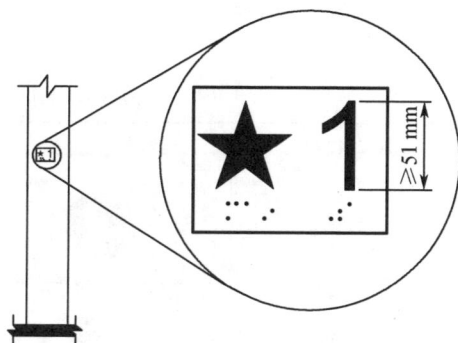

图 6.26 楼层标志

(2)电梯门

井道门和轿厢门应是自动开闭的水平滑动门,净宽应满足表 6.2 的要求。

表 6.2 电梯轿厢最小尺寸要求

开门门位置	门净宽/mm	侧面至侧面/mm	后壁至前壁/mm	后壁至门内侧/mm
中部	1 065	2 030	1 295	1 370
任意	915	1 725	1 295	1 370
任意	915	1 370	2 030	2 030
任意	915	1 525	1 525	1 525

电梯门应安装障碍物探测装置,探测装置不强制要求为物理接触式,能探测到距甲板高度 125～735 mm 的障碍物,并重新打开电梯门。电梯门的持续打开时间不少于 20 s。

(3)电梯轿厢

轿厢内部的净尺寸和轿厢门宽度要求见表 6.2。

轿厢平台和甲板停靠层开孔边缘的最大间隙为 32 mm。轿厢带有自调平装置,在额定载荷和零载荷条件下,将轿厢平台自动保持在距甲板 13 mm 的公差范围内。

轿厢内部控制按钮安装高度需设置在无障碍活动范围内。电梯楼层和控制按钮应是凸起或平置式,安装高度在无障碍活动范围内,按钮最小尺寸不小于 19 mm。按钮根据数字大小按升序排列。若提供两列或两列以上的按钮,应按从

左到右的顺序排列。应急控制按钮的高度距甲板不小于 890 mm,应急控制按钮和应急报警按钮应整合在控制板的底部。控制按钮应是可视和可触摸识别的符号和盲点,见表 6.3。

表 6.3 电梯轿厢控制按钮标志

控制按钮	触觉符号	盲点	盲文信息
紧急停机			"ST" OP
报警			AL "AR" M
开门			OP "EN"
闭门			CLOSE
进入甲板			MA "IN"
电话			PH "ONE"

6. 轮椅升降平台

在一些特定条件下,轮椅升降平台可作为无障碍通道的一部分。这些条件包括无障碍通道通向的甲板面面积不超过 279 m²;通道路线的垂向净空受限而无法使用电梯;无障碍通道通向交通艇登艇平台;无障碍通道通向表演区和演讲台。

用作无障碍通道的轮椅升降平台的要求如下。

(1)轮椅升降平台应可由乘客自行操作,轮椅无须外界协助即可进入和离开平台。升降平台的额定承载能力不小于 204 kg。平台尺寸满足 6.2.2 节的要求。

(2)轮椅升降平台的门应为低能电动门,持续打开时间不低于 20 s。如图 6.27 所示,端门的净宽不小于 815 mm,侧门的净宽不小于 1 065 mm。门槛与走道平台边缘间的空隙不超过 32 mm。

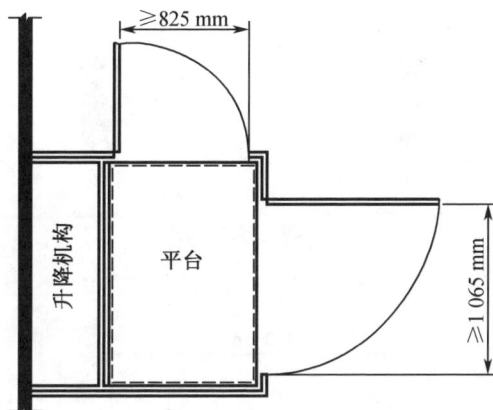

图 6.27 轮椅升降平台门的尺寸

6.2.4 扶手

应在泳池楼梯、舷梯或坡道的两侧提供扶手,扶手应在楼梯、舷梯或坡道的全长内连续。

(1)如图 6.28 所示,扶手上表面距走道、踏步前缘、舷梯表面和坡道表面的高度为 865 ~ 965 mm。扶手与相邻物体表面的间隙不小于 38 mm。

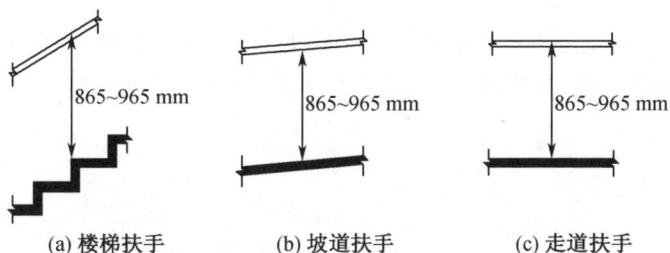

(a) 楼梯扶手   (b) 坡道扶手   (c) 走道扶手

图 6.28 扶手安装高度

(2)如图 6.29 所示,扶手握把内侧与邻近物体表面间的间隙不小于 38 mm,扶手握把下侧与水平撑杆等凸出物间的间隙也不小于 38 mm。

(3)扶手的横截面形状分为圆形和非圆形两种。圆形横截面的最小直径为 32 mm,最大直径为 51 mm。如图 6.30 所示,非圆形横截面的周长为 100 ~ 160 mm,横截面最大尺寸为 57 mm。

(a) 内侧   (b) 下侧

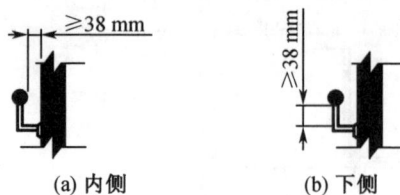

图 6.29　扶手间隙

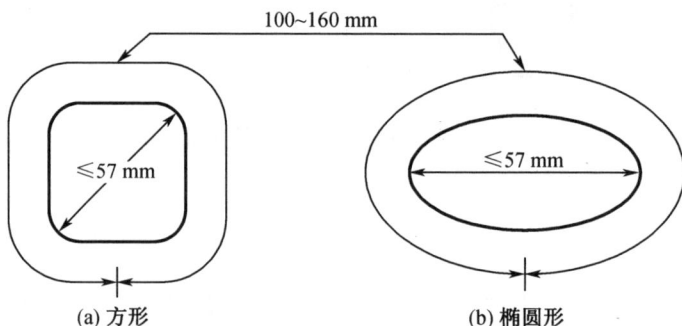

(a) 方形   (b) 椭圆形

图 6.30　扶手截面形式

(4)扶手应牢固安装,扶手及其附件不许转动,扶手表面应光滑无刺,边缘做圆角处理。

(5)如图 6.31 所示,在坡道和舷梯上行及下行的端部,扶手应在水平方向各自延伸至少 305 mm。在泳池扶手顶部,扶手应自第一级踏步前缘向平台水平延伸 305 mm 以上。

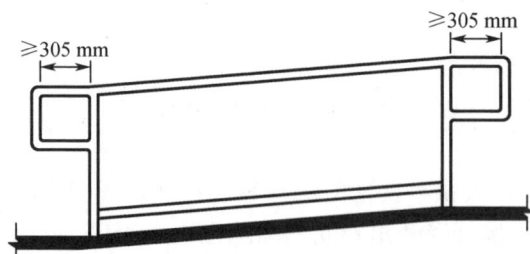

图 6.31　坡道和舷梯扶手的顶部及底部延伸

6.2.5　无障碍卫生间

至少应在每层登船甲板,或通过无障碍通道与登船甲板相连的其他甲板上,各提供一个男性和女性公共卫生间,或一个无性别公共卫生间。公共卫生间内至少设置一个满足 6.2.5 节的轮椅无障碍厕位(隔间)。如果厕位不少于 6 个,至少还应设置一个满足 6.2.5 节的步入式无障碍厕位。公共卫生间内还须提供至少一个无障碍小便池和无障碍洗手盆。

1. 卫生间

卫生间内的回转空间应满足 6.2.2 节的要求,净甲板空间、设施维护空间和回转空间允许重叠。卫生间门的开关不得影响净甲板空间和设施维护空间,但可占用回转空间。

安装于洗手盆或台面上方的镜子的镜面底部距甲板面高度不超过 1 015 mm,不在洗手盆和台面上方的镜子的镜面底部距甲板面最大高度为 890 mm。

衣帽钩应安装在 6.2.2 节规定的轮椅乘坐者手臂可及范围内,衣架距甲板面的高度不小于 1 015 mm,但也不大于 1 220 mm。

2. 无障碍抽水马桶和厕位

如图 6.32(a)所示,轮椅无障碍抽水马桶的中线距侧壁距离至少 405 mm,但不大于 455 mm。如图 6.32(b)所示,步入式无障碍抽水马桶的中线距侧壁距离至少 430 mm,但不大于 485 mm。

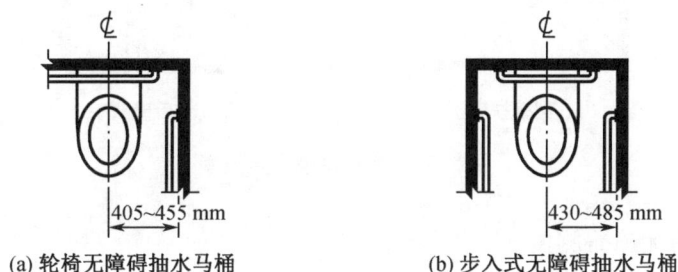

(a) 轮椅无障碍抽水马桶　　　　　　(b) 步入式无障碍抽水马桶

图 6.32　抽水马桶位置

如图 6.33 所示,垂直于抽水马桶侧壁的净长度不小于 1 525 mm,垂直于后壁的净宽度不小于 1 420 mm。

马桶圈上缘距甲板面的距离不小于 430 mm,但也不大于 485 mm。

如图 6.34 所示,厕纸盒中心线距马桶座前端的距离不小于 180 mm,但也不大于 230 mm。厕纸盒出口距甲板面的高度不低于 380 mm,但也不大于 1 220 mm,且

出口不得位于安全扶手后面。厕纸盒不得为控制输送型或非连续出纸型。

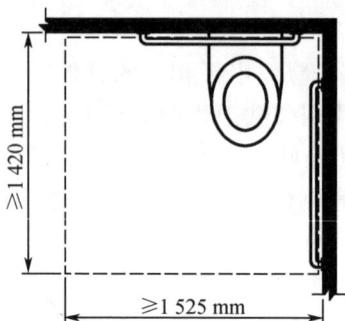

图 6.33 抽水马桶的净空间尺寸

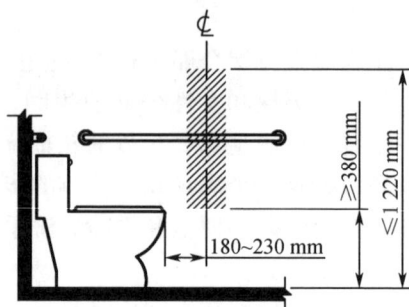

图 6.34 厕纸盒出口位置

更靠近抽水马桶的侧壁上和后壁上均须安装安全扶手。如图 6.35(a)所示，侧壁扶手至少长 1 065 mm，扶手后端距后壁距离不大于 305 mm，扶手前端距后壁距离不小于 1 370 mm。如图 6.35(b)所示，后壁扶手至少长 915 mm，马桶中心线扳手一侧的扶手最小长度为 610 mm，另一侧的最小长度为 305 mm。

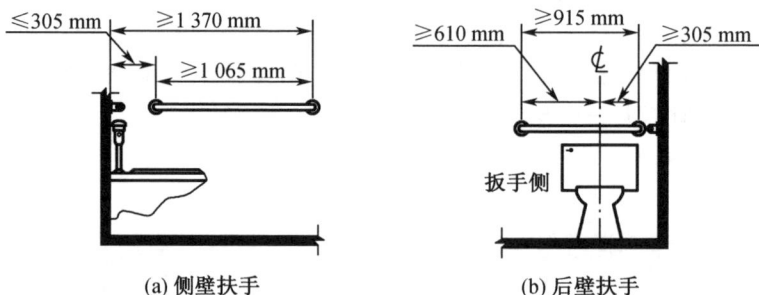

(a) 侧壁扶手

(b) 后壁扶手

图 6.35 抽水马桶安全扶手

(1)轮椅无障碍厕位

如图 6.36 所示，轮椅无障碍厕位至少宽 1 525 mm，成人壁挂式马桶厕位的进深不小于 1 420 mm，而成人落地式马桶和儿童马桶厕位的进深不小于 1 500 mm。

如图 6.37 所示，无障碍厕位的前壁，以及至少一道侧壁须提供高度不小于 230 mm、进深不小于 150 mm 的脚趾空隙。儿童无障碍厕位的脚趾空隙高度不小于 305 mm。

无障碍厕位的门应满足 6.2.3 节的要求。如图 6.38 所示，门可安装于前壁或远离马桶的侧壁，门与障碍物的距离不小于 1 065 mm。安装于前壁，门洞距侧

壁的距离不大于 100 mm；如安装于侧壁，门洞距前壁的距离不大于 100 mm。厕位门应为自闭型，在靠近门锁的位置安装拉手。门应外开，以保证不影响厕位要求的最小面积。

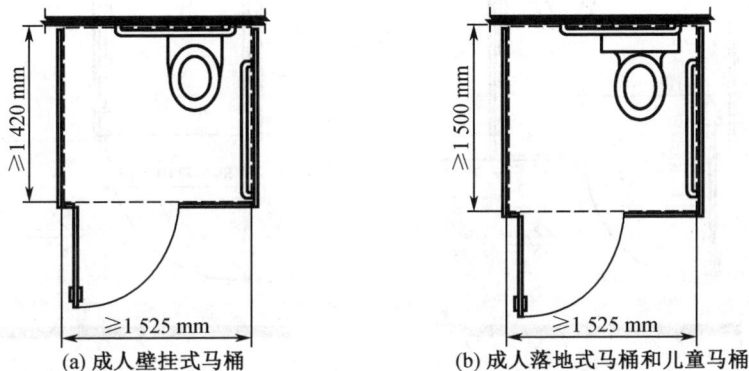

(a) 成人壁挂式马桶　　(b) 成人落地式马桶和儿童马桶

图 6.36　轮椅无障碍厕位尺寸

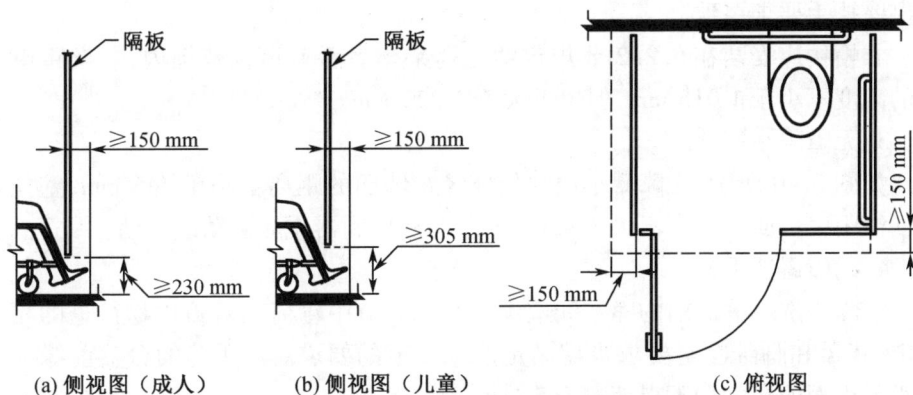

(a) 侧视图（成人）　(b) 侧视图（儿童）　(c) 俯视图

图 6.37　轮椅无障碍厕位的脚趾空隙

应在无障碍厕位的前壁和靠近马桶的侧壁上安装满足 6.2.5 节要求的安全扶手。

（2）步入式无障碍厕位

如图 6.39 所示，步入式无障碍厕位至少 1 525 mm 深，宽度不小于 890 mm，但也不大于 940 mm。门与障碍物的距离不小于 1 065 mm。门应为自闭型，拉手安装在靠近门锁的位置。为不影响厕位要求的最小面积，门应外开。

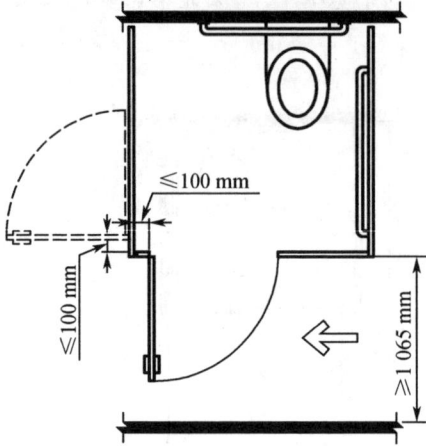

图6.38　轮椅无障碍厕位的门

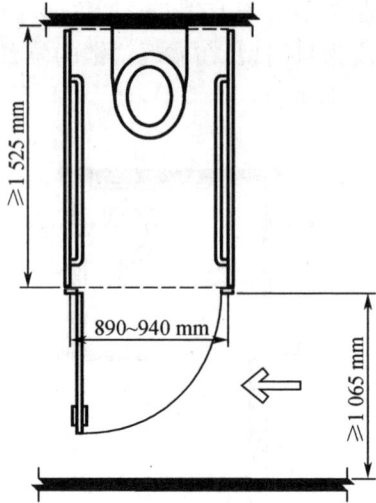

图6.39　步入式无障碍厕位的尺寸

步入式无障碍厕位的两个侧壁均需安装安全扶手,要求与轮椅无障碍厕位的侧壁扶手要求一致。

衣帽钩应安装在6.2.2节规定的轮椅乘坐者手臂可及范围内,衣架距甲板面的高度不小于1 015 mm,但也不大于1 220 mm。

3.无障碍小便池

如图6.40所示,无障碍小便池的外缘距墙面的距离不小于345 mm,壁挂式小便池距甲板面的高度不大于430 mm。冲洗控制器应为手动或自动。

4.无障碍洗手盆

无障碍洗手盆面前的净空间应满足6.2.2节中轮椅正对障碍物行进的相关要求,膝盖和脚趾净空要求也需满足6.2.2节的要求。洗手盆的台盆前缘和台面距甲板面的高度均不得超过865 mm。

手动节水水龙头的延迟出水时间不小于10 s。洗手盆下的给排水管路应靠墙布置或加以保护,以免受到碰撞。洗手盆下不得有锋利或磨损的表面。

5.安全扶手

卫生间和洗浴设施的安全扶手应满足如下要求。

(1)扶手的截面形状分为圆形和非圆形两种。圆形截面的最小直径为32 mm,最大直径为51 mm。非圆形截面的周长介于100～120 mm,截面最大尺寸为51 mm,具体截面形状可参考图6.30。

(2)墙壁和扶手的间隙至少38 mm。在冲洗淋浴时,如果扶手安装在立柱上,则立柱和扶手的间隙至少38 mm。如图6.41所示,扶手与其下方凸出物的间

隙至少 38 mm,扶手与其上方凸出物的间隙至少 305 mm。

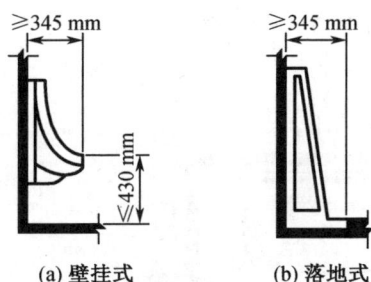

(a) 壁挂式	(b) 落地式

图 6.40　无障碍小便池的高度和进深

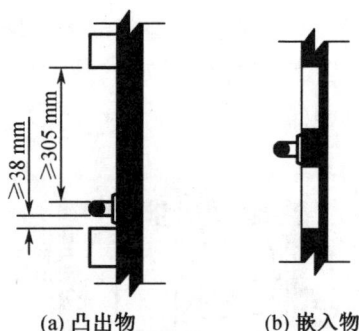

(a) 凸出物	(b) 嵌入物

图 6.41　安全扶手间隙

（3）安全扶手应水平安装,扶手上表面距甲板高度不小于 840 mm,不大于 915 mm。

（4）安全扶手及与之相邻的墙壁和其他物体的表面均应光滑无刺、不腐蚀,扶手边缘应做圆角处理。扶手不得旋转。

（5）当 1 112 N 的水平或垂向力作用于安全扶手的任一位置、紧固件、基座或支撑结构上时,结构应力不得超过材料的许用应力。

6.2.6　无障碍洗浴设施

如果邮轮提供无障碍洗浴设施,至少应有一个符合下述要求的浴缸或淋浴间。图 6.42 所示为某邮轮客房的无障碍马桶、淋浴设施。

图 6.42　某邮轮客房的无障碍马桶、淋浴设施

1. 浴缸

（1）如图 6.43 所示，浴缸前面应留有覆盖整个浴缸的长度的净空间，宽度至少 760 mm。在此净空间的控制端应设一个符合 6.2.5 节要求的洗手盆。如果在浴缸的首端设有固定的座位，净空间还应自浴缸首端壁再向外延伸至少 305 mm。

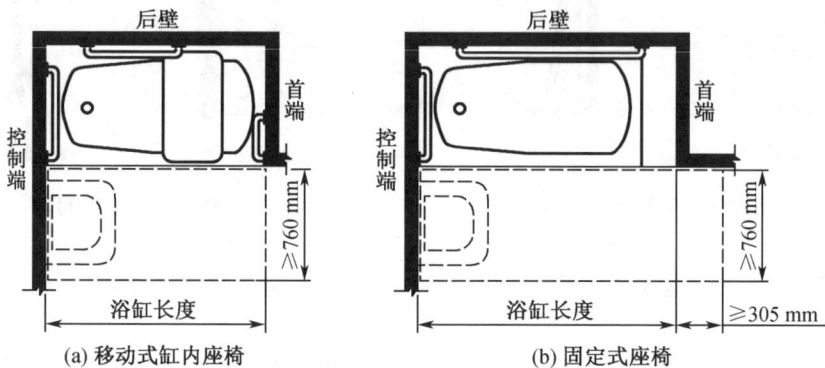

图 6.43　浴缸净空间

（2）应在浴缸首端提供一个固定座椅，或一个可移动浴缸内座椅。

（3）浴缸的安全扶手应满足 6.2.5 节的要求，并满足如下要求。

①带固定座椅的浴缸

如图 6.44 所示，应在浴缸后壁上安装两道安全扶手，上部扶手需满足 6.2.5 节的要求，下部扶手距浴缸边缘的高度不小于 205 mm，也不大于 255 mm，扶手端部与控制端壁的间隙不超过 305 mm，与首端壁的间隙不超过 380 mm。在控制端面向浴缸一侧应安装一道安全扶手，长度不小于 610 mm。

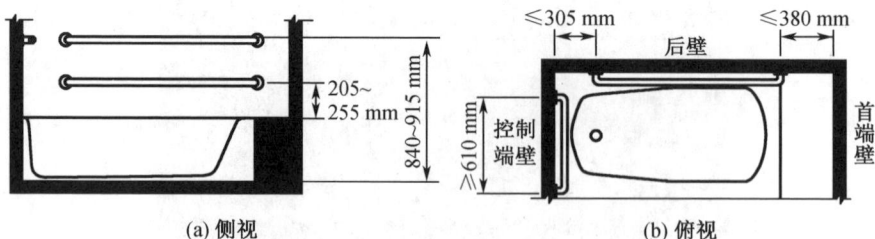

图 6.44　带固定座椅浴缸的安全扶手

②无固定座椅的浴缸

如图 6.45 所示，应在浴缸后壁上安装两道安全扶手，上部扶手需满足

346

6.2.5.5(3)的要求,下部扶手距浴缸边缘的高度不小于205 mm,也不大于255 mm,扶手至少长610 mm,扶手端部与控制端的间隙不超过305 mm,与首端壁的间隙不超过610 mm。应在控制端壁上安装一道安全扶手,长度不小于610 mm。应在首端壁上安装一道安全扶手,长度不小于305 mm。

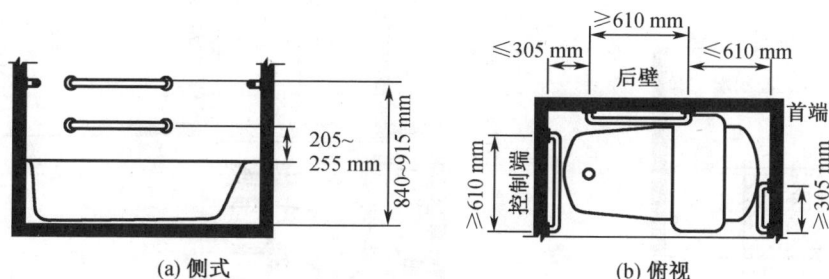

图 6.45　带移动座椅浴缸的安全扶手

（4）除排水塞外,控件应安装在控制端壁面上。如图6.46所示,控制装置应位于浴缸边缘和扶手之间,以及浴缸外边缘和浴缸宽度中心线之间。

（5）应提供软管连接的淋浴喷头,长度至少1 500 mm,既可作为固定花洒头,又可手持。如果安装了可调节喷头高度的垂直杆,垂直杆不能妨碍安全扶手的使用。淋浴喷头的出水水温不得超过49 ℃。

（6）浴缸的附件不得妨碍控件、水龙头、淋浴喷洒装置的使用,也不能妨碍从轮椅向浴缸座椅或浴缸转移。不得在浴缸外侧面边缘上安装轨道。

2.淋浴间、淋浴

无障碍淋浴间包含移位式淋浴间和轮椅滚入式淋浴间两种。浴缸控件位置如图6.46所示。

（1）尺寸和净空

①移位式淋浴间

如图6.47所示,移位式淋浴间内部的净长和净宽均不得小于915 mm,进口净宽至少915 mm。淋浴间前方的净空间长至少1 220 mm,宽至少915 mm。淋浴间的净长和净宽在其中心点处测量。

②标准轮椅滚入式淋浴间

如图6.48所示,标准轮椅滚入式淋浴间内部的净长至少1 525 mm,净宽760 mm,进口净宽至少1 525 mm。淋浴间前方的净空间长至少1 525 mm,宽至少760 mm。可沿净空间宽度方向设置一个满足6.2.5节要求的洗手盆,只要洗手盆不在淋浴间控制装置那一侧。如果提供淋浴座椅,座椅也不能与洗手盆同侧。

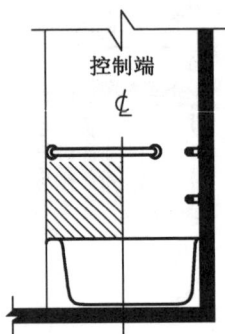

图 6.46　浴缸控件位置

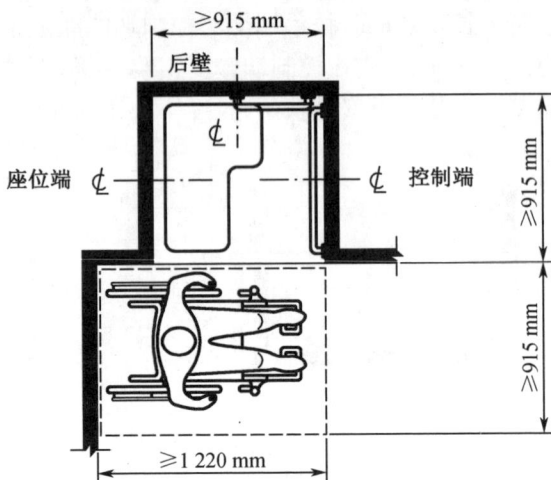

图 6.47　移位式淋浴间的尺寸和净空

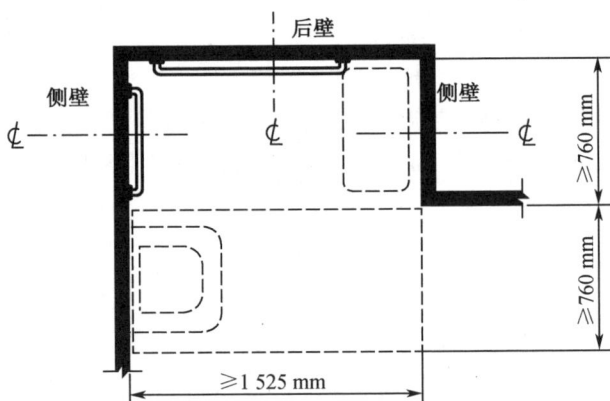

图 6.48　标准轮椅滚入式淋浴间的尺寸和净空

③冲洗淋浴

应为冲洗淋浴提供一块长度、宽度均不小于 1 525 mm 的净空间,喷淋头应位于其中一侧的中心上。

(2)安全扶手

安全扶手应满足 6.2.5 节的要求。如果扶手不止一道,所有扶手的高度应一致。

①标准轮椅滚入式淋浴间

如图 6.49 所示,如果不设座椅,标准轮椅滚入式淋浴间的后壁和两个侧壁均需设置安全扶手。如果有座椅,靠近座椅的那个侧壁不需设置安全扶手。扶手端部与墙壁的水平间隙至多 150 mm。

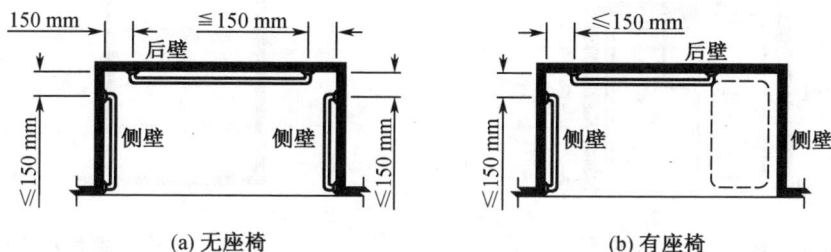

(a) 无座椅　　　　　　　　　(b) 有座椅

图 6.49　标准轮椅滚入式淋浴间的安全扶手

②移位式淋浴间

如图 6.50 所示,移位式淋浴间的安全扶手应水平覆盖整个控制端壁面,并向后壁至少延伸 455 mm。

(3)折叠或非折叠座椅(移位式淋浴间)

冲洗淋浴不能设座椅,除非其满足本节的移位式淋浴间或轮椅滚入式淋浴间标准。

(4)控制装置

①移位式淋浴间

如图 6.51 所示,移位式淋浴间的控制装置、水龙头和喷淋装置应安装在座椅对面的侧壁上,安装区域范围:垂向距甲板面 965 ~ 1 220 mm,水平方向由侧壁中心线向淋浴间开门方向至多延伸 380 mm。

②标准轮椅滚入式淋浴间

如图 6.52 所示,如果不提供座椅,标准轮椅滚入式淋浴间的控制装置、水龙头和喷淋装置应安装在后壁或任一侧壁的安全扶手之上,距甲板面高度至多 1 220 mm。如果提供座椅,控制装置等应安装在后壁上靠近座椅的一侧,距座椅所在侧壁的水平距离至多 685 mm,高度要求与无座椅的相关要求一致。

(5)淋浴喷头

应提供软管连接的淋浴喷头,长度至少 1 500 mm,既可作为固定花洒头,又可手持。如果安装了可调节喷头高度的垂直杆,不可妨碍安全扶手的使用。淋浴喷头的出水水温不能超过 49 ℃。

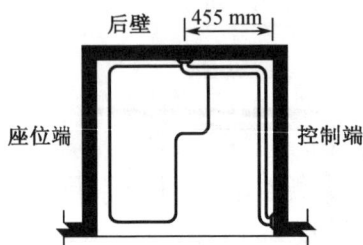

图 6.50　移位式淋浴间的安全扶手

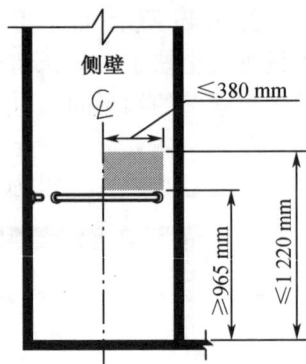

图 6.51　移位式淋浴间的
控制装置位置

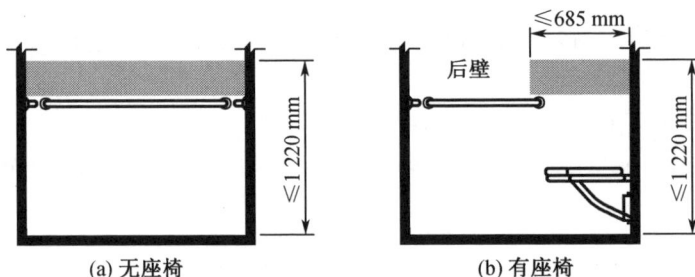

图 6.52　标准轮椅滚入式淋浴间的控制装置位置

（6）门槛高度

与 6.2.2 节的要求一致,冲洗淋浴和淋浴间的门槛高度不超过 13 mm,移位式淋浴间的门槛应处理成斜坡或圆弧状。

（7）附件

淋浴间和冲洗淋浴的附件不得妨碍控制装置、水龙头、淋浴喷洒装置及座椅的使用。

3.座椅

（1）浴缸座椅

如图 6.53 所示,浴缸座椅的顶部距甲板高度不小于 430 mm,不大于 485 mm。移动式浴缸座椅的宽度不小于 380 mm,不大于 405 mm。固定式浴缸座椅的宽度不小于 380 mm,长度至少覆盖后壁至浴缸外边缘。

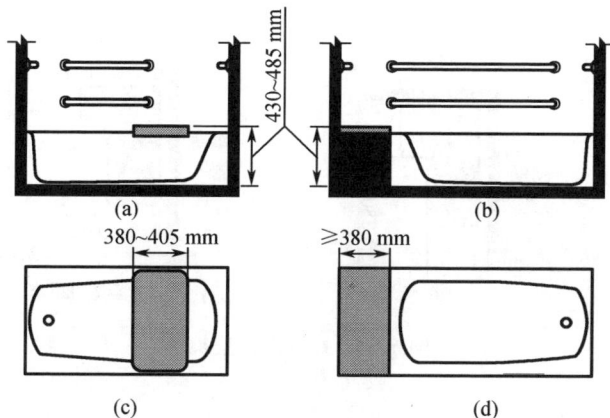

图 6.53　浴缸座椅

（2）淋浴间座椅

轮椅滚入式淋浴间的座椅应为折叠式。如图 6.54 所示,标准轮椅滚入式淋浴间的座椅应安装在靠近控制装置的侧壁上,应从后壁延伸至距前壁至多 75 mm 的位置。移位式淋浴间的座椅应从后壁延伸至距前壁至多 75 mm 的位置。座椅顶部距浴室甲板的高度不得小于 430 mm,但也不大于 485 mm。

①矩形座椅

如图 6.55 所示,矩形座椅后侧距离座椅侧壁至少 64 mm,座椅前侧距离座椅侧壁不小于 380 mm,不大于 405 mm,座椅侧边与相邻墙壁的最大距离为 38 mm。

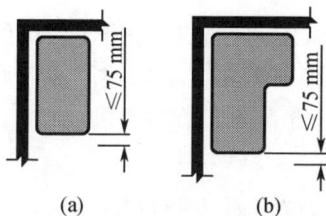

图 6.54　座椅延伸距离

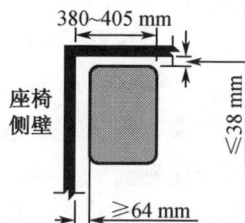

图 6.55　矩形淋浴座椅

②L 形座椅

如图 6.56 所示,L 形座椅后侧距离座椅侧壁至少 64 mm,前侧距离座椅侧壁至少 380 mm,至多 405 mm。座椅 L 部分的后侧与相邻墙壁的最大距离为 38 mm,前侧与相邻墙壁的距离不小于 355 mm,不大于 380 mm。座椅 L 部分的末端与座椅侧壁的距离不小于 560 mm,不大于 585 mm。

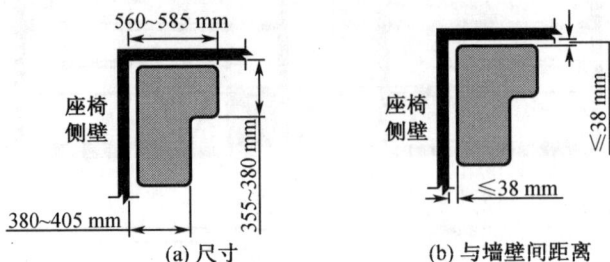

图 6.56　L 形淋浴座椅

（3）结构强度

当 1 112 N 的水平或垂向力作用于座椅的任一位置、紧固件、基座或支撑结构上时，结构应力不得超过材料的许用应力。

6.2.7　无障碍信息标志

1. 概述

乘客区域应提供无障碍标志，标志应可视和可触摸，或分别提供可视和触觉标志。船名、公司名、舱室名、菜单、集聚区内的座位号和排号及临时标志除外。

永久性房间和空间的内部与外部标志应可触摸识别及视觉识别。例如，卫生间、房间和甲板的名称及编号等。不位于房间或空间门口处的外部标志不需可触摸识别。

用触觉文字对一个永久性的房间或空间的象形图标志进行描述。房间或空间内信息的象形图，如"禁止吸烟"、无障碍标志等不需要文字描述。方向和信息标志（包含乘客行为准则、逃生路线标志）等应符合 6.7.5 节的要求。

（1）逃生标志。

①安全逃口：带有自亮式逃生标志的逃生门应设置可触摸识别及视觉识别的标志。

②方向标志：非无障碍逃生通道上的逃口门、电梯处，应有符合 6.7.5 节要求的标志来指示逃生方向。

（2）如果公共区域的某扇外门不符合无障碍要求时，应在这扇门处标志出最近的、符合无障碍要求的公共区域门的方向。

（3）在有多个厕位的公共卫生间内和有多个隔间的浴室内，应使用无障碍标志指出符合无障碍要求的厕位或淋浴隔间。

（4）应使用符合 6.7.7 节要求的标志指出文本电话的位置，应在非文本电话

的公共电话上指出最近的文本电话的位置和方向。

（5）应标志出轮椅无障碍电话的位置和方向。

（6）在提供辅助听力系统的每个集聚区和交通座位区设置标志,告知乘客辅助听力系统的可用性及所用发射器和接收器的类型。辅助听力标志应符合6.7.5节的要求,并应包括符合6.7.7节要求的国际听障辅助设施标志。

2. 凸形字符

（1）相对背景,触觉凸形字符的凸起高度不低于0.8 mm。

（2）凸形字符采用大写字母,不得采用衬线,不得为斜体、手写体,应使用常规形式,不可过度装饰。

（3）以大写字母I为基准,大写字母O的宽度应为I高度的55%~110%。

（4）如图6.57所示,以大写字母I为基准,从基线垂直向上量起,凸形字符高度不小于16 mm,但也不大于51 mm。如果同时使用凸形字符和可视字符表达某一信息,凸形字符高度最小可降至13 mm。

（5）凸形字符的笔画厚度不超过I高度的15%。

（6）字符间距应在文本中相邻凸形字符的两个最近点之间测量,但不包括单词间隔。如果字符横截面为矩形,凸形字符间距至少为3.2 mm。如果字符横截面为其他形状,截面底部的字符

图6.57　凸形字符高度

间距至少为1.6 mm,截面顶部的字符间距至少为3.2 mm。任何情况下,字符间距都不得超过字符笔画宽度的4倍。字符与凸起的边框和装饰物之间的距离至少为9.5 mm。

（7）多行文本的上下相邻两行字符底部的高度差应为字符高度的135%~170%。

3. 盲文

盲文应采用二级布莱叶盲文,并符合如下要求。

（1）盲文点应为半球形或圆形,大写字母只能用在句子的第一个单词、专有名词和名称、单个字母和首字母缩略词上。图6.58所示为盲文尺寸,包括盲点的直径和凸起高度、盲字内部盲点的间距及相邻盲字间盲点的间距。

（2）如图6.59所示,盲文应置于文本之下,盲文与任何其他可触摸字符的间距不小于9.5 mm,与凸起的边框和装饰物的间距不小于9.5 mm。电梯轿厢按键的盲文应位于对应的凸形字符或符号的正下方或相邻位置,间隔至少4.8 mm。

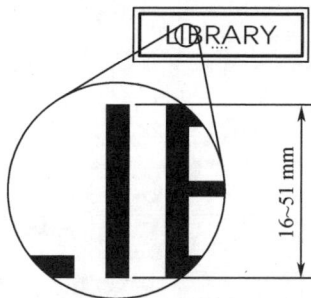

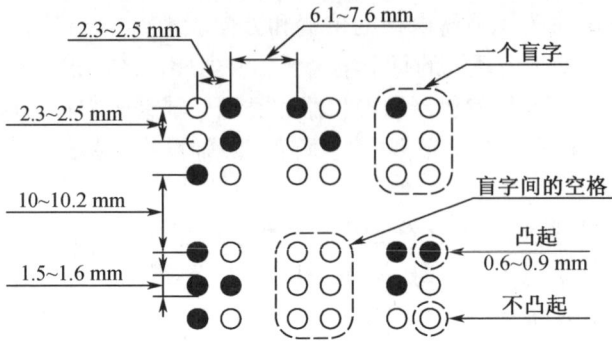

图 6.58 盲文尺寸

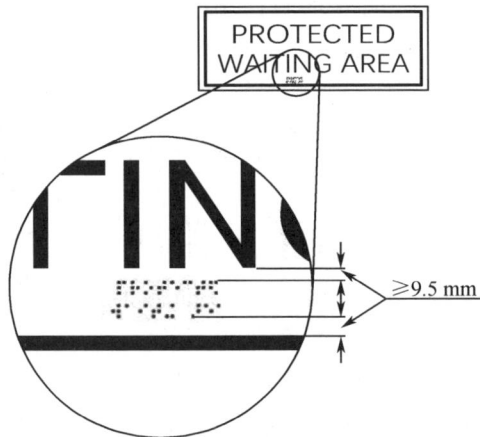

图 6.59 盲文位置

4.触觉标志安装高度和位置

(1)如图 6.60 所示,触觉字符的安装高度如下:最低位置的字符底部距甲板面的距离不小于 1 220 mm,最高位置的字符底部距甲板面的距离不大于 1 525 mm。电梯轿厢控制按钮的触觉字符不需满足此项要求。

(2)门的触觉标志应安装在门锁一侧。对于只有一扇活动门的双叶门,触觉标志应位于非活动门扇侧。对于两扇门都是活动的双叶门,触觉标志应位于右侧门扇的右侧。如果单叶门的门锁侧或双叶门的右侧没有墙面,触觉标志应安装在最毗邻的墙面上。如图 6.61 所示,触觉标志的安装需要以触觉字符为中心,宽度和进深均不小于 455 mm 的墙面净空间。

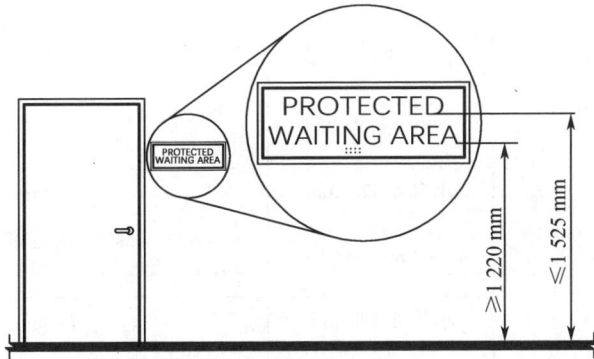

图 6.60　触觉字符的安装高度

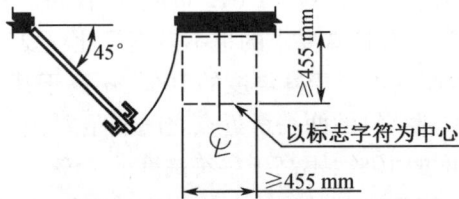

图 6.61　门的触觉标志安装位置

带有闭门器且没有开门固定装置的门的推侧应允许设置触觉标志。

5. 可视符号

可视字符应满足如下要求,但满足 6.2.7 节的除外。

(1)可视字符及其背景应具有防眩光效果。字符应与背景形成对比,在深色背景上使用浅色字符或在浅色背景上使用深色字符。

(2)字符采用无衬线字体,不得为斜体、手写体,应使用常规形式,不可过度装饰。

(3)以大写字母 I 为基准,大写字母 O 的宽度应为 I 高度的 55% ~110%。

(4)字符最小高度应符合表 6.4 的规定,视距为字符与阻碍观察者进一步靠近字符的障碍物之间的水平距离。字符高度应基于大写字母 I。

表 6.4　可视字符高度

字符底部距甲板高度	水平视距	字符最小高度
1 015 ~ 1 780 mm	小于 1 830 mm	16 mm
	1 830 mm 及以上	16 mm 起,视距每超过 305 mm,字符高度增加 3.2 mm
1 780 ~ 3 050 mm	小于 4 570 mm	51 mm
	4 570 mm 及以上	51 mm 起,视距每超过 305 mm,字符高度增加 3.2 mm
3 050 mm 以上	小于 6 400 mm	75 mm
	6 400 mm 及以上	75 mm 起,视距每超过 305 mm,字符高度增加 3.2 mm

(5)字符距甲板面的高度不小于 1 015 mm。电梯轿厢按键的可视字符不需满足此项要求。主管机关有特殊要求的也不需满足此项要求。

(6)字母 I 的笔画厚度不低于其高度的 10%,不高于其高度的 30%。

(7)字符间距为相邻字符的两个最近点之间的距离,但不包括单词间隔。字符间距不低于字符高度的 10%,不高于字符高度的 35%。

(8)上下相邻两行字符底部的高度差应为字符高度的 135% ~ 170%。

6.象形图标志

如图 6.62 所示,象形图标志的图框高度不低于 150 mm,字符和盲文位于象形图的正下方,但不在图框内。字符和盲文应满足 6.2.7 节的相关要求。象形图及其背景应具有防眩光饰面,象形图应与其背景形成对比,在深色背景上使用浅色标志,或在浅色背景上使用深色标志。

7.无障碍标志

无障碍标志及其背景应具有防眩光饰面。无障碍标志应与其背景形成对比,在深色背景上使用浅色标志,或在浅色背景上使用深色标志。

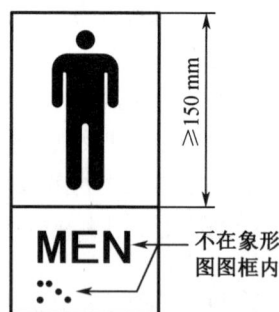

图 6.63 所示为国际无障碍通道标志、国际 TTY 文字电话标志和国际听障辅助设施标志。安装了听力辅助系统的区域,应使用国际听障辅助设施标志。

图 6.62　象形图标志

(a) 国际无障碍通道标志   (b) 国际 TTY 文字电话标志   (c) 国际听障辅助设施标志

图 6.63 国际无障碍标志

6.2.8 无障碍泳池升降机

邮轮每个泳池至少须配备一套无障碍泳池升降机(平台)。升降机以便携式居多,乘客如有需求可提前通知船方安装,现在越来越多的大型邮轮开始安装固定式泳池升降机。

如图 6.64 所示,升降机起升状态时,升降机的座椅中心线距泳池甲板边缘的距离不小于 405 mm,该段距离内的甲板面的坡度不大于 1:48。

如图 6.65 所示,升降机起升状态时,应在升降机的座椅离开泳池的一侧提供一块净甲板空间。该空间与座椅平行,长度不小于 1 220 mm,宽度不小于915mm,座椅后端与空间后端边界的距离为 305 mm,甲板面的坡度不大于 1:48。

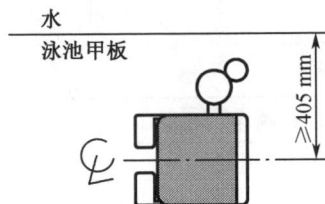

图 6.64 泳池升降机的座椅位置

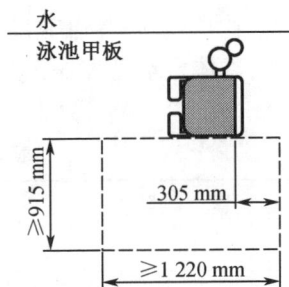

图 6.65 泳池升降机的净甲板空间

如图 6.66 所示,升降机起升状态时,升降机的座椅上表面距甲板面的距离不小于 405 mm,但不大于 485 mm。

升降机的座椅的宽度不小于 405 mm。如图 6.67 所示,升降机作业状态时,升降机的座椅应能下降至水面以下至少 455 mm 处。建议座椅入水位置处的水

池水深不超过 1 220 mm,这样站立于水池中的人能够有机会为座椅使用者提供帮助。

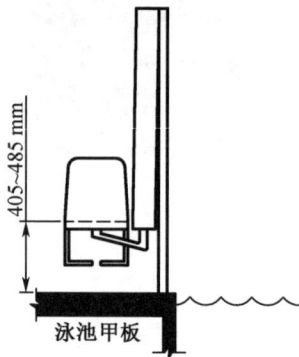

图 6.66　泳池升降机座椅的高度　　图 6.67　泳池升降机座椅的入水深度

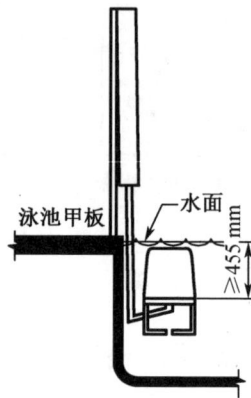

单人升降机的额定升降载荷不低于 136 kg,静态支撑载荷不低于额定升降载荷的 1.5 倍。升降机的座椅应配备脚踏板,脚踏板能随座椅移动。如提供扶手,起升状态时,扶手应可拆除或折叠收起。

6.2.9　轮椅席位

1.轮椅席位数量

剧场、礼堂、影院等通常设置有专用的轮椅席位,轮椅席位数量应根据座位数量配备,具体要求见表6.5。

表 6.5　轮椅席位数量配备

座位数量	最少的轮椅席位数量
4 ~ 25	1
26 ~ 50	2
51 ~ 150	4
151 ~ 300	5
301 ~ 500	6
501 ~ 5 000	6(501 ~ 5 000,每 150 个座位增加 1 个)
5 001 及以上	36(5 001 以上的部分,每 200 个座位增加 1 个)

2. 分布原则

轮椅席位必须布置在固定座位区域内,且不应与座位区域分开。例如,不应将轮椅席位及其陪护席位布置在固定座位区的护栏之外。

如果座位朝向固定屏幕或表演区域时,轮椅席位的视线还应符合下文的要求。同时,轮椅席位应分散布置,以便为观众提供不同的位置和视角,使其与所有其他观众的位置和观看角度基本相当或更优。

轮椅席位(及其陪护席位)应在横向和垂向方向上适当分散,并能通过无障碍通道连接至登船甲板。

3. 陪护席位

陪护席位是指设置于轮椅席位附近,方便陪伴者照顾乘轮椅者使用的席位,应为表 6.5 中要求的每个轮椅席位至少配备 1 个陪护席位。

4. 空间要求

轮椅席位应毗邻无障碍通道,同时不与无障碍通道重叠,附近设置栏杆等保护设施。轮椅席位处的甲板面应平整无高度差,如存在坡度,则坡度不应大于1:48。轮椅席位的宽度要求如图 6.68 所示,单轮椅席位的净宽不小于 915 mm,两个并排轮椅席位的净宽不小于 840 mm。

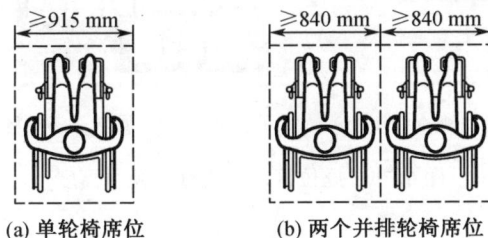

图 6.68 轮椅席位的宽度要求

如图 6.69 所示,当轮椅席位可以从前面或后面进入时,其最小深度应为1 220 mm;若轮椅席位只能从侧面进入,最小深度应为 1 525 mm。

5. 视线要求

轮奇座位应水平和垂直分布在离屏幕或表演区不同距离处,轮椅席位为观众提供的视角不应低于所有其他普通观众的视角。

如图 6.70 所示,如果观影或演出过程中观众一直就座观看演出,轮椅位置的观众视线高度应满足以下要求。

(1)当需越过前排观众的头部观看演出时,轮椅位置观众的视线应高于前排就座观众的头部;

(a) 前、后进入　　　　　　　　　(b) 侧面进入

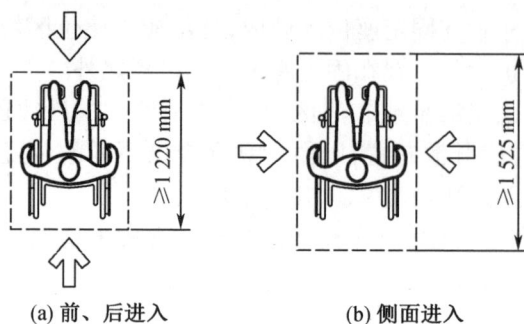

图 6.69　轮椅席位的深度要求

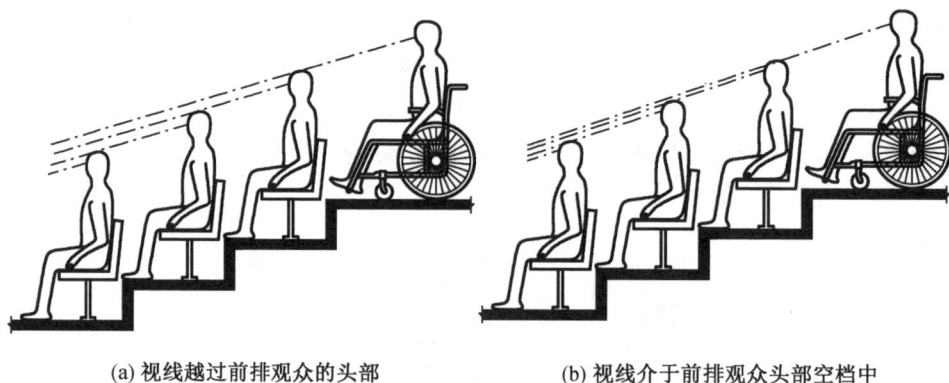

(a) 视线越过前排观众的头部　　　　(b) 视线介于前排观众头部空档中

图 6.70　座位区轮椅观众的视线高度

（2）当需通过前排观众头部之间的空档、越过观众肩部观看演出时，轮椅位置观众的视线应高于前排就座观众的肩部，且介于前排观众头部之间的空档内。

如图 6.71 所示，如果在观影或演出过程中出现观众站立观看演出的，轮椅位置观众的视线高度应满足以下要求。

（1）当需越过前排观众的头部观看演出时，轮椅位置观众的视线应高于前排站立观众的头部；

（2）当需通过前排观众头部之间的空档、越过观众肩部观看演出时，轮椅位置观众的视线应高于前排站立观众的肩部，且介于前排观众头部之间的空档内。

6.2.10　无障碍客舱

无障碍客舱是指出入口、通道、通信、家具和卫浴等均设有无障碍设施，房间的空间尺度方便行动障碍者安全活动的客舱。

(a) 视线越过前排站立观众的头部　　　　(b) 视线介于前排站立观众头部空档中

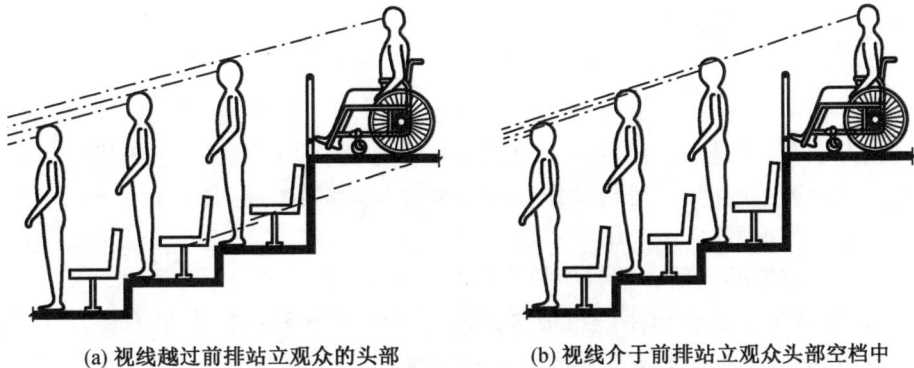

图 6.71　站立区轮椅观众的视线高度

1. 客舱数量

无障碍客舱的最低数量应按表 6.6 进行配置。

表 6.6　无障碍客舱的配置数量

客舱总数/间	无障碍客舱最低数量
1 ~ 50	0
51 ~ 100	1
101 ~ 200	2
201 ~ 300	3
301 ~ 500	4
501 ~ 1 000	客舱总数的 1%，向上取整
1 001 及以上	10(1 001 以上的部分，每 100 间客舱增加 1 个)

2. 设施与位置

无障碍客舱应分布在不同等级的客舱中，并应提供与该等级客舱相当的舱室设施，包括但不限于房间面积、床、视野、卫生间、费用等。

无障碍客舱应布置在登船甲板或可通过无障碍通道连接至登船甲板的其他甲板上。

无障碍客舱的起居区、就餐区、外部阳台(或露台、走廊)应满足无障碍通行要求，并提供符合 6.2.3 节要求的轮椅回转空间。

无障碍客舱应至少有一个无障碍睡眠区，并应在床的两侧设置符合 6.2.4

节要求的净甲板空间。净甲板空间的位置应与床边平行。如果两张床并排布置,则两个床位之间的净甲板空间允许共用。

无障碍客舱内的卫生间和浴室应符合 6.2.5 节、6.2.6 节的要求,且应至少设置一个抽水马桶、一个洗手盆和一个浴缸或淋浴。如果在非无障碍客舱的卫生间或浴室中设有梳妆台,则应在无障碍客舱的卫生间或浴室中也提供梳妆台。

无障碍客舱的门、窗等可操作部件应符合 6.2.8 节的要求。

3. 通信与报警

无障碍客舱的通信和报警应符合以下要求。

(1)如果船上提供通用应急报警,则应在无障碍客舱内提供相关联的可视报警装置,此类可视报警装置不得用于任何其他用途;

(2)如果客舱内设有烟雾报警,则应在无障碍客舱内提供相关联的可视报警装置,此类可视报警装置不得用于任何其他用途;

(3)可视报警装置应在通用应急报警或烟雾报警启动时启动;

(4)无障碍客舱应装设可视装置,用于提醒乘客来电或门铃。

6.2.11 其他无障碍公共设施

1. 医疗设施

如果船上医疗处所设有病房,应至少有 10% 且不少于一间的病房符合患者的无障碍活动要求。重症监护室的卫生间除外。

病房内应提供符合 6.2.3 节要求的回转空间。

病床的两侧应提供符合 6.2.4 节要求的甲板净空间,净空间的位置与病床侧边平行。

病房内的卫生间和浴室应符合 6.2.5 节、6.2.6 节的要求,且应至少设置一个抽水马桶、一个洗手盆和一个浴缸或淋浴。

2. 洗衣机和干衣机

如果邮轮上的洗衣机不超过 3 台,其中至少 1 台应满足如下要求。如果洗衣机超过 3 台,其中至少 2 台应满足如下要求。干衣机的规定同洗衣机。

洗衣机前的净甲板空间应满足 6.2.2 节中轮椅正对障碍物行进的要求。如图 6.72 所示,波轮式洗衣机和干衣机的开门距甲板面高度不大于 915 mm,滚筒式的开门距甲板面高度为 380 ~ 915 mm。

3. 低位自动饮水机

如果公共区域设置 2 台自动饮水机,其中 1 台须为低位饮水机,另 1 台供站立状态的乘客使用。如果超过 2 台,其中一半须为低位饮水机,另一半供站立状态的乘客使用。这里的一半,可四舍五入或向下取整,只要总数满足即可。

饮水机的净甲板空间要求满足 6.2.2 节中轮椅正对障碍物行进的相关要求,膝盖和脚趾净空满足 6.2.2 节的要求。出水口不高于甲板面以上 915 mm,方便轮椅乘客自助喝水。如图 6.73 所示,出水口距后端支撑物的距离不小于 380 mm,距机体前端,包括保护装置的距离不大于 125 mm。

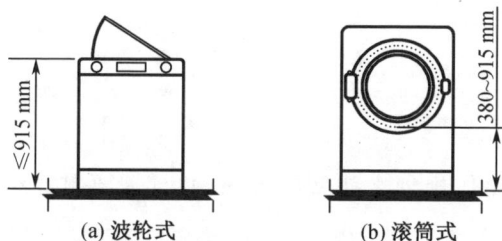

(a) 波轮式　　(b) 滚筒式

图 6.72　洗衣机开门高度

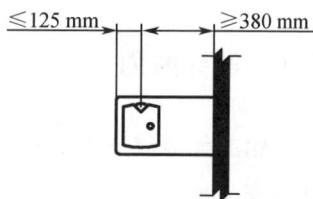

图 6.73　饮水机喷嘴位置

4. 交通艇

(1)至少需设置 2 个轮椅空间,对应甲板面应满足 6.2.2 节的要求,且坡度不得超过 1∶48。

(2)轮椅空间的最小宽度应满足图 6.74 的要求,深度不小于 1 220 mm。

(3)轮椅空间应配备固定系统,以限制交通艇正常航行时轮椅的移动。

(4)至少应有 1 条无障碍通道连接每个轮椅空间与交通艇的登艇和离艇口,无障碍通道需满足 6.2.3 节的要求。

6.2.12　豁免

对以下区域和设施,可豁免其无障碍设计。

(1)面积小于 279 m² 的非入口甲板,无须设置无障碍通道。

(2)舱壁甲板以下的甲板不需要设置无障碍通道。

(3)客船上仅供员工使用的区域和特定区域无须设置无障碍通道。如果逃生通道需穿过员工空间,则该区域内只有包含逃生通道的路线应符合无障碍要求。

(4)仅通过直梯、人孔、舱口或非常狭窄的通道进入的空间不需要符合无障碍要求。

(5)娱乐水滑梯无须符合无障碍要求。

(6)位于船舶外侧非登船用的平台和游泳平台无须符合无障碍要求。

(7)拳击和摔跤设施无须符合无障碍要求。

(8)非固定在邮轮上的家具无须符合无障碍要求。

以上阐述了邮轮无障碍设计的主要内容,并不包括无障碍设施的全部细节。

实际工作中,邮轮的无障碍设计应参照 PVAG 的具体章节进行。

6.3 邮轮无障碍通道设计简介

6.3.1 设计原则

邮轮的无障碍通道设计在邮轮总体规划之初就应考虑,并且需要贯穿整个设计过程。

(1)首先需要对目标邮轮的乘客活动范围进行分析,梳理出无障碍通道的设计需求,找到设计目标。

(2)其次是对乘客活动范围内的无障碍房间、无障碍娱乐设施、公共卫生间等的分布进行分析,进而对无障碍通道的路线进行策划。

(3)最后是对无障碍通道上所有可能的走廊、门、坡道、轮椅回转空间、电梯等的尺寸和形式进行逐一分析与设计,使之完全满足无障碍通道的要求,真正实现乘客安全便捷通行。

邮轮的无障碍通道设计需求分析是无障碍通道设计的前提。邮轮是乘客休闲放松的场所,乘客的行为具有高度随机性,同时邮轮上乘客区域的种类繁多、分布甲板层跨度大,因此,在设计之初就需要根据目标邮轮的总布置规划和设计理念,从安全、便利、休闲娱乐等角度展开分析,梳理出行动不便人士在登离船、生活、休闲娱乐、就医等方面的通行需求。满足这些需求也正是无障碍通道的设计目标。

无障碍通道路线策划是在无障碍通道设计需求分析的基础上,对各层乘客甲板上的公共区域、无障碍卫生间、休闲娱乐设施等的分布及到达路线进行统筹考虑,根据无障碍相关规范规则要求,规划出一条既满足行动不便人士通行需求又切实可行的连续路线。同时还应考虑各乘客甲板层之间的垂直无障碍路线,一般会要求所有乘客电梯均满足无障碍要求。

在无障碍通道路线确定之后,最关键的是对通道的各个组成部分进行细节设计,即分别对无障碍通道上的甲板面、走廊、门、门槛、坡道、台阶、扶手、轮椅回转空间、电梯、升降平台等逐一进行设计,确保其布置合理、尺寸得当、操作简单、安全可靠、可到达可使用,让行动不便人士可以在邮轮上无障碍地通行,享受邮轮度假的乐趣。

6.3.2　案例

图 6.74 所示为"盛世公主"号邮轮的部分轮椅无障碍路线图。无障碍通道基本与乘客主通道重合,大都采用环形回路。出于安全、功能等因素,无障碍路线上可能会出现门、地面高度变化等妨碍轮椅行进的障碍。"盛世公主"号在这些位置设立转换点,配置船员值守,为轮椅行进提供帮助。在丽都甲板、阳光甲板等各个乘客公共区域,甲板都设置有多个方便轮椅进入的休息室。

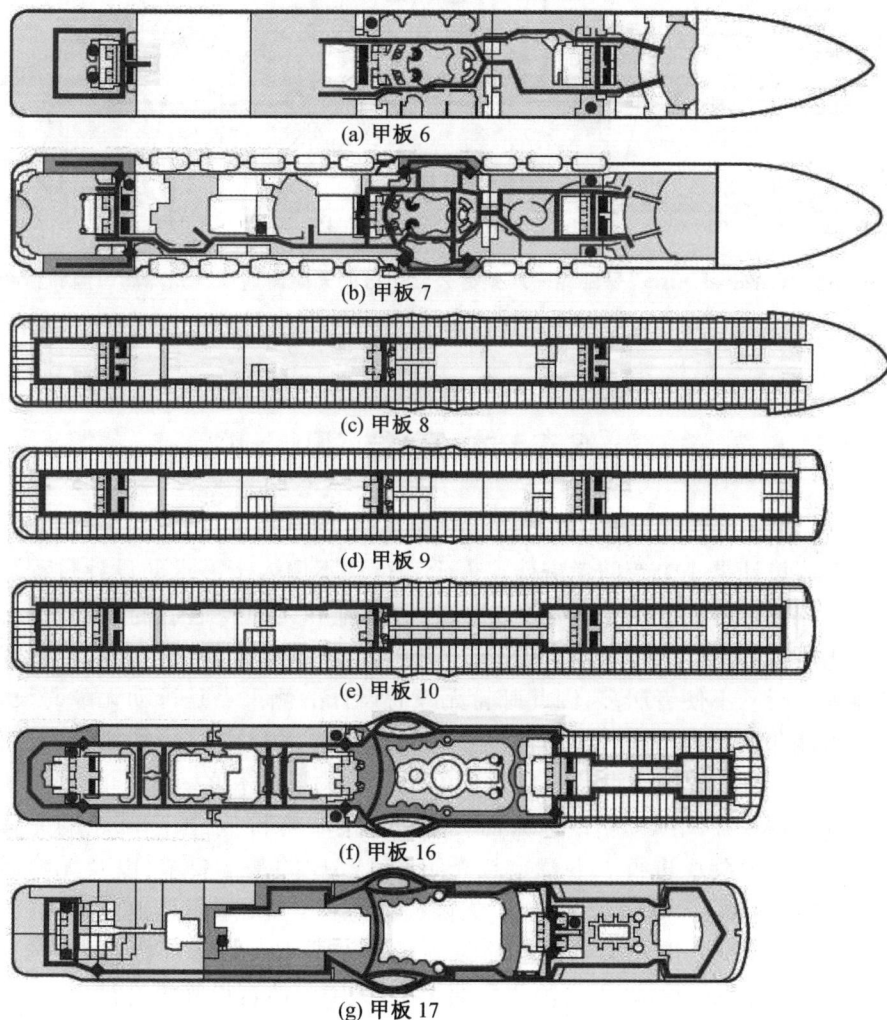

(a) 甲板 6

(b) 甲板 7

(c) 甲板 8

(d) 甲板 9

(e) 甲板 10

(f) 甲板 16

(g) 甲板 17

图 6.74　"盛世公主"号邮轮的部分轮椅无障碍路线图

(图片来源:公主邮轮公司官网)

图 6.75 所示为"Carnival Vista"号邮轮一层乘客公共甲板的无障碍通道及无障碍设施布置图。该层甲板共 16 部乘客电梯,均为无障碍电梯,舯部水池娱乐设施附近的左右舷各设有一个无障碍卫生间,舯部商场附近还设有一个无障碍卫生间,舯后部靠近画廊附近设有一个无障碍信息查询处,艏部剧院的二层挑台上设有轮椅席位。

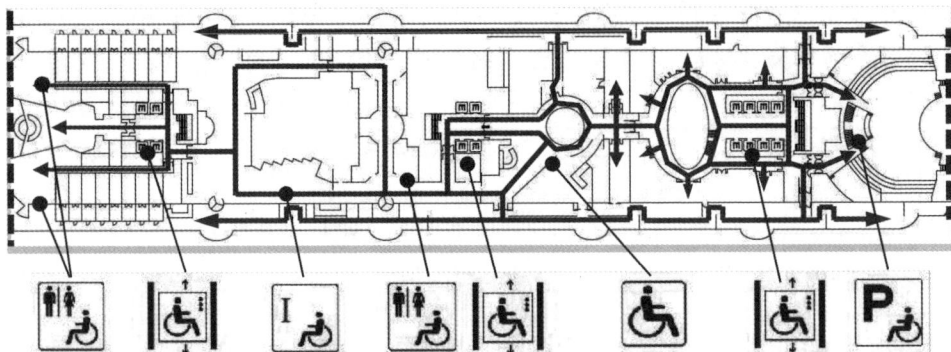

图 6.75 "Carnival Vista"号邮轮一层乘客公共甲板的无障碍通道及无障碍设施布置图

6.4 本章结语

无障碍设计是一个专门考虑残疾人士和行动不便人士需求的设计过程。邮轮乘客区域无障碍设计的目的是通过无障碍设施和无障碍通道的设计,让行动不便人士可以和正常人一样登轮休闲,体验邮轮旅游带来的快乐。邮轮游客以中老年人等行动不便者居多,因此邮轮无障碍设计的侧重点是行动无障碍设计,同时尽可能兼顾视力障碍和听力障碍的乘客。邮轮无障碍设计是邮轮人性化、规范化、国际化的重要体现,也是邮轮研发设计的关键技术之一。

目前 PVAG 在国际客船设计方面具有较高的参考价值,国际邮轮的无障碍设计通常参照 PVAG 进行。本章重点介绍了 PVAG 的基本要求,以及无障碍通道、无障碍卫生间、无障碍洗浴设施、无障碍信息标志、无障碍泳池升降机、轮椅席位、饮水机、扶手、洗衣机等无障碍设施的设计要求。限于篇幅,本章没有对 PVAG 的其他无障碍设施,如无障碍登船设施、无障碍体育设施等进行介绍,但不代表这些设施不重要。

目前,我国还没有关于客船无障碍设计的系统的规范、标准或指南。随着我

国邮轮设计、建造、运营全产业链的发展,邮轮的无障碍设计规范或标准制定亟须提上日程。有必要借鉴 PVAG 的一些先进理念,摒除其中部分不合理的要求,制定我国自己的邮轮无障碍设计标准。相信通过无障碍设计标准的制定和应用,将会提高我国邮轮的设计和服务水平。

参 考 文 献

[1] 贾巍杨,王小荣.中美日无障碍设计法规发展比较研究[J].现代城市研究,
    2014(4):116 – 120.

第7章

邮轮公共卫生安全法规指南简介

邮轮,尤其是大型邮轮是典型的人员密集船型,具有载客量大、人员密度高、聚集时间长、内部空间封闭、饮食相对集中、航行地点多等特点,使传染病在国际间的传播创造了条件,增加了各类公共卫生事件发生的风险。2014 年,"海洋探险者"号邮轮发生诺如病毒(又称诺瓦克病毒,Norwalk Viruses,NV)感染事件,船上 3 050 名乘客中有 281 人、1 165 名船员中有 22 人感染病毒,出现不间断剧烈呕吐与腹泻,导致原定 10 天的航程中断。同年,"海洋富丽"号邮轮接连两次发生大规模传染病事件,共导致 222 名乘客出现不同程度的呕吐与腹泻。2017 年,"海洋独立"号邮轮再次暴发疫情,超过 310 名乘客与 23 名船员发生病毒性腹泻。2018 年 10 月,"精致无极"号与"海洋神话"号两艘邮轮相继暴发了诺如病毒感染,分别有 112 人与 116 人受到了感染。虽然上述事件并未造成乘客死亡,但给邮轮公司造成了极大的经济损失与负面舆论。统计显示,邮轮发生的传染性疾病以急性胃肠炎为主,均由食源性或水源性感染引起,以腹泻、呕吐、腹痛、发烧等为主要症状,而包括甲型 H1N1 流感病毒、军团杆菌等在内的呼吸道传染疾病也时有发生。2005—2010 年国际邮轮共暴发急性胃肠炎疫情 123 起,由诺如病毒引起的疫情占比超过 7 成,是目前邮轮面临的最大传染病毒威胁[1-2]。

新冠肺炎疫情造成了第二次世界大战后首次全球范围的邮轮停航,各大邮轮公司损失惨重,经营举步维艰。从整个邮轮产业链来看,邮轮停航也给旅行社、票务平台、码头、物资配套商、观光目的地等造成不小的经济损失,更有大量邮轮从业人员因此失业。据 CLIA 的统计,从 2020 年 3 月中旬—2020 年 9 月底,世界邮轮行业因停航造成的经济损失高达 770 亿美元,流失就业岗位 51.8 万个①。疫情寒冬下,邮轮公司迫切要求尽快推进邮轮复航,并进行了一些尝试。从 2020 年 7 月初—2020 年 12 月中旬,已有多家邮轮公司在欧洲、亚洲和南太平洋进行了 200 多次复航,整体效果良好。但期间先后有"罗尔德·阿蒙森"号、"保罗·高更"号等少数几艘邮轮暴发了新冠肺炎疫情,这说明邮轮复航必须建立在科学严谨的防疫规程基础上,切不可掉以轻心。

---

① 参见 CLIA. 2021 State of the Cruise Industry Outlook,2020.

　　近年来陆续发生的邮轮公共卫生安全事故不断警醒人们,邮轮乘客和船员的卫生、健康、安全仍是邮轮设计建造与运营中需要重点解决的问题。本章首先介绍《船舶卫生计划》《2010 年美国邮轮安全和保安法令》中与邮轮设计建造关联度较大的条款和要求,然后重点解析 IMO《新冠疫情下欧盟逐步和安全恢复邮轮运营指南》的要求,并结合"海洋量子"号等邮轮复航的应对措施加以阐述。

7.1 《船舶卫生计划》

　　《船舶卫生计划》(Vessel Sanitation Program,VSP)是由 USPH 下属的美国疾病控制与预防中心(Centers for Disease Control and Prevention,CDC)牵头,联合嘉年华邮轮公司等 11 家邮轮公司、芬坎蒂尼造船厂等 5 家造船厂、世界卫生组织、CLIA,以及 20 余家实验室和销售代理商等共同制定,旨在全方位协助邮轮行业制定和实施邮轮卫生计划,保护乘客和船员的健康。VSP 的主要实施对象是邮轮,从这点讲 VSP 称为"邮轮卫生计划"更合适。

　　CDC 按照《船舶卫生计划操作手册》(VSP Operations Manual)实施邮轮的VSP 检查。每艘载客 13 人及以上、停靠美国港口的国际航行邮轮,每半年都要接受一次突击检查,必要时还要接受 VSP 的复检,以及传染病暴发后的登船检查和病毒检验。所有的检查都需由船东付费,费用取决于登记总吨。对于新建和改建邮轮,船东或船厂可提前申请图纸审查、建造现场检查和/或完工后的检查。船东或船厂需根据邮轮登记吨位为现场检查和完工检查付费,但审图和咨询不需额外付费[3]。

　　《船舶卫生计划建造指南》(VSP Construction Guideline)提供了保护邮轮乘客和船员公共健康的设计和建造指南,包括食品的存储、加工和供餐,饮用水的加注、存储、消毒和输送等。邮轮公司和运营商可在满足指南的前提下,灵活选择最合适的设计和设备。当然,邮轮设计和设备选型也需符合美国国家标准协会(ANSI)或其他同等组织的卫生设计标准。

　　《船舶卫生计划建造指南》的编制参考了 ANSI、美国国家卫生基金会、美国保险商实验室、美国水疗和游泳池协会的《关于公共游泳池和公共水疗池的相关标准》,美国国家卫生和安全性能标准中《关于户外儿童保育项目的指南》《国际电气规范》《国际机械规范》《国际管道标准》《统一暖通管道规范》《最大限度降低军团病在邮轮浴池中传播的最终决议》,世界卫生组织的《饮用水质量指导标准》和《船舶卫生工作指南》等 15 个方面的标准、规范和指南。

　　CDC 早在 1975 年就颁布了第一版《船舶卫生计划建造指南》,重点是帮助邮

轮业防范和控制胃肠道传染疾病在邮轮上的传播①。目前最新版的《船舶卫生计划建造指南》是《2018 年船舶卫生计划建造指南》(简称"VSP 2018"),适用于 2018 年 6 月 1 日后铺设龙骨的新造邮轮,以及进行重大改装或结构构件替换的现役邮轮。目前除美国外,加拿大、澳大利亚、英国和巴西也要求邮轮遵守 USPH 相关要求。

下面重点对 VSP 2018 中与邮轮设计关联度较大的条款进行介绍。

7.1.1　一般设施要求

1. 食品操作区尺寸及食品流线

食品操作区面积受船舶大小、乘客和船员数、食品类型、进餐次数和时间、行程、船东运营经验等因素的影响。食品储藏、准备和服务区,餐具清洗区及垃圾管理区应足够容纳船上乘客和船员的饮食需求。大型食品储藏区(冷冻库、冷藏库和干货仓库)应足够满足整个航程的使用。应为所有食品准备和服务区及运送至偏远区域的食品提供充足的制冷和保温设施,包括临时储藏设施。

整船的食品流线要以逻辑顺序安排,以消除或避免路线交叉或回流。

为防止对食品造成污染,食品加工过程中清洁作业与脏污作业要分隔开。如果生熟食品、成品与半成品的运输共用一个通道,那么应注意通道的最小宽度要求。厨房内的清洁作业和脏污作业的标准间隔是 2 m,风味餐厅等的小型厨房如不能满足这个标准间隔,需提前取得 VSP 的审图认可。

从食品原料装船,到存储、加工、供餐,再到餐饮垃圾处理的整个流程应有序安排,以减少食品的交叉感染的风险,并严格按照时间和温度控制要求快速加工及供应食品。

2. 设备要求

(1)厨房

VSP 2018 列举了厨房所需设备和其他区域推荐设备,包括急速冷冻柜、食品准备池、食品储藏柜、大物件储藏柜、刀具架、托盘储藏柜、餐具储藏和分发柜、食品准备台、饮水机、清洁柜等,并对相关区域与设备做了基本规定。

乘客和船员厨房应配置制冷机,制冷机的数量取决于厨房大小、制冷机与食品加工和存储区的距离等。各食品加工区、配餐间、其他浸泡和洗涤区应配置水池,蔬菜加工区可额外配置自动清洗机。食品存储、加工和供餐区,包括酒吧、配餐间,应设置橱柜、搁架。应在烹饪设备(如汤壶、蒸笼、炖锅、倾斜锅)的出菜区

① 1997 年和 2001 年颁布的两版曾被更名为《拟停靠美国港口的邮轮推荐造船建造指南》。2005 年之后颁布的重新更名为《船舶卫生计划建造指南》。

设置固定或便携式桌子、手推车或托盘。应提供橱柜或架子以存放勺子、搅拌器、锅铲等大型炊具,并供垂直存放砧板。应提供柜子或抽屉等设施以存放刀具,这些设施应易于清洁且满足食品接触标准。应提供橱柜、架子等设施以存放托盘。食品加工操作台应留有足够的工作空间。应提供免手动操作的饮水机,且在食品区没有加注口。

(2)洗涤槽

为主厨房、船员厨房和自助餐服务区/厨房餐具清洗区配备一个三室水槽和预洗站或一个配有插入盘和头顶喷雾器的四室水槽。水槽的尺寸应能容纳在指定服务区域使用的最大设备(锅、餐具等)。可添加自动洗碗机,但不能取代三室或四室水槽。在需要频繁清洗的区域额外设置三室水槽和预洗站或配有插入盘和头顶喷雾器的四室水槽,这些区域包括糕点/面包房、肉店、自助餐配餐间和其他食品准备区,这些区域的设备大小和位置使其不可能使用中央餐具清洗区。

(3)餐具清洗通道

至少为所有食品准备区配备一个三室水槽或一台靠近倾倒水槽和预洗软管的洗碗机,且易于到达。

(4)饮料机的滴水盘或排水管、饮料

为饮料机配置易于拆卸的滴水盘或桌面内置排水管,为散装牛奶机配置随时可拆的滴水盘。

(5)调味品分配设备的滴水盘

为调味品分配设备提供易于拆卸的滴水盘。

(6)设备存储区

设置存储区,收纳食品准备区使用的所有设备和器具,如汤勺、刀具等。

(7)甲板泄放

确保设备的食物和冲洗水排放到甲板排水管、排水口和水池里,而不是甲板上。

(8)公用水池

饮料站、吧台等区域需要重新灌注或丢弃饮料,需为这些区域提供公用水池。

(9)勺井

对于手舀冰激凌、冰糕或类似产品,应提供带有流水和适当排水的勺井。

(10)门或封闭措施

为冷藏箱、食品陈列柜及其他食品、冰储存装置提供密封门或其他保护性封闭装置,以防止储存的食品受到污染。

(11)昆虫控制装置

禁止在食物区使用电击或击昏飞行昆虫的昆虫控制装置,不准在食品储藏

室、食品准备区、食品服务区或清洁设备上安装昆虫控制装置,如昆虫光阱。

3. 设备表面

确保用于食品接触面和外露非食品接触面的材料光滑、耐用且无腐蚀。这些表面应易清洁,没有不必要的边缘、突起或裂缝。

食品接触面上只允许使用认可的可与食品接触的材料。非食品接触面应使用耐久性好、耐腐蚀的材料,材料易清洁、无锐角,可选用兼容性好的金属材料以控制腐蚀。

4. 舱壁、天花板、甲板

舱壁和天花板不得使用裸露紧固件,所有大于 0.8 mm 但小于 3 mm 的天花板或舱壁板板条之间的接缝要用密封剂密封,所有大于 3 mm 的接缝要用型材条覆盖。甲板和设备安装基座间的结合处要安装耐用凹圆线,半径至少为 10 mm。食品服务区要有甲板排水系统,防止在甲板上积水。排水管道直径至少 65 mm,且可完全排水。当船舶倾斜时,为防止排水管出现积水和外溢,需提供横向排水接口。甲板水槽不可替代甲板排水孔,需要设置独立的甲板排水孔。

5. 坡道

在门槛上安装坡道,坡道应可移动,否则需密封完好。斜坡应便于手推车进出。坡道应有足够的强度,以免发生变形。如果排水口盖板上的坡道是作为排水系统的一部分而建造,应使用光滑、耐用且易于清洁的材料。

6. 黑水、灰水泄放管道

食品加工区、储藏区应限制黑水管道或其他输送污液的管道从顶上或水平穿过。用于清洗或存放厨具和设备的区域,包括酒吧、配餐间、自助餐柜台等,也有此限制。

如果污水管道穿越不可避免,应使用套管焊接或对接焊接的钢管,或使用热熔断或化学焊接的塑料管道。

7.1.2 食品区一般卫生设施要求

1. 洗手站

为所有洗手池提供冷热饮用水,水温为 38 ~ 49 ℃。食品区的洗手池采用不锈钢制作,食品服务区和吧台的洗手池可由类似的光滑、耐用的材料制成。给洗手池配置给皂机、给纸(纸巾)机、耐腐蚀垃圾桶等,必要时还要配备防溅板保护邻近设备、干净的器具、储存的食物、食物准备区的作业表面等,但不允许设置空气式干手器。

给皂机、纸巾机的安装高度不超过邻近的设备、清洁器具储存室、食品储存室、食品准备区表面、吧台和饮水机。对于多工位水池,确保每个水龙头 380 mm

范围内有一个给皂机,每个水龙头 760 mm 范围内有一个纸巾机。纸巾机下边缘距甲板的高度不小于 450 mm。从水槽的上表面量起,洗手池距甲板的高度至少 750 mm,以免员工洗手时过于靠近洗手池。如果采用桌面安装,洗手池距桌面的高度至少 600 mm。洗手盆最小 300 mm 长和 300 mm 宽,圆形水池的直径至少为 300 mm。此外,水龙头底部到水槽底部的距离至少 200 mm。

在整个食品处理、准备和洗涤区设置洗手站,确保员工不必步行 8 m 以上才能使用洗手池,也不必通过触摸门把手打开常闭门后才能到达洗手池。

在船员自助餐区,洗手台设在所有高级职员/工作人员/船员餐厅入口附近,每 100 个座位至少提供 1 个洗手台(即 1~100 个座位配 1 个洗手台,101~200 个座位配 2 个洗手台)。在食品区安装易于操作的卫生水龙头手柄(如食物区洗手槽上的大的象耳手柄、脚踏板、膝盖踏板或电子传感器)。如果水龙头是自动关闭的、缓慢关闭的或光感的,提供至少 15 s 的水流,而不需要重新启动水龙头。洗手台上安装永久性标志,用英语和其他适当的语言标明"经常洗手""多洗手"或类似言语。

2. 临近食品准备区域的员工卫生间

在所有邻近食品准备区的工作区设置员工卫生间;每 25 名员工提供 1 个卫生间,如果超过 25 名员工(不包括服务员)被分配到 1 个食物准备区,则为男性和女性提供单独的卫生间。这里不包括服务员在内的员工人数最多的班次。可以安装小便池,但不计入(卫生间/员工)比例。每个卫生间安装排气通风和洗手台。卫生间不允许使用空气干手器。安装 1 个永久性的英文标志,并在适当的地方安装其他语言,标明"如厕后洗手"等标志。标志安装在靠近主卫生间门的舱壁上或卫生间内的主门上。确保卫生间设置免触摸出口,确保卫生间内洗手台水龙头手柄清洁。确保卫生间完全封闭,有紧密贴合的自闭门。甲板采用坚硬耐用的材料,天花板和舱壁易于清洁。

7.1.3 设备布置和安装

1. 密封

台面安装设备,即相对舱壁、桌面、工作台或相邻不能移动的设备,需要封闭。

除了开敞式或可移动式设备,未封闭设备要为其周围、背面及与固定设备之间的清洁提供充足、无障碍的空间,所提供的空间取决于待清洁距离(从设备正前方或任一侧到需要清洁的最远点的距离)。图 7.1 为各种设备布置情形下的无障碍空间和待清洁距离示意图,无障碍空间应按表 7.1 中的待清洁距离取值。如果待清洁空间包含角落,无障碍空间应从角落的两侧分别考虑。对于图 7.1

(d)所示的情形,待清洁距离应为图中虚箭头所指的更近和更远待清洁距离之和,但无论如何,这种情形下的无障碍空间间距不得小于300 mm。

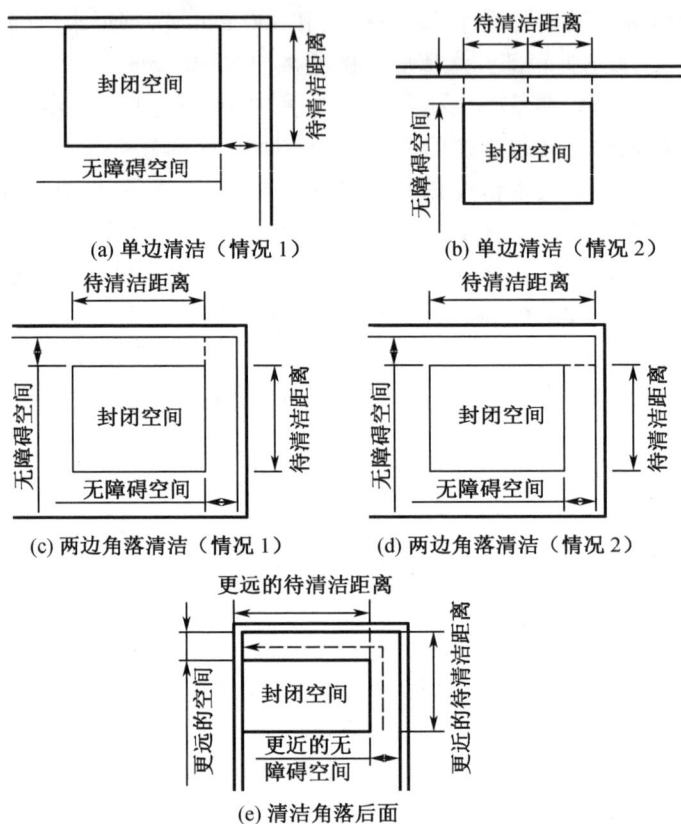

(a) 单边清洁（情况1）　　　　(b) 单边清洁（情况2）

(c) 两边角落清洁（情况1）　　　　(d) 两边角落清洁（情况2）

(e) 清洁角落后面

图7.1　各种设备布置情形下的无障碍空间和待清洁距离示意图

表7.1　无障碍清洁空间需求

待清洁距离/mm	无障碍空间/mm
<600	150
600 ~ 1 200	200
1 200 ~ 1 800	300
>1 800	460

2.密封或垫高

永久安装设备要密封到舱壁、桌面、台面和/或相邻设备上,或采用支脚垫

高,确保甲板与设备之间的间隙不低于 150 mm。如果设备的任何部分距清洁起点的距离都不超过 150 mm,则间隙不低于 100 mm 即可。食物区域,包括餐厅的自动售卖处和取餐设备也需满足密封要求。但对于垃圾处理系统、洗碗机等可以做到无障碍清洁,且确实无法满足于甲板间隔 150 mm 的设备,不需考虑上述密封措施。常用的设备密封方法有焊接和黏合剂两种。

（1）焊接。应将所有不能移动的设备焊接到不锈钢垫片或者甲板上,焊缝应连续、边缘光顺、转角圆滑,且没用间隙;

（2）黏合剂。用胶水、环氧树脂或其他经认可耐用的黏合剂将设备安装在甲板面上,使之与甲板面成为一个整体,黏结表面应光滑且易清洁。

3.甲板净空间

设备和天花板之间至少要有 150 mm 的间隙。如果无法满足间隙要求,设备应延伸至天花板,并适当密封。

4.基座或围板

应为不安装在支脚上的设备提供密封型的基座或围板。设备悬垂超出基座或围板至多 100 mm,如图 7.2 所示,应沿底部将设备的悬垂超出部分彻底密封。

安装在基座或围板上的设备距甲板的距离至少 100 mm,用水泥、硬密封剂或连续焊接将设备密封到基座或甲板上。

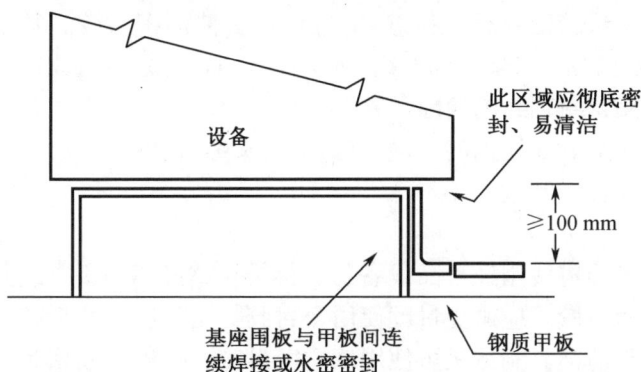

图 7.2　基座、围板细节

5.支脚高度

支脚高度取决于设备下方台面从任一端到需要清洁的最远点的水平距离,具体要求见表 7.2。

表 7.2 设备无障碍清洁的支脚高度 单位:mm

水平距离(深度)	设备支脚高度
>750	≥150
500～750	≥100
75～500	≥75
<75	50

7.1.4 紧固件与设备固定和密封要求

1.食物接触表面

将所有食物接触表面或从食物接触表面到相邻飞溅区的连接件连接起来,以确保形成无缝的凹角。

在食物接触表面和飞溅区域使用低轮廓(突出小)、无槽、无腐蚀且易于清洁的紧固件,不得使用难以清洁的紧固件(如外露开槽螺钉、十字头螺钉、波普空心铆钉)。

2.非食物接触表面

用适当的密封胶密封设备接缝,应避免过度使用密封胶。暴露于极端温度的表面(如冰箱、炉顶、烤架和油炸锅)或大于 3 mm 的缝隙只能使用不锈钢型材密封。不得使用密封剂封闭缝隙。

在非食物接触表面使用的开槽螺钉、十字头螺钉、波普空心铆钉和其他紧固件应使用耐腐蚀材料制造。

3.密封胶

食物接触表面应使用经食品设备材料标准(ANSI/NSF 51)或其他等效标准认可的食品级密封胶。应避免过度使用密封胶。密封胶固化后,应光滑、半硬或硬、耐用,且易于清洁。制冰机可使用软质密封胶。提供所用密封胶的产品制造商资料和认证清单。

7.1.5 门闩、铰链和把手

门闩、铰链和把手应耐用、耐腐蚀、易清洁,不得在食品接触表面使用琴式铰链。

7.1.6　垫圈

大型冷藏柜、蒸锅、冰桶、冰激凌冷冻机和类似设备的垫圈须采用光滑、不吸水、无孔材料制造。冷冻装置的垫圈可拆卸,其转角和端部的外露面须闭合且密封。

7.1.7　设备排水管道

蒸发器的排水管道须需倾斜布置,延伸穿过舱壁或甲板。排水管道通过空气阻断(气闸)或气隙直接连接到甲板下方的甲板泄水孔,或者外部排水管。安装排水管道时,排水源到排放口的水平距离要尽量短。在甲板上方至少 100 mm 处安装水平排水管道,使排水管道倾斜以便排水。排水管道采用不锈钢,或其他耐用、无腐蚀、易清洗的刚性或柔性材料。确定适当的排水管尺寸,定制设备的排水管内径不小于 25 mm。

图 7.3 所示为排水管道的气隙装置,图中 D 表示排水管道的内径,H 表示排水管道出口与最高液位间的距离,即气隙。H 至少为 D 的两倍,但不小于 25 mm。

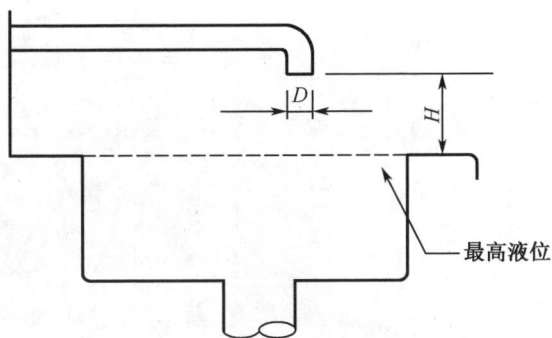

图 7.3　气隙装置示意

对于食品设备的排水管道,如食品清洗系统、热汤池、冷井、浸泡池、通用水槽和洗碗槽或洗碗机的所有排水管线(冷凝水排水管线除外),除了满足以上要求外,如果其长度如超过 1 000 mm,则必须易于拆卸进行清洁。

洗手池、拖把池和饮水机不需要通过空气阻断排水。

7.1.8　电器连接、管道和其他附属设备

固定安装设备的管线采用耐用且易于清洁的材料包裹。对于非永久性安装的设备,安装或固定服务管线时,应防止管线接触甲板或工作台面。

如果电线、蒸汽管道或输水管道穿过甲板、舱壁及天花板的板条和瓷砖,这些区域要密封。此外,要将电线、蒸汽管道或输水管道周围的所有开口及空隙进行密封,并密封周围导管或管道。

7.1.9　抽油烟系统

清洗区的洗碗设备上方和水池上方安装排风罩系统或直接排气管。对于直排洗碗机,排气管应直接连接热水消毒的排风罩总管上。如图 7.4 所示,在洗碗设备或三室水池上方设计排风罩,至少 150 mm 从设备边缘突出,以便收集多余蒸汽和热气。带有通向通风系统直接排气管的洗碗机,应在洗碗机顶部与排风罩系统或天花板之间的每个管道中都设有一个清洁口,并配有易于拆卸和清洁的过滤器。烹饪设备上方也要安装排风罩。在洗碗机通风管道中提供可接近、可移动的冷凝液滴盘,也可提供从滴盘到甲板泄放管路的专用排水管。

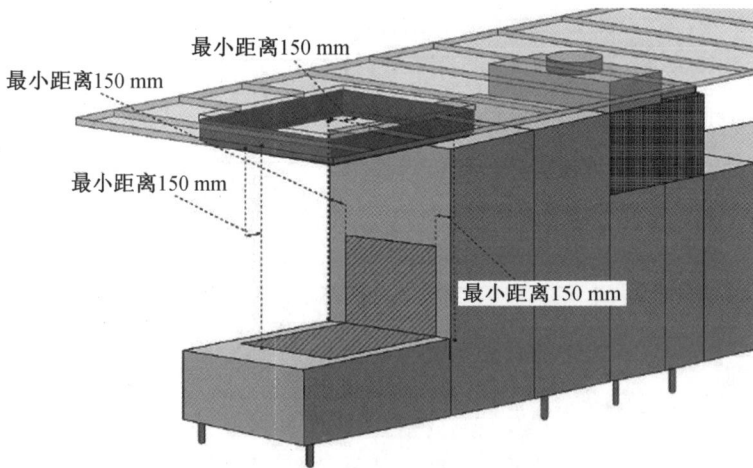

图 7.4　排风罩的吸口突出示意图

7.1.10　食品储藏室、步入式冷藏柜和冷冻柜、食品运输通道

步入式冷藏柜和冷冻柜要有紧密安装的不锈钢舱壁和不锈钢直线门。还要提供保护措施以免搬运设备(如叉车、托盘搬运车等)损坏舱壁。甲板使用硬质、耐用且不吸水的甲板铺板,食品运输通道、干粮存储区和供应品通道可采用钢制甲板。但厨房内的食品运输通道必须按照厨房标准建造。舱壁和甲板接合处、甲板和设备基座接合处呈半径为 10 mm 的凹圆形,并紧密密封。在使用托盘搬运设备的区域,应对不锈钢甲板进行充分加固以防止弯曲。

7.1.11　厨房、食品加工室和配餐间

用高质量、耐腐蚀不锈钢建造舱壁和天花板(包括门、门框和柱)。厚度要足够,保证面板在正常情况下不会翘曲、弯曲或分离。对接缝使用合适的密封剂。使用不锈钢或其他防腐且同样耐用的材料制作舱壁上的异型钢带和天花板的隔断。

要用不锈钢或其他易清洁的导管来安装公用设施管路接头,导管的安装要远离舱壁,方便清洁。用连续焊接或点焊和抛光的方式密封舱壁的防溅挡板附属装置。采用经批准的密封剂使防溅挡板附属装置保持水密。用耐用、防水灌浆材料密封所有甲板贴砖。用连续耐腐蚀焊接的方式密封不锈钢甲板。在台下柜、柜台或冷藏柜下方的技术空间中,应为耐用、不吸水、易清洁的表面。不要使用涂漆钢和混凝土铺面。

7.1.12　自助餐区、服务台、柜台和其他食品服务区域

采用坚硬、耐用、不腐蚀、不吸水、易清洗的材料建造舱壁和甲板。所有自助餐区、服务台、酒吧和其他类似的食品服务区上方必须安装天花板。天花板开孔不允许直接位于食品准备区、食物存储区或清洁设备存储区上方。

需要安装坚固、耐用、不吸收、不打滑的甲板的区域如下。

(1)自助餐区域取餐通道,宽度至少为 1 000 mm。宽度从服务台的边缘测量,如果设有托盘滑道,需从托盘滑道的外边缘测量。

(2)包装食品和饮料的区域,从售卖设备或显示器边缘测量至少为 600 mm 的宽度内。

(3)自助服务区(如冰激凌区),从食物分发设备或台面边缘起计至少 1 000 mm 的宽度内。

在服务台的工作面边缘延伸至少 600 mm 的宽度内,安装坚硬、耐用、不吸水的地板(如瓷砖、密封花岗岩或大理石)。如果工作台侧面安装了 150 mm 或更高的防溅罩,则这面不被视为工作面。不允许使用地毯、乙烯基和油毡甲板材料。

在食品摆放区,提供有效的方法来保护放置的食物(如喷嚏防护装置、展示柜、凸起的防护罩),喷嚏防护装置可以采用临时的(便携式的)或固定的,必须是耐用的、光滑的且易于清洁的塑料或玻璃。防护板要设计成可就地清洁或者可拆卸进行清洁,可分成几块以使质量、长度易于操作。

喷嚏防护板必须是透明的,并尽可能减少对顾客看到食物的视线阻碍。为了防止碎裂,玻璃面板边缘要实施防护。仅用于食品准备区的不需要透明喷嚏防护装置。如果沿喷嚏防护装置长度方向上有大于 25 mm 的空间或开口(如喷嚏防护装置的 2 片之间),应确保在空隙或开口下方没有冷井、热汤池等。

图 7.5、图 7.6 所示为喷嚏防护装置的设计示例。

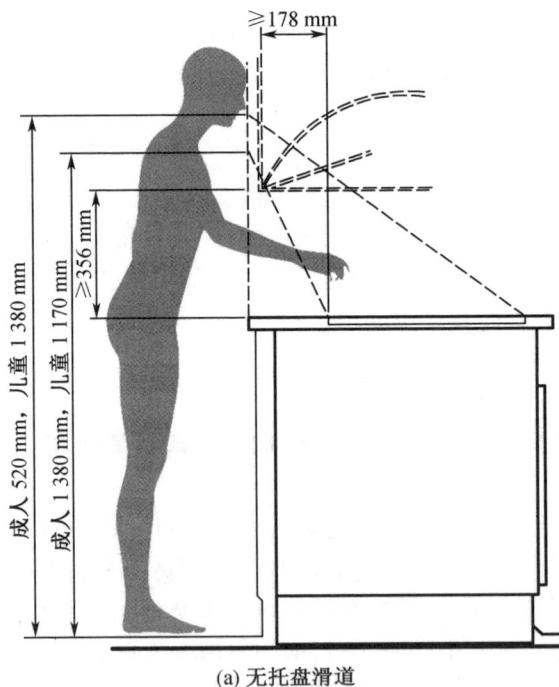

(a) 无托盘滑道

图 7.5　喷嚏防护装置

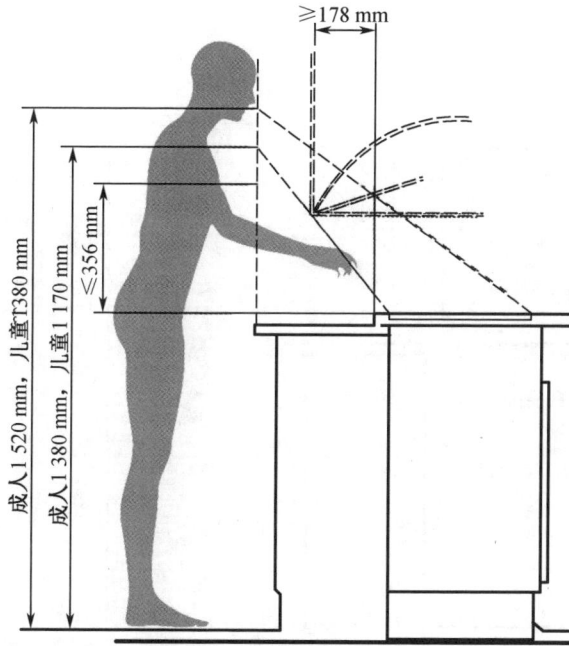

(b) 有托盘滑道

图 7.5(续)

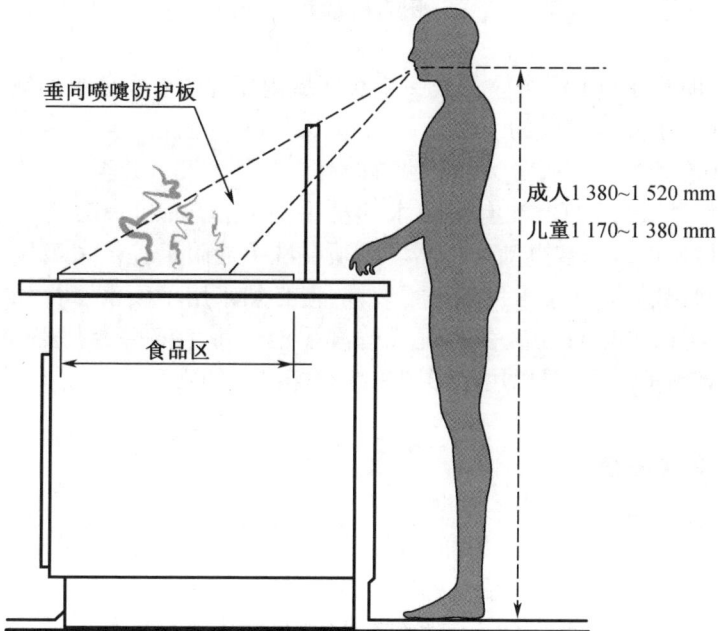

(a) 无托盘滑道

图 7.6　垂直喷嚏防护板

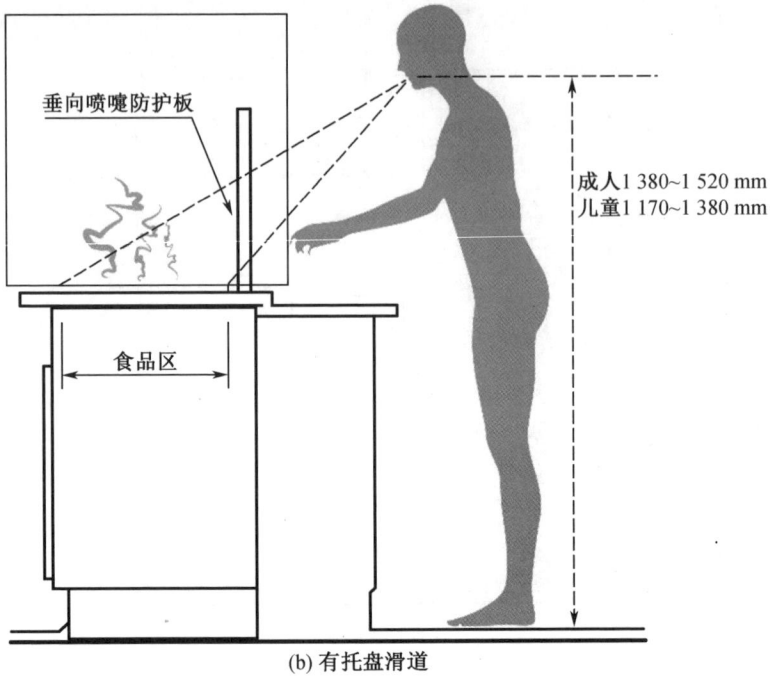

(b) 有托盘滑道

图7.6(续)

　　乘客自助餐厅每100个座位或一小块区域内要提供1个显眼的洗手台,洗手台应平均分布在自助餐区的主要乘客入口点之间,并且必须与卫生间分开。主自助餐区外的每个自助服务区(除饮料区外)在乘客入口处至少提供1个洗手台。洗手台必须包括1个配有冷热水的洗手池、给皂机和一次性纸巾给纸机。除了给纸机,还可以安装电动干手器。必须在洗手池附近提供垃圾桶,尺寸应能容纳产生的废纸量。洗手台可以进行装饰,但必须采用不吸水、耐用的和易于清洁的材料。可以采用自动洗手系统代替洗手池。每个洗手台都必须有1个标志,建议乘客饭前洗手,可以用象形图来代替标志上的文字。

7.1.13　餐具清洗

　　在所有食品准备区,为废物桶、垃圾粉碎机或碎浆机系统提供足够的桌子空间。对于带有食品垃圾处理系统的脏盘放置桌,应确保垃圾槽延伸到整个桌子长度,并且向垃圾处理系统的方向倾斜。将脏盘放置桌靠近舱壁的一端,与舱壁密封连接,或与舱壁之间留出至少460 mm的空隙。安装可拆卸的不锈钢防溅

板,以保护食品垃圾处理系统和技术区域。

根据预期用途确定洗碗机的尺寸,并根据制造商的建议进行安装。为洗碗机配备声音或视觉警报,指示消毒温度或化学消毒剂是否低于机器铭牌上规定的水平。洗碗机上贴上铭牌,以便操作员容易阅读信息。铭牌必须包括由洗碗机制造商提供的水温、水压、传输速度、化学浓度信息。

设置足够的存放架,分别放置脏污餐具和清洁餐具。可用于脏污餐具的最小存放量应约为清洁餐具容量的1/3。使用立体或开放式管材存放架。设计立体式高位存放架,使其从各端向下方放置桌排水。热水消毒水槽配备易于阅读的温度测量装置、餐具/设备的回收系统(如长柄不锈钢钩或其他回收系统),以及带温度控制阀或电加热系统的夹套或盘管蒸汽供应装置。

7.1.14　照明

食品准备、食品服务和餐具清洗区的工作面上有至少 220 lm 的照明。对于设备存储室、垃圾和食品升降平台、垃圾房和洗手间,在距甲板 760 mm 处提供 220 lm 的照明。在设备背面和周围提供 110 lm 的最小照明水平,在台面或甲板上方 760 mm 处测量(如制冰机、组合烤箱、饮料自动售货机等)。为了有效照明,在工作面上方放置天花板安装灯具,将其放置成 L 形,而不是直线形。将灯具固定架紧贴在舱壁和天花板上安装。将电气穿舱件完全密封,以方便清洁固定架周围。灯具固定架应使用不易碎和可拆卸的灯罩。将整个灯泡或荧光灯管完全保护。对于供应品房间,当房间为空时,在供应室提供至少 220 lm 的照明水平(在甲板上方 760 mm 处测量);在正常操作期间,当食物存储在房间内时,提供至少 110 lm 的照明水平(在甲板上方 760 mm 处测量)。

对于酒吧和餐厅服务台,正常操作期间可以降低照明度,在清洁操作期间提供可升至 220 lm 的照明(在甲板上方 760 mm 处测量)。在酒吧的洗手台提供 110 lm 的最低照明水平,并确保该水平能一直保持。

在食品区、清洁设备区、餐具和纺织品区、散装一次性物品区和服务台上方,光源使用带保护罩或涂层或具有其他防碎措施的灯泡。对外线灯或其他加热灯泡,护罩要包围并延伸到灯泡外以防止破损。仅灯泡表面允许外露。吧台、自助餐台和其他类似区域上方天花板的装饰灯带轨道或嵌入式灯具可以不安装护罩,但是必须使用特殊涂层的防碎灯泡。

7.1.15　垃圾管理

要提供不锈钢制成的食品和垃圾升降平台,其地板采用耐用、不吸收、无腐

蚀的材料,通风口放在舱壁顶部或天花板上,电梯井底部要安装排水管,并提供嵌入式或装有不锈钢防护装置的灯具。如果安装了垃圾滑道,须采用不锈钢建造并将接缝处做成圆角,安装自动清洗系统,确保垃圾滑道符合 SOLAS 和船级社的所有要求。

垃圾储藏间要足够大,在不能卸载垃圾时,能够在最长预期期间内存放未处理的垃圾。将垃圾存放室与所有食品准备和储藏区分开。提供足够的送风和排风来控制气味、温度和湿度。为湿垃圾提供符合 7.1.9 节要求的密封冷藏存储空间。提供一个容易到达的洗手台,提供足够的排水,以防止任何液体汇集。确保所有舱壁和甲板耐用且易于清洁。

确保垃圾处理区足够大,有足够数量的分类工作台。分拣台应由不锈钢制成,排水管导向有过滤器保护的甲板排水管。提供洗手台和清洁材料存放室,舱壁和地板耐用、无腐蚀且易于清洁,提供甲板排水管,以防止液体聚集在甲板上。在所有废物处理设备周围提供护堤/围板,并确保护堤内有足够的甲板排水。在工作面和洗手台提供至少 220 lm 的光照水平。提供一个水槽,配备压力清洗机或自动洗衣机,用于清洗垃圾/垃圾处理设备、垃圾/垃圾存储容器和垃圾桶。

污水或其他废水排水管路不能直接从上方或水平穿过食品准备、服务或储藏区,或者餐具和设备清洗或存放区。在这些食品区域出现不可避免的排水管路应进行套筒焊接或对接焊接,管路上不得有机械接头。在这些区域上方不应使用压装管路。客舱、食品区和公共空间设计黑水和灰水排水系统,以防止在这些区域内积聚废物及散发气味或气体。污水存储舱排放到船外,污水存储舱与其他所有水舱分离,并远离任何进气口。

7.1.16 饮用水系统

饮用水管路及其附件全部涂辅助蓝油漆,或参照 ISO 17246 每隔 5 m 间隔涂辅助蓝条纹,管路在舱壁、甲板的端部也要进行涂装。如涂装会破坏舱壁和甲板的装饰则可以免除。技术柜中的饮用水供应管道也要涂装。

饮用水舱不得以船壳作为舱壁,不能与其他类型液体存储舱共用舱壁。饮用水舱须与其他液舱和船壳间有至少 450 mm 的隔离舱。禁止非饮用水舱直接安装在饮用水舱上方。双层底内不得设置饮用水舱。非可饮用液体舱的管线不允许穿过饮用水舱。饮用水舱的穿舱件涂层使用(如螺栓、管道、管道法兰)与饮用水舱内部涂层相同的产品。尽可能减少饮用水上方非饮用水管路。如果上方已经安装了非饮用水管,禁止管路上使用机械接头或压力管道。饮用水舱上方的焊接管道要进行防腐蚀处理。饮用水舱内的所有饮用水管路,进行无缝和抗腐蚀处理。在饮用水舱的侧面和清晰可见处进行标示,标注"饮用水"字样,字体

高度至少为 13 mm。

饮用水舱的排水管设计要能将舱完全排空。如图 7.7 所示,要提供一个直径不小于 100 mm 的排水口,最好与进水管的直径相匹配。如果采用抽吸泵排出,须提供一个集水槽,并将泵吸口安装在集水槽的底部。抽吸泵和管路需独立于饮用水分配系统,吸口置于在距离舱底部或集水槽底部至少 150 mm 的地方。

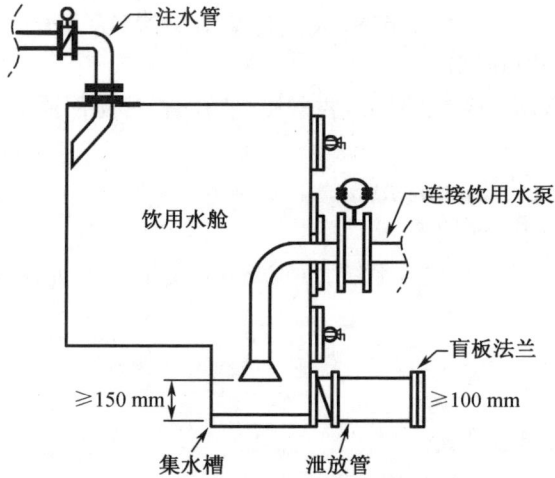

图 7.7　饮用水舱泄放

饮用水舱的舱容至少要能存储 2 天的饮用水量,要保证能为全部乘客和船员每人每天提供不低于 0.12 m³ 的饮用水。造水机的饮用水生产能力同样要保证能为全部乘客和船员每人每天提供不低于 0.12 m³ 的饮用水。

每个饮用水加注站至少提供 2 根 15 m 长的加注管。每个加注站设 1 个采用光滑、无毒、无腐蚀和易清洁材料制造的专用存放柜,安装在甲板上方至少450 mm 高处,每个存放柜能存放至少 4 个 15 m 长的饮用水加注管。加注管两端接口上准确标注"仅饮用水"标签,文字高度不小于 13 mm,可采用铭刻、压印或涂漆。管路接头在甲板上方至少 450 mm 处;采用蓝色或根据 ISO 14726,用油漆或条纹涂装。加注管路接头配备紧固盖,并由防腐蚀链固定,以免盖子悬挂时接触到甲板。在饮用水加注管或其所在的舱壁上,精确标注"饮用水加注管"标签,字体至少 13 mm 高,可采用铭刻、压印或涂漆。如果加注过程中使用了任何滤器,需要将其置于卤化装置之前。确保加注过程中使用的任何过滤器都易于接近,并且可以拆卸下来进行检查和清洁。

如果造水机同时为饮用水系统和非饮用水系统供水,则应在供应非饮用水系统的管路上安装气隙或防回流装置。船上水源,如技术用水、空调冷凝水或任

何类型的废水(未经处理或处理后)不允许用于饮用水生产。

造水机的吸水口应位于压载水的舷侧排口之前,且错开一定距离。

7.1.17 防回流

与饮用水系统连接的所有非饮用接点都应采用适当的防回流方式(如气隙、减压防回流组件、压力真空断路器、大气真空断路器、压力型回流防止器或带有中间大气排气口的双止回阀)。

以下连接到饮用水系统的接口要采用气隙或机械防回流装置。

(1)空调膨胀水箱;

(2)厨房自动油烟机清洗系统;

(3)美容理发店喷淋软管;

(4)黑水或灰水/黑水组合系统,气隙是这些连接唯一允许的保护措施;

(5)锅炉给水舱;

(6)客舱淋浴软管、卫生间、按摩浴缸和类似设施;

(7)化学品舱室;

(8)装饰性水景和喷泉;

(9)洗涤剂和化学品分配器;

(10)消防系统;

(11)食品设备,如咖啡机、制冰机、榨汁机、组合烤箱和类似设备;

(12)淡水或海水压载系统;

(13)垃圾研磨机和食物垃圾处理系统;

(14)蒸发器的高盐排放管线;

(15)软管-龙头接头;

(16)医院和洗衣设备;

(17)国际消防和消防喷淋水连接;

(18)洗碗机;

(19)摄影实验室冲印机和公用水槽;

(20)需要启动的饮用水泵、舱底泵和清洁泵;

(21)需要供应饮用水的自动洗窗机,可能使用化学品或使用化学品混合舱;

(22)娱乐用水设施;

(23)可以添加精油的 Spa 蒸汽发生器;

(24)卫生间、小便池和淋浴管;

(25)软水器和矿化器排水管道,包括反冲洗排水管道;

(26)非饮用水软水器;

（27）饮用水系统和非饮用水系统（如灰水、洗衣或工业用水系统）之间的任何其他接口；

（28）高压水雾或类似连接到饮用水舱的高压系统；

（29）任何与饮用水系统连接的其他可能出现污染或回流的系统。

7.1.18　泳池

泳池底部要向排水管倾斜以彻底排水，加注水位处于表层排水槽水位。泳池溢出的水要在重力作用下引到补给柜中，并通过过滤系统进行再循环，或将其作为废水进行处理。

VSP 对邮轮泳池的水质和水处理的具体要求见 3.5.2 节。

7.1.19　漩涡按摩泳池

漩涡按摩泳池要设计溢流系统，以维持水位；提供独立的漩涡按摩泳池排水系统；如果漩涡按摩泳池排水系统与其他排水系统相连，在二者之间提供一个双止回阀；提供排水管，确保漩涡按摩泳池斜面底部向排水管倾斜，实现彻底排水。

7.1.20　杂项

需提供清洁材料和设备存放柜；提供舱壁安装架，悬挂湿扫帚和湿拖把，或在清洁存放柜中提供充足的空间和悬挂支架；舱壁安装架应位于食品储藏、准备或服务区外；在凹圆形甲板和墙体接合处提供不锈钢存放柜，以存放水桶、洗涤剂、消毒剂和抹布；在食品准备区提供带不锈钢柜的饮水机，确保使用者可以控制饮水机的水流流量；食品准备和餐具清洗区隔出一个或多个舱室，用来放置带晾干的设备。

7.1.21　通风系统

设计可以彻底排空的空调冷凝收集盘，通过封闭管道排放出去，以防止甲板积水。通风机室进气口的位置应确保所有排风或处理后的废气不会回流至船舶内。为所有食物准备区、洗碗区、清洁区和卫生间提供充足的补充新风。空调布风器应可拆卸。

要为机舱和其他机械舱室提供单独、独立的空气供应系统。

机舱与其他机械舱室、医务室、疗养室和任何用于病人护理的房间、室内游

泳池、封闭的穹形游泳池,漩涡按摩泳池设施及配套机房、厨房和其他食品准备区、客舱卫生间和公共卫生间、垃圾处理区要采用独立的排气系统,且这些区域要保持负压。

在所有食物准备区、餐具清洗区、清洁区和洗手间内提供效率足够的排气系统,以防出现过热、潮湿、蒸汽、冷凝、蒸气、恶臭和烟雾。

7.1.22　儿童活动中心

儿童活动中心内的设施包括洗手设施、卫生间、尿布更换台,要为儿童护理员提供独立的卫生间和洗手设施。

洗手设施应易于到达,路径上不能有门等障碍物。洗手设施位于卫生间外,洗手盆的高度不得超过甲板上方 560 mm。所有洗手盆都应能提供冷热饮用水,使用过程的水温不得超过 43 ℃。洗手设施包括皂液器、纸巾盒或烘干机、垃圾桶。皂液器和纸巾盒或烘干机应靠近洗手盆布置,高度与洗手盆接近。

卫生间内的儿童马桶数量应根据中心的最大容量确定,每 25 名儿童须提供 1 个马桶,不足 25 名时也须提供 1 个。马桶座圈的最大高度为 280 mm,开口不超过 203 mm。卫生间内的洗手设施要求同上。此外,还应提供存放手套和湿巾的空间,提供一个气密、可清洗的垃圾桶。卫生间应采用自闭门,并张贴"帮助儿童如厕后请洗手,并帮助儿童洗手"的标志。

尿布更换站应包括不渗透、不吸水、无毒、光滑、耐用和可清洁的换尿布更换台,一个气密的脏尿布垃圾桶,洗手台和存放尿布、手套、湿巾和消毒剂的地方。

中心内的桌子、椅子和其他家具的表面须由易清洁、不吸水的材料制成。

7.2　《2010 年美国邮轮安全和保安法令》

邮轮承载成百上千的乘客和船员,形形色色的人员构成一个小社会。乘客在邮轮上存在着潜在的被犯罪行为侵害的风险,邮轮旅行中可能发生性暴力、乘客失踪、人身伤害等案件,而这些案件的加害方有可能是船员,也可能是其他乘客。在邮轮旅游期间,由于无法及时寻求法律援助,保护犯罪现场存在困难,甚至难以得到医疗援助,一旦发生犯罪行为,乘客的人身安全与财产权利极易受到伤害[4]。

为应对日渐增多的发生在停靠美国港口邮轮上的犯罪事件,美国于 2010 年 7 月颁布了《2010 年美国邮轮安全和保安法令》(Cruise Vessel Security and Safety

Act 2010,CVSSA 2010),并将该法令置于《美国联邦法规》(CFR)第 46 卷"航运"第 35 章中。该法令旨在通过涉及邮轮设施标准、船上人员资质等的技术性规定,以及对船上犯罪预防和证据保全制度的规定,来保证乘客的安全。

CVSSA 2010 中规定的与邮轮设计建造密切相关的几点如下。

(1)甲板上护栏的高度不得低于 1 067 mm,如果这一高度影响救生设备的布置或操作,美国海岸警卫队可接受替代布置方案。

(2)每个客舱和船员舱的外门都应设置窥视孔或其他视觉识别装置。

(3)每个客舱和船员舱的外门都要安装安全锁,但安全锁不应阻止救援人员在发生火灾或其他紧急情况下采取适当的紧急措施进入房间。

(4)须设置能捕获并记录乘客舷外落水的图像,及探测乘客舷外落水的设备[①]。

(5)须设置警告和报警装置,当邮轮处于危险区域时能提供全船通信。

(6)须设置视频监视系统,以协助记录犯罪行为,并为罪行起诉提供证据。

7.3 IMO 邮轮复航指南

对于邮轮这类人员密集型的离岸设施,若缺乏必要的"在船防疫"措施,一旦发生疫情传播,极有可能出现全员感染的情况[5-6]。在此背景下,IMO、CDC、欧盟及船级社等组织机构先后出台了邮轮复航的指南或船级符号,用以支撑和指导邮轮的逐步、安全复航[②]。鉴于 IMO 在国际海事界的地位,本节重点解析 IMO 关于邮轮复航指南的要求,并结合"海洋量子"号等邮轮复航的应对措施加以阐述,为今后的邮轮防疫设计和操作提供参考。

---

① 除犯罪行为造成的被动落水外,乘客和船员也可能由于自身的行为不当而发生意外落水,甚至是故意落水、主动落水。无论何种情况,邮轮都有必要设置监测设备,以便及时发现人员落水并进行搜救。通过图像记录人员落水的场景,能为事故调查提供证据,帮助厘清事故原委。

② 参见 IMO. Guidance on the Gradual and Safe Resumption of Operations of Cruise Ships in the European Union in Relation to the COVID-19 Pandemic (Circular Letter No. 4204/Add. 26), 2020;CDC. Framework for Conditional Sailing and Initial Phase CVOID-19 Testing Requirements for Protection of Crew, 2020; EU. Interim Advice for Restarting Cruise Ship Operations after Lifting Restrictive Measures in Response to the COVID-19 Pandemic,2020。

7.3.1 IMO 关于邮轮复航的指南解析

2020 年 8 月,IMO 发布了《新冠疫情下欧盟逐步和安全恢复邮轮运营指南》(Circular Letter No. 4204/Add. 26)(以下简称"IMO 邮轮复航指南")。IMO 邮轮复航指南由欧洲海事安全局(EMSA)与欧洲疾病预防和控制中心(ECDC)联合制定,适用于悬挂欧盟/欧洲经济区成员国船旗的国际航行邮轮,以及停靠欧盟/欧洲经济区成员国港口的非欧盟旗邮轮,旨在规定邮轮复航的最低限度措施,保持总体安全水准。IMO 推荐各成员国和国际组织酌情使用该指南制定邮轮复航方案。

IMO 邮轮复航指南分为以下三部分。

第一部分侧重船方措施。建议由邮轮公司进行风险评估后,制定公司和邮轮的新冠肺炎疫情管理计划,提出疫情缓解措施,评估第三方复核的可能性。

第二部分侧重港口措施。建议接受邮轮停靠的成员国和港口制订新冠肺炎疫情港口管理计划,提出最低限度措施。

第三部分侧重船岸协同。建议邮轮公司和港口在航行之前达成协议,建立应对新冠肺炎疫情暴发的程序和合作框架。

1.船方措施

邮轮公司首先要结合自身特点进行疫情风险评估,建立相应的管理预案,明确各方责任,并为管理方案的执行提供足够的资源,包括充足的医护人员和医疗物资。邮轮公司要制定全员训练手册,并保证新船员得到充分的训练。

为了满足邮轮防疫要求,邮轮运营方要适当降低载客量,控制公共区域的人员数量。无论是船员还是乘客,船上所有人员都要采取同等的保护等级。防疫信息要以适当的形式显示在不同的场合,防疫信息包括健康筛查、遣返政策、社交距离和个人防护等。

社交距离要符合当地疾病防控中心、挂旗国和港口国的要求。所有需要排队或可能发生人员聚集的场所都要采取适当的措施,保证社交距离,并尽量避免和缓解人员聚集。不同处所的社交距离要保持一致性。船上应设置适当的标志,提醒乘客保持社交距离。船员和乘客之间要设置防护设施。如有必要,可以拆除部分设施,防止人员拥挤。为保证社交距离,邮轮公司要评估全船各处所可容纳的最大人数。如果不能满足社交距离,那么人员要佩戴面罩,防止病毒通过飞沫传播。

邮轮上要提供便捷的手部清洁设施,并宣传多洗手和正确洗手的方法。人员流动较大的场所都要设置洗手装置,如入口、安检区域、电梯、走廊、住舱、公共卫生间、工作处所和更衣间等。

　　邮轮公司要采用健康检测技术,组织登船前的健康筛查,对于高风险人群要采取特殊保护措施。邮轮上要配置健康监测系统,并对健康信息进行管理。

　　邮轮公司要提供符合要求的个人防护设备,并规定使用场合。邮轮码头使用的个人防护设备要符合港口国的要求。

　　根据邮轮上不同处所的用途、使用频率、表面材料材质、家具等不同特性,采取不同的消杀策略及不同的消杀频率。物体接触表面、公共卫生间要采取特别的消杀措施。需根据消杀频率,确定执行消杀工作的人员数量,同时,消毒剂要妥善存放。

　　空调系统要采取适当的措施,防止病毒传播,包括经常清洗空调系统部件、定期更换空调滤器、加大换气次数、采用全新风系统。有实验证明,双极电离系统可以有效杀灭空气中的新冠病毒。

　　执法检查人员、引航员、供应商的防疫计划也应由邮轮公司制定,尽可能降低其与乘客和船员的接触频率。

　　起航前,邮轮公司要和航线中的访问港口确认可以提供的医疗资源及人员遣返政策。船上一旦发生疫情,邮轮应就近靠港,进行健康筛查,控制疫情的进一步扩散,并进行密切接触人员追踪。为应对潜在疫情的暴发,邮轮公司要建立防疫预案,并组织相应的演习。邮轮防疫预案主要包括相关船员的职责和任务、确诊患者和疑似感染者的隔离方案、隔离区内不同业务部门间的通信方式、确诊患者和疑似感染者的医疗方案、隔离区管理方案、人员行踪管理方案、医疗资源配置方案、污染区清洁消毒方案、医疗垃圾处理方案、向港口主管部门和卫生机构报告船上疫情及确诊患者撤离方案等。

　　2. 港口措施

　　港口要建立相应的疫情防控方案,规划关键流程和人员职责。港口疫情防控方案要与邮轮疫情防控方案相配合。为保障邮轮复航的安全性,需要各学科紧密融合,如卫生机构、港口主管部门、港口国等。

　　港口与邮轮或邮轮公司采用单点联系方式,紧急情况应采取 7 × 24 h 联系制度。港口应限制登船人数。如果港口所在地暴发疫情,可拒绝邮轮靠港。

　　航站楼也要制定疫情防控方案,包括宣传措施、社交距离、个人防护、消杀、健康筛查、安保等。该方案也要服务于二次登船的人员及行李管理。下船人员的管理方案一定要考虑确诊患者和疑似感染者的管理。

　　港口应对邮轮疫情时,要考虑以下问题。

　　(1)对疑似病例和确诊病例进行检测;

　　(2)周边医院接收新冠肺炎病人的能力;

　　(3)确诊病例、疑似感染者、密接人员的撤离方案;

　　(4)卫生信息共享方案;

（5）当地卫生保护方案；

（6）人员遣返方案；

（7）可行情况下，提供替代港口执行人员撤离；

（8）确诊患者踪迹追踪。

邮轮上发生疫情后，应将人员转移至岸上，若在邮轮上治疗患者会威胁其他人员的生命健康。如果邮轮上发现多例确诊病例，则全船人员都要进行隔离。每个港口根据当地情况，建立适合的疫情防控方案。另外，港口也要考虑医废垃圾的处理方案。

3. 船港协同

船港协同是保障邮轮安全返航的重要因素。各方要充分共享自己的疫情防控方案，确保方案的可操作性和相互兼容性。

邮轮到港前 24 h 内，要开始向港口提供简报。4 h 内的简报内容应包括乘客与船员人数、新冠确诊患者人数、新冠疑似病例人数。邮轮运营方应尽早向港口报告船上发现的疫情，港口在接到邮轮的疫情警报后，要做好紧急应对准备，或请求附近港口提供支援。港口要制定转移患者的预案，防止病毒传染给工作人员，或污染周围环境①。

邮轮公司对人员遣返流程负有主要责任，船旗国和港口国要为人员遣返提供支持，遣返方案要明确遣返流程和各方责任。遣返过程要尽可能快，并在这一过程中提供充足的医疗支持。港口国要确保船员正常换岗，并为需要医疗的船员提供医疗资源②。

7.3.2 IMO 邮轮复航指南要点及应对措施案例

国家卫生健康委员会发布的《新型冠状病毒肺炎诊疗方案（试行第七版）》指出新冠肺炎的传播途径如下[7]。

第一，经呼吸道飞沫和密切接触传播是主要传播途径。

呼吸道飞沫传播和密切接触传播都属于直接传播，前者是指近距离直接吸入患者喷嚏、咳嗽、说话的飞沫或呼出的气体而导致的感染；后者是指接触沉积在物品表面的携带病毒的飞沫后，再接触口腔、鼻腔和眼睛等黏膜而导致的

---

① 参见 IMO. COVID-19 Related Guidelines for Ensuring a Safe Shipboard Interface between Ship and Shore-based Personnel(Circular Letter No. 4204/Add. 16),2020。

② 参见 IMO. Recommended Framework of Protocols for Ensuring Safe Ship Crew Changes and Travel during the Coronavirus(COVID-19) Pandemic(Circular Letter No. 4204/Add. 14/Rev. 1),2020。

感染。

　　第二,在相对封闭的环境中长时间暴露于高浓度气溶胶情况下,可能存在气溶胶传播。

　　气溶胶传播或空气传播是指携带病毒的飞沫混合在空气中形成气溶胶,吸入后导致的感染。尽管目前卫生界仍对气溶胶传播存在争议,但本着安全至上的原则,仍应重视病毒通过空调/通风系统传播的风险。

　　第三,在粪便及尿液中可分离到新冠病毒,应注意粪便及尿液造成的气溶胶或接触传播。

　　粪口传播的可能性很小,尤其是邮轮都采用抽真空马桶,冲刷马桶几乎不会形成气溶胶。当然,在处理感染者的生活污水、生活垃圾和医疗废弃物等方面必须设置专用管路、装置及处所,防止造成二次感染。

　　IMO 邮轮复航指南无非也是从这几个方面着手。

　　1. 保持社交距离

　　IMO 邮轮复航指南指出为应对新冠病毒接触传播,邮轮复航时必须注意保持人员间的社交距离。其引用 WHO 的规定,要求社交距离要保持在 1 m 以上。CDC 则认为社交距离不能小于 1.8 m。复航邮轮基本采用的应对措施是在地面设置脚印标志,提醒乘客保持社交距离。如图 7.8(a)所示,歌诗达"唯美"号的乘客电梯,原本最大承载 16 人,复航期间最多只可承载 4 人。如图 7.8(b)所示,"海洋量子"号的购物区根据柜台的形状,在柜台周边设置了 C 形购物动线标志和等待区。

(a) 哥诗达"唯美"号的乘客电梯　　　(b)"海洋量子"号的购物区

图 7.8　邮轮公共区域的社交距离标志

　　2. 控制人员密度

　　为保证社交距离,IMO 邮轮复航指南要求评估全船的不同处所可以容纳的最大人数,适当降低载客量,控制公共区域的人流密度,避免人员聚集。我国交

通运输部要求邮轮复航初期的载客量不能超过最大载客量的 50%,复航两周后对防疫措施进行评估,评估合格的邮轮可以提高载客量至 70%①。

"海洋量子"号复航后的首个航次接待乘客 1 680 人,约为最大载客量的 41%。"南海之梦"号复航后的首个航次接待乘客 280 人,约为最大载客量的 39%。

3. 新风空调系统

"钻石公主"号等邮轮的疫情感染事故中,空调系统受到的质疑最大[8-9]。IMO 邮轮复航指南建议空调系统采取适当的防疫措施,包括定期清洗空调系统部件、更换空调滤器、加大换气次数、采用全新风系统。安装紫外线消毒器杀灭病毒等主动消杀手段也能进一步降低致病微生物在空气中的传播。

图 7.9 为"海洋量子"号采用的全新风空调系统示意图。可以看出,"海洋量子"号空调系统的新风没有和回风混合,新风口和排风口分别布置在邮轮两侧,防止风口短路。新风来自室外,并经两道滤器过滤。两道滤器所达到的过滤精度为 0.3~1.0 μm。第一道滤器过滤较大的颗粒,如盐分颗粒等;第二道滤器过滤较小的颗粒,如病毒等。舱室和公共处所还设有滤器,进一步净化空气。住舱每小时的换气次数约为 12 次,公共处所每小时的换气次数约为 15 次。

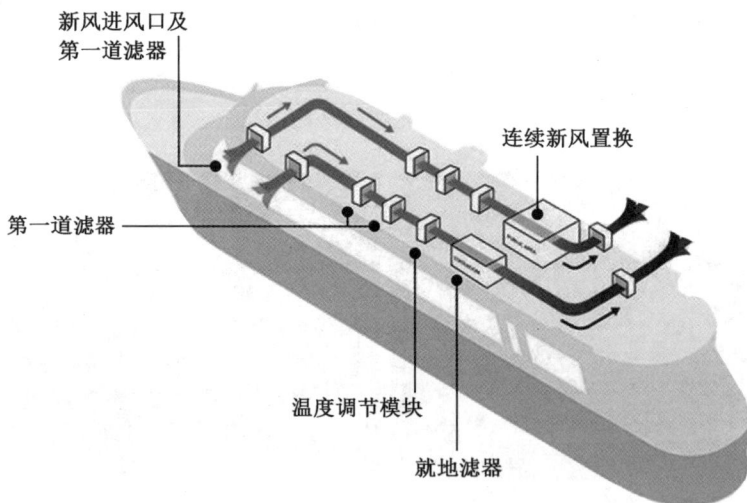

图 7.9 "海洋量子"号采用的全新风空调系统示意图

---

① 参见中华人民共和国交通运输部海事局于 2020 年发布的《船舶船员新冠肺炎疫情防控操作指南》(V2.0)。

　　芬坎蒂尼造船厂与国际基因工程和生物技术中心开发了新一代空气净化系统,称为 Safeair,将紫外线杀菌技术集成到空调系统中,防止致病微生物在空调系统中传播。地中海邮轮公司的"海际线"号将率先搭载该系统。

　　复航邮轮大部分客舱采用风机盘管单元,原理如图 7.10 所示。图中实线为新风风管,虚线为送风风管,点划线为回风风管,双点划线为抽风风管。每个客舱配置 1 台风机盘管单元,每台空调箱服务于多台风机盘管单元,空调箱将新风送至风机盘管单元,风机盘管单元将服务客舱的回风与新风混合后,送至该客舱。风机盘管单元的应用,使得各客舱的空气形成内循环,不同房间的回风不混合,减少了疾病的传播途径。

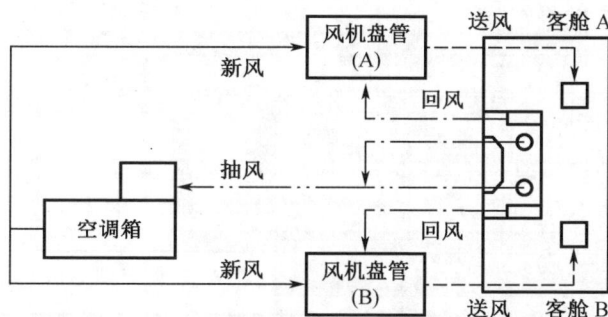

图 7.10　复航邮轮客舱采用的风机盘管单元原理

　　4. 船上医疗措施

　　适当提高邮轮的医疗能力,有利于控制疫情在邮轮上的传播。IMO 邮轮复航指南建议邮轮公司制定防疫预案,适当提供医疗措施。

　　"海洋量子"号的医院进行了迭代设计,医院布置如图 7.11 所示。"海洋量子"号的医院分为一般医疗区域和受控医疗区域。一般医疗区域用于治疗一般的疾病,受控医疗区域用于治疗高传染性疾病的疑似人员和确诊人员,降低了传染病在医院发生交叉感染的风险。一般医疗区域和受控医疗区域采用相互独立的进入通道,一般医疗区域和受控医疗区域之间设有缓冲间。一般医疗区域的气压高于受控医疗区域,防止受控医疗区域的空气进入并污染一般医疗区域。

　　维京邮轮公司的"维京之星"号安装了首套海上 PCR 实验室,该实验采用非侵入式的唾液检测方式,可在 1 天内对所有人员进行检测。

　　5. 健康监测和信息追踪系统

　　IMO 邮轮复航指南要求邮轮上配置健康监测系统,对健康信息进行管理,实现人员踪迹追踪。图 7.12(a)所示为"海洋量子"号配备的密接人员查询设备,该设备由新加坡政府提供,便于携带,能和手机软件配合使用。通过蓝牙,该设

备可以在没有互联网的情况下工作。当两位乘客在社交距离内接触的时间超过设定值时,这两位乘客就互为对方的密切接触人员。图7.12(b)所示为地中海"鸿图"号免费提供的"我的MSC"手环,该设备利用定位技术对密切接触者进行追踪。

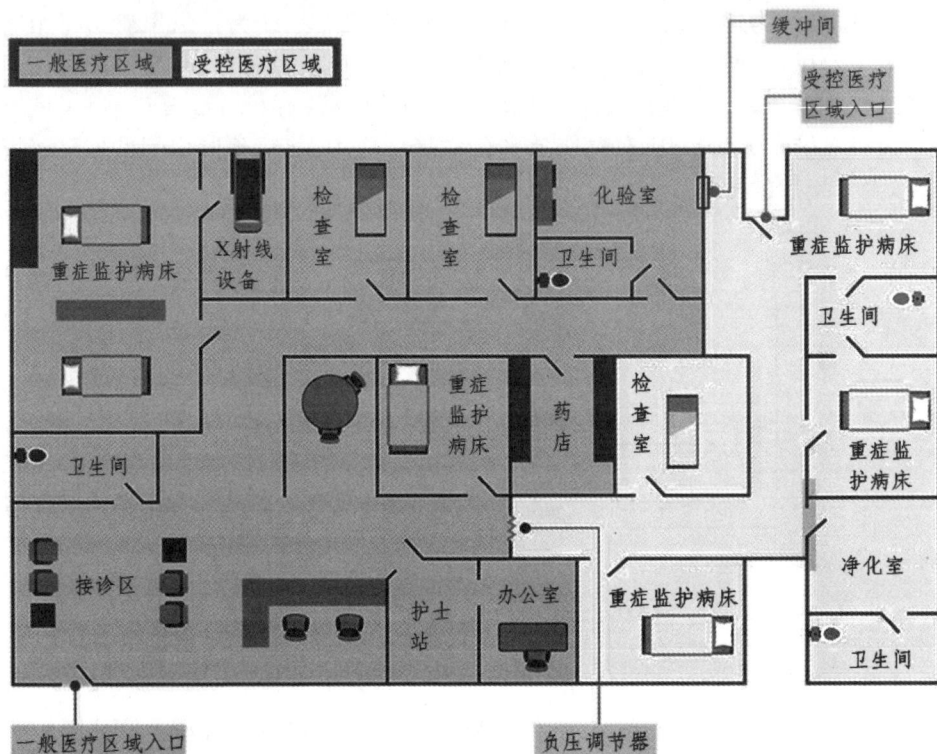

图7.11 "海洋量子"号的医院布置图

(a)"海洋量子"号配备的密接人员查询设备

(b)地中海"鸿图"号免费提供的"我的MSC"手环

图7.12 邮轮的健康监测和信息追踪系统

途易邮轮公司采用 MarineXchange（MXP）系统进行餐饮系统的人流密度控制、健康调查和人员追踪。爱达邮轮公司将移动销售点情报管理系统（POS）机和订座程序集成在该系统中，以实现餐厅和商店的无接触操作。

7.4　本 章 结 语

邮轮载员众多，特别是大型邮轮动辄载员数千人，属于人员高度密集的封闭/半封闭空间结构，微小气候滞浊，人员接触频繁，特别不利于控制传染性疾病、疫情传播。邮轮乘客的卫生、健康、安全是邮轮设计建造与运营中需要重点解决的问题。本章依次介绍了 VSP、《美国邮轮安全和保安法令》、IMO 邮轮复航指南对邮轮设计的要求。

IMO 邮轮复航指南从船方措施、港口措施和船港协同三个方面阐述了邮轮防疫措施，要求采取健康筛查、健康监测、人员隔离等措施，并对船员保护、船员换岗、个人防护等提出了明确建议。但需指出的是，包括 IMO 邮轮复航指南在内的都只是建议性而非强制性，这也说明了邮轮防疫的复杂性，需要借鉴更多的复航案例加以总结，边实践边探索。邮轮能否复航更取决于外部大环境。例如，2020 年 3 月 14 日 CDC 首次发布"邮轮禁航令"，后又多次延期。2020 年 10 月 30 日"禁航令"到期后，CDC 发布了"邮轮有条件航行框架"文件，有条件允许邮轮在美国水域复航，但提出了在船上建立病毒检测实验室、组织模拟复航进行抗压测试、航行时间限制在 7 天以内等限制条件。总体上，CDC 对邮轮复航持谨慎态度，至少现阶段不建议民众乘坐邮轮旅行。

CLIA 的调查指出，尽管 2020 年充满挑战，但在未来几年内，预计将有 74% 的邮轮恢复航行。[①] 调查还显示，有超过 60% 的游客愿意在接下来的 1 年内参与邮轮旅游，有 58% 的无邮轮旅游经历游客愿意在未来几年内尝试邮轮旅游。由此可见，邮轮旅游自有其吸引力和拥趸，前景仍很光明。随着新冠疫苗的推广接种，疫情定能有所缓解，这也将助推邮轮的复航。与此同时，也要注意到，疫苗的全面推广尚需时日，疫苗也不可能 100% 有效，还存在特定人群无法接种、抗体保护期有限、新冠病毒变异等问题。总之，防疫设计应作为邮轮等船舶的基本设计理念而被长期关注。

---

① 参见 CLIA. 2021 State of the Cruise Industry Outlook，2020。

参 考 文 献

[1] 卢钟山,李平,田桢干,等. 国际邮轮传染病疫情事件风险识别与评估报告
[J]. 中国国境卫生检疫杂志,2013,36(1):60-64.

[2] 孙丽萍,韩辉. 2005—2010 年国际邮轮急性胃肠炎疾病暴发的流行病学分析
[J]. 中国国境卫生检疫杂志,2012,35(2):104-107,111.

[3] 廖华,陶盛山,刘馨潞. 基于 VSP 的邮轮设计关键问题分析[J]. 电子技术(上
海),2020,49(7):73-75.

[4] 马炎秋,余娅楠. 美国邮轮旅客保护立法动态研究[J]. 中国海商法研究,
2014,25(1):95-99,109.

[5] 丘妙银,邓炳林."钻石公主"号邮轮新冠疫情事故分析及启示[J]. 江苏船
舶,2020,37(5):42-44.

[6] 袁媛,吴智君,孙承业. 海上邮轮新型冠状病毒肺炎疫情暴发的风险探讨
[J]. 职业卫生与应急救援,2020,38(2):1-5.

[7] 诸国华,刘琰,邹雯. 基于防疫隔离的海工装备设计方法[J]. 船舶工程,
2021,43(4):118-121.

[8] 高鑫,谢大明. 如何预防病毒通过邮轮 HAVC 系统传播[J]. 中国船检,2020
(3):79-81.

[9] 张贤勇,阚安康,王以淳,等. 新冠疫情下船舶中央空调系统运行管理措施探
讨[J]. 航海,2020(4):57-60.

第8章
邮轮导识系统简介

　　导识系统是结合环境与人之间的关系的信息界面系统。"导识"一词来源于英文"sign"，有信号、标志、说明、指示、预示等多种含义。导识系统通常也被称为导视系统、导示系统、标志系统。

　　邮轮是一艘海上大型多功能建筑，内部构造复杂，空间布局多样。大型邮轮更是动辄承载数千人，人们在熙熙攘攘的陌生空间里，可能会发生"不知道自己现在在哪里""找不到自己要去的地方"等情况，甚至会因为迷路而变得不知所措，严重影响乘坐体验。邮轮导识系统面向大众乘客，主要目的是通过各种图形和文字导识，向乘客提供方向方位的指导，帮助乘客了解自己在哪里、该往哪个方向走、沿哪条路径走、该注意哪些安全事项、船上有什么好玩的地方等，帮助乘客尽快了解邮轮空间、融入陌生复杂的环境、感受独特的文化氛围，从而提高休闲度假体验[1]。导识系统通过为乘客提供引导与指向，避免乘客由于不认路、不知方位而在某个空间内发生停滞或行为缓慢，甚至重复行走，从而出现聚集的情况发生。良好的导识系统设计能提高人员动线的流畅性，避免拥挤，提高乘客享受休闲娱乐实施的体验。

　　导识系统也是邮轮安全运营的需要。平时，人们按照导识系统的指引进行逃生疏散演练。在发生不可控的火灾、破损等危险情况时，人们才能按照演习的要求与操作标准，快速有序地进行逃生疏散与聚集。邮轮上各种安全警示提示，能阻止人们进行不安全的触碰或操作，避免对自己和他人及设备设施造成损害。

　　除了指明道路、提醒警示、广告宣传等作用外，邮轮导识系统还能使乘客对邮轮上特定区域的历史、地理、文化等方面有一个感性的认识和了解，又能与活动在这个空间的乘客有一个情感的交流，使人感受到被关怀、被尊重，为乘客营造一个情感空间。一艘邮轮拥有什么样的导识系统，反映了这艘邮轮的待人态度。同时，导识系统从一个侧面反映了这艘邮轮的文化品质、管理水平。可以说导识系统是了解一艘邮轮的窗口，是邮轮的表情、饰件和界面。导识系统是面向大众乘客的，并具备导向、指示、指意等功能的重要系统。导识系统是整个邮轮巨复杂系统的点睛之笔，是邮轮区别于其他船型的主要特色之一，也是邮轮总体设计的核心关键技术之一。邮轮导识系统设计是一项应用多学科融合而形成的设计范畴，主要包含视觉传达设计、环境艺术设计、人体工程学、装饰材料工艺与

工程安装多专业知识,是船舶设计领域的一个崭新的研究方向。

　　本章首先介绍邮轮导识系统的功能特点,其次从功能、表现形式及空间区域三个方面介绍邮轮导识系统的分类,接着介绍图形符号、文字、色彩、材质、灯光这几个邮轮导识系统设计元素,然后介绍其设计原则和设计定位,最后展望邮轮导识系统设计的发展趋势。本章尽可能通过实船导识系统案例加以展示,有助于加深对邮轮导识系统这一陌生领域的了解,掌握其设计原则和关注点,研判其设计发展趋势,为我国的邮轮自主研发设计建立相关知识储备。

| 8.1　邮轮导识系统的功能特点 |

　　导识系统的"识"字,是标志及识别之意。乘客在导识系统的帮助下,能快速有效地收集信息、获取知识和行为指导。乘客通过对各种导识信息的感知和综合分析,形成对陌生环境的认识,感受邮轮公司细致的服务关怀和品牌精神。在这一认识过程中,导识系统发挥着媒介和桥梁的作用。

　　图 8.1 所示为一个典型的客船导识系统,图中左侧分别用图形符号和文字标志出了无障碍卫生间,中间和右侧用图形符号、文字和箭头标志出了问询台、商店、客舱、主餐厅、儿童乐园及集合站的方向,底部则为消防栓、移动灭火器的位置标志。

图 8.1　典型的客船导识系统

作为一个特殊子系统,邮轮导识系统渗透在其他绝大部分子系统中,邮轮空间环境的特殊性决定了导识系统的多样性和复杂性,其设计与购物空间的筹划、人群流线分布等紧密关联。除了基本的指路导向功能外,邮轮的特质与文化也应当通过导识系统向公众进行可视化传达。邮轮导识系统设计将艺术性等抽象概念转换为视觉语言,为邮轮运营提供服务。好的导识系统设计能够突出邮轮的特质和文化,塑造邮轮的整体形象。与陆地建筑物相比,邮轮的功能更复杂、内部结构更独特、面向的人群更加多元,其导识系统也具有一定的特殊性。

1. 易识别性

易识别性是邮轮导识系统最基本的特点。与陆地建筑不同,邮轮内部构造极其复杂、空间种类繁多且分布密集、装饰物造型和色彩使用丰富,造成标志标牌等信息很容易被混淆和淹没在环境中,不易突显。这些都给导识系统的设计带来了挑战,因此,导识系统设计时需格外强调易识别性的体现。

2. 系统性

系统性是将邮轮所有的导识分类后,进行规范化、标准化的管理,在实际使用中确保信息传达的系统性和完整性。

邮轮自身是一个多系统的海上建筑物,主要有客房系统、餐饮系统、娱乐休闲系统、航行支持系统、船员办公系统、救生消防系统等。一套系统化的导识会让乘客和船员对周围环境形成非常清晰的认知体系。无论是船员工作环境的导识,还是乘客休闲环境的导识,都需要进行系统化设计,通过系统化的特征帮助乘客和船员在复杂环境中快速辨认各类导识。

3. 文化性

邮轮作为旅游产品,具有其所属邮轮公司的文化特征,同时兼具其所属国家和地区的独特文化,因此邮轮导识系统设计应在一定程度上体现出这些文化属性。另外邮轮的船员和乘客都来自世界各地,文化上的差异和民族禁忌会产生歧义甚至文化冲突。如手的形象在阿拉伯国家意思是"受欢迎",但在大多数国家的意思是"禁止触摸"或"止步",意义相差甚远甚至相反。因此,邮轮导识系统设计需要特别注意文化在色彩、图形符号等表达方式上的体现和差异性[2]。

歌诗达"威尼斯"号邮轮专为中国市场量身打造,面向中国乘客,因此其导识系统应兼顾考虑中国文化。如图 8.2 所示,该邮轮的火锅餐厅铭牌以"HOT SPOT"、繁体字"鑪"和"中式火锅"标志,既简洁又符合中国乘客审美。

4. 美观性

邮轮导识系统还是美的使者,每艘邮轮都代表着其所属国家、地区及邮轮公司的文化。邮轮建造成本高昂,使用周期长,因此邮轮设计师都将其作为大型艺术品进行美的创作。作为面向乘客的第一信息载体,导识系统也承担着体现美的使命。

(a)   (b)

图 8.2　歌诗达"威尼斯"号的火锅餐厅铭牌

（图片来源：同程旅游）

如图 8.3 所示，"大西洋"号邮轮的乘客公共区域甲板通道以马赛克瓷砖铺设，在颜色、纹理和图案几个方面，与其他铺设地毯或 PVC 的区域形成鲜明对比，既清晰标志了通道的边界，又彰显了豪华、气派、热烈的巴洛克艺术风格。

(a)   (b)

图 8.3　"大西洋"号的马赛克瓷砖通道

5. 国际通用性

邮轮的运营航线一般是国际航线，遍布全球，不同国家和地区的船员和乘客使其成为一个典型的国际环境。因此，导识系统应尽可能参考国际通用标准进行设计。特别是导识系统的文字设计时必须考虑两种文字对照表达，还可以根据运营航线的特点增加其他语种和文字，布局在中国的邮轮一般要做到中英文对照表达。

| 8.2　邮轮导识系统的分类 |

8.2.1　按功能分类

邮轮导识系统可根据其功能不同,分为环境识别导识、方向指示导识、安全警示导识、公益导识、办公管理导识及营销导识[3]。

1. 环境识别导识

环境识别导识的主要功能是为了让乘客获得其所在空间及处所的属性信息。邮轮上空间种类繁多,布局非常复杂,乘客很难通过自身能力来辨别空间信息。当乘客进入到一个陌生空间中时,就需要有一个明确的导识信息告知他们到了哪里,以便乘客决定是否要体验或离开。环境识别导识通常设置在每个空间及处所的出入口附近。

(1)空间识别导识

空间识别导识的作用是通过地图或图形,让游客了解邮轮的空间分布,确认自己现在所处的空间位置。此类导识主要应用于各区域主入口位置、各楼层人流聚集点,如电梯厅、楼梯口、登船口。

(2)位置识别导识

位置识别导识通过门牌、招牌、楼层号、电梯号、特征符号等,帮助游客判断自己当前所处的具体位置,确认是否已到达目的地。

如图 8.4 所示,诺唯真"喜悦"号邮轮在顶部露天甲板上设有"慢跑跑道"的导识,告知乘客该区域的甲板是跑步健身的专用跑道。

(a)　　　　　　　　(b)　　　　　　　　(c)

图 8.4　诺唯真"喜悦"号邮轮的慢跑跑道导识

（3）说明导识

说明导识主要用于邮轮上场所和设施的功能、使用方法、安全提醒、注意事项、开放时间等方面的解释说明，一般以文字为主，字数较多，配以简单的图形图案。该类导识通常以中英文对照加警示图的形式呈现，规定了场所和设施的安全使用条例，提出了禁止事项。

2. 方向指示导识

邮轮上的大部分空间为内部空间，各空间通过诸多内部走廊进行联通，视线可直接到达的范围有限，不熟悉路径的乘客极有可能因此迷路。因此，邮轮需在必要的地方设置方向指示导识，帮助乘客辨别正确的路线和方向，为游客通往特定场所及设施指明方向。如图 8.5 所示，方向指示导识大都使用箭头，主要应用于各区域内道路交叉口、主要出入口处。如果通道距离较长，为使乘客熟知前方区域信息也需要设置方向指示导识。

图 8.5　邮轮的方向指示导识设计

（图片来源：CC Marine）

3. 安全警示导识

安全警示导识有着特定的功能性和指定性，它的造型、符号、色彩，甚至安装、使用都有其严格的技术标准，是以警示与提示为目的的必要导识。在邮轮上常见的有紧急出口、集合站、消防站、救生衣、禁止行为等安全指示导识，这类导识主要是出于消防、救生、紧急疏散、乘客行为安全等方面考虑，以引导乘客注意行为安全，在紧急情况发生时能快速有序地撤离到安全区域。因此，安全警示导识须按规定的图形或符号设置在每个需要的区域。

安全警示导识的设计标准应与国家和行业标准保持一致①。图 8.6 所示为邮轮典型的消防和救生安全导识。

---

① 参见中华人民共和国国家标准《安全色》《安标志及其使用导则》《视觉信号表面色》《船舶与海上技术 船舶安全标志、安全相关标志、安全提示和安全标记的设计、位置和使用》《公共信息图形符号》第 1 部分。

404

(a)

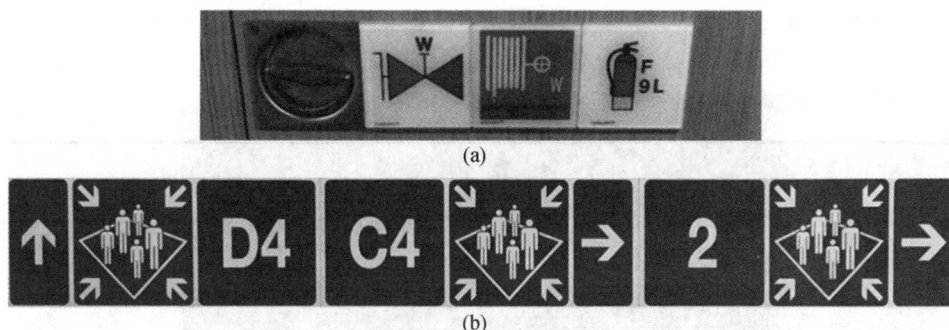

(b)

图 8.6　邮轮典型消防和救生安全导识

安全色是传递安全信息含义的颜色,邮轮导识系统中的安全色主要是红、黄、蓝、绿四种颜色。这四种颜色在设计中已经成为不同类别符号的专用色彩,基本用法已经形成了国家标准惯例。表 8.1 列出了国家标准对红、黄、蓝、绿四种安全色的用途和含义的规定。

表 8.1　安全色国家标准

色彩	含义	用途举例
红	禁止、停止、消防和危险	停止信号、禁止标志、消防器材及位置
蓝	指令和强制遵守的规定	必须穿戴个人防护用品
黄	注意、警告	危险信号
绿	提示、安全状态、通道	太平门、安全通道、急救站

4. 公益导识

邮轮公益导识主要起着公益信息展示的作用。公益导识一要契合邮轮自身的文化定位,二要强调它的人文关怀和温馨感。公益导识一般不能系列应用,但它的风格要与邮轮其他导识相协调。

公益导识主要是对乘客进行提示或者提醒,对乘客的非关键行为进行更好地引导和管理,如节约用水、垃圾分类、禁止喧哗、小心碰头、注意防滑等提示性信息。该类导识的特点是风格统一、样式醒目,其设置方式较为灵活,往往设置在人们较易发现的地方。公益导识的外形不应过于引人注目、喧宾夺主,而应该起到辅助人们休闲体验的作用。同时,公益导识的字体和版面需要足够大,使人们能迅速注意到提示信息。在内容文字方面,公益导识的内容应该认真措辞,既要明确表达公益目的,又不能让乘客感到自己不受欢迎。因此,公益导识应融入

相应的乘客区域中,而又不至于妨碍乘客休闲娱乐的心情。图 8.7 所示为"海洋赞礼"号邮轮的地面防滑提醒导识,导识的木制底色与地面的颜色协调匹配。

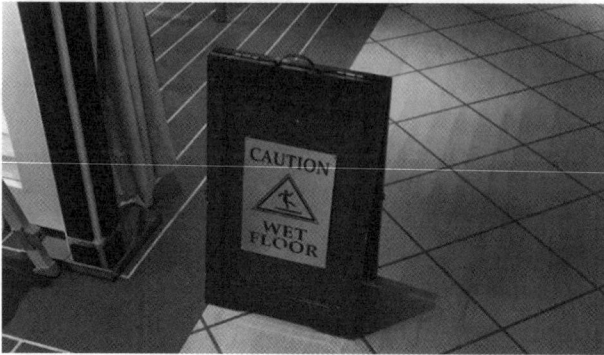

图 8.7 "海洋赞礼"号邮轮的地面防滑提醒导识

5. 办公管理导识

办公管理导识是针对邮轮内部管理而言的导识,一般来说,严肃性是办公管理导识的特点。此类导识是根据邮轮运营方的运营需要来制定的,一般与邮轮环境和管理流程紧密相连,有的是对操作权限的界定说明,有的是对工作流程的指导说明,有的是对乘客业务办理的告知说明。因此,办公管理导识主要分为人员权限管理导识、行为引导导识、工作流程导识等。图 8.8 所示的人员权限管理导识采用深色单色调,文字简短但清晰明了。

(a)   (b)

图 8.8 人员权限管理导识

6. 营销导识

邮轮营销导识与环境识别导识的目标指向不同。环境识别导识是环境的一部分,它融于环境,服务于环境。而营销导识的目标是创造良好的营销环境来为销售过程服务。营销导识首先考虑的是打造企业和邮轮的品牌形象,如邮轮公

司的专用标志(LOGO)、颜色等。营销导识可以美化邮轮的外观,还能宣传企业文化,使品牌形象更加深入人心。

如图8.9所示,"盛世公主"号邮轮将LOGO与颜色涂装在船首,非常醒目,凸显邮轮的独特印记。

图8.9 "盛世公主"号邮轮的船身图案
(来源:同程旅游)

8.2.2 按表现形式分类

根据空间特点及功能需求的不同,邮轮导识在表现形式上也不尽相同,主要有导向板式导识、显示屏导识、装饰品导识等表现形式。

1. 导向板式导识

导向板式导识是导识系统中最常用的形式,主要有挂式、立式、附贴式等[4]。导向板式导识可将图形、符号、文字、颜色等信息组合在一起,非常直观和简洁地达到信息传递的目的,安装后不易更改。常见的有客舱门牌、公共区域铭牌、方向导识牌等。

(1)客舱门牌

客舱门牌是乘客识别房间信息的主要媒介,主要用来指示房间的编号。在内容方面,客舱门牌号码是主体,可辅以房间状态信息。在风格方面,门牌宜使用简单的底板和大方的色彩,配以简单的文字和图形,安装在乘客容易看到的视线范围内。此外,门牌的材质和颜色还应与主墙壁形成一定的对比度,避免视觉上的混淆。

(2)公共区域铭牌

乘客公共区域大多属于商业经营场所,各个区域的功能不同,装饰风格各异,铭牌也别具一格。公共区域铭牌一般应与该区域的功能和独特艺术设计定位相协调,但是无论铭牌的造型和字体设计如何新颖,铭牌都要配有文字以显示该区域的名称,易于辨认,并力争给乘客留下难忘的记忆。

（3）方向导识牌

方向导识牌是用来指明方向的信息载体和媒介,可运用多种图形符号和文字等元素进行组合,有效地传达方向、位置、安全等信息,帮助乘客了解从所在地点到达其他地点的路线,满足乘客"寻找路线"的需求。

如图 8.10 所示,"海洋量子"号邮轮使用立体导识牌标明甲板 5 所处的空间位置及区域分布,乘客能直观地定位到自己在船上的坐标,减少迷路的同时也造成视觉上的冲击,引发乘客对邮轮的探索兴趣。

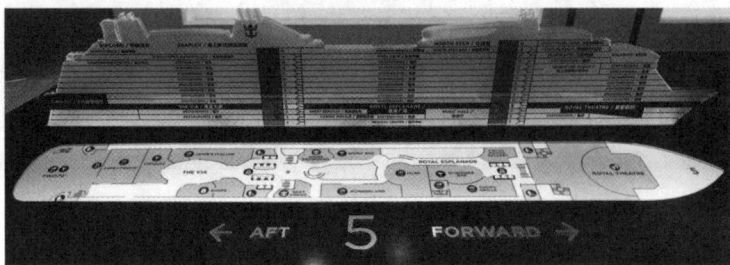

图 8.10　"海洋量子"号邮轮的立体导识牌

2. 显示屏导识

随着科技的发展,显示屏的规模不断扩大,图像分辨率得到大幅改进,越来越多地应用于图像展示、大型识别标志、通知和环境展览等。显示屏的引入也会给乘客带来更加现代化和科技感的体验。

3. 装饰品导识

装饰品导识主要是借助装饰品引人注目的特征以达到地标性导识的目的,体现了邮轮休闲娱乐的特点。装饰品作为体现邮轮空间形象的一个重要元素,借助其独特性和易识别性,通过与所处空间环境的融合来传达方位信息,引导乘客快速找到方向[5]。

8.2.3　按空间区域分类

邮轮上的空间区域种类多样、功能各异。根据区域类别的不同,邮轮导识可分为客舱区导识、乘客公共区域导识、通道区导识和工作服务区导识。

1. 客舱区导识

客舱区是重要的起居处所,是乘客放松和休息的地方导识设计应考虑此类空间的特点,除了必备的导识信息外,还应体现私密、温馨的人文关怀。

2. 乘客公共区域导识

乘客公共区域是为乘客提供娱乐、休闲、餐饮、购物、健身、文化体验等的场所，是最能体现邮轮品质和主题风格的空间。乘客公共区域的导识应重点考虑能引导和激发乘客热情的环境识别导识和体现人文关怀的公益提醒导识。例如，图书馆和教堂需保持安静，要适当设置"保持安静"的提示牌，而健身房可以多设置"运动前适当热身"之类的安全运动方面的温馨提醒标志。

餐饮区内的导识系统设计应考虑到其空间人员的具体需求，应更注重导识信息的人性化及符合就餐或烹饪人员的行为需求，提高人流动线的流动速率。在餐厅区域，应设置适当的餐厅入口、取餐口、送餐口、节约食物等导识牌。导识牌的位置要具备较为明显的指示功能，以给就餐人员提供引导。导识牌可将图形和文字结合，使之更具人情味。餐厅区导识应注重导识信息的人性化，符合就餐人员和服务人员的行为需求，提高人流动线的流动速率。

除应布置一定的公益服务性导识系统外，乘客公共空间还应具备一定的文化气息和文化内涵来充实游客的文化生活。

医疗中心在邮轮中有着极其重要的地位。医疗中心的区域划分、诊疗室、手术室、病房的名称和编号等都要有明确的标志。医疗中心的导识应贯彻"以人为本"的理念，将对患者的关爱在温馨、安静、严谨的导识设计中体现出来。

3. 通道区导识

邮轮通道作为人员流动的主要路径，导识系统的设立必不可少。通道区导识在功能上以交通引导为目的，造型上可改善人的视觉感受，满足人的好奇心及探索欲望。

通道区导识设计的重点是在通道内进行方向指引和定位标志，因此方向指示导识的设立十分必要。导识牌的设计要求具有十分明确的导向功能，一般多在主要通道口设立主导识牌。如果通道结构非常复杂，除了主导识牌外，还应在每个通道变化处设立简单的方向导识牌，导识牌的合理设置能保证信息的连续性[9]。

邮轮客舱区的走廊一般特别狭长，会带给人一种单调枯燥感，是乘客很容易迷失方向的地方。为了丰富走廊环境，提高区域的识别性，可以在走廊两侧设置简单的壁画进行装饰，或者选择与墙面有对比效果的门框和踢脚线颜色，以改变单调的走廊环境，增加对乘客的吸引力，鼓励其继续寻路。

邮轮逃生通道内通常会有一些管线布置，内部较为封闭，因此逃生通道内需要设置必要的安全导识、方向导识。同时，逃生通道内的台阶看上去不应模糊不清，相邻的台阶应该通过使用有对比效果的颜色或照明进行区别。台阶覆盖物上不应该有重复、杂乱、几何形状的颜色鲜艳的图案；不应设置与台阶边缘平行的条纹，以及不规则的尺度和三维空间结构图案，否则会使台阶边缘之间的视觉

区别信息变得模糊,增加脚步踏空的危险[6]。

4. 工作服务区导识

咨询台、办公类舱室、洗衣间等处所的气氛通常比较严肃,乘客行为的目标较为明确,因此工作服务区的导识设计应以简洁明了、规范化、可识别性高为基本原则。导识外形表现过于强烈、装饰过于繁复极易带给人视觉上的厌烦。

厨房是经常接触水与电的空间,由于其功能的特殊性,厨房空间时刻存在着安全隐患,因此厨房门前应设置"厨房重地,禁止入内"之类的标志信息。厨房内部的地板通常比较滑,可设置"小心地滑"这样的提示字样[4]。另外,厨房的卫生要求严格,为帮助烹饪船员规范其卫生行为,可设置类似图8.11那样的"经常洗手"的温馨导识牌。

图 8.11 厨房内的提示导识

会议室常用来办公,导识系统设计以简洁大方为主。考虑到会议空间的条理性需求,可设置座位、阅览书架、告示牌、安静提示等对应的导识。

8.3 邮轮导识系统设计元素

导识系统的设计元素主要体现在图形符号、文字、色彩、材质、灯光五个方面。邮轮导识系统将图形符号、文字、色彩、材质、灯光等设计元素进行组合设计,运用相应的工艺制作,有效地传达方向、位置、安全提示等信息,帮助人们了解和认识邮轮,进而合理地安排休闲娱乐活动。

图形符号是无国界的文字,而邮轮恰恰是国际化旅游产品,当不同的语言和文字成为乘客沟通的障碍时,图形符号就是邮轮与乘客之间最有效的沟通桥梁。文字是导识系统设计中信息传达最为精确的方式,也是逻辑性最强的引导方式。色彩则是乘客在第一时间能够感知到的信息。而材质是导识信息的基本载体,同时材质本身也是信息的一种,不同的材质传达着不同的质感和导识信息的性质。

每家邮轮公司都有自己的LOGO和色彩体系,邮轮导识系统作为邮轮设计的一部分,应在邮轮公司LOGO的指导下进行设计。事实上,邮轮公司的标志和色彩体系是邮轮导识系统设计的灵魂,而邮轮导识系统是邮轮公司形象的外延。所以,邮轮导识系统的设计元素除了需要符合规范规定外,其图形符号、字体、色彩等还应和邮轮公司专用的图形或色彩协调一致,从而保证信息传达的准确性

和整体风格的统一性。

8.3.1　图形符号

图形符号是一个地方或一种行为的速记图像表示方法,是一种在空间环境里有自身独特构成原则的图形,具有直观、简明、易懂、易记的特征,便于不同年龄、不同文化水平和不同语言的乘客理解与识别。图形符号强调导识信息的功能性、规范性、通用性和科学性,应用范围非常广泛。图形符号在视觉上一般是高度概括的简约风格,起到引导方位、确定位置、安全提示等作用,因此图形符号元素的组成有规范性限制。图形符号按用途分为指引图形符号、指示图形符号、禁令图形符号、设施区图形符号等。

在邮轮导识系统中,图形符号以直观、精炼、简明、易懂的形象表达一定的含义,传达信息,并可以使不同年龄、不同知识背景、不同国家及不同语言的人群能够快速理解,在邮轮的整体导识系统中具有重要的作用[5]。

乘客对邮轮导识系统图形符号的基本要求是识别性,即快速识别含义且不产生歧义。图形符号的设计应遵循以下几个原则。

(1)内涵不宜过大,使乘客能够准确理解,不生歧义;

(2)构图应简明扼要,突出所标志对象的主要内容和属性;

(3)构图应醒目、清晰、易懂、易记、易辨、易制;

(4)要结合敏锐的观察力、高度的概括力、丰富的想象力,并调动形、色、意等多种手法来加以概括和表现。

在邮轮导识系统设计中运用的图形,应综合考虑不同的国家、地域、风俗习惯、文化信仰等,同时还要了解邮轮不同年龄段、性别、文化层次的乘客的需要,探索目标人群的共同特征,才能够设计出符合大众认知的邮轮导识图形。

8.3.2　文字

在邮轮导识系统中,文字承担着语言功能的作用,通过文字能让乘客加深对邮轮空间的识别和了解。导识系统以若干文字表明语义,文字与图形符号结合,或者与其他标志物结合,可以对导识系统的信息进行更为准确和详细的表述。

文字是导识系统的基本元素,文字内容需要简单扼要,切记过长。文字的笔画要清晰准确,便于识别。文字的字体、字号,与所在环境的情景、大小有关,字体一般考虑应用场所的用途来选择。不同字体所展现的面貌不同,空间的应用亦有所不同。所以导识系统的文字设计需根据不同空间的性质和人机规范进行设计,合理地利用字体可使导识信息的表述更加清晰、明确和规范。

1.文字设计原则

邮轮导识系统的文字设计首先要保证文字的可识别性和可读性,必须在短时间内准确无误地表达信息意图,传达设计主题思想[5]。导识系统的字体必须给人以简洁准确的视觉印象,易读懂、易辨认,避免复杂、零乱,同时要与设计理念、舱室环境等和谐统一。

2.文字组合设计

如图 8.12 所示,邮轮的文字设计不仅只是字体造型设计,还要进行排列和组合设计。最佳的文字组合主要是找到不同文字之间的内在关联,将不同的元素进行有机组合,在保留其各自特征的同时,获得整体的和谐感[5]。

图 8.12　"盛世公主"号邮轮的文字组合设计

3.汉字设计

汉字造型带有强烈的中国文化色彩,既表形又表意。在导识系统设计中,汉字设计要加强其形象性和表意性两方面的属性体现。书法字体拥有极佳的表现能力,不同字体具有不同的性格特点,是视觉导识系统中生动的语言代表,如楷书端庄秀美、草书飘逸洒脱、篆书肃穆凝重。但在邮轮导识系统的设计中,因为邮轮的受众群体较为广泛,而且文化程度不同,为了达到易于读懂和辨认的效果,楷书、黑体及微软雅黑等字体的使用较为广泛,而对于草书和篆书的使用相对灵活。一般笔画粗的文字是版面的主题文字,即黑体字,笔画细的文字为具体说明性文字。

图 8.13 所示为"海洋赞礼"号邮轮上皇家娱乐场的文字导识。较其他公共场所的英文导识而言,这里的英文字母在形态上更加活泼,通过字形和字体的变化使整个导识标牌富有动态美和活力,无论是在视觉上,还是在心理上都给人以轻松愉悦之感,与娱乐场的功能和所要表达的氛围相统一。

4.阿拉伯数字设计

在邮轮导识系统设计中,阿拉伯数字是不可或缺的一个基本元素,它不仅承载着信息内容排序,同时还起到指引的作用。运用数字元素进行邮轮导识的设计,可有效对甲板层、房间号等信息进行详细说明和引导,利于乘客加深对邮轮各个空间的认识和规律的把握。通过数字的标示和排列,乘客可以快速识别舱

室的排列顺序,有效区分不同的甲板层,并快速地找到自己的位置。

图 8.13　"海洋赞礼"号邮轮
上皇家娱乐场的文字导识

5. 英文设计

英文字体常用的有 Arial、Bodoni、Garamond 等,中英文对照时更强调字体的使用和搭配,如中文的黑体一般会与英文的 Arial 搭配。当然这里没有固定的标准,每个字体都有其特点与用途,只要在实际设计中灵活应用就会得到理想的效果[3]。

6. 文字粗细与排列

在邮轮导识系统中,文字的粗细与排列顺序也是影响导识作用的重要因素。简单文字与复杂文字相比,简单文字的笔画在设计上应该更粗一些。光照较弱的舱室文字笔画应粗一些,反之需要细一些。需要着重显示的文字应粗一些,反之需要细一些。

"海洋光谱"号邮轮的 Two70°咖啡馆位于 Two70°剧场的入口。如图 8.14 所示,Two70°咖啡馆铭牌上的"café"要比其他文字更粗,字体也更大。这样的文字设计有助于将 Two70°咖啡馆与 Two70°剧场区分开。

此外,文字的排列要符合人机规范。一般而言,文字排列应遵循从左到右的横向排列,必要时才采用从上到下的竖向排列,并尽量避免斜向排列。同一个面板上,同类的说明文字需遵循统一的排列格式。

7. 可触摸文字

针对盲人和视障人群的导识,通常会采用触摸方式传达信息。参考 ADA 的规定,应满足以下几点要求①。

(1)可触摸内容的边缘必须是光滑的,不能伤害读者的手指;

(2)所有可触摸内容必须高出背面至少 0.8 mm;

---

① 参见 Department of Justice. 2010 ADA standards for accessible design. America,2010 年 9 月。

图 8.14 "海洋光谱"号邮轮的 Two70°咖啡馆导识

（3）可触摸的英文字母应该是无衬线黑体大写，不能采用斜体、粗体等；

（4）字体的比例，大写英文字母 O 的宽度至少应是高度的 55%，英文字母 I 的高度应是宽度的 110%；

（5）字体的高度应按照英文大写字母 I 设置，其高度为 16～51 mm；

（6）笔画的粗细应按照英文大写字母 I 设置，不超过 I 的高度的 15%；

（7）可触摸文字或其他可触摸图形的位置不小于距离地面 1 220 mm 的高度，最高一行文字的底线不高于距离地面 1 520 mm 的高度。

8.3.3 色彩

色彩是一种特殊的情感元素，它能够对人们的情绪造成影响。色彩也是乘客远距离观看邮轮导识时首先看到的元素。与图形符号和文字相比，色彩对人的视觉神经具有更强的刺激作用，能够在最短时间内引起乘客的注意。科学合理的色彩搭配可以增强导识整体的视觉冲击力，起到强化、对比的作用，帮助图形符号和文字从邮轮的大空间环境中突显出来。邮轮导识系统的色彩设计一般遵循以下几个原则。

1. 系统性

邮轮导识系统的色系通常与邮轮公司 LOGO 的色系一致。具有指引方向功能和提示功能的导识牌用色要简单明了，让人们快速理解和记忆。具有意向功能的导识牌用色要与环境、主题相关联和协调。

2. 表现性

导识系统的色彩一般还要根据所在邮轮空间的功能进行设计,使其更具表现性。如绿色代表自然、健康、青春,可应用于邮轮的运动场所;灰色代表安全、可靠、保守等,可应用于书吧等场所;黄色代表幸福、乐观、希望、阳光等,可应用于用餐区域;红色代表兴奋、热情、奔放、力量、热爱等,可应用于氛围较活跃的娱乐空间。

3. 可识别性

邮轮导识系统色彩应具有可识别性,在采用国际通用色彩的基础上富有自身特点,营造与邮轮自身主题及色彩系统相协调的导识色彩,这既能在视觉上吸引乘客目光,提高邮轮的辨识度,又能在色彩氛围上与邮轮整体达到和谐统一。

4. 差异性

在邮轮导识系统色彩设计中,要注意不同国家、民族、宗教信仰、地域文化和风俗习惯对色彩的认识,以及不同性别、不同年龄人群对于色彩理解的差异。如我国传统颜色是红色,红色代表热情、喜庆,但在西方国家红色代表暴力和血腥。所以邮轮导识系统的色彩应注意差异性,尽可能根据不同受众群体进行选择和设计。

5. 安全色与对比色

邮轮导识系统的安全色可依照国内外相关规范及标准进行设计①。

对比色是使安全色更加醒目的反衬色,包括黑、白两种颜色。对比色的色度差一般不低于50%,最好不低于70%。邮轮露天区域的安全警示导识常采用白色背景。

6. 主色与辅色

邮轮导识辅助色彩主要指除了禁止、警示、指示、指令等具有国家标准规范颜色以外的色彩。与安全色相比,主色与辅色的应用限制性因素较少,但色彩的整体设计需与邮轮的专用标志和邮轮整体装饰的风格相统一,色彩运用可庄重典雅,亦可绚丽夺目,但需尽量避免色彩种类过多而导致导识系统的辨识度降低。

8.3.4　材质

材质是构成导识实体的基本条件,视觉形象的形成、信息的传播、美感的产生、结构的实现等均离不开对材质的选择和使用。随着科技的进步,邮轮导识系统的材质选择范围越来越大。目前,常用材料主要有金属、PVC 合成材料、玻璃、

---

① 参见中华人民共和国国家标准《安全色》。

塑料、木材等。

不同材料有不同的特性:金属材料有光泽,使用寿命持久,但需考虑其防腐问题;塑料、PVC合成材料易于加工,可塑性强。邮轮导识系统应根据不同材质的特点、设计目的、导识所在的场所、环境条件等来选择合适的材质进行设计。有些材质视觉效果很好,但是不符合设计理念或者结构不易实现,就不适合选用。例如,石材的密度非常大,在邮轮这样一个对质量控制非常严格的产品上就不宜使用。另外,材质的选用还需要考虑其耐用性和使用寿命,大多数导识系统处于开放的公共环境中,很可能会受到海洋环境的腐蚀或人为偶然破坏,因此选用导识材质时要兼顾轻质、结实耐用、耐腐蚀、防火、不易变形等特性,以符合邮轮的特殊环境要求。

环保是现代邮轮导识系统设计的一个必然趋向。现代邮轮的导识系统对材质的选择和质量的把控非常严格,选用的材质除了要对人体无毒无害、无辐射外,还要可再回收利用,同时注意防尘、防菌、阻燃、耐热等[7]。

8.3.5　灯光

灯光可照亮导识,增强导识的可识别性。个性化的灯光导识可取得良好的装饰效果,增强舱室空间的视觉感染力,营造良好的空间环境氛围。利用荧光胶管、光导纤维等光电技术及LED灯,都可有效地传达导识的内容,其中LED灯正以低能、环保、安全寿命长等优点越来越受到青睐。

邮轮的灯光不仅仅局限于门牌、招牌、宣传牌等的照明。在能见度低、狭长的通道中还可设置灯带,在危紧情况下进行人员照明指引,即低位照明系统。

8.4　邮轮导识系统设计原则和定位

8.4.1　设计原则

导识系统设计的核心是信息设计,它是建筑学设计、环境设计、视觉传达设计、美学设计、心理学等多学科交叉的综合设计。科学、合理、规范的导识系统设计可以让乘客快速了解邮轮空间、融入陌生复杂的环境、感受独特的文化氛围,从而提高休闲度假体验。除了清晰醒目这一基本原则外,邮轮导识系统设计还应遵循以下几项原则。

1. 功能性原则

邮轮导识系统的功能性是进行导识系统设计的基础,保证导识系统的功能性,才能发挥导识系统导向和识别作用,具体的功能应依据邮轮不同空间的特点进行定位。导识系统是乘客进入邮轮后继续移动时所需要的必要线索,因此,导识的设计既要与周围环境相协调,也要明显易于辨认,以保证实现导识的基本功能。

2. 标准化原则

邮轮导识系统属于公共设施导识系统的一种,在设计中要严格按照国际和国内关于图形符号条例的相关规定和标准执行[8]。由于国际和国内相关标准具有一定的通用性,比较容易被大众识别,这样可增加导识系统的实用性,提高导识系统的识别效率。

3. 信息连续性原则

连续而统一的导识系统信息表现方法可以让人产生安全感,信息连续性主要体现在邮轮的方向指示导识上。方向指示导识是通过一系列的元素组合而实现其导向功能的,在导向过程中,只有提供连续而统一的信息才能够帮助乘客寻找路径。如果前后导识的信息链一旦中断、消失,那么即使在设计形式上、材质选用上再好的导识也会失去其应有的意义。因此,导识系统的设计在色彩、图形、文字表达等方面需要遵从连续性的原则,整个导识系统中所用到的单词和术语必须前后一致。

4. 科学性原则

邮轮空间的导识系统,以方便乘客日常活动为主要目的。导识系统设计的科学性对乘客的行为影响较大,为了使乘客能快速识别导识系统设计的含义,必须保证导识内容、采光、位置等因素合理配置,其视觉要素要满足视觉科学原理[4]。另外,抗破坏性也是检验导识设计是否科学的关键,如要考虑到船体的摇晃、潮湿的环境等因素。

导识系统安装的安全性也是一个重要的科学原则,形式、尺度、材质等因素要经过安全性的评估,特别是针对邮轮的动态环境,不具备安全条件或存在安全隐患的导识不能使用,以免引起不必要的伤害。导识系统应充分考虑邮轮各个舱室的功能特点,使所设计的导识系统与所处的具体环境相匹配,实现导识系统的科学设置[9]。

5. 系统性原则

导识系统本身是一个公共信息系统工程,同时又是邮轮设计系统大工程中不可缺少的一个重要环节,各类导识之间存在一定的系统性和逻辑性,以确保邮轮的运营有序、安全、高效地进行。因此,在设计时应确保邮轮导识系统色彩的统一、设计风格与设计形式的统一、使用材质与规格的统一,使导识系统成为一

个整体系统,保证导识系统的总体逻辑关系的合理性[10]。

6. 符合行为特性

邮轮导识系统的受众是乘客,为乘客的需求而诞生,随乘客的需求变化而发展。因此,在进行邮轮导识系统设计时,要充分考虑乘客的行为特征。导识系统的内容、数量和位置的设计,应根据乘客日常行为的需求来确定。

7. 符合心理特性

邮轮导识系统的设计需要照顾到乘客的心理特征。邮轮是处在海上的孤立空间,有的乘客处于这种空间时,整体情绪会略有恐惧、压抑、紧张等。导识系统是改善邮轮海上孤立空间环境的手段之一。通过导识系统营造舒适的邮轮空间环境,可以减轻乘客在孤立空间的不适感,降低人的压抑情绪。因此,在艺术形式上实现美观而有趣的导识系统,可以使乘客放松心情,沉浸到轻松愉快的休闲环境中。

8.4.2　设计定位

每艘邮轮一般在设计初期就确定了独特的主题,如诺唯真"喜悦"号邮轮在设计之初是针对中国市场量身打造的,因此其主题极具中国特色,从文化、图案、色彩等多方面均体现出了中国风。与每艘邮轮的主题一样,不同主题邮轮的导识系统也呈现出了相应的主题性,主要是通过不同的表现符号、不同的色彩、不同的材料和不同的造型设计来实现。

1. 文化主题定位

为了强化邮轮的品牌知名度,提升邮轮公司的竞争力,提高邮轮的经营效益,大多数邮轮设计都在追求差异性,强调个性化。同样的,邮轮导识系统的设计也需要相应地体现出差异性和个性化,并体现出邮轮自身的文化特征。邮轮导识系统设计的最高要求就是体现邮轮的主题与文化,不同主题文化的导识系统设计,能够给乘客带来不同的感受和体验。这就要求导识系统的设计者能够充分理解和把握邮轮文化的精髓,使导识系统的整体风格与邮轮主题的设计风格实现完美的协调和统一,使导识系统在实现引导识别功能的同时,能有效美化邮轮的整体环境。

2. 造型定位

邮轮导识系统的造型通常根据邮轮文化与主题的定位来设计。造型应使导识能够充分反映其引导作用及文化风格,展现导识的独特魅力。

3. 色彩定位

邮轮导识系统的色彩也是紧密围绕邮轮主题风格来定位的,它将直接影响到乘客视觉体验。除了应遵守国际惯例的颜色以外,导识系统的色彩需要与邮

轮公司的专用色彩协调统一,还需要考虑不同国家和民族的用色习惯,所以色彩定位时需要综合考虑多种因素,取得多方使用者的认可。

8.5　邮轮导识系统设计发展趋势

8.5.1　标准化设计

随着邮轮旅游业的全球化,邮轮的设计呈现出更加多样化的趋势。邮轮是一个复杂的系统,具有很强的整体性,同时各子系统之间又具有很强的关联性。邮轮结构和系统的复杂性也决定了其导识系统的复杂性。在一个复杂的环境中,如果导识系统设计混乱无序,会对初到这个环境的人们造成很大的困扰。这就需要一个完整的、统一的模式来解决这个问题,导识系统标准化就显得非常重要。

导识系统的标准化设计主要体现在安全警示类导识信息方面。邮轮是一个国际化旅游产品,导识系统的标准化设计将会涉及国际通用的问题,因为每个国家的语言文字各不相同,所以目前国际邮轮上的导识至少需要两种文字对照表示。英语作为国际通用语言,一般是必备的一种文字,另外一种文字则考虑乘客使用的语言文字比例构成,通常选择使用人数最多、普及度最广的文字作为第二种文字。如布局在中国的国际邮轮,会特别考虑中国乘客的语言文化,其导识系统往往会用中、英两种文字对照显示。在导识文字内容之外,乘客区域必须借助国际通用的、相对统一的图形符号来传达视觉信息,特别是与乘客人身安全相关的导识,建议多采用标准化的图形符号来表达。

8.5.2　无障碍化设计

无障碍化设计是一种专门针对特殊人群的设计。随着时代的发展,人们的物质水平大大提高,特殊人群,如生理上有缺陷的残疾人、老年人、需要轮椅助力的人及儿童也有享受邮轮休闲娱乐的权利,特殊人群的生活需求设计也应该受到高度的重视。在某种意义上,特殊人群对导识系统设计的需求应该比正常人更多一些,其对导识系统的实际需求应做特殊考虑。在坚持以人为本的前提下,设计师从不同使用者的生理需求出发,设计出满足不同类型乘客需求的邮轮导识系统,具有十分重要的现实意义。

邮轮导识系统的无障碍化设计是在标准化设计下进行的补充性、人性化设计,是基于标准化设计提出了更高的要求,既不违背标准化强调的统一性和功能性,又能弥补标准化设计潜在的不足,同时满足不同乘客的要求。"无障碍"是相对"标准化"而言的,是将通用标准放置在具体的应用场景中,为更好满足其功能的发挥,对标准中的不足进行补充设计及对标准中笼统的建议进行具体化的设计。

8.5.3 个性化设计

个性化导识可通过个性化设计提高导识系统的艺术表现性。随着人们思想的不断解放和乘客个性化需求的释放,邮轮导识设计也不再是单调和一成不变的风格,特别是新颖的造型和符号将会给乘客带来耳目一新的体验,进而提高邮轮在乘客心中的影响力。同时,现代技术的飞速发展和新工艺的不断出现,技术对于设计的客观约束越来越小,这无形中为设计师创造力和想象力的实现提供了条件。邮轮导识系统的表达方式越来越丰富,导识系统呈现出了多元化的特质。现代邮轮的导识系统,已经不是传统的那些导识性标牌的组织,它的设计已经延伸到了艺术领域。

现代邮轮导识系统的设计构思巧妙、手法多样、造型新潮,是设计师对平面设计的独到见解,体现出了现代邮轮导识设计的个性化和多元化。邮轮乘客构成复杂多样,因此对导识的普适性要求也就更高。邮轮导识系统的个性化表达,更多的是追求不同场所或者不同区域的个性表达,每个场所的区域特征、文化特征的差异都可以通过导识的个性化设计来体现。

如图 8.15 所示,"盛世公主"号通过不同的地毯颜色来标志左右舷,导识性很强,让乘客一走出电梯厅便可直观快速地找到自己房间的方向,避免左右舷混淆的烦恼。

8.5.4 装饰与导识一体化设计

邮轮导识系统的设计除要注重识别性外,还要注重装饰性设计,实现其与邮轮整体空间的协调,进而对整个空间起到美化作用。

不同的导识颜色及材料的应用可营造不同的空间效果,亦可增添空间活力。导识字体及图形的变形可有效表明空间性质,打破传统导识字体的束缚,给乘客带来新的视觉体验。装饰与导识应考虑一体化设计,绝不能因为导识设置而破坏整体的装饰效果。

(a) 蓝色地毯　　　　　　　　　　(b) 红色地毯

图 8.15 "盛世公主"号的客舱走廊地毯

8.5.5　多媒体交互设计

随着科技日新月异的进步,交互设计已走入人们生活的方方面面,通过人与设备、界面的交互活动不仅能够使人们获得对事物更深层次的认识,同时让人们在导识使用过程中更加主动、更有参与感,给人们带来了更多的有趣的体验。近些年来,邮轮导识系统也在不断尝试将交互设计应用其中,以打破以往单纯的信息展示模式。邮轮被称为海上建筑,其空间结构复杂、设施繁多,乘客通过传统的二维静态形式的导识系统所获取的信息有限,已不能够满足乘客快速宏观地认识邮轮这个庞大空间的实际需求。

交互式导识终端的出现,使邮轮导识的形式由二维转为立体,由静态的信息展示转为动态的信息互动,由被动的接收信息转为主动的搜索信息,乘客的参与感更强了。如多媒体显示屏可以让乘客通过对屏幕的点击和操作,得到邮轮路线、舱室布局、空间分布、实时天气等信息。

与传统导识方式相比,互动式导识信息量更大,信息层级更多,内容更精细,涵盖范围更广,更富趣味性。现代邮轮导识设计中,互动式导识的使用越来越广泛,它改善了传统导识的行为模式,给乘客带来更加立体、实时、动态的视觉识别体验[11]。将互动式导识与传统导识形式相结合,可使整个邮轮的导识系统功能更加完善,可以预见,多媒体交互导识系统在现代邮轮中的应用前景非常广阔。

图 8.16(a)所示为"海洋绿洲"号邮轮的数字交互寻路系统,乘客可点击屏幕菜单查询路径、船上日常活动安排及餐饮信息。屏幕菜单有多种语言可供选

择,右下角提供了一个触点,可供乘坐轮椅者调整菜单的位置。图 8.16(b)所示为"海洋赞礼"号邮轮的客房位置查询系统。

(a)"海洋绿洲"号邮轮的数字交互寻路系统　　(b)"海洋赞礼"号邮轮的客房位置查询系统

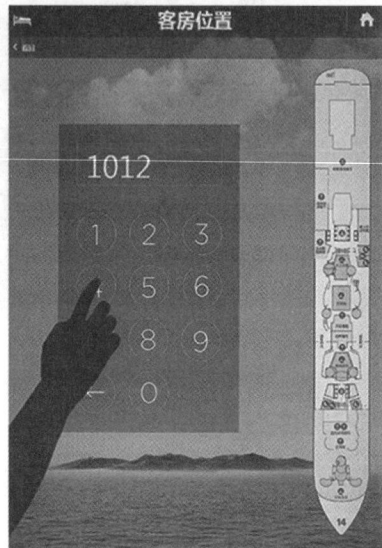

图 8.16　邮轮的交互定位查询系统

8.5.6　App 智能设计

近年来,智能手机的普及与 App 应用给人们的生活带来了极大便利。邮轮 App 平台下的导识系统是以手机等智能终端的移动应用程序 App 为载体,传递整艘邮轮的空间信息及乘客区域的文化信息。App 平台下导识系统的文字编排和图形符号复杂多样,信息传递速度快,且信息量很大,同时能够及时对平台信息进行补充更新,打破了传统导识系统中物质载体的束缚,大幅提高了邮轮的服务效率和乘客的度假体验。

图 8.17 所示为皇家加勒比邮轮公司的 App,乘客可以通过手机终端随时随地查阅自己想浏览的相关信息,App 平台下的导识系统能够保证及时有效地为乘客提供准确的信息和全方位的导识服务。

新技术的应用给导识系统带来了革命性的改变,未来的邮轮导识系统设计将更加的人性化、个性化和智能化,将新颖的导识形式引入到邮轮的导识系统中,将会为邮轮营造更加丰富的空间环境,给乘客带来更加全新愉悦的导识体验。

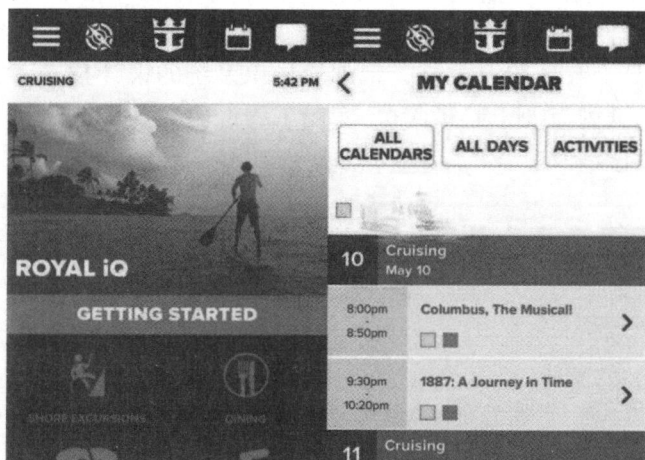

图 8.17　皇家加勒比邮轮公司的 App

（图片来源：皇家加勒比邮轮公司官网）

8.6　本 章 结 语

　　邮轮导识系统是面向大众乘客的，并具备导向、指示、指意、警示等功能的重要系统。导识系统是整个邮轮巨复杂系统的点睛之笔，它通过图形、色彩、字体、版面、灯光的设计，以及材质、工艺、形态、布局等各种因素综合在一起，反映了邮轮的特质。可以说导识系统是了解一艘邮轮的窗口，是邮轮的表情、饰件和界面。

　　导识系统不仅是邮轮必需的子系统，也是提升邮轮公司形象和邮轮品味的一个关键组成部分。随着全球邮轮旅游市场的发展，邮轮公司之间的竞争也变得日益激烈。为了增强品牌辨识度，提升差异化竞争力，提高品牌在乘客心中的认可度，在导识系统设计中恰当地融入企业品牌形象将会起到良好的品牌推广效果。因此，邮轮导识系统是其独特品质、管理水平乃至文化内涵的一种集中体现。

　　邮轮导识系统要注意易识别性、系统性、文化性、美观性和国际通用性，导识系统设计应遵循功能性原则、标准化原则、信息连续性原则、科学性原则、系统性原则，应符合游客行为特性和心理特性，突出文化主题定位，应关注标准化、无障碍化、个性化、一体化的发展趋势，善于引入多媒体交互设计和 App 智能设计。

　　导识系统设计有两个关键点，也是两个难点：一是导识本身的设计，即如何

实现图形、文字、色彩、材质、灯光等的最优组合,既符合邮轮导识系统的设计原则和定位,又符合导识系统设计的发展趋势。二是导识系统的组织管理,为游客打造极致的信息交互体验。关于大型邮轮导识系统的设计技术,尤其是导识系统的组织管理,国内尚处于起步阶段,实船工程经验极为欠缺,技术体系尚未建立,因此本书不做涉及。

参 考 文 献

[1] 大卫·吉布森. 导视手册:公共场所的信息设计[M]. 王晨晖,周洁,泽. 沈阳:辽宁科学技术出版社,2010.

[2] 洪兴宇. 标识导视系统设计[M]. 武汉:湖北美术出版社,2010.

[3] 肖勇,崔方健. 导视设计[M]. 武汉:湖北美术出版社,2010.

[4] 徐新坤. 舰船空间导识系统设计研究[D]. 哈尔滨:哈尔滨工程大学,2015.

[5] 陈新格. 基于认知心理学的邮轮导识系统设计研究[D]. 哈尔滨:哈尔滨工程大学,2018.

[6] 向帆. 导向标识系统设计[M]. 南昌:江西美术出版社,2009.

[7] 赵云川,陈望. 公共环境标识设计[M]. 北京:中国纺织出版社,2004.

[8] 张良. 城市地铁导识系统设计初探[D]. 西安:西安建筑科技大学,2013.

[9] 潘长学,王凯平,王兴宇. 邮轮导识系统组织管理与设计标准[J]. 船舶工程,2020,42(1):N11 - N17.

[10] 赵郧安. 环境信息传达设计:Sign Design[M]. 北京:高等教育出版社,2010.

[11] 王凯平,吴昊龙,王兴宇. 多媒体技术在邮轮导识设计中的应用[J]. 设计艺术研究,2020,10(3):41 - 46.